KB140127

한국 다문화사회복지와
다문화교육 담론

Discourse on Multicultural Social Work
and Multicultural Education in South Korea

이 저서는 2019년 대한민국 교육부와 한국학중앙연구원(한국학 진흥사업단)의
한국학 총서사업지원을 받아 수행된 연구임(AKS-2019-KSS-1230004).

한국학중앙연구원
한국학총서 ③

한국 다문화사회복지와 다문화교육 담론

Discourse on Multicultural Social Work
and Multicultural Education in South Korea

장미야(Chang, Miya) 지음

서문

　현대 다문화 공간에서 다문화주의는 잘 알려진 개념이다. 오늘날 다문화주의는 다문화주의 의제의 확장을 이끄는 이념이자 정책이자 담론으로 특징지어지고 현실화되고 있다. 동시에 담론 그 자체인 다문화주의는 여러 담론에서 고찰될 수 있다. 다문화주의는 세계관 입장으로서 특별함의 표현이기도 한 문화적 차이에 대한 관용을 전제로 한다. 다문화주의는 세계화의 강화와 함께 최신화되고 있다. 다문화주의의 이데올로기적 · 정치적 맥락에는 현상으로서의 다문화주의에 대한 긍정적인 관계와 부정적인 관계가 모두 포함된다.

　'다문화주의'라는 용어는 정치적 모델, 정책 모델, 일련의 사회적 관행을 설명하는 등 다양한 방식으로 사용되어 왔다. 이는 일반적으로 다양한 문화 및 소수집단의 특성과 고유한 기여를 보호하면서 문화적 다원성과 다양성을 방어하는 것으로 간주되어 왔다. 역사적으로도 이는 단일문화적 민족국가로부터의 일탈이자 동화의 이상으로 여겨져 왔다. 다문화주의는 정체성 정치, 즉 소수자의 권리와 문화적 차이를 인정하는 데 중점을 둔 정치운동과 관련이 있다. 따라서 1990년대 다문화주의에 대한 이론적 논의는 다양한 인권과 사회정의라는 주제에 의해 지배되었다. 그 당시에는 사회적 결속과 공유된 상징적 · 공공적 영역의 문제가 우선시되지 않았다.

수십 년 만에 다문화주의는 축하와 칭찬을 받는 것에서 실패한 실험으로 불리는 것으로 옮겨갔다. 물론 '다문화주의'는 파악하기 힘들고 유동적인 용어이다. 처음부터 극우파는 다문화주의를 거부해왔고, 좌파는 문화적 차이를 찬양하는 것이 인종차별과 불평등에 대한 무시와 무지에 기여했다고 지적했다. 결과적으로 다문화주의는 논쟁의 여지가 있는 개념이었으며 현재도 그렇다. 동시에 다문화주의가 현상으로, 살아 있는 경험으로, 통합정책으로 자리 잡고 있음을 쉽게 알 수 있다.

한국이 다문화사회로 급속하게 진전되고 있는 현 상황에서 학계와 시민단체 등에서 다문화에 대한 우려의 시각이 증대되고 있다. 이에 다양한 다문화 담론들은 어떠한 역사적 배경하에서 형성 또는 변화되어 왔으며, 그것이 갖는 사회적 의미는 과연 무엇인가를 고찰하는 것은 매우 의미 있는 일이라 할 수 있다.

본 연구의 목적은 사회복지와 교육 분야에서 다문화 담론 연구와 다문화 담론의 형성과 변천과정을 역사적 관점에서 분석하는 것이다. 사회복지와 교육 분야의 다문화 담론은 사회복지정책과 교육정책 담론과의 연계를 통해 고찰되어야 할 필요가 있다.

이 책은 한국학중앙연구원의 한국학 총서사업에 기인한다. 연구과제명은 '한국 다문화 담론의 형성 과정(Study on the formation and development of multicultural discourse in South Korea)'이다. 이 총서 연구는 다문화 관련 '언술체계'와 '지식체계'를 다룬다. 본 연구에서는 한국 다문화 담론을 형성하고 있는 다양한 행위자들의 언표와 학문 분야별 선행연구들을 통하여 개념의 형성 및 변천사의 관점에서 주요 개념과 쟁점들을 고찰한다. 언술체계와 관련된 연구자료는 신문 기사를 비롯한 매스미디어와 정책자료 등이다. 지식체계와 관련한 연구자료는 학제 간 연구로서 학문 분야별 영역에서 생산된 연구 논 저들이다. 본 연구총서는 크게 '정치·경제', '가족·여성', '복지· 교육', '문화·종교' 분야로 나누어 각 분야에서 다문화 담론을 구성 하고 있는 내용들을 개념의 형성 및 변천사라는 연대기적 서술관점 에서 다룬 후, 담론에서 쟁점이 된 개념들을 개념의 분석이라는 관 점에서 다시 유형화하여 다룬다. 그리고 마지막으로 한국 다문화 담 론에서 다루어지고 있지 않은 영역을 도출하여, 향후 다문화 담론을 예측하거나 후속 연구주제들을 제시한다.

'한국 다문화 담론의 형성 과정'에 대한 다문화 담론의 학제 간 공동연구에 기반한 4권의 연구총서가 집필되었다. 4권의 연구총서 는 제1권 한국의 다문화와 이민정책 담론, 제2권 한국의 다문화와 다문화가족 담론, 제3권 한국 다문화사회복지와 다문화교육 담론, 제4권 한국의 다문화와 종교·문화 담론이다. 이 책은 총서 4권 중 하나로 〈한국 다문화사회복지와 다문화교육 담론〉을 중심으로 이루 어진 연구이다.

〈한국 다문화사회복지와 다문화교육 담론〉의 특성을 고려하여 집필하기 위하여 노력하였지만 미흡한 부분은 앞으로 좀 더 연구하 여 수정 보완하도록 하겠다. 이 책을 집필할 수 있는 기회를 준 한국 학중앙연구원과 출판을 위해 수고하신 한국학술정보 출판사에 감사 드린다.

목차

제3부 한국 다문화 담론의 전망과 과제

서론

문화에 대한 정의가 다양하듯이 다문화라는 용어는 광범위하고 다양하게 사용하고 있으며, 그 대상과 범위도 사용하는 목적에 따라 달리 개념화되고 있다. 한국사회에서 다양하게 정의되고 있는 다문화에 대한 개념은 학자에 따라 여러가지 의미로 분류되어 사용되고 있다. 가장 많이 사용되고 있는 개념으로 '다문화가족'이 있으며, 이와 관련하여 지칭되는 용어로는 결혼이민자, 이주노동자 등이 있다. 이러한 다문화 개념이 결혼이민자나 이주노동자에 한정하여 사용하게 됨에 따라 다문화사회, 다문화정책, 다문화교육 등에 관한 개념 또한 좁은 의미로 이해되는 경우가 생겨난다.

오늘날 한국사회는 200만 명 이상의 외국인이 거주하는 다문화사회가 되었다. 이에 따라 다문화사회 또는 다문화주의, 다문화가족의 사회·문화적 현상이 한국인의 일상생활에서 쉽게 인식되고 있다. 이에 따라 국제결혼이주여성, 다문화가정 2세, 국제이주노동자, 북한이탈주민, 외국국적동포, 외국인 유학생 등의 증가에 대한 정부의 정책적 지원과 그들에 대한 사회복지의 확충 및 사회통합을 위한 노력이 계속되고 있다. 이에 다양한 다문화 담론들은 어떠한 역사적 배경하에서 형성 또는 변화되어왔으며, 그것이 갖는 사회적 의미는 과연 무엇인가를 고찰하는 것은 매우 의미있는 일이라 할 수 있다.

최근 급격히 증가하는 다문화가족이 사회복지 부문에서 중요한 요소로서 관심의 대상이 되고 있다. 다문화가족이란 인종, 민족, 언어, 문화 등이 다른 남녀가 결혼하여 이루는 가족을 말한다. 시대를 막론하고 가족은 사회의 기본단위이며, 현대 산업사회의 급격한 변동과 한 개인의 생활주기를 통하여 다른 곳에서 발견할 수 없는 중요한 가치를 지닌다. 그러나 가족규모의 축소와 가족기능은 급속히 변화하고 있다. 이러한 상황에서 전개되는 가족에 대한 사회복지는 가족생활을 보호 · 보장 · 강화하고, 가족구성원 개개인의 사회적 기능 수행을 높이기 위하여 시행되는 제반 서비스 활동을 의미한다. 사회복지실천의 대상 중 다문화가족에게 적용되는 가족복지정책과 실천방법을 살피는 것은 중요하다.

이와 더불어 한국사회에서 가장 주목받고 있는 영역 중의 하나가 다문화교육이다. 다문화교육은 다양한 학문영역에서 접근이 가능한 영역으로 많은 학자들의 연구주제가 되고 있다. 그런 만큼 다문화교육에 대한 개념이나 목표가 학자마다 다르게 인식되고 있으며, 그동안 다문화교육정책은 다문화가정 구성원을 대상으로 한국의 언어, 문화, 그리고 동화주의에 입각한 적응교육에 집중되어왔다. 한국사회에서 지향해야 할 다문화교육은 다양한 문화집단의 권리를 인정하고 존중하고자 하는 문화다양성 교육을 강조하고 실천하기 위한 교육이어야 한다.

본 연구의 목적은 사회복지와 교육 분야에서 다문화 담론의 형성과 변천 과정을 역사적 관점에서 분석하는 것이다. 사회복지와 교육 분야의 다문화 담론은 사회복지정책과 교육정책 담론과의 연계를 통해 고찰되어야 할 필요가 있다. 〈한국 다문화사회복지와 다문화교육 담론〉의 구성은 제1부에서는 다문화사회복지 담론과 다문화교육

담론의 역사적 고찰로 다문화사회복지 담론과 다문화교육 담론의
연구배경 및 선행연구에 대하여 살펴본다. 다음으로, 한국의 다문
화사회복지 담론과 다문화교육 담론의 형성 및 변천 과정을 시기별
로 나누어 1990년대 이전 시기를 도입기, 1990년대부터 2008년 이
전 시기를 성장기, 2008년 이후 시기를 정착기로 구분하여 분석한다.
제2부에서는 한국의 다문화사회복지 담론과 다문화교육 담론형성과
변화에 관한 연구에 기초하여 30개의 주요 개념과 쟁점의 분석을 통
해 고찰한다. 주요 개념과 쟁점 연구는 학술연구의 지식체계와 정치,
사회, 시민사회, 언론 등의 자료를 활용한 언술체계의 담론을 포괄하
는 분석이 진행된다. 제3부에서는 한국 다문화 담론의 전망과 과제로
서 사회복지와 교육 분야에서 서구 다문화 담론과 한국 다문화 담론
을 비교하며, 한국 다문화 담론의 특징과 과제를 제시한다.

제1부

한국 다문화사회복지와
다문화교육 담론의 역사적 고찰

제1장

다문화사회복지와
다문화교육 담론의 연구배경

1. 다문화사회복지 담론

사회복지는 개인과 사회 전체의 복지를 증진하려는 모든 형태의 사회적 노력을 포함하며, 사회문제의 치료와 예방, 인적자원의 개발, 인간생활의 향상에 직접 관련이 있는 모든 정책과 과정을 포함한다. 또한, 사회복지는 개인이나 가정에 대한 사회적 서비스의 제공뿐만 아니라, 사회제도를 강화하거나 개선하려는 노력을 포함하는 것이다(Romanshin & Romanshin, 1971). 그러므로 사회복지란 국민들의 삶과 관련하여 일상생활에서 발생할 수 있는 여러 가지 문제점에 대해 국가가 나서서 이를 해결하거나 혹은 미연에 방지할 수 있게끔 하는 제도로서 개인이나 사회집단에서 요구하는 개인적 욕구나 사회적 욕구를 충족시켜 주는 행위를 말한다.

현대사회의 급속한 변화에 따라 오늘날의 가족은 빠르게 변화하고 있다. 그런데도 가족은 여전히 우리 사회의 기본단위이며, 가족생활은 한 개인의 생활주기를 통하여 중요한 가치를 지니고 있다. 사회복지학에서는 가족과 가족문제가 주요 학문적 관심의 대상이 되어 왔다. 사회복지에서 가족이 중요시되는 이유는 가족이 사회의 기본단위이기 때문에 일차적으로 가족의 구성원을 보호해주고, 복지서비스를 제공하는 대상으로 기능함에 있다. 비록 현대사회에서 가족은 상부상조의 복지기능을 많이 상실했지만, 여전히 우리 사회의 기본제도이자 정서적 욕구를 충족시켜 주는 장소로써 중요한 기능을 하고 있으며, 또한 사회문제 해결을 일차적으로 가족이 담당하고 있다.

미국에서 최초로 casework를 체계적 이론으로 정리한 사회복지사업의 전문가 리치몬드(Mary Ellen Richmond)가 그의 저서 『사회진단(Social Diagnosis)』에서 사회사업의 과제로 개인의 생활 배경으로서 가족환경을 사회사업의 영역에서 중요하게 여겼으며, 사회복지에서 가족에 관한 연구는 가족문제를 해결하고자 하는 가족복지, 가족복지정책, 가족사회사업, 가족치료 등의 명칭으로 나누어져 발달해왔다(Ellen, 1917). 가족에 대한 사회복지학적 접근은 가족문제를 해결하기 위해 사회복지방법에 접근하는 것을 의미한다. 이념으로서의 가족에 대한 사회복지적 접근은 산업혁명 후 영국을 비롯하여 프랑스, 독일 및 스칸디나비아에서 시작되었고, 실천으로서의 가족에 대한 사회복지적 접근은 다양한 형태의 서비스 또는 프로그램을 중심으로 미국에서 발달되었다.

산업화 이후 전통적 확대가족의 체계가 크게 변천함에 따라 가족이 가족 구성원의 욕구에 적절히 대처하기 어렵게 되었다. 또한, 새로운 가족문제가 대두됨에 따라 세계 각국은 가족을 유지하기 위한 정책을 수립하고 있다. 서구 복지국가는 개인과 사회문제를 해결하는 데 있어 가족을 단위로 접근하는 것이 효과적이라는 인식하에 다양한 가족복지정책을 시행하고 있으며, 사회복지정책 역시 가족에 대한 논의는 여전히 활발하다. 가족정책은 가족의 복지를 실천하기 위한 제도적 국가정책이라 할 수 있으며, 정부의 다양한 프로그램을 통해 가족에게 영향을 미치고 있다.

1) 다문화사회와 복지

2020년 한국 전체 인구의 약 4.9%에 해당하는 국내 체류 외국인 수가 250만 명 이상으로 집계되었다. 이러한 수치는 OECD 국가에 비해 높은 편은 아니지만, 우리나라도 서구와 같은 다문화사회로 진입한 것으로 여겨진다. 국내 체류 외국인은 국제결혼 등에 의한 다문화가족과 외국인노동자, 외국인 유학생, 외국국적동포, 북한이탈주민 등으로 구성되어 있는데, 2021년 여성가족부의 다문화가족실태조사[1] 통계에 따르면 그중에서도 높은 수치를 차지하는 다문화가정의 경우 32만 2천 가구로 나타났다. 실태조사에서는 결혼이민자 및 귀화자와 그 배우자, 자녀(9~24세)에 대한 조사가 각각 이루어지며, 다문화가족의 경제상태와 가족관계, 생활양식 등 다양한 분야에 대해 조사한다. 이에 따라 여러 가지 다문화정책이 정부 차원에서 시행되고 있고, 사회복지정책에서도 다문화가족은 주요 지원대상이 되고 있다. 일반적으로 사회복지란 미성년자, 고령자, 장애가 있는 사람 등 생활지원이 긴급한 사람들이나 경제적 궁핍, 사회적 취약계층 등에 대해서 생활의 질 유지와 향상을 위한 서비스를 사회적으로 제공하는 것 혹은 그것을 위한 제도나 설비를 갖추는 것이다.

---

[1] 다문화가족실태조사는 3년마다 실시하는 전국적인 실태조사이며 다문화가족을 둘러싼 정책 환경의 변화에 따른 실태와 수요를 파악하고자 한다.

다문화가족은 국제결혼으로 형성된 가족으로 국경을 달리하는 남녀가 결혼하여 가정을 이룬 것이다. 특히 한국인 남성과 외국인 여성 또는 한국인 여성과 외국인 남성의 결혼으로 이루어진 국제결혼가정, 외국인노동자인 남성과 여성이 한국에서 결혼하여 이루어진 가정, 외국인노동자로서 결혼하지 않고 단독으로 생활하는 가정인 외국인노동자가정 등으로 나눌 수 있다.

　　다문화사회복지란 다문화가족의 안정적인 정착과 가족생활을 지원하기 위해 교육, 상담, 한국어교육, 정보제공, 역량 강화 지원 등의 종합적인 서비스를 제공하여 다문화가족의 한국사회 조기적응 및 사회적 · 경제적 자립 지원을 도모함을 목적으로 한다. 현재 사회복지의 주요 대상으로 부각되고 있는 다문화가족 구성원을 위한 다문화가족정책의 개념과 필요성을 살펴봄과 더불어 다문화가족 관련 법과 제도를 검토하고 다문화정책 및 서비스 전달체계, 나아가 다문화정책의 과제 및 발전 방향에 대한 논의가 필요하다.

　　사회복지의 수혜대상이라는 측면에서 다문화가족 혹은 다문화가구 구성원 전체가 일괄적으로 사회복지의 수혜대상이라고 볼 수는 없을 것이다. 보편적 복지의 관점에서는 국민으로서 다문화가족 구성원들은 모두가 평등하게 사회복지서비스를 받을 자격을 갖추고 있지만, 선별적 복지주의 입장에서는 다문화가족 구성원 중에서 욕구나 자산이라는 기준에서 볼 때 사회복지 수급의 대상이 아닌 경우도 있다.

　　그렇지만 바람직한 다문화사회를 위해서는 이런 제도적 차원만이 아니라 근본적인 문제 해결에 임할 필요가 있다. 그것은 또 다른 문화적 차원에서의 사회복지 실천문제로서 이상적인 다문화사회의 구현을 위해 해결해야 할 과제라고 할 수 있다. 즉, 다문화사회에서 발생하는 사회문제의 근원으로서 차별과 편견을 해소하는 것이다. 제도적 차원에서의 다문화사회복지를 위한 여러 정책이 시행되고 있지만, 다문화가족에 대한 한국사회의 근본적인 시각과 인식에서 자민족중심주의에 의한 편견과 차별이라는 문화적 차원에서 발생하는 문제에 대한 해결이 더욱 시급한 과제일 것이다. 사회복지의 수급대상으로서 다문화가족 구성원에게 이루어지고 있는 다문화복지 정책, 즉 제도적 차원과 문화적 차원에서의 다문화에 대한 편견, 차별을 해소하는 방안을 살펴보아야 하는 것 또한 중요한 과제로 인식되어야 한다.

2) 한국 다문화가족의 출현 배경

한국사회는 1980년대 후반 이전까지 국제사회에서 국제이주 송출국으로서 1960~70년대에는 독일에 광부 및 간호사 등을 파견하였으며, 1970~80년대에는 중동에 건설 기술 및 노동인력을 보냈다. 그러나 1980년대 후반에 들어서면서 인력 송출국에서 인력 유입국으로 변화하게 되었다. 이는 국내 중소기업 등에서 단순노동인력으로 활용할 수 있는 인력규모가 많이 감소하게 되면서 인력을 보충하기 위한 단순노동자의 해외유입이 시작되었기 때문이다. 특히 1990년대에는 국제적으로 세계화가 진행되면서 정부는 세계화의 추세에 따라 국내 자본시장과 노동시장을 개방하였다. 이 같은 시대적 변화에 따라서 국내에 유입되는 외국인노동자의 수가 증가하였고, 외국인노동자의 체류기간도 증가하게 되었다. 국내의 단순노동인력 감소는 부분적으로 출산 및 고령화로 인한 청장년층 노동인구의 감소에 기인하며, 또한 전체적인 소득수준의 향상에 따라 저임금의 단순노동을 기피하려는 현상에 일부 기인한다고 볼 수 있다.

세계화의 물결 속에서 국제결혼이 자유로워지고 한국의 국제적 위치가 과거에 비해 향상되어 외국인 여성들이 경제적 목적으로 한국 남성과의 결혼을 선택하는 경우가 늘어났다. 이와 더불어 농촌총각 장가보내기 운동 또한 국제결혼을 증가시켜 다문화가족은 증가했다. 이에 따라 여성결혼이민자의 입국이 늘어나게 되었다. 국내적으로는 농촌의 젊은 여성들이 양질의 취업 기회를 찾아 도시지역으로 이주해가면서 농촌 남성들이 배우자를 찾는 데 어려움을 겪어왔으며, 또한 도시 저소득층의 남성들은 상대적으로 열악한 결혼 여건으로 인해 혼인시장에서 배제되어 왔다. 이처럼 국내 사정과 함께 우리나라와 비교하여 상대적으로 빈곤한 국가의 여성들이 경제상황 및 생활환경 등이 여유로운 국가로 이동하여 더 나은 취업의 기회 및 생활환경을 개척하고자 하는 추세와 맞물려서 국제결혼의 증가 원인이 되었다. 이러한 상황이 한국사회에 지속되면서 다른 나라의 여성을 배우자로 맞아 다문화가정을 이루는 경우가 빈번해지기 시작하였다.

1990년대에는 한국 남성과 외국인 여성과의 국제결혼에서 상대 여성의 출신 국가는 주로 중국과 일본이었는데, 이에 비해 2000년 이후에는 필리핀과 베트남 여성들이 급격히 늘어났다. 한국의 경제

수준이 저개발국의 경제수준보다 높아 이주여성들에게 상당한 유인 조건으로 작용하고 있다는 점, 일부 종교단체가 일본과 필리핀 여성을 주 대상으로 선교 목적으로 국제결혼을 주선하고 있다는 점, 또한 결혼상대자를 구하기 어려운 한국 농촌의 실정 등이 복합으로 작용하여 이러한 현상을 가속화시켰다(김근식, 장윤정, 2009; 송지현, 이태영, 2010). 이처럼 국내의 다문화가족 발생 원인은 한국의 인구구조의 변화에 따른 저출산 및 출산지연, 노동시장 환경의 변화에 따른 외국인노동자의 증가, 편중된 성비례로 인한 결혼시장의 변화 및 미혼여성의 결혼연기 등의 사회적 변화에 기인한다.

3) 다문화가족의 개념

한국의 근대사회 이후 발생한 다문화가족은 1950년대에는 한국전쟁 이후 생겨난 미군 병사와 한국 여성으로 구성된 가족, 1980년 중반 이후 외국으로부터 유입된 이주노동자를 중심으로 구성된 가족, 그리고 1990년대 후반 이후 결혼이민자와 한국인 배우자로 이루어진 다문화가족 등으로 유형화될 수 있다. 또한, 분단으로 인한 북한이탈주민을 다문화의 주체로서 포함하기도 하였으며, 외국인 가정이나 외국인과 귀화자로 이루어진 가정 등을 다문화가정에 포함하기도 하였다(김희정, 2007; 오경석, 2007). 그러나 한국에서 다문화가족의 법률적 정의는 결혼이민자(혹은 귀화자)와 한국인으로 이루어진 가족이다(다문화가족지원법, 2008). 다문화가족의 범위는 연구자의 연구 목적에 따라서 다양하게 범주화되어 왔으며, 각 부처 및 민간

조직에서 정책상으로 다양하게 범주화되어 온 측면 또한 중요한 의미를 가진다(김유경, 조애저, 최현미, 이주연, 2008; 최연실, 2010).

다문화가정이라는 용어는 국제결혼가정, 혼혈인가정 등 차별성을 지닌 용어에 대한 개선을 위해 사용하기 시작하였다(김유경 외, 2008). 특히, 다문화가족은 국제결혼을 통해 형성된 가족으로 한정하여 시대별 네 가지 유형으로 구별하였는데(박종보, 조용만, 2006), 첫째, 미군 남성과 한국인 여성이 결혼한 가족, 둘째, 외국인 남성 전문직 종사자와 한국인 여성이 결혼한 가족, 셋째, 한국인 남성과 외국인 여성이민자가 결혼한 가족, 넷째, 이주노동자와 한국인이 결혼한 가족 등으로 구별하였다. 다문화가정을 한 가족 내에 다양한 문화가 공존하고 있다는 의미로 해석하여, 한국 남성과 결혼한 외국 여성 가족, 한국 여성과 결혼한 외국 남성 가족, 이주노동자, 외국인 유학생 등을 포함시켰다(이경희, 2010).

이에 따라 다문화가족은 국제결혼을 통해 형성된 가족으로 지칭하였다. 다문화가족의 범위를 보면 다문화가정을 민족 및 문화적 배경이 다른 사람들로 구성된 가정을 통칭하는 것으로 사용되고 있으며, 정책 대상으로는 국제결혼가정 자녀와 외국인노동자 자녀를 포함하고 있다. 다문화가족이란 「재한외국인처우기본법」(제2조 제3호)에 근거하여 결혼이민자와 「국적법」(제2조와 제4조)에 따라 출생부터 한국 국적을 취득한 자로 이루어진 가족, 그리고 「국적법」에 따라 귀화 허가를 받은 자와 출생부터 한국 국적을 취득한 자로 이루어진 가족을 말한다. 또한, 한국 국민과 사실혼 관계에서 출생한 자녀를 양육하고 있는 다문화가족 구성원에 대해서도 「다문화가족지원법」

에 따른 다문화가족 지원 규정(제14조)이 적용된다.

다문화가족 지원의 필요성이 제기된 가장 큰 원인은 1990년대 이후 사회적 현상 중 하나인 '농촌총각 장가보내기' 운동에서 찾을 수 있으며, 국제결혼의 증가에 기인하였다. 이에 따라 결혼이주민이나 외국인노동자에 대한 사회적 현상 인정과 더불어 통합적 단계에서의 제도적·법적 근거 마련이 필요하게 되었다. 더불어 이들의 사회적응 문제와 인권침해 문제가 꾸준히 제기되어 왔으며, 그중에서 이들 자녀의 사회부적응 문제가 중요한 논의 사항으로 부각되었다. 이러한 이유에서 다문화가족을 지원해야 할 필요성은 그들이 인간으로서의 존엄이 유지되는 건강한 삶을 유지하도록 하는 것이다. 따라서 국적에 상관없이 건강한 가정생활을 할 권리는 모든 인간이 누려야 할 기본적인 권리에 속하고 국가는 이를 보장하여야 한다. 여성결혼이민자나 이주노동자를 지원하는 것은 보편적인 인권의 관점에서도 필요하기 때문이다.

2. 다문화가족의 출현과 담론

1) 국제이주와 다문화가족 출현 배경

기술의 발전으로 인한 이동 수단의 발달 및 세계화의 심화에 따라 국가 간 인구이동이 대규모로 증가하였으며, 국가적 차원에서 자국의 문화와는 다른 이질적인 문화를 소유한 다문화가족의 출현이 빈번해졌다. 유엔보고서에 따르면, 국제이주자 수는 2019년 2억 7,200만 명으로 전 세계 인구에서 이주민이 차지하는 비율도 3.5%에 해당한다. 이는 2010년 2억 2,200만 명에 비해 23%가 증가한 수치이다. 이러한 수치로 현시대를 이주의 시대라 일컫는다. 국제이주자들은 새로 정착한 국가에서 결혼을 통하여 가족을 이루거나, 본국의 가족을 추가로 이주시켜 가족의 결합을 이루는 등의 방법으로 다문화가족을 구성하고 있으며, 따라서 국제이주는 다문화가족의 출현 및 증가의 직접적인 요인이 되어 왔다.

이러한 다문화가족의 발생 원인은 크게 거시적 원인과 미시적 원인으로 분류될 수 있다(김유경 외, 2008). 거시적 원인은 전쟁, 세계화, 국가 간 고용시장의 특성 및 생활환경의 격차, 그리고 유입국의 인구학적 변화 등 국가의 정치적 · 경제적 · 사회적 환경에 기반하여 국제이주를 촉발하는 요인이었다. 그중 전쟁 및 식민지화는 강제이주를 유인하는 특성을 띠게 되어 불가피한 피난, 망명 등의 형태로 국제이주가 발생하게 되었다. 특히 국가 간 고용환경 및 생활환경의 격차와 유입국의 인구학적 변화는 국제이주 요인으로서 대두되었다. 특히 국가의 출산율, 사망률, 연령구조 및 고용시장의 세계화가 가속되면서 고용기회가 낮거나, 생활환경이 열악한 국가의 노동자들은 더 나은 고용기회 및 생활환경을 찾아 이주하게 되었다.

미시적인 원인은 개인 혹은 가족이 국제이주를 결정하게 되는 원인으로 사회심리적 특성을 가진다. 근래에는 전 세계적으로 개인과 가족의 경제적 · 사회적 욕구를 충족시키고자 소득수준 및 생활환경이 낮은 국가에서 더욱 안정적인 사회적 · 정치적 환경을 보유한 국가로, 교육기회가 낮은 국가에서 높은 국가로 이주하는 경향이 있다. 또한, 가족 구성원 일부가 국제이주를 통하여 타국에 거주하는 경우 가족과 결합하고자 하는 욕구는 본국의 가족을 이주한 국가로 이동하도록 하는 결정요인이 되었다. 따라서 소득의 최대화, 생활수준의 최적화, 가족의 결합 및 양질의 교육기회 확대 등 개인과 가족의 경제적 · 사회적 복지수준을 최대화하려는 노력은 국제이주의 결정요인으로서 작용하게 되었다.

2) 한국 다문화가족의 현황과 담론

2021년 통계에 의하면 국내 체류 외국인의 수는 195만 명이며, 이 중에서 결혼이민자는 약 16만 8천 명이다. 결혼으로 인한 이민자 수는 계속 증가하고 있으며, 정부는 이들에 대한 정책으로 제도적 · 법적 지원을 마련해왔다(김종세, 2019). 특히, 여성결혼이민자의 국적을 보면 2000년 중반에는 중국 여성이 증가하다가 2006년에 감소하는 경향을 보였고, 반면 베트남, 일본, 필리핀, 몽골, 우즈베키스탄 출신 국가의 여성결혼이민자는 지속적으로 증가하고 있다. 그러나 전체 규모로 살펴보면 조선족 한국인이 가장 많았고, 중국, 베트남, 필리핀, 일본, 몽골, 태국 등의 순으로 나타났다. 남성결혼이민자도 점차 일본, 미국, 캐나다, 태국, 호주 등의 선진국 출신으로 증가하는 경향을 보였다.

한국사회는 저출산과 고령화의 영향으로 외국인의 증가로 인하여 이들의 국내 체류 유형이 다양해지고 있다(김종세, 2011). 특히 결혼이주여성 중심의 다문화 담론이 형성되면서 다문화주의, 다문화 사회 논의의 중심이 이주여성이라는 특정 집단에 적용되었다(김혜순, 2008). 예컨대 김혜순(2008) 연구에서는 결혼이주여성이 다문화 담론의 중심으로 부각된 배경을 분석하였다. 이러한 현상은 결혼이주여성 자체에 대한 이해가 정치화되는 경우를 지적하였다. 결혼이주여성의 출신 국적 변화도 다문화 담론 형성에 영향을 준 것으로 이해하였다.

또한, 한국사회에 다문화 담론이 대중적으로 부상하게 된 계기는 우선 한국에 체류 중인 외국인이 많아졌다는 인구통계학적 사실과 연관이 있다. 국내 체류 외국인 비율 중 이주노동자가 60% 정도이며, 외국국적동포가 약 30%, 그리고 결혼이주자는 10% 전후이다. 외국인노동자나 유학생은 체류 목적과 허가기간이 끝나면 본국으로 귀환되겠지만 결혼이주자들은 합법적인 한국사회의 구성원이 된다(윤인진, 2008). 결혼이주여성은 세계화의 흐름에 따라 전 지역에서 증가하는 추세이다.

3. 다문화교육과 담론

1) 다문화교육 개념

오늘날 세계화의 흐름 속에서 국제이주의 흐름이 확장되어 급격한 경제적·기술적 변화와 함께 한 사회 내에서 다양한 문화를 지닌 구성원의 증가에 따른 공존에 대한 이해방식으로 다문화주의가 등장하였다. 이러한 다문화주의를 '학교개혁'의 차원에서 실천하는 것이 다문화교육이다. 한국은 1990년 이후, 세계화에 따른 교육의 변화로 '국제이해교육'이 제안되었다. 이는 모든 인간이 함께 사는 세상을 만들기 위해 학생들에게 세계시민 의식과 자질을 향상하는 것이 필요하다는 인식이 확산되었다(박영준, 2016). 이에 따라 국가 인식의 전환과 함께 '국제이해교육'은 교육부의 제7차 교육과정(1997~2007)에 포함되어 학교교육에서 시행되어 왔다.

한국에 '다문화교육'의 개념이 뚜렷이 정립되어 있지 않지만, 다문화교육 논의는 국제결혼가정의 수가 급속히 증가하면서 이에 대한 교육적인 대안으로 시작하였다. 다문화가정의 아동들은 언어, 피부색, 문화 등의 차이로 인한 따돌림 등 학교생활에 어려움을 겪고 있는 배경에서 다문화를 이해하기 위한 교육의 필요성이 대두되었다(김현덕, 2007). 다문화교육과 국제이해교육의 비교연구에서 국제이해교육과 다문화교육이 명확히 정의되지 않아 개념과 교육내용 면에서 혼란을 주고 있음을 밝히고 있다. 이 두 개념은 역사적으로 다른 배경에서 출발하였지만 서로 상호협력 관계를 모색하는 추세가 늘어난다고 주장하였다.

한국사회에 외국인들이 취업이나 결혼을 통해 대거 들어오면서 급격한 사회적 변화는 1990년 중반부터 시작되었다. 한국사회는 이런 급격한 사회적 변화에 대처하기 위해 심혈을 기울이고 있다. 특히 2006년 정부가 다민족, 다문화사회로의 전환을 선언한 이래 부처별로 다양한 정책을 내놓았고, 그중 하나가 국내 외국인과 초·

중 · 고등학생을 대상으로 하는 다문화교육이다. 당시 다문화교육은 국내 외국인들에게는 한국어와 문화교육을, 초 · 중 · 고등학생들에게는 국제이해교육을 중심으로 이루어졌다.

해외에서도 다문화교육의 개념은 오래전부터 학자들에 의해 논의되어 왔다. 코메니우스(Johann Comenius)는 '만인을 위한 교육(Education for all)'을 강조하면서 아동의 신분, 계층, 성의 구분 없이 교육받아야 한다고 강조하였다. 프뢰벨(Friedrich Frobel)은 유치원교육에 강조점을 주장하면서 교육과정도 계층 간의 갈등을 극복하고 사회적 조화를 이루는 모든 유아를 위한 프로그램으로 간주하였으며, 유치원교육을 유럽뿐만 아니라 미국에까지 소개하였다.

미국은 1970년대부터 다문화교육이라는 용어를 사용하였는데, 미국 역시 다문화교육을 정의하는 것은 학자마다 달랐다. 예를 들어, 뱅크스(James Banks)는 다문화교육의 목표를 교육개혁 운동으로 교육기관의 구조를 바꾸어 학생들에게 평등한 교육기회를 제공하는 것이라 주장하였다(Banks, 2004). 즉, 다문화교육을 인종, 종족, 언어, 성 등 다양한 문화적 특성 때문에 차별과 동경의 대상이 되는 다양한 집단들을 위한 교육이라 정의하였다. 또한 베넷(Milton Bennett)은 다문화교육의 목표를 평등교육으로 교육과정 개혁을 통하여 주류집단과 비주류집단의 모든 사람이 다문화적 능력을 배양하여 사회정의의 실현에 참여할 수 있도록 하는 교육으로 정의하였다(Bennet, 2001).

다문화교육은 1960년대 미국에서 소수인종 집단의 권익 향상을 위해 시작된 시민권 운동이며 교육, 고용, 공공시설에서 차별을 배제하려는 시도였다(Portera, 2008). 시민권 운동에서 출발하여 소외당하거나 억압받았던 계층인 아프리카계 미국인, 장애인, 노인, 여성 등을 위한 인권운동으로 확산되면서 교육의 개념이나 내용, 그리고 방법 등이 변화를 맞이하였다. 특히, 다문화교육의 용어는 1960년대 후반에는 미국 이민자들의 민족적 배경과 문화적인 공헌에 대한 이해를 위한 교육이라는 상호(또는 간) 문화교육(intercultural education)으로 사용되었다(류경애, 이재득, 2016).

또한, 1970년대 캐나다와 호주에서도 다문화교육이 시작되었다. 이러한 상호문화교육(intercultural education)의 개념은 과거 몇 년 동안 영어권 국가에서 뿌리를 내리기 시작하였다. 유럽에서도 이민의 흐름이 높은 대부분 나라(프랑스, 독일, 벨기에, 네덜란드)의 상호문화교육에서도 비슷한 발전노선이 이루어졌다. 1980년대에 이르러서 그 관심이 본격적으로 증대되기 시작하였다. 이러한 관심은 사회 내에 많은 인종적, 그리고 하위문화 간의 구성원에 의해 개인적, 혹은 집단적인 기회가 대립하는 문제와 집단 상호 간 관계의 문제를 포함하는 것이다. 특히 이는 미국의 교육체계에 있어서 모든 아이가 교육 현장에서 뒤처지지 않도록 하는 표어(No child left behind) 아래 교육과정을 통하여 교육적 평등주의를 이루고자 하는 이념에서 시작되었다(김운삼, 2019).

다문화교육이라는 개념은 반편견교육, 다민족교육, 국제이해교육, 세계이해교육 등의 용어로 불리고 있다(김운삼, 2019). 다문화교육이란 다양한 문화나 사고방식이 당연한 것으로 간주하고 서로 다른 문화로 인한 행동의 차이나 사고방식의 차이를 수용하고 이해할 것을 강조하는 교육이라고 정의되었다. 특히 문화적 다양성을 가치 있는 자원으로 지원하고 확장하려는 교육임과 동시에 다양성이야말로 미래 세계에 가장 중요한 요소라는 인식의 변화를 가져오는 교육임이 강조되었다(이영석, 2007).

또한, 다문화교육은 다른 민족, 인종과 성, 언어, 계층 등에 따른 다양한 문화에 대해 존중하고 이해하도록 하는 지식, 태도, 기술을 준비하는 교육이다. 즉, 모든 민족과 인종 집단의 역사와 문화에 대한 다양성을 이해하기 위한 세계화 교육이며, 각 나라가 가지고 있는 문화를 존중하고 자신의 고유문화에 대한 정체성을 유지하고 다른 문화를 이해할 수 있는 지식, 태도, 기술을 기르게 하는 교육이 되는 것이다.

그러나 다문화교육은 교육의 대상을 사회 · 문화적 소수집단으로 한정하여, 그들의 문화적 정체성을 강조함으로써 전체 사회의 갈등과 불화를 야기하여 국가통합에 장애요인으로 작용할 수 있다고 지적하였다. 또한, 다문화교육 과정에서 소수집단의 음식이나 의복, 공예품 등 피상적인 문화에만 초점을 맞춤으로써 문화의 깊은 측면을 이해하지 못하게 한다는 비판점도 있다. 따라서 다문화교육에 대해 비판적인 이론가들은 다문화교육은 다문화주의와 마찬가지로 사회 구성원 모두가 평등한 교육적 기회를 제공받아야 함에도 소수민족 집단들은 사회나 교육제도 속에 존재하는 사회적 불평등을 받는 점을 간과하게 된다고 지적하였다. 이와 같은 다문화교육의 의미는 학자들과 교육기관에 따라 추구하는 중심 내용, 교수학습 방법론, 교육의 대상이 되는 집단 등 다양하게 이해되고 있다.

서구사회에서 다문화교육의 대표적인 학자(Banks, Bennett, Sleeter & Grant)들의 다문화교육에 대한 가장 일반적 정의는 다양한 배경의 학생들이 학교에서 평등한 성취 경험을 갖도록 교육의 평등, 차별 제거를 위해 끊임없이 노력하는 과정, 즉 일종의 학교개혁 운동으로 파악하는 것이다(Banks, 2008). 개혁운동으로써 다문화교육은 한 사회의 문화, 인종, 민족, 언어, 종교적 다양성의 요소를 반영하는 교육제도와 가치체계를 변화시키고 개혁하는 움직임을 강조한다.

베넷은 다문화교육은 다음의 네 가지 차원의 핵심 영역으로 구성된다고 주장하였다(Bennett, 2001). 첫째, 평등교육(equity pedagogy), 둘째, 교육과정 개혁(curriculum reform), 셋째, 다문화적 역량(multicultural competency)의 육성, 넷째, 사회정의교육(teaching toward social justice)이다. 이러한 베넷의 네 가지 차원의 핵심 영역을 구체적으로 살펴보면 다음과 같다.

먼저, 평등교육은 다문화교육의 가장 핵심이고 중요한 철학적 개념이자 목표로 사회적 소수계층인 저소득층, 소수민족, 학교생활에서 불리한 조건을 가진 학생들에게 능력, 재능, 경험에 있어 공평하고 공정한 기회를 제공하고자 한다. 다음으로, 교육과정 개혁은 평등교육을 실천하기 위한 핵심 영역으로 전통적인 교육과정에 대한 재인식 혹은 변혁의 의미로 기존의 전통적인 관점에 의해 무시당하거나 억압받아 온 지식의 특정 영역이나 관점을 재조명하는 것이다. 또한, 다문화적 역량은 다문화사회에서 다양한 문화적 배경을 지닌 사람들과 조화롭게 살아가는 지식을 가지는 것을 의미한다. 즉, 의도적인 의사소통(몸짓, 언어, 신호)을 해석하는 능력, 무의식적인 행동,

가정 문화, 다른 문화 유형의 관습 등을 이해하는 능력이다. 마지막으로, 사회적 정의교육은 사회의 공평한 접근 · 참여 · 성취 측면을 강조한다. 사회정의 실현을 위하여 사회적 차별과 불평등에 대해 민감하게 반응하고 인식하며 지식과 인식을 발전시키고 개혁에 적극적으로 참여해야 한다.

뱅크스는 다문화교육은 모든 학생이 성별이나 사회적 계층, 민족적 · 인종적 · 문화적인 특성과 상관없이 학교에서 학습을 위한 동등한 기회를 가져야 한다고 주장하였다(Banks, 2009). 또한, 학교와 다른 교육 기관들을 변화시키고자 노력함으로써 모든 계층, 성별, 인종, 언어 그리고 문화적 집단의 학생이 학습을 위한 동등한 기회를 누리도록 하는 교육개혁 운동이라고 지적하였다. 다문화교육은 학교 전체와 교육환경에서의 변화를 포함하며, 교육과정의 변화에 한정되지 않으므로 계속 진행되고 있는 일련의 과정으로 다문화교육이라 주장하였다.

뱅크스는 다문화교육은 여러 개의 서로 상이하면서도 중요한 차원을 가진 광범위한 개념으로 인식하였다. 이에 따라 다문화교육의 저서를 분석하였고, 현장의 교육자들이 이를 실행할 수 있도록 하는 다섯 가지 차원의 학교 개혁지침을 마련하였다(Banks, 2004). 다문화교육의 차원은 ① 내용통합(content integration), ② 지식구성(knowledge construction), ③ 편견감소(prejudice reduction), ④ 평등교육(equity pedagogy), ⑤ 학생의 역량을 강화하는 학교 문화와 조직(empowering school culture)으로 분류하였다.

먼저, 다문화교육 내용통합은 교사가 교수 시 자신의 교과 영역이나 전공에서 다루는 주요 개념, 원리, 일반화된 내용, 이론 등을 제시하기 위하여 얼마나 다양한 문화와 집단으로부터 적절한 사례나 내용을 이용하여 사용하는지를 다룬다. 이에 지식구성은 교사는 함축적인 문화적 가정, 준거들, 시각, 학문마다 가지는 편향성이 어떻게 지식이 구성되는 방식에 영향을 미치는지를 학생이 이해하고 조사하고 결정하도록 돕는다. 편견감소는 학생이 가지는 인종적 태도의 특징과 어떻게 그 특징이 교수 방법과 자료에 의해 수정되는지에 초점을 둔다. 다음으로, 평등교육은 교사가 다양한 인종, 문화, 성, 사회계급의 학생이 학문적 성취가 용이할 수 있는 방식으로 자신의 수업을 수정할 때 이루어진다. 다양한 문화와 민족집단 학생들의 학습 양식과 일관성을 지니는 폭넓은 교수법과 접근법을 사용하는 것이다. 마지막으로, 학교문화의 역량 강화는 집단화와 레벨링 관습, 스포츠 참여, 성취 불균형, 인종과 민족을 넘어선 학생과 교직원 간의 상호작용은 다양한 인종, 민족, 성을 가진 학생들의 역량을 강화하기 위한 학교문화를 만들기 위해 검토되어야 한다.

또한, 뱅크스는 다문화교육의 목적을 달성시키기 위해 교육과정을 개혁하는 방안으로 다음과 같이 네 가지 접근방법을 제시하였다 (Banks, 2006). 첫째, 기여적 접근(contributions approach)은 학교 교과과정에 소수집단의 영웅이나 기념일, 구체적인 문화적 공예품들을 교육과정에 포함하는 것이다. 둘째, 부가적 접근(additive approach)으로 교육과정에 인종적 내용, 개념, 주제, 관점 등을 강좌, 또는 책을 첨가하는 것이다. 셋째, 변혁적 접근(transformative approach)은 교육과정의 구조를 바꾸는 것으로 근본적인 목적, 구조, 관점의 변화를 통해 주류중심의 문화를 탈피하여 학생들이 다양한 인종과 문화집단의 관점에서 개념, 쟁점, 사건, 주제 등을 생각해볼 수 있도록 하는 데 있다. 넷째, 사회행위적 접근(social action approach)으로 변혁적 접근의 모든 요소를 포함하면서, 교육과정의 변화가 학생들의 실제 삶의 태도에까지 변화를 일으키는 방안을 모색한다.

다문화교육은 무엇보다 타문화 존중 및 문화 차이의 인정, 그리고 차별철폐가 강조되었다(황갑진, 2010). 예컨대, 다문화교육 담론에 대한 비판적 고찰은 다문화교육은 다양한 집단들의 차이와 특성을 존중하는 교육을 통한 민주주의 교육의 실천으로써 문화적 요인에 의한 차별을 제거하는 데 그 목적이 있다(황갑진, 2010). 또한, 다문화교육은 인종, 신념, 종교, 문화, 민족성의 차이에도 불구하고 다른 사람과 공존할 수 있도록 문화적 다원주의와 사회적 다양성을 학생들이 접해야 한다. 즉, 다문화교육 개념은 인종, 종족, 성, 계급, 종교 등 다양한 요인 또는 문화만을 강조하는 복합적 차원의 입장, 그리고 자유주의적인 입장에서 사회 구조적 변화를 요구하는 급진적 입장에 이르기까지 다양하다고 주장하였다.

한국사회에 새롭게 등장한 다문화교육이란 용어는 2007년에도 다문화교육의 개념이 명확히 정의되어 있지 않았다(박영준, 2016). 다문화교육은 국제이해교육으로 이해되었고, 또는 국제이해교육은 다문화교육으로 이해되었다. 따라서 국제이해교육과 다문화교육은 서로 연관성이 있는지 또는 어떻게 구분할 것인지는 분명하지 않았다. 따라서 연구자에 따라 국제이해교육에 다문화교육을 포함시켜야 한다는 주장과 다문화교육에 국제이해교육이 포함되어야 한다는 주장이 있어 왔다. 국제이해교육과 다문화교육은 유럽이나 미국에서는 이미 20세기 후반부터 시행되어 온 데 비해 한국에서는 비교적 최근에 시작되었다. 서로 다른 발생 배경을 가진 두 교육의 개념 정립은 물론, 교육내용과 범위에 대해서도 명확한 설정이 이루어지지 않은 상황에서 교육하고자 하는 교사들에게 혼란을 가중시켰다.

2) 해외 다문화교육 등장 배경

미국에서 다문화교육은 1960년대와 1970년대 초 소수자의 인권을 옹호하는 시민운동으로부터 인종차별주의를 반대하는 교육개혁의 일환으로 시작되었다. 1970년 이후에는 종교, 성별, 나이, 장애, 성적 취향에 따른 소수자 및 약자를 위한 학교교육 개혁 운동으로 전개되었다. 당시의 다문화교육이란 인종, 민족, 사회, 경제적 계층, 젠더, 성적 지향성, 장애에 관계되는 사회문제를 다루는 교육이었다. 이와 더불어, 다문화교육은 사회에서 다양한 문화집단들이 서로 존중하고 공존하기 위해 이들 집단에서 일어나는 문제점들에 대해 비판적 성찰을 통해 더 나은 삶, 더 나은 세계를 추구하는 교육이라 할 수 있다(박영준, 2016).

다문화교육은 다민족 국가에서 민족 간의 갈등 해소와 공존을 위한 교육으로부터 시작되었다(Gay, 2018). 다문화교육은 때로 다인종교육이라는 용어로도 불렸다(Banks, 1994). 다인종사회인 미국과 유럽 국가들에서 시작된 교육이기 때문이다. 이들 다인종 국가들은 소수인종이 정착하는 과정에서 이들이 주류사회에 동화되기를 요구하였다. 그러나 이러한 정책은 이후 평등, 정의 및 다양성 인정이라는 민주주의 개념과 위배된다는 점에서 소수집단과 주류집단 모두 반론을 제기하였다. 이러한 상황에서 새롭게 제시된 개념이 다문화교육이다(Randall, Nelson & Aigner, 1992).

다문화교육은 사회구성원들이 서로 다른 인종적 · 민족적 · 종교적으로 구성되면서 이들의 다양한 욕구를 충족시키기 위한 교육을 목표로 발전되어 왔다. 반면, 국제이해교육의 발생 배경은 세계화와 관련이 깊다(김현덕, 2007). 예를 들어, 김현덕(2007)의 연구는 다문화교육과 국제이해교육의 비교연구를 통해서 두 교육의 발생 배경과 개념 비교를 제시하였다. 유네스코가 중심이 되어 시작된 국제이해교육은 세계화가 가속되면서 급속히 발달한 정보통신과 교통의 발달로 점점 국가 간의 경계가 희미해지고 이주가 급증되면서 주목받게 되었다고 주장하였다. 유네스코는 국제이해교육의 기본방침으로서 '국제이해, 협력 및 평화와 인권 및 기본적 자유에 관한 권고'를 채택하여 인구, 식량, 자원, 환경, 에너지 등의 전 지구적인 문제에 대한 교육적 대안으로 국제이해교육의 기본방침으로 제시하였다.

이후 세계질서는 민주주의와 시장경제 체제가 더욱 보편화되고, 사람, 자본, 기술, 상품, 서비스 등의 국가 간 이동이 지속으로 증대됨에 따라 세계의 상호의존성은 더욱 심화하였다. 이에 따라 자연히 세계 각국은 국제이해교육에 큰 관심을 가지게 되었다. 이같이 국제이해교육과 다문화교육은 서로 다른 배경과 동기로부터 시작되었다. 국제이해교육의 배경이 세계화의 진행에서 비롯된 국경을 초월하여 세계인이 국가 간 협력을 위한 공동체적 시각에서 세계문제를 해결하기 위한 방법을 찾는 평화교육이라면, 다문화교육은 한 지역이나 국가의 다인종화 혹은 특정 지역에서 서로 공존하는 여러 문화권의 사람들이 자신의 고유문화를 지키고 기존의 주류문화와 조화를 이루어 살아가도록 하는 교육으로 여겨졌다.

3) 한국의 다문화교육 등장 배경

교육부에 따르면, 2006년 9,389명으로 집계되었던 다문화가정 학생(외국인노동자가정 자녀와 국제결혼가정 자녀)은 2007년에는 14,654명, 2008년에는 20,180명으로 많이 증가하였다. 다문화학생의 수는 가파르게 상승하며 2017년 처음으로 10만 명을 넘어섰으며 2018년에는 12만 명을 넘어섰다(통계청, 2018). 이러한 다문화가정 학생이 증가함에 따라 다문화교육에 대한 필요성이 더욱 증대되었다. 한국 정부는 2006년부터 국제결혼으로 인한 다문화가정 자녀의 양육과 교육, 이주노동자가정 자녀의 한국 유입으로 인한 인종적 · 민족적 배경이 다른 구성원의 학교 유입에 따른 학교교육에 대한 재구조화 문제를 교육정책 영역에 확장시켰다(박영준, 2016). 이러한 다양한 교육정책은 학교현장에서 계속되고 있다. 학술연구 분야에서 한국사회의 다문화교육에 대한 소개는 1980년대부터 시작되었으며, 2006년 이후에는 다문화교육 관련 논문이 매년 100여 편 이상 발표되고 있으며, 다문화교육 관련 저서 또한 활발히 진행되었다.

한국에서 다문화교육을 연구하는 많은 연구자는 다문화가정 구성원들이 겪는 차별과 소외, 학교 부적응과 같은 경험들이 오랫동안 단일민족을 강조해온 한국사회의 분위기나 다문화사회로의 변화에 대한 준비가 부족했던 점에서 기인한다고 여겼다. 이를 해결하기 위한 방안으로 학교에서의 다문화교육이 시행되었다. 선행연구들은 공통으로 다문화교육 실행에 있어 교사의 역할이 중요하며, 다문화적인 감수성과 다문화적 환경에서 지도 능력을 모두 갖출 수 있도록 다문화교육 연수 프로그램이 필요하다는 지적을 하였다(모경환, 2009; 모경환, 황혜원, 2007; 박윤경, 성경희, 조영달, 2008; 오은순, 2009; 최충옥, 모경환, 2007). 한국사회에서 다문화교육은 다문화가정을 대상으로 하는 교육, 국제이해교육의 범주 안에 있는 타문화이해교육, 그리고 문화적 다원주의, 즉 다양한 문화집단의 권리를 인정하고 존중하고자 하는 문화다양성 교육을 강조하고 실천하기 위한 교육 등으로 이해되고 있다(서보라, 박찬석, 2016).

4. 다문화교육의 특징

1) 해외 국가들의 다문화교육의 특징

다문화교육에 관심을 가져온 해외 대표적인 다문화 국가인 미국, 프랑스, 그리고 독일의 사례를 살펴보면 다음과 같다(권오현 외, 2009). 미국은 다양한 이민자를 중심으로 형성된 국가지만, 프랑스와 독일은, 세계대전 이후의 경제발전 등 여러 상황적 요인으로 인하여 다양한 인종, 민족집단이 유입되면서 다양한 문화의 공존에 대하여 관심을 두게 된 국가들이다. 또한, 미국이나 독일의 경우 학부나 대학원 과정을 중심으로 다문화교육 과정이 운영되는 반면, 프랑스는 다문화교육을 담당하는 기관에 의해 운영되고 있다.

(1) 미국 다문화교육

1960년대와 1970년대 초에 인권운동에서 출발한 미국의 다문화교육은 초기에는 학교에서의 유색인종이나 소수인종 학생의 독특한 문화를 어떻게 수용할 것인가라는, 즉 인종주의에 대항하기 위한 교육적 노력으로 출발하였으나, 점차 인종, 민족, 성별, 사회계층, 언어와 장애 문제와 관련한 학교개혁 운동으로 확장되었다(강휘원, 2010). 미국 다문화교육의 특징은 첫째, 평등을 추구하는 철학적 개념이 교육과정 속에 적용되고 있다. 둘째, 특정 인종이나 집단만을 위한 교육이 아니라, 모든 학생을 위한 교육과정이다. 특정 소수집단만을 위한 교육이 아니라 주류사회의 백인 학생들도 다양한 사회에서 살아가기 위한 필수적인 교육이다. 셋째, 사회적 공평과 평등의 발달을 촉진하는 사회정의교육이다. 넷째, 학생의 비판적 사고와 주체적 활동 및 의사결정을 강조하는 사회실천교육이다. 다섯째, 기본 교육과정으로 전 세계에서 효율적으로 상호작용할 수 있는 필수적인 지식과 기술을 제공한다. 여섯째, 교육개혁 운동으로 학교를 비롯한 교육기관의 구조를 바꾸는 종합적 개혁 과정이다. 일곱째, 전체적인 과정으로 다양한 교육과정이 역동적이고 지속적인 경험이다(장인실, 2006).

미국의 많은 학부, 대학원 과정에서 다문화교육 관련 프로그램이 시행되고 있다(권오현 외, 2009). 그중에서 초등학교 교사양성 과정에서 이중언어교육과 다문화교육을 개설하고 있는 대학의 프로그램을 살펴보면, 다문화교육의 기초, 부모와 지역사회의 참여, ESL프로그램 참여를 필수과목으로 개설하고 있다. 이 외의 선택과목으로 이중언어 환경에서 영어를 가르치는 방법, 제2언어 교수와 구조화된 영어 몰입 방법과 자료, 통합 언어와 내용 교수 등과 같은 강좌를 포함하는 언어발달에 관련된 지식, 세계의 민족들, 미국 인디언들, 미국의 다문화적 사상과 가치관, 미국 다민족 문학에 대한 토픽 등과 같은 지식을 가르치고 있다.

미국 내 여러 대학에서 운영하고 있는 다문화교육 관련 교육과정을 분석한 결과는 첫째, 학교사회에서의 인종적·민족적 불평등을 해소하기 위한 사회정의와 교육적 형평성, 둘째, 다문화 교실 환경에서의 교수법과 상호문화이해교육, 셋째, 소수민족의 문화 이해하기와 민족성 또는 인종, 문화 등에 대한 이론, 넷째, 언어적 소수자들을 위한 일반적인 교수법 및 상담법, 다섯째, 소수자와 학교현장, 언어습득을 위한 교수법 및 이론, 소수자들의 읽고 쓰기 능력 함양을 위한 교수법 및 이론 등을 공통으로 포함하였다(모경환, 2009).

(2) 프랑스 다문화교육

1970년 이전까지 프랑스의 모든 학교는 아동의 문화적 복수성을 인정하지 않았다. 그러나 1970년 초반부터 이 정책의 부분적인 수정이 이루어졌다. 1973년까지 대량 이민으로 문화의 복수성과 다양성이 심화되었고, 세계적 경제공황으로 대량 실업사태가 발생했기 때문이다. 그리하여 1974년 프랑스정부는 국내로의 이민을 중지시키는 한편, 이미 들어와 있는 이주자들을 안정화하기로 하였다. 이 정책에 따라서 이민자 자녀들을 받아들인 학교에서는 그들의 출신문화를 인정하기 시작하였다. 이런 맥락에서 등장한 것이 상호문화적 활동이었다. 이민자 자녀의 출신 언어, 문화교육이라는 차원에서 도입된 이 활동은 이민자 자녀들을 그들의 문화적 정체성을 존중하면서 프랑스교육 체제 내에 최대한 잘 편입시키는 것이었다. 1977년 스톨레뤼(L. Stoléru)는 이주노동자 귀국지원 정책에 따라 귀국하는 이들의 자녀들이 본국에 재적응할 수 있도록 하였다. 1975년에는 이민자 출신 언어, 문화교육을 실시하여 이민자가족의 재통합정책을 실시하였다. 프랑스교육부는 1978년 출신 언어, 문화교육을 모든 학생을 대상으로 확대하였다(장한업, 2009).

프랑스의 대표적인 다문화교육 전담기관은 이민자와 비정착주민들의 학교적응을 위한 교육센터였다(심봉섭, 모경환, 이경수, 2007). 이 교육센터는 외국인 학생들이 프랑스사회로 통합될 수 있도록 돕고, 외국 학생들의 교육과 관련된 다양한 정보를 담당 교육자들에게 전달하는 중개자 역할을 하며, 특별반 운영 교사들과 일반 교사들 사이의 정보망 역할을 한다. 이렇게 프랑스의 다문화정책은 다문화가정 자녀들이 일반 학급에 통합되도록 하고, 교사들의 다문화 이해능력을 제고하는 데 지원하기도 하지만, 프랑스 이민자가정이 프랑스사회에 적응하는 데 프랑스어 학습과 프랑스 문화적응이 중요하다고 간주하여 언어와 문화교육을 중점적으로 실행하고 있다. 또한, 교사들에게 제공하는 프로그램 교육활동은, 다문화가정 자녀들이 프랑스사회와 일반 학급에 통합될 수 있는 교육방법과 언어교육을 강조하고 있다.

(3) 독일 다문화교육

독일에서는 이미 1970년부터 서독 이주가정 자녀의 사회적 통합과 후원 사업에 대한 교육정책에 관심이 고조되었다. 독일 연방주의 교육부는 '다문화 학습안'과 같은 규정을 만들었고, 2002년도에는 이주가정 자녀들의 교육이 성공적으로 이루어졌다고 주장하였다(성상환, 2009). 독일은 학교교육 정책에 관해서는 각 주정부가 전권을 행사하는 연방제 국가이다. 독일에서는 현직 교사들을 위한 다문화 연수보다는 교사양성 과정에서 다문화와 관련된 교육이 시행되고 있다. 독일에서는 상호문화라는 용어를 사용한다는 점에서 미국의 다문화와는 다르다. 상호문화교육은 모든 학생이 인간성의 윤리적 기초, 자유와 책임, 연대와 민족적 상호이해, 민주주의와 관용의 태도와 행동 양식을 발달시키는 것이다. 상호문화교육은 상호문화적 사고, 관점, 태도, 행위를 배우고, 상호문화적 의사소통 능력을 향상하는 것을 의미한다. 이를 위해 언어능력 향상을 최우선 과제로 여겨 취학 전 교육, 학교교육, 직업교육에 걸쳐 다양한 프로그램과 정책이 실시되었다(김상무, 2010).

학부에서 제공되는 교육과정을 살펴보면, 문화, 다양성, 상호문화 교육학 입문 등과 같은 수업들이 개설된다. 상호문화교육 연구소를 별도로 운영하는 쾰른 대학이나 뮌스터 대학의 경우에는 상호문화교육 연구 분야를 상호문화교육학, 이민자 언어, 제2언어로서의 독일어 및 다중 언어, 이민과 사회참여로 나누어 세분화하고 있다. 예를 들어, 쾰른 대학 학위 과정에 '상호문화적 의사소통과 교육(Intercultural Communication and Education)'이라는 세부 전공을 살펴보면, 크게 상호문화적 의사소통과 교육에 관한 이론, 역사적인, 사회적인 전제조건, 기관, 조직, 법적인 토대, 교수법 및 방법론으로 나누어진다. 세부 강좌명을 살펴보면, 이민과 관련된 주제가 큰 비중을 차지한다는 것이 특징적이다. 이는 외국인노동자의 이민을 수용하면서 다문화사회가 된 독일의 사회적 배경을 반영하는 것이다.

이처럼 해외 대표적인 다문화 국가인 미국, 프랑스, 그리고 독일의 사례를 살펴보았다. 특히 미국이 실시한 학교현장에서의 다문화교육 실태분석을 기초로 한국 다문화교육에 대한 정책적 시사점을 제시할 수 있다. 미국의 다문화교육은 주류와 비주류가 교육현장에서 동일한 지위를 가질 수 있도록 하는 교육개혁에 기반을 두고 있으며, 일반 교과교육을 통하여 주로 이루어지고 있다(박순호, 2010). 따라서 다문화교육의 목표는 다양한 배경을 가진 학생들이 성, 인종, 계급, 민족과 관계없이 평등한 교육권리를 부여받고 평등한 성취 경험을 할 수 있는 학교개혁 운동이다. 또는, 다양한 문화를 이해하고, 모든 형태의 차별에 적극적으로 대응하고 서로 배려하는 관계 형성을 강조하는 교육에 기반하고 있다. 그러나 한국의 다문화정책은 국제결혼이주자나 외국인노동자와 그 자녀를 대상으로 한국어와 한국문화교육에 초점을 둔 결과 이들을 제외한 대다수의 국민은 다문화교육에 대한 이해와 경험의 정도가 매우 낮다(박순호, 2010).

2) 한국의 다문화교육

한국의 다문화연구는 1980년대부터 시작되었으나 본격적인 연구는 2006년 하인스 워드(Hines Ward) 방문 후부터 이루어졌다(장인실, 차경희, 2012). 그리하여 다문화교육에 관한 연구 경향에서부터 다문화가정의 교육현황 연구, 이론적 측면에서 다문화교육 등이 이루어졌다(조영달 외, 2010; 장인실, 차경희, 2012).

한국에서 다문화교육은 인권교육과 반편견교육을 중심으로 이루어지고 있다(서보라, 박찬석, 2016; 추병완, 2012). 인권교육은 다문화교육의 핵심적 가치라고 할 수 있는데, 이는 다문화교육의 시작이 소수집단의 인권 보호에서 시작된 시민권 운동이기 때문이다. 예를 들어, 한국 다문화교육의 내용 체계화에 따르면, 다문화교육의 핵심적인 가치들에서 문화, 문화다양성, 상호문화적 상호작용, 인권, 민주주의 등을 다문화교육 내용에 포함하고 있으며, 이때 인권은 서로다른 문화의 공존을 위한 토대 개념으로 여겼다. 또한, 서로 다른 문화에 속한 사람들이 원활하게 상호작용하는 데 필요한 규칙으로 간주하였다.

반편견교육은 인종, 민족, 종교, 문화 등에 근거한 편견에서 벗어나 모든 인간을 존중하려는 노력과 태도를 길러주는 교육으로 정의하였다. 교육현장에서 모든 학생이 다양성을 수용하고 차별적인 상황에 직면하였을 때 맞설 수 있는 비판적 사고, 기능을 발달시킬 수 있는 능력을 기르는 것을 반편견교육의 목표로 정의하였다. 그러므로 반편견교육은 다문화교육과 맥락을 같이한다.

학교 다문화교육을 위해서는 다문화가정 자녀들의 교육을 담당하고 있는 현장 교사들의 다문화교육 연수가 필수적이다. 교사들의 다문화적 감수성과 이해를 증진하고, 다문화사회를 주도해야 할 학생 교육에 필요한 교원의 자질과 교육능력을 함양하는 데 필요하다. 그리하여 학교에서 이루어지는 다문화교육 연수 프로그램은 전국적으로 점차 증가하고 있다. 특히, 2008년에 시행된 다양한 연수 프로그램 중 30시간 이상으로 진행된 세 가지 연수과정이 있다. 교육 연수원에서 진행된 다문화이해교육 직무 연수과정을 크게 교양, 교직, 전공 영역으로 나누었다. 연수원에서의 교육은 다문화교육과 관련된 이론적인 논의는 부족한 반면 다문화가정 이야기, 새터민 청소년 실태와 교육 등과 같이 다문화가정 구성원들에 대한 이해를 심화시키기 위한 과목과 다문화이해교육 프로그램과 수업의 실제 부분에 초점이 맞추어져 있다.

제 2 장

다문화사회복지와 다문화교육 담론의 형성과 변천과정

1. 다문화사회복지정책 담론의 도입기

한국의 역사적 맥락 속에서 시기별(1960~1970년대, 1980~1990년대) 복지정책이 어떻게 발전하였는지 살펴보는 일은 의미 있는 일로 여겨진다. 1950년대는 전쟁 이후, 전쟁고아와 이재민 구호에 대한 보건복지 사업이 시행되었다. 구체적인 복지서비스 전달은 국제기구와 민간기구가 우선이 되어 시행되었으나, 이 시기에는 후생시설 설치기준령과 후생시설 운영요령 등이 제정, 시행됨으로써 전쟁고아의 수용에 편의를 도모하였다(최병호, 2014).

1) 1960~1970년대 사회복지정책

1960년대와 1970년대 사회복지정책은 국민들이 빈곤에서 벗어나도록 하는 데 주력하였다. 경제성장에 기초한 노동수요가 증가하여 일자리가 생겨남에 따라 경제성장이 곧 복지로 여겨졌다. 이에 따라 극빈층에 대한 빈곤구제 차원의 지원이 복지정책의 중심이었다. 노동시장에서 발생하는 열악한 환경과 착취가 인권의 문제로 다루어졌으나 복지정책 차원에서 해결되지 못했다. 예컨대, 도시에 유입된 농촌 인구에 대한 주거, 의료, 빈곤 등의 문제가 대두되었다.

이 시기에는 경제력 집중이 가속화되고, 특히 치솟는 물가상승으로 소득분배가 이루어지지 않았고, 상대적 빈곤과 박탈감이 팽배하는 등 사회적 갈등이 커짐에 따라 민주화운동과 노동운동이 시작되었다. 빈곤에서 벗어나기 위한 노력으로 정부는 각종 복지 관련 법을 제정하였다. 1960년 공무원연금의 도입을 시작으로 1962년 극빈층을 위한 생활보호제도가 시행되었다. 일반인을 대상으로 하는 사회보험으로는 1964년에는 산재보험이 도입되어 열악하고 위험한 작업 환경에서 발생하는 재해에 대처하였다. 1977년과 1988년에는 각각 국민건강보험과 국민연금이 도입되었다. 특히, 1970년대 도시화, 산업화에 따른 각종 사회문제와 개인 욕구가 대두됨에 따라 「사회복지사업법」이 제정되었고, 본격적인 산업화의 결실과 체제 경쟁을 위해 의료보험과 의료보호법이 시행되었다(최병호, 2014). 국민연금 관련 국민복지연금법은 제정되었으나, 경제적 이유로 시행되지는 못하였다.

2) 1980~1990년대 사회복지정책

1980년부터 1992년까지 국제수지 흑자와 고도의 경제성장이 지속되었다. 경제성장으로 후진국에서 개발도상국으로 도약하여 국민소득 수준이 증대되었고 시장 개방의 확대로 인해 삶의 질적 수준도 높아졌다. 그러나 풍부한 생산인구가 시장에 투입되었음에도 노동 공급은 부족하였다. 1980년대에는 민주화, 복지사회 건설과 올림픽 개최 등에 따른 국제기준의 사회복지법령이 제정되었다(최병호,

2014). 「사회복지사업 기금법」, 「아동복지법」, 「장애인복지법」, 「노인복지법」, 「국민연금법」, 「최저임금법」 등 복지국가의 공공복지 근간을 이루는 기본법령 등이 대거 제정되어 시행되었다.

특히 1981년부터 1987년까지 복지투자는 본격적으로 진행되어 건강보험제도가 확대되었고, 「국민연금법」이 도입되어 본격 시행되었다. 또한, 국방과 경제 사업 비중이 축소되었으며, 교육세가 신설 (1982)되었다. 이와 같은 복지제도의 확대로 인해 특히, 1980년대 초반 복지지출 비중이 급격하게 성장하였다. 한편 건강보험은 1988년 농어촌지역 의료보험을 실시하였고, 1989년에는 도시지역 의료보험을 실시함으로써 전 국민을 대상으로 하는 국민건강보험제도가 완성되었다(최병호, 2014). 이와 같은 제도 확대에 따라 정부의 복지지출 비중은 꾸준히 성장하였다. 이에 따라, 경제적 성장으로 삶의 질적 수준은 높아졌으나 상대적으로 계층 간 분배갈등이 생겨나기 시작하였다. 성장에서 소외된 계층의 증가와 경제적 불평등 및 상대적 박탈감이 확대되었다. 또한 노동자 파업 등 다양한 사회문제가 발생하였다. 이러한 사회현상은 복지정책이나 학술적인 연구에 반영되었다.

한국에서 가족복지정책 연구는 제도에 대한 비교연구나 정책 분석, 개선방안에 대한 연구들이 대부분이었다. 가족법, 아동, 장애인, 노인, 여성지원 방안에 관한 연구, 편부모 및 소년가장 가족의 지원 방안에 대한 연구, 공적부조 제도에 관한 연구, 재가복지 서비스에 관한 연구들이 활발히 진행되었다. 또한, 한국에서 다루어진 사회사업적 개입 방안의 대상이 되는 가족문제 중 가장 많이 연구된 것은 빈곤가족 문제와 장애인가족 문제였다.

가족에 대한 사회복지는 가족생활을 보호, 보장, 강화하고, 가족 구성원 개개인의 사회적 기능 수행을 높이기 위하여 시행되는 제반 서비스 활동으로 중요하다. 특히 가족의 문제를 다양한 측면에서 검토하고 파악하여 가족 구성원들이 가족문제의 예방, 해결, 인간의 사회적 기능의 활성화, 생활의 질적 향상에 필요한 사회복지서비스 과정을 포함하여, 가족생활의 향상과 문제 해결을 통한 사회복지 증진을 모색하는 데 있기 때문이다. 그 외에 이혼문제, 노인가족 부양 문제, 부부간의 문제, 가족 스트레스 문제, 모자가족 문제, 소년가장 가족문제 등이 많이 연구되었다. 산업화 이후 사회제도와 가족제도가 급격한 변화를 겪으면서 가족문제는 심화되었고, 가족의 복지기능은 약화됨에 따라 이를 가족 내외에서 지원하고 보완하려는 가족 복지 대책이 사회복지와 사회복지학의 중요한 관심 대상이 되었다.

3) 1970~1980년대 다문화가족 담론

1970년대부터 1980년대까지 결혼이민자 관련 연구 내용은 미군과 결혼한 한국 여성의 적응에 초점을 둔 내용이었다. 1970년대의 연구는 국제결혼의 특수 동기부터 부부갈등의 요인, 결혼이민자 여성의 가정 배경, 결혼 동기, 성격 등 국제결혼의 특성을 규명한 탐색적 연구가 주류를 이루었다. 1980년대 연구는 임상적인 연구가 수행되었는데 한국인의 문화적 가치관, 가족치료 및 상담에서 나타난 국제결혼의 문화 갈등 이외에 대인관계, 가족관계, 재정 관리, 언어 소통 등 다각적인 측면에서 접근하였다. 1980년대에 수행된 연구 결과는 주로 미군 아내의 대부분이 하류층 또는 기지촌 출신으로 언어와 문화적인 차이 등으로 미국 생활에 적응하지 못하였다. 특히 매춘과 관련된 부정적인 이미지로 미국사회와 교포사회에서 차별적인 대우를 받았는데, 이에 따라 그들만의 여성공동체를 형성하고 살았음을 보여준다. 이러한 점을 바탕으로 불평등한 국가관계와 부부관계의 관련성 또한 중요한 주제로 다루어졌다.

1980년대 말부터 유입된 외국인노동자의 인권문제가 등장하면서 시민사회의 관심이 증가하였지만, 정부의 관심은 미약하였다. 여성정책 관점에서 한국인 여성과 결혼한 외국 남성 및 자녀의 국적취득 문제, 예술흥행 비자로 유흥업에 종사하는 외국인 여성의 인권문제가 제기되었지만, 주요 정책 의제로 채택되지 못하였다(김이선, 주유선, 방미화, 2012). 국내의 결혼이민자 관련 선행연구는 출현 배경과 밀접하므로 연구 동향은 시기별로 차이를 보인다.

1990년대 이전까지는 한국사회에서 국제결혼이란 매우 드문 현상이었다. 주로 여성들의 문제로 여겨졌으며, 가난한 한국의 여성들이 주로 미국으로 또는 일본으로 혼인이주를 떠나는 것이 일반적이었다. 즉, 국내에서 외국인과 한국인이 결혼해서 사는 경우는 매우 드물었던 시기였다. 그러므로 외국인 배우자의 국적도 특정한 국가에 집중되어 있었다.

2. 다문화사회복지정책 담론의 성장기

1) 시기별 복지정책

(1) 1993~1997년 사회복지정책

1993년부터 1997년까지의 시기는 김영삼정부의 복지정책 시기로 한국 경제, 사회보장의 역사에서 중요한 전환기라 할 수 있다(최병호, 2014). 오랜 군사적 권위주의 국가체제를 종식하고 문민정부의 등장으로 민주화의 진전과 더불어 선진국 진입을 목표로 하는 세계화를 추진하였다. 1990년대 초반 세계화의 추세 속에서 유엔안전보장이사회와 1995년에 OECD 가입을 계기로 한국사회복지정책은 꾸준히 발전해왔으며 기존 복지제도의 내실화와 더불어 성장과 균형 있는 발전을 이루었다. 경제성장의 결과가 배분되고, 사회보장 영역의 각종 정책대응으로 분배의 형평성과 소득분배지수와 빈곤율도 함께 개선되었다. 산업별·직종별 임금 격차는 축소되었고, 빈곤 문제도 상당히 개선되었으나 호황기를 지나면서 상대적 빈곤율은 증가하였다. 고용보험제도가 1995년에 도입되어 한국 4대 사회보험제도가 완성되었고, 1998년에는 농어촌지역으로 국민연금제도가 확대 등 발전을 거듭하였다(최병호, 2014).

1990년대로 들어서면서 국제이주에 대한 관심의 증가로 한국사회는 국제결혼과 관련해서 상당한 변화를 겪기 시작하였다. 특히, 국제결혼 자체가 많이 증가하였고, 여성보다는 남성이 더 많은 국제결혼을 하게 되었으며, 국제결혼 배우자의 국적도 이전 시기에 비해 다양화되었다. 1990년의 국제결혼 건수는 4,710건에 해당한다(최연실, 2008). 한국 남성의 국제결혼 빈도는 1995년 이후 한국 여성의 국제결혼보다 월등히 많아졌으며, 이러한 양상은 꾸준히 지속되는 현상으로 나타났다. 또한, 1990년대 말에 이르는 동안 외국 여성 배우자의 국적은 중국과 일본, 그리고 외국 남성 배우자의 국적은 일본과 미국이 절대다수로 집중되어 있었다. 하지만 세계화 및 국제교류의 활성화 및 경제성장을 이룬 후에는 해외여행의 자율화, 해외 유학생의 증가, 사회·문화적 차원의 교류 증가 등으로 인해 한국인과 결혼하는 외국인 배우자의 국적이 더욱 다양해졌다(김두섭, 2006).

특히 1990년대 말부터는 예술흥행 비자로 유입되어 유흥업에 종사하는 외국인 여성 문제가 제기되었다. 이에 따라 2000년대 초부터 여성가족부에서 성폭력, 성매매 피해 외국인 여성에게 통역서비스를 제공하였으며, 이들을 위한 쉼터를 설치하는 등 다양한 사업이 추진되기 시작하였다(김이선, 김민정, 한건수, 2006). 그러나 이 시기 사업은 이주민 가운데 특수한 상황에 있는 이들만을 대상으로 시행한 것으로 일반적 차원에서의 이주민의 인권이나 사회적응 내지 다양성을 고려하지 못하였으며, 정책 차원에서도 주요한 논의로 관심을 받지 못하였다.

한국사회에서 국제결혼의 내용과 성격은 1990년대 이후 증가한 외국인노동자, 특히 아시아권에서의 노동력 유입에 따라 급격하게 변모되었다. 또한 중국에서 한국 교포인 조선족들이나 중국인들의 한국 노동시장 유입이 증가하였고, 그에 따른 국제결혼의 발생은 더욱 빈발하는 추세였으며, 일본과의 국제결혼은 꾸준히 유지되어 왔다. 이에 반해 국제결혼을 위해 해외로 이주하는 사례가 크게 줄어들었으며, 외국인이 한국으로 결혼하여 들어오는 경우가 증가하였다(최연실, 2008). 특히 중국과 동남아시아 여성에게 한국의 위상이 높아져 결혼이주로서의 국제결혼이 많이 증가하였고, 국내에 이미 들어와 일하고 있는 외국인노동자와의 국제결혼도 증가하였다.

(2) 1998~2002년 사회복지정책

1997년 말의 경제위기로 대량 실업이 발생하고 빈곤층이 증가하면서, 기존 사회복지 제도로는 효과적으로 대응하기가 어려웠다(최병호, 2014). 1998~2002년 김대중정부는 친복지의 진보적 이념을 지향하였지만, 한편으로는 당면한 경제위기를 극복하기 위해 생산적 복지정책을 추진하였다(이혜경, 2002). 생산적 복지는 종래의 사회복지가 시혜적 혜택과는 달리 민주적 시장경제의 틀 안에서 시장경제와 사회적 평등을 조화시키는 균형점이며, 복지지출이 단순히 소비라기보다는 사회적인 인적 투자로서 사회적 생산성 극대화에 있다.

생산복지는 3단계로 추진되었는데, 1단계는 경제 위기 아래의 실업 대책에 주력하였고, 취약계층을 보호하기 위한 한시적 대책으로 공공근로 사업, 실업급여 확대, 직업훈련 및 대부 제도 등이 실시되었다. 1998년 고용보험을 모든 사업장에 적용하였다. 2단계는 복지정책의 제도화를 추진하였다. 생산적 복지를 새로운 국정 이념으로 설정하였고, 전 국민 연금제도를 시행하였다. 2000년에는 국민기초생활보장제도를 도입하였고, 의료보험 조합을 통합하였으며, 의약분업을 시행하였다. 또한 산재보험을 모든 사업장에 확대하여 전 국민적인 사회보험의 틀을 갖추었다. 3단계는 2001년부터 내실화와

정착에 노력한 단계로 시혜적 차원에 머물고 있던 국민기초생활보
장제도는 생계능력이 없는 절대빈곤층에 대해 국가가 의무로 소득
인정, 근로 유인 등의 새로운 개념을 도입하여 공공부조 제도를 한
차원 높였다(최병호, 2014).

1990년대 이후 한국사회에서는 국민의 결혼이주보다 외국인의
국내로의 결혼이주가 증가하였다(이혜경, 2005). 특히 중국 교포를 위
주로 외국인 여성의 결혼이주가 증가하였다. 외국 여성의 결혼이주
는 1990년대 초반 농촌 남성의 배우자로 선호되었고, 1990년대 중
반 이후는 도시 재혼자의 배우자로 선호되었다.

(3) 2003~2007년 사회복지정책

노무현정부의 복지정책은 '참여복지'를 추진하였다(최병호, 2014).
참여복지는 생산적 복지를 발전시켜 빈부격차를 줄이고 기본적인
생활보장 수준을 국민의 70%가 중산층이 되는 보편적 복지수준을
이루는 데 있다. 이를 위해 '복지의 보편성, 복지에 대한 국가의 책
임 강화, 복지정책 과정에 대한 국민의 참여 강화'라는 세 가지 방향
으로 참여복지를 추진하였다. 이를 통해 국민의 기본적인 생활보장
을 보편적 복지 수준으로 제고하였다. 특히 이 시기에 몇몇 사회단
체들은 '국제결혼', '혼혈아'와 같은 차별적인 용어 대신에 '다문화
가족'과 '다문화가족 2세'로 용어를 변경하였다. 특히 2006년 정부
가 국제결혼가정을 '다문화가정'이라고 부르기 시작하면서 이들에
대한 정책이 증가하였고, 각종 언론 매체에서 다문화 관련 기사 또
한 이전 시기보다 많이 증가하였다(이혜경, 2014). 국제이주에 대한

관심의 증가는 2007년 이후에는 다문화 열풍으로 전환되었다.

2) 다문화 담론

2000년에 들어서면서는 여성이 국제결혼을 통해 다른 나라로 이주하는 현상은 개인적인 문제와 전 지구적 자본주의 체계에 기인한 선진국과 저개발국 간의 발전 격차, 송출국과 유입국의 사회, 정부, 국제결혼중개업체 등 다양한 요인으로 작동되었다. 그중에서 국제결혼을 통해 영리를 추구하려는 국제결혼중개업체의 증가가 국제결혼 증가의 한 요인으로 작용하는 것으로 여겼다(설동훈 외, 2005).

다문화와 관련된 연구는 2006년 이후 폭발적으로 증가하였다. 특히, 2000년대 이후 한류 열풍은 중국, 일본, 동남아 국가들 사이에서 한국에 대한 호감에 큰 변화를 가져오게 되었고, 한국정부나 민간 차원에서 이들 지역과의 적극적인 상호교류나 활동도 주목할 만한 변화를 보여주었다. 이러한 변화는 향후 이 국가들 사이에서 국제결혼에 대한 인식이나 태도에 영향을 미치게 되었고, 다양한 문화를 수용하는 방향으로 변화해가는 계기가 되었다.

2000년대 중반 이주민 관련 정책은 새로운 전기를 맞게 되었다. 한국인과 외국인, 특히 한국인 남성과 외국인 여성 간 국제결혼이 급증하면서 결혼과정에서의 인권침해 문제, 결혼과 국내 입국 이후 가족 갈등과 자녀의 성장환경 등이 사회적 관심사이자 정책과제로 부상하게 되었다(김이선, 주유선, 방미희, 2012). 또한 여성결혼이민자를 중심으로 정부의 사업이 추진되었지만, 일정한 방향성, 체계성을 갖춘 정책으로서의 성격이 미약하였다. 2006년 범부처 종합 계획 성격의 '여성결혼이민자가족 및 혼혈인이주자 사회통합 지원방안'부터 공공정책 차원의 다문화사회가 표방되기 시작하였다.

그러므로 1990년대와 2000년대 다문화 담론은 여성결혼이민자 개인 대상의 연구, 여성결혼이민자 가족을 대상으로 한 연구, 문화와 소통 등 사회통합의 연구, 그리고 서비스 지원방안의 개선 연구 등으로 구분되었다(김이선 외, 2012). 결혼이민자 개인 연구와 여성결혼이민자가족을 대상으로 한 연구의 공통적인 담론은 여성결혼이민자의 결혼생활에서의 어려움으로 파악되었다.

2000년대 중반에 오면서 여성결혼이민자 개인의 연구보다는 결혼이민자가족의 결혼생활, 경제생활 및 취업 실태, 사회적 차별, 정체성, 정책 수요 등 결혼이민자가족 실태 파악에 대한 연구가 이루어졌으며, 연구 대상도 세분화되어 가는 경향으로 나타났다(김영선, 2011; 정기선, 김영혜, 박경은, 이은아, 박지혜, 2007). 여성결혼이민자의 문화 갈등과 소통 등 사회통합에 초점을 둔 연구뿐만 아니라(김이선 외, 2006; 양옥경, 김연수, 이방현, 2007), 결혼이민자 가족지원 서비스 체계의 효율화에 이르기까지 다양한 연구가 이루어졌다.

선행연구들은 여성결혼이민자 개인에 초점을 맞춘 연구에서 결혼과정, 사회적응 실태, 복지수요, 인권차별 등을 중심으로 수행되었으며, 결혼이민자가족을 대상으로 수행된 연구는 결혼과정, 결혼생활, 부부폭력, 자녀양육, 경제생활, 사회적응, 가치관, 서비스 이용 실태, 가족정책 분석 등이 제한적으로 이루어져 왔다. 그러나 결혼이민자가족을 대상으로 가족부양, 가족관계, 가족 기능, 돌봄 실태,

사회적 지지, 복지욕구 등 가족이 중심이 되는 연구는 미흡한 실정이다.

2000년대 후반부터는 정부의 강력한 정책추진의 영향을 받아 다문화주의는 본격적으로 진행되기 시작하였다. 다문화와 관련된 논의들은 다문화사회로의 전환을 위한 개념 정립과 이론적 탐색에서부터 이주민의 사회적 위치, 이주민문화와 한국문화의 차이 등 다문화사회에 나타날 수 있는 문제점들과 한국사회의 접점을 찾기 위한 노력이 대부분이었다(김이선, 이창호, 박준금, 2008; 최종렬, 2008). 다문화사회로의 전환에 관한 관심은 정부의 정책으로 교육 분야에 있어서 두드러지게 나타났다. 2008년에 여성부, 법무부, 교육부 등 중앙부처에서 110개의 프로그램이 지원되었고, 지방자치단체에서도 200여 개의 다문화 지원사업이 추진되었다. 대부분의 지원 프로그램이나 사업 이주로 학령기 아동을 대상으로 하는 다문화 이해 및 한국문화 적응 교육에 초점이 맞추어져 있지만, 이주민 여성 혹은 이주노동자들을 대상으로 하는 평생교육 프로그램 역시 상당수 운영되었다(박성혁, 성상환, 2008).

3) 다문화가족 연구의 다양성

세계적으로 다문화가족의 출현은 전쟁 및 국가 간의 고용시장 및 생활환경의 격차, 유입국의 인구학적 변화, 그리고 가족의 결합 욕구 등으로 출현하게 되었다. 더 나아가 저출산, 고령화 심화, 세계화, 정보산업 발달, 혼인 수급의 불균형 등으로 다문화의 가족 규모는 점점 확대되고 있다(김유경 외, 2008).

한국에서 다문화주의가 학문적으로 연구의 주목을 받기 시작한 것은 1990년대 초반 문학 비평의 영역에서였다. 이후 다문화주의는 1990년대 후반부터 점차 정치학, 철학, 사회복지학, 사회학 영역까지 확장되었지만 활발하게 전개되지 못한 편이다. 1990년대의 국내 학술지 논문에 실린 다문화 연구는 35건으로 나타났으며(이혜경, 2014), 이러한 초기의 연구들은 대부분이 교육학 차원에서 다문화교육을 소개하는 내용이었다. 그 밖에는 다른 학문, 즉 인문학(정상준, 1995), 경영학(백용창, 1995)의 관점에서도 다문화주의를 소개하는 논문이 나왔다. 사회과학계에서는 정치학(김비환, 1996; 임성호, 2000), 인류학(한승미, 2003), 역사학 등에서 관련 연구가 나오기 시작하였다.

연구의 대부분은 국내로의 결혼이주가 증가함에 따른 국제결혼에 대한 전반적인 현황(이금연, 2003; 석원정, 2004), 국제결혼여성의 가정폭력 실태(설동훈 외, 2005; 이순형, 이옥경, 민미희, 2006; 정기선 외, 2007) 등의 연구들이 이루어졌다. 또한, 외국인 주부에 대한 실태사례, 정책방안과 중국 교포 이주여성을 대상으로 국제결혼과정과 적응 및 갈등경험 등을 분석한 연구들(홍기혜, 2000), 그리고 한국과 일본의 국가 간 국제결혼에 대한 문제를 다룬 연구도 이루어졌다.

다문화가족 관련 초기 연구로는 다문화가족의 출현 배경 및 형성과정이 주류를 이루다가 다문화가족이 증가하면서 여성결혼이민자의 특성 및 가족생활 적응, 경제생활 취업실태, 사회 차별, 정체성, 정책 수요 등을 주제로 하는 연구가 수행되었고, 대상 및 지역도 여성결혼이민자에서 가족 단위로 확대되었으며, 나아가 농촌에서 전국 단위로 연구범위가 확대되어 전국 단위의 결혼이민자가족 실태를 파악하는 연구가 수행되었다(김유경, 2011). 최근으로 오면서 부부간 폭력, 갈등으로 인한 다문화가족 위기 관련 연구들이 수행되는 경향을 보였다(김혜순 외, 2007; 김유경 외, 2008; 김이선, 이창호, 박준규, 2008; 양순미, 2007).

(1) 다문화가족의 인구사회적 특성 연구

지난 수십 년간 우리나라의 외국인 수는 계속해서 증가하였는데, 이들은 취업, 동거 거주, 결혼, 유학 등의 이유로 이주하였다. 그 중 국제결혼을 통해 다문화가족의 형성이 빠른 속도로 이루어지면서 이에 대한 관심 또한 증폭되었다. 우리나라 전체 결혼 건수에 비해 국제결혼 비율은 1990년 1.2%에서 2005년 13.5%를 차지하였으며, 2010년까지 약 11% 수준을 지속적으로 유지하였고 현재에도 약 10% 정도 유지하고 있다(통계청, 2013).

다문화가족의 특성 및 실태연구 결과(김승권 외, 2009)에서, 결혼이민자를 만난 경로는 결혼중개업체가 가장 많았고, 다음은 가족, 친척의 소개, 친구, 동료의 소개, 본인 스스로, 종교 기관 등의 순으로 나타났다. 혼인상태는 배우자가 있는 경우가 다수(96.0%)였으며, 결혼 형태는 초혼이 65.0%, 나머지 35.0%는 재혼으로 나타났다. 다문화가족의 해체 이유는 성격 차이가 가장 많았고, 다음은 경제 무능력, 외도, 학대와 폭력 등의 순으로 높았다(김승권 외, 2009).

여성결혼이민자의 취업은 지역 간에 차이를 보여 도시지역이 다소 높았고, 배우자의 취업상태는 농촌지역이 다소 높았다(설동훈, 이혜경, 조성남, 2006; 김승권 외, 2009). 취업직종은 서비스직이 가장 많았으며, 다음은 기타 단순 노무직, 전문직의 순으로 높았다. 종사상 지위는 임시직 또는 일용직이 과반수에 해당되었다(김승권 외, 2009). 일하면서 느끼는 어려움으로 언어 소통이 가장 높았으며, 다음은 외국 출신에 대한 편견과 차별이었다. 이 외에 고된 일과 긴 노동 시간도 어려움으로 지적하였다.

결혼이민자가족의 자녀양육은 보육시설, 유치원, 어린이집, 사설학원, 한글교실 등 기타 기관에서 양육하는 경우는 도시와 농촌 간의 격차가 큰 것으로 나타났다. 미취학 자녀를 시설 또는 기관에 보내지 않는 이유는 만 2세 미만이라 받아주지 않아서가 거의 절반 수준으로 가장 높았고, 다음은 비용 부담, 시설에 대한 불신 순으로 나타났다. 초등학생 자녀의 교육상 어려움은 학습 지도와 학원비 마련, 그리고 숙제 지도하기 등이 높았다(김승권 외, 2009). 또한 어머니의 한국어 미숙으로 인해 자녀의 한국어 학습이 지체되고 초등학교에 진학해서 학습 부진으로 나타났다(왕한석, 한건수, 양명희, 2005).

특히 여성결혼이민자의 사회지지 관계는 직장, 일터 등에서 가깝게 지내는 사람이 있는 경우는 도시지역에 거주하는 여성결혼이민자가 농촌보다 많았으며, 이웃, 동네의 친지는 농촌 거주자가 도시 거주자보다 많아서 지역사회 성원과의 관계가 양호한 것으로 나타났다(김이선 외, 2008). 다문화가족의 사회연결망은 개인 집안의 어려운 일 등 당사자의 국가 사람과 한국인의 혼합 형태로 이루어졌으며, 여가나 취미생활과 경조사는 주로 한국인과 함께하는 경향을 보였다. 또한, 사회활동은 배우자 가족 모임이 대다수로 나타났고, 다음은 당사자의 가족 모임, 당사자의 국가 친구 모임 순으로 높았고, 학부모 모임과 지역 주민 모임은 상대적으로 저조하였다.

결혼이민자여성이 결혼 후 경험하는 가장 큰 어려움은 언어와 문화, 생활방식의 차이로 남편과 시댁 식구들 사이에서 발생하는 오해와 갈등으로 나타나는 일이 빈번하였다(김혜순, 2007). 또한, 의사소통의 불편함과 문화 배경과 가치의 이질성은 이혼을 야기하는 원인으로 작용하였다(양순미, 2007). 특히 여성결혼이민자에 사회적 편견과 차별은 인권까지도 침해하는 것으로 나타났다. 이처럼 여러 연구에서 나타나는 공통점은 한국생활에서 가장 힘든 점으로 언어문제와 경제문제, 다음은 자녀문제, 문화 차이, 가족 갈등, 편견, 차별 순으로 나타났다.

(2) 다문화가족의 갈등과 가정폭력 관련 연구

다문화가족 갈등에 대한 연구결과(김유경 외, 2008)에서 다문화가족의 부부간 갈등을 유발하는 문제는 경제문제가 가장 높았고, 다음은 자녀문제, 배우자의 부모, 형제·자매와의 관계, 가사와 육아 부담 순으로 나타났다. 도시지역에 거주하는 경우는 자녀문제, 가사, 육아부담, 부부관계, 부모, 형제·자매 관계 등에 대한 부부갈등이 높았으며, 농촌은 경제문제에 대한 부부 갈등이 높았다. 결혼 기간이 오래될수록, 가구소득이 낮을수록 부부 갈등이 높았다.

다문화가족의 부부폭력 관련 연구결과에서 다문화가족의 부부폭력 발생은 지속으로 증가하는 추세(2005년 22.3%에서 2010년 69.1%)로 나타났다. 부부폭력 발생 유형은 통제에 의한 폭력이 가장 높았고,

다음은 정서적 학대, 방임, 재정적 학대, 신체적 학대 순으로 높게 나타났다(여성가족부, 2010). 발생 원인은 가부장인 불평등한 권력 관계, 문화 차이, 경제 요인 등으로 나타났다. 결혼이민자가족의 부부간 폭력은 이민자의 4분의 1 이상이 배우자의 가정 내 폭력 또는 모욕적인 행동을 경험하였다. 폭력 유형은 폭언 또는 모욕적인 말, 생활비나 용돈을 주지 않는 것, 이민자 본국 가족에게 송금을 못 하게 하는 점, 신체적 폭력, 의처증 또는 의부증, 기타 폭력적 행동 등이었다.

가정폭력 해결 방법 중 가장 도움이 된 방법은 결혼이민자 상담소의 방문 상담이었고, 다음은 경찰 신고와 전화 상담이었다(설동훈 외, 2006). 한편 농촌 이주여성 중에서 남편에게 생활비나 용돈을 주지 않은 경우를 경험한 비율은 35.7%로 가장 높았고, 다음은 언어적 학대, 송금 금지, 외출 금지, 신분증을 빼앗는 경우, 의처증, 신체적 학대, 성적 학대를 경험한 순으로 나타났다. 가정폭력 도움 요청 방법은 약 40%가 아무런 대책도 없었고, 나머지는 경찰에 신고, 상담소의 방문 상담, 그리고 상담 전화를 이용하였다(이순형 외, 2006). 도움을 받는 방법에 대한 인지도가 낮은 것으로 나타났다.

여성결혼이민자의 가치관 및 인식에 대한 연구결과에서 종교 차이도 중요한 이유로 나타났으며, 노부모의 부양책임관, 남편의 가사노동 분담관 등은 양성 평등적인 것으로 나타났다(설동훈 외, 2006). 가부장제 의식, 부부 평등 의식은 한국인 배우자가 결혼이민자보다 보수인 성향이 높아 부부 의식의 괴리는 부부 갈등을 야기할 가능성이 높았다(이순형 외, 2006). 성역할 인식에서 여성은 가사와 자녀양육에 전념하고 시댁에만 헌신하도록 하는 요구는 여성결혼이민자의 갈등과 스트레스의 원인으로 나타났다(김혜순, 2007). 특히 한국 남편의 성역할 태도, 사회관계 정도는 여성결혼이민자의 정서적 상태와 관련이 높아서 한국 남편의 융통성 있는 역할이 여성결혼이민자의 심리복지에 영향을 미치는 것으로 밝혀졌다.

(3) 다문화가족의 사회 차별과 인권 관련 연구

2000년 이후 급증한 다문화가족의 안정적 정착과 인권침해 문제 등은 사회적 현안이 되었고, 이와 더불어 다문화가족의 사회 차별 및 인권 관련 연구들이 진행되었다(김유경 외, 2008). 이러한 사회적인 문제에 대한 대응방안으로 마련된 부처별 개별 사업이 점차 통합되고 체계화되면서 한국 다문화가족정책은 가족정책 및 외국인정책의 한 영역으로 발전되어 왔다. 다문화가족정책은 여성결혼이민자가족의 사회통합지원을 위해 2006년 대통령 자문기구인 빈부격차, 차별시정위원회와 여성가족부 등 12개 부처가 공동으로 추진하였다. 다문화가족 지원서비스 전달 기구인 다문화가족지원센터가 2006년에 21개 시군구에 처음으로 설치되었다. 이후 다문화가족의 수가 증가하고 결혼이민자에 대한 가정폭력 등이 사회적 문제로 대두되자, 2007년 12월 「결혼중개업의 관리에 관한 법률」이 제정되어 국제결혼중개업에 대한 관리·감독이 강화되었고, 2008년 3월에는 「다문화가족지원법」이 제정되면서 '여성 결혼이민자' 대신 '다문화가족'이라는 용어가 사용되었고, 정책의 대상 및 범위도 결혼이민자 위주에서 다문화가족 전체로 확대되었다. 이에 따라 다문화가족의 삶의 질 향상과 사회통합을 위해 기본계획 등을 수립하여 사회적응 교육, 가족 상담 등 지원 사업을 추진하였다. 또한, 「국민기초생활 보장법」, 「가정폭력방지 및 피해자보호 등에 관한 법률」, 「결혼중개업의 관리에 관한 법률」 등에 근거하여 다문화가족에 대한 사회보장서비스 지원, 가정폭력 피해 보호, 국제결혼 중개 건전화 등 다양한 정책을 추진하였다.

다문화가족 구성원이 겪는 인권문제와 사회 차별 그리고 자녀들이 경험하는 집단따돌림 등의 문제를 다룬 연구결과(김유경 외, 2008)에서 다문화가족이 차별을 경험한 비율은 약 40% 정도였고, 이 비율은 도시지역이 농촌지역보다 높게 나타났다. 아울러 장년층일수록, 교육수준이 높을수록, 체류 기간이 길어질수록 차별을 경험한 비율이 높았다. 한편 다문화가족자녀들이 친구로부터 집단따돌림을 경험한 비율은 약 20%로 나타났으며, 특히 학교에서 친구들에게 놀림이나 차별, 따돌림을 당한 경험이 있는 비율은 약 30%로 나타났다. 따돌림을 당한 이유는 부모 중 한 사람이 외국 출신, 다른 아이와 다른 외모, 의사소통이 잘되지 않아서 등으로 나타났다(김유경 외, 2008; 이재분, 2008).

(4) 다문화가족의 복지실태 연구

여성결혼이민자 가족의 복지 수준 및 욕구를 연구한 결과에서 제도와 지원 서비스에 대한 여성결혼이민자의 인지도는 영유아 보육료 지원, 빈곤층의 생계, 의료비 지원 등에서 인지도가 높았으며, 농촌지역 거주자가 도시보다 높게 나타났다(김유경 외, 2008). 보건소를 통한 임신, 출산 지원, 지방자치단체의 생활정보 제공, 기관의 서비스 제공 등은 농촌지역 거주자의 인지도가 높지만, 가정폭력, 여성폭력과 관련된 지원체계, 취업교육, 일자리 알선 서비스에 대한 인지도는 도시지역 거주자의 인지도가 높았다(이순형 외, 2006). 다문화가족의 사회보험 가입률 중에서 국민건강보험 가입률은 상당히 높은 수준(82.7%)이었으나, 국민연금(14.2%), 고용보험(8.9%), 산재보험(7.8%) 가입률은 저조하였다. 그리고 다문화가족 국민기초생활보장 지원 수혜율(8.3%)과 의료 보호 지원 수혜율(7.7%) 또한 10% 미만으로 매우 저조한 것으로 나타났다(김승권 외, 2009).

여성결혼이민자는 읍면동사무소 등 공적 기관과 사회복지관, 이주여성상담소 등 민관 기관의 이용이 매우 적었으며, 특히 사회복지관에 대한 인지도가 낮은 것으로 지적되었고 사회복지 전달체계가 원활하지 않은 것으로 나타났다(설동훈 외, 2005). 여성결혼이민자가 교육 서비스 제공에 참여하지 못한 이유는 교육프로그램의 접근성에 취약하였고, 다음은 자녀를 돌봐야 하는 이유, 집을 비울 수 없는 경우, 생활이 바빠서, 비용이 없는 등의 순으로 나타났다. 이들에게 필요한 교육프로그램으로는 한국어교육, 자녀양육 및 지도방법교육, 한국요리 실습교육 및 한국문화교육, 컴퓨터교육에 대한 선호도가 높았다(이순형 외, 2006).

여성결혼이민자를 대상으로 제공되는 서비스 중에서 도움이 된 서비스는 한국어교육, 한국요리강습을 선호하였고, 서비스 선호도가 높은 프로그램은 정보화교육과 한국어교육, 한국요리강습, 취업

교육 훈련 등의 순으로 나타났다. 한편, 여성결혼이민자가 교육 서비스에 참여하기 위해 가족의 허락과 지원이 가장 높았으며, 다음은 편리한 시간의 서비스 제공, 자녀 돌봄서비스, 교통편 지원 등으로 나타났다. 출산, 자녀양육, 의료진과의 의사소통 어려움 등을 겪는 결혼이민자가족을 대상으로 찾아가는 서비스는 전반적으로 미약한 수준이었으며, 주된 원인은 서비스가 초기라는 점과 예산 수반 등이 지적되었다(김이선 외, 2007).

다문화가족에 대한 선행연구는 가족 분석 등에 편중되어 가족 부양 및 기능, 건강 및 보건의료 실태에 대한 통계자료가 부족하고, 급증하는 해체 가족을 대상으로 한 기초연구가 부족한 상태이다. 또한, 다문화가족을 대상으로 하는 복지서비스의 대부분이 결혼이민자 개인에게 제공되어 가족 단위의 서비스 지원이 부족한 실정이다(김유경 외, 2008). 이와 함께 다문화가족을 위한 사회적 안전망이 구축되지 않은 여건하에서 다문화가족의 증가는 사회적 취약계층을 생산하고 가족해체를 가속화시켜 우리 사회의 통합을 저해하는 사회문제로 대두되고 있다. 따라서 다문화가족의 특성, 가족관계의 변화, 가족부양, 가족 기능 및 복지 욕구뿐만 아니라 해체 가족의 특성 및 실태 등을 파악하는 가족 단위의 연구 필요성이 제기된다. 다문화가족의 특성 및 복지 욕구를 파악하여 사회 취약계층인 다문화가족이 건강하게 유지 발전되고, 전체 가족원이 원만한 가족생활을 할 수 있도록 사회적 지원방안을 마련할 필요가 있다. 특히, 다문화가족은 언어적 · 문화적 부적응, 사회적 편견, 제도적 차별, 가족해체 등의 각종 요인에 노출되어 있음에도 사회적 지원체계가 미흡하고, 사회 제도권에서 배제되어 가족 안정성 및 사회통합을 저해하고 있다.

3. 다문화사회복지정책 담론의 정착기

다문화가족 관련 연구가 2006년 학술지 논문 1편으로 아주 미약한 상태이고, 학술대회 논문에서 7편으로 나타났다. 그 후 학술지 논문은 점진적으로 증가하다가 2009년에는 학술지 논문 19편과 학술대회 논문 15개로 총 34편의 논문이 발간되어 다문화가족 연구가 급증하고 있음을 보여주었다. 2010년의 학술지 논문은 7편으로 나타났는데(최정혜, 2010), 연구 분야 분석결과, 한국생활 적응, 결혼 및 부부관계 적응, 자녀문제, 문헌 연구, 지원서비스 문제, 다문화교육 및 교사의 인식을 주제로 한 연구들로 이루어졌다. 특히, 결혼 및 부부관계 적응에 관한 연구가 가장 많았으며, 그다음 순으로 자녀의 심리적 적응문제, 한국생활 적응문제 순으로 나타나 전체적으로 결혼여성이민자 자신이나 자녀 등 다문화가족의 한국사회 적응에 관한 어려움이 화두가 되고 있음을 알 수 있다.

2000년대 후반부터 다문화가족 개념의 형성과 관련 정책 추진에 기반하여 사회통합을 목표로 하는 다문화사회 정책은 괄목할 만한 성장을 한 것으로 평가받고 있다. 특히, 다문화가족 개념이 정책에 반영되면서 다문화사회 정책 전반에 큰 변화가 생겨났다. 당시 보건복지가족부 내에 전담 부서에서 다문화가족과가 설치되었고, 「다문화가족지원법」이 제정, 시행되면서 다문화가족 지원정책이 다문화사회정책 전반을 지배하는 상황으로 전개되어 갔다. 다른 한편, 「재한외국인처우기본법」의 시행과 더불어 다문화가족 지원정책과 외국인정책이 함께 성장하기 시작하여 다양한 부처에서 관련 정책들이 경쟁적으로 추진되었고, 이에 따른 예산 지원도 크게 늘어났다. 즉, 다문화가족지원정책과 외국인정책 중심으로 정책 추진 부처도 다양화되어 여러 부처에서 관련 정책이 적극적으로 추진되었다(김이선 외, 2012). 사회통합 차원의 다문화사회 정책의 범위는 다문화가족정책과 외국인정책으로 크게 구별되어 나누어질 수 있다. 다문화가족정책은 정책 대상의 가족생활과 삶의 질 향상에 목표를 두고, 외국인정책은 개인의 적응과 능력 발휘에 초점을 둔다는 점에서 비교 가능하지만, 모두 사회통합에 궁극적 목표를 둔다는 점에서 공통점이 있다.

전국에 걸쳐 다문화가족지원센터를 설립하여 운영함으로써 제공되는 복지서비스는 이들의 한국생활 적응에 상당한 도움이 되어 왔다. 그러나 결혼이주여성을 위한 복지서비스는 여러 기관에서 제공되고 한국어교육이나 적응을 위한 프로그램에 지나치게 집중되어 있으며, 개별적인 복지 욕구를 충족시킬 만한 다양한 프로그램이 부족한 실정으로 나타났다(김안나, 최승아, 2012; 정상기, 정윤수, 2010).

특히 2000년대 중반부터 이주노동자, 결혼이주여성, 북한이탈주민, 화교, 정주 외국인 등 다양화가 가속화되었다. 상업적 결혼중개를 통한 국제결혼이 급증하면서 결혼이민자의 한국사회 정착과 인권 보호, 다문화가정 자녀의 사회적응 등이 사회문제로 부각되었다. 이에 정부는 다문화가족의 안정적 생활 지원을 위한 정책 기반을 마련하였고, 제1차 다문화가족지원정책 기본계획(2010~2012년)과 제2차 다문화가족정책 기본계획(2013~2017년)과 제3차 다문화가족정책 기본계획(2018~2022년)을 수립하였다(여성가족부, 2018). 한국의 다문화가족에 대한 사회복지서비스의 방향은 다문화가족의 지원 범위를 확대하고 가족정책 틀 내에서 다문화가족의 지원책이 접근되어야 한다(김유경, 최현미, 최소연, 김가희, 2013).

1) 시기별 사회복지정책과 다문화가족정책

(1) 2008~2012년 사회복지정책과 다문화가족정책

2008~2012년 이명박정부의 복지정책은 '능동적 복지'로 복지 확대의 기조를 유지하였다(최병호, 2014). 복지문제에 대한 인식은 서민의 생활고를 덜어주는 실제적인 복지를 강조하였다. 특히 서민들의 어려움을 덜어주기 위하여 7% 성장과 일자리 60만 개를 창출하며, 특히 청년 실업률을 절반으로 낮추고, 서민들의 세금 부담을 경감하고, 생활비를 인하하여 서민 주거문제 안정과 영세 자영업자와 재래시장을 활성화하는 정책제안을 제시하였다. 능동적 복지를 '빈곤과 질병 등 사회적 위험을 예방하고, 위험에 처한 사람들이 일을 통해 재기할 수 있도록 돕고, 경제성장과 함께하는 복지'로 전환하여 그 추진 방향을 ① 모든 국민이 안심하고 살아갈 수 있는 평생복지, ② 개인별 특성에 맞는 예방·통합·맞춤형 복지, ③ 일자리와 균등한 사회참여 기회를 제공하는 일하는 복지, ④ 효율적 전달체계를 통한 국민체감형 복지로 수정되었다(김순영, 2011).

복지정책은 2009년 근로장려세제 시행, 든든장학금과 맞춤형 국가장학금 등의 교육 투자 확대와 일하는 사람에 대한 지원강화에 초점을 두었다. 또한 참여정부에서 시행되었던 복지프로그램은 지속되었다. 보육료 지원을 소득층 일부를 제외한 전 가구로 확대 제공하였다.

제1차 다문화가족정책 기본계획(2010~2012년)의 목표는 다문화가족의 삶의 질 향상 및 안정적인 정착지원과 다문화가족 자녀에 대한 지원강화 및 글로벌 인재 육성이다(김유경 외, 2013). 주요 정책 과제로는 ① 국제결혼 중개관리 및 입국 전 검증 시스템 강화, ② 결혼이민자 정착지원 및 자립 역량 강화, ③ 다문화에 대한 사회적 이해 제고, 그리고 ④ 다문화가족 자녀의 건강한 성장 환경조성이 제시되었다.

제1차 다문화가족정책 추진성과는 2011년 4월 「다문화가족지원법」을 개정하여 다문화가족의 범위를 확대(출생에 의한 내국인과의 결합 가족에서 귀화 또는 인지에 의한 내국인과의 결합 가족까지)하고 다문화가족정책위원회를 설치하여, 기본계획 및 시행계획 수립의 근거를 마련하였으며, 국제결혼중개업 등록 기준 강화, 신상 정보 제공 의무화 등 국제결혼 중개 건전화를 위한 법령·제도도 개선하였다. 한편 다문화가족지원센터[2]를 전국적으로 확대(2009년 100개소에서 2012년에 206개소로)하였고, 사회통합프로그램 운영기관을 2009년 20개

---

2 「2021년 가족사업 안내」 개정(2021.10.13. 시행)에 따라 여성가족부(장관 정영애)는 10월 13일부터 가족서비스 제공기관인 건강가정·다문화가족지원센터(약칭 '건가다가 센터')의 명칭을 가족센터로 변경한다고 밝혔다(건강가정·다문화가족지원센터 → 가족센터).

소에서 2012년 271개소로 확대하는 등 다문화가족정책 및 서비스 수행을 위한 전달체계를 확립하였다.

(2) 2013~2017년 사회복지정책과 다문화가족정책

박근혜정부의 복지정책은 '맞춤형 고용복지'를 시행하였다(최병호, 2014). 맞춤형 고용복지정책은 이전 정부에서 추진되었던 보편적 복지정책을 확대하여 친복지정책을 통한 국민행복 실현에 기반하였다. 복지정책은 '기초연금 도입, 고용과 복지 연계, 저소득층 맞춤형 급여 체계 구축, 보육에 대한 국가 책임 확충, 4대 중증질환 보장성 강화' 등을 포함한 23개 과제로 시행되었다. 4대 중증질환은 암, 심장병, 뇌 질환, 희귀난치성 질환으로 환자들이 비급여 진료 중 치료에 필요한 부분을 급여화한 제도이다. 그리하여 미용성형을 제외한 대부분의 중증 질환이 건강보험 관리 영역의 범위에 들어오게 되어 국민들의 진료비 부담을 줄이게 되었다. 또한, 정부는 총지출의 30%를 복지 분야에 투입하여, 국민이 행복한 희망의 새 시대를 위한 맞춤형 고용, 복지 영역의 국정과제 이행 역량에 역점을 두었다.

제2차 다문화가족정책 기본계획(2013~2017년)의 목표는 사회발전 동력으로서의 다문화가족 역량 강화, 다양성이 존중되는 다문화 사회 구현이다. 주요 정책과제로는 안정적인 가족생활 기반 구축, 결혼이민자의 사회·경제적 진출 확대, 다양한 문화가 있는 다문화가족 구현, 다문화가족에 대한 수용성 제고, 그리고 다문화가족자녀의 성장과 발달 지원이다. 추진성과는 주요 분야별로 살펴보면, 먼저 다문화가족의 초기적응 지원을 강화하기 위해 다문화가족지원센터에서 한국어교육, 통·번역 서비스, 가족교육, 상담 등 다문화가족의 한국사회 적응을 위한 통합서비스를 제공하는 한편, 다문화가족종합정보 전화센터(1577-1366, 다누리콜센터)를 운영하여 모국어(13개 언어)로 한국생활 정보, 기관 안내 및 연계, 생활통역서비스, 긴급 상담 등을 지원하였다.

다문화가족의 사회참여 및 자립역량을 강화하기 위해 결혼이민자 스스로 정착과정을 설계하고 실행 계획을 수립하도록 지원하는 '결혼이민자 정착단계별 지원 패키지'를 도입하여 운영하였다. 이와 함께 문화예술 모임, 학부모 모임 등과 같은 다문화가족의 자조 모임을 활성화하는 한편, 다문화가족 자녀가 건강하게 성장하고 학교 생활에 적응하여 원만한 교우관계를 형성할 수 있도록 언어(한국어) 발달지원 서비스, 방문 돌봄서비스 등을 지원하고, 학령기 자녀를 대상으로 진로지도, 사회성 발달 등을 위한 '자녀성장 지원사업' 등을 추진하였다. 또한, 결혼이민자 등 다문화가족에 대한 부정적 인식을 개선하고 사회통합 환경조성을 위해 다문화이해교육 및 대국민 홍보, 지역의 민관협력을 통한 다문화가족 교류, 연계 프로그램 발굴 및 확산 등의 정책을 추진하였다.

이처럼 다문화가족정책은 결혼이민자 증가에 대응하여 비교적 짧은 기간 내 다양한 사업을 추진하여 다문화가족의 초기 사회정착에 기여하였다. 2015년 전국에 다문화가족지원센터는 217개소가 운영되었다. 다문화가족지원센터에서는 다문화가족 이중언어 환경 조성 프로그램, 배우자 부부교육, 다문화이해교육, 취업 기초 소양교육, 가족상담 등 다양한 프로그램을 통해 결혼이민자가족의 적응을 도왔다. 또한, 지리적 여건 등으로 인해 센터 이용이 어려운 다문화가족을 대상으로 방문서비스를 확대하여 한국어교육 및 부모교육, 자녀 생활서비스를 제공하고 있으며, 결혼이민자를 통·번역 전문인력으로 채용하여 의사소통이 어려운 결혼이민자에게 통·번역 서비스를 제공하였다. 그 결과, 다문화가족의 결혼 지속 기간이 점차 증가하였고, 이혼율도 감소하였다. 가구소득이 월 소득 300만 원 이상 비율이 증가하는 등 다문화가족의 생활이 점차 안정되는 것으로 나타났다(다문화가족실태조사, 2015). 또한, 다문화가족자녀의 취학률이 향상되었고, 학업중단도 다소 감소하는 등 전반적으로 다문화가족자녀의 학교 적응도가 향상되는 것으로 나타났다.

(3) 2018~2022년 사회복지정책과 다문화가족정책

문재인정부의 복지를 '포용적 복지'라고 규정하였다(김미곤, 여유진, 정해식, 김성아, 조한나, 2017). 포용적 복지국가에 필요한 5개의 국정 전략은 복지국가의 구축에 필요한 복지, 성평등, 교육, 노동, 보건의료, 생활 안전, 생태 환경, 문화 등의 영역으로 집중되어 있다. 포용적 복지의 철학적 함의는 인본주의, 사회통합, 보편주의, 다양성에 대한 존중 등에 있다. 포용적 복지의 세부적인 복지정책 과제들(김미곤 외, 2017)은, ① 소득보장정책으로는 아동수당제 신설, 기초연금 인상, 청년 고용촉진 수당제 도입, 부양의무제 단계적 폐지, 장애인 연금 인상, 국민연금 및 고용보험 사각지대 완화, 노인 일자리 참여 수당 인상, 국민연금 소득 대체율 상향 조정, 육아휴직 급여의 급여액 인상 등이다. ② 서비스 보장으로 영유아에게는 국공립어린이집 및 유치원 이용률 40%를 달성하고, 표준 보육 비용 현실화 및 맞춤형 보육을 폐지한다. 아동·청소년에게는 퇴소아동 자립강화, 아동 보호서비스의 공공성 강화, 시설 보호에서 가족 중심 보호, 온종일 돌봄서비스, 방과 후 보육서비스 체계 구축, 지역아동센터 및 그룹홈 종사자 처우 개선, 청소년 방과 후 아카데미 확충, 아동·청소년의 통합적 접근 등을 실시한다. 또한, 노인을 위해서는 치매안심센터 및 병원 확대, 노인 일자리 확충, 경로당 기능 강화를 추진한다. 정신건강 부분에서는 정신건강 복지센터 통합 운영, 전문인력의 대대적 확충 및 처우를 개선한다. 가족 부분에서는 한부모가족 주거지원 확대, 청소년 한부모 자립 지원 및 학습권을 보장한다. ③ 복지인프라는 국공립 시설의 확대 및 사회서비스 공단 설립, 대대적인 공공복지 서비스 인력 확충, 사회복지 종사자 임금 격차 해소, 시설평가제의 개혁을 추진한다.

제3차 다문화가족정책 기본계획(2018~2022년)의 목표는 첫째, 모두가 존중받는 차별 없는 다문화사회 구현, 둘째, 다문화가족의 사회·경제적 참여 확대, 셋째, 다문화가족자녀의 건강한 성장 도모이다(여성가족부, 2018). 주요 정책과제는 ① 다문화가족 장기정착 지원, ② 결혼이민자의 다양한 사회참여 확대, ③ 다문화가족자녀의 안정적 성장 지원과 역량 강화, ④ 상호존중에 기반한 다문화 수용성 제고, 그리고 ⑤ 협력적 다문화가족 정책 운용을 위한 추진체계 강화이다.

이러한 기본계획 목표를 달성하기 위한 과제의 특징을 살펴보면, 첫째, 도입 및 성장기에서 정착지로 패러다임이 변화하는 추세를 고려하여 제3차 다문화가족정책 기본계획 수립을 추진한다. 둘째, 결혼이민자의 정착 주기가 장기화하고 다양한 가족유형이 발생함에 따라 안정된 가족생활을 도모할 수 있는 지원을 강화한다. 즉, 결혼이주여성의 인권 보호를 위해 가정폭력 관련 긴급 상담, 전문 상담 및 주거 시설을 확대 운영하는 등 가정폭력 피해 대응 체계 강화, 가족관계 증진을 위한 프로그램의 다양화, 그리고 한부모 가족과 관련된 제도를 개선하고 지원한다. 셋째, 다문화가족 자녀가 학령기에 본격 진입함에 따라 학업 글로벌 역량 강화, 사회진출을 위한 지원 강화, 더불어 정책적 관심의 대상이 되는 중도입국자녀에 대한 지원을 지속해서 추진한다. 넷째, 결혼이주여성의 초기적응 지원을 지속하고, 취업지원 서비스를 내실화한다. 다섯째, 다문화 수용성 제고를 위해 일반 국민을 대상으로 찾아가는 다문화이해교육을 강화한다.

2) 다문화가족의 복지서비스 실천

한국 다문화사회의 구성은 서구의 다민족 국가와는 다른 몇 가지 특징을 가지고 있다. 일반적인 이민이 주류를 이루고 있는 미국, 캐나다 및 일부 유럽국가들과 달리, 한국의 다문화사회 구성은 국제결혼 등에 의한 다문화가족, 외국인노동자, 외국인 유학생, 외국국적동포, 그리고 북한이탈주민 등으로 구성되어 있다(권금상 외, 2017).

한국에서 다문화가족으로 이루어진 가구는 2020년 37만 가구에 이르며, 이는 전체 가구의 1.8%에 해당하는 비중이다. 즉, 전체 출생 중 다문화가정 자녀의 출생 비율이 증가하는 등 다문화가족의 증가세가 두드러지면서 강화된 수치를 나타낸다. 결혼이민자 및 귀화자의 10년 이상 국내 거주 비율증가 등에 의한 국내 체류 장기화 역시 다문화가족 증가의 요인이라 할 수 있다. 다만, COVID-19로 인해 국제결혼의 증가세는 일시적으로 감소하였으나, 다문화가정의 이혼은 건수 및 비중 면에서 모두 감소하고 있는 것으로 나타났다(여성가족부, 2022).

외국인노동자, 즉 국내 취업 외국인의 경우, 2012년에 79만여 명이었으나 2020년에는 84만여 명으로 증가하였다. 특히 고용허가제 도입으로 비전문취업이 25만여 명, 방문취업 도입으로 32만여 명이 체류하고 있어, 단순기능 인력 증가가 취업자격 체류 외국인 증가의 주요 원인으로 나타났다. 반면, 전문인력의 경우 약간 감소하였다(통계청, 2020).

다음으로, 외국인 유학생(2020년)은 이 역시 계속 증가 추세에 있으며 중국, 베트남, 우즈베크, 몽골, 일본, 미국 등의 순으로 172개국으로부터 온 유학생들이 국내에 체류하고 있다(교육부, 2020). 그다음으로 외국국적동포는 2020년 말에 811,211명이고, 불법체류 외국인은 약 39만여 명(전체 체류 외국인의 19.3%)이 체류하는 것으로 추정하고 있다(통계청, 2020). 또한, 북한이탈주민은 2019년까지만 해도 천 명대를 꾸준히 유지하였으나, 2020년 COVID-19로 인해 229명으로 대폭 감소하였다(통일부, 2020).

따라서 다문화 구성원들은 한국 국적을 취득한 경우 사회복지의 수혜대상이 되지만, 그렇지 못한 다문화 구성원들은 사회복지법, 즉 사회보장법, 사회보험법, 공공부조법에 의해서 법적으로 보장받을 수 있는 방법은 제한적이다. 즉, 우리나라 다문화 구성원들을 위해 시행되고 있는 법, 제도를 살펴보면, 관련된 시행규칙들이 다문화 구성원에 따라 달리 적용되고 있음을 알 수 있다. 다문화가족은 국적취득자만 「사회복지법」과 「다문화가족지원법」, 외국인노동자는 「외국인근로자 고용 등에 관한 법률」, 북한이탈주민은 「북한이탈주민의 보호 및 정착 지원에 관한 법률」, 외국인 유학생은 국민건강보험과 실손의료비(민영보험)가 있다.

(1) 결혼이민자가정의 사회복지서비스

다문화가족 구성원에 대해서는 2006년부터 관련 정책입안과 개정을 거듭하여 2016년 '다문화가족'을 결혼이민자와 대한민국 국적을 취득한 자로 이루어진 가족으로 규정하고 있다. 따라서 이 규정에 따라 국적을 취득한 다문화가족 구성원의 경우에는 일반 국민과 동등하게 사회복지 수혜의 자격을 가지게 된다. 그러나 결혼이민자들처럼 한국문화에 익숙하지 못한 경우에는 문화적 갈등과 혼란을 겪게 되며, 그런 문제를 해결하기 위해서 「다문화가족지원법」 제6조, 생활 정보제공 및 교육 지원, 그리고 인권과 관련해서는 제8조의 가정폭력 피해자에 대한 보호, 지원, 제9조는 의료 및 건강 관리를 위한 지원, 제10조는 아동 및 청소년 보육, 교육을 지원하며, 제11조는 다국어에 의한 서비스 제공을 국가와 지방자치단체의 책무로 명문화하고, 이를 지원하는 기관으로서 제12조에 국가 또는 지방자치단체가 다문화가족지원센터의 설치·운영하도록 규정하고 있다(조홍석, 2020). 이런 다문화가족지원정책은 국적을 취득한 결혼이민자 혹은 귀화자에게 기본적인 사회복지 수혜 이외에 문화·복지 차원에서 그들이 한국사회에 문화적으로 적응하여 통합되는 것이 필요하기 때문에 시행하고 있다.

여성가족부와 지방자치단체의 지원하에서 설치, 운영되고 있는 다문화가족지원센터는 2022년 전국에 230개가 있으며, 주요 사업 내용을 보면, 다문화가족 구성원들의 한국사회에 적응 및 통합하는 것을 목적으로 하고 있다.

지역센터의 사업은 기본 프로그램 사업과 별도 지원사업으로 구분되며, 기본 프로그램 사업은 가족, 성평등, 인권, 사회통합, 상담 사업의 5개 사업 영역으로 나누어져 있다. 5개 영역별로 제시된 공통 필수사업은 모든 센터의 필수사업이며, 선택사업은 센터의 임의적 선택에 따라 사업이 운영된다. 기본 프로그램 사업은 공통 필수사업으로, 다문화가족 이중언어 환경조성 사업, 배우자 부부교육, 다문화이해교육, 인권감수성 향상 교육, 취업 기초 소양교육, 구직자 발굴 및 구직처 연계, 다문화가족 나눔봉사단 소양교육, 다문화가족 나눔봉사단 활동, 가족상담 등이 있다. 별도 지원 사업의 주요 사업 내용은 한국어교육, 가족교육, 배우자 부부교육, 인권교육, 사회통합 교육, 상담, 방문교육, 언어발달 지원, 통·번역 서비스가 있다.

(2) 외국인노동자의 사회복지서비스

외국인노동자들은 산업연수제, 고용허가제 등 노동인력으로서 한국에 입국하기에 1인 가정의 형태로 들어오는 경우가 대부분이다. 따라서 외국인노동자[3] 개인에 대한 사회서비스가 주를 이루고 있다. 1980년대 후반 제도권과 관계없이 외국인노동자들이 유입되기 시작하였다. 이에 함께 이들의 근로환경, 임금체불 문제, 폭행, 폭언 등 인권을 침해하는 폭력 등의 문제가 보편적으로 나타나고 있다. 이에 민간단체들이 주축이 되어 외국인노동자를 위한 사회서비스를 지원하기 시작하였다. 현재까지도 민간단체들은 외국인노동자들의 평등한 노동 권리, 인권 보호 및 권익 향상, 문화다양성 존중, 인간다운 삶 등을 목표로 지원사업을 펼쳐가고 있다. 사업 대상은 등록 또는 미등록 여부와 관계없이 이루어지기에 정부의 미등록 외국인노동자에 대한 단속이나 차별적 조치와 마찰을 빚기도 한다.

외국인노동자에 대한 사회복지 차원의 제도 및 프로그램은 「외국인노동자 고용 등에 관한 법률」에 따라 시행되고 있다. 2009년도에 개정된 이 법안을 보면, 외국인노동자를 한국 국적을 가지지 아니한 사람으로서 국내에서 소재하고 있는 사업 또는 사업장에서 임금을 목적으로 근로를 제공하고 있거나 제공하려는 사람으로 규정하고 있다(김후년, 고혜정, 2019). 이 법안에 따라서 외국인노동자도 4대 보험 가입 대상자로 되어 있으나, 국내 근로자와 동등하게 적용되지는 않는다. 국민건강보험과 산재보험은 필수의무 가입이지만, 고용

---

3 이주노동자 또는 외국인근로자라고도 불린다.

보험은 체류자격에 따른 선택적 가입이며, 국민연금은 국가 간 상호주의에 따라서 가입대상이 된다. 이와는 별도로, 외국인노동자를 고용하기 위해서는 고용허가제에 따라 가입해야 하는 고용허가제 4대 보험이 있다. 고용허가제 4대 보험으로는 출국만기보험, 보증보험, 귀국비용보험, 상해보험이다. 출국만기보험과 보증보험은 노동복지 차원에서 외국인노동자를 대상으로 시행하고 있는 복지제도이고, 귀국비용보험과 상해보험은 외국인노동자라는 특수한 위치에 대해 일정한 근로 기간이 끝난 후 귀국을 보장해주기 위한 제도이다.

외국인노동자를 위한 사회서비스 중 의료지원 서비스는 공휴일이나 야간시간에 진료받을 수 있도록 하여, 특히 미등록노동자의 치료 및 건강 유지에 많은 도움을 주고 있다. 민간단체들은 노동 상담, 법률 상담, 산재 상담 등의 상담 지원을 제공하고, 쉼터 제공과 진료 및 치료 등의 복지지원을 한다. 아울러 한국어교육, 컴퓨터교육 등과 같은 교육지원도 하고 있으며, 한국문화 체험이나 스포츠 활동 등의 문화지원도 제공한다. 또한, 자조모임이나 지역사회 공동체 지원 등 다양한 분야에서 지원하고 있다.

(3) 북한이탈주민의 사회복지서비스

북한이탈주민에 대해서는 2016년 11월에 개정된 「북한이탈주민의 보호 및 정착 지원에 관한 법률」에 따라 보호, 정착, 취업을 위한 사업과 프로그램을 실시하고 있다. 이 법률에 의하면 북한이탈주민은 '군사분계선 이북 지역에 주소, 직계 가족, 배우자, 직장 등을 두고 있는 사람으로서 북한을 벗어난 후 외국 국적을 취득하지 아니한 사람'이며, 이 조항에 따라 보호 및 지원받는 북한이탈주민을 보호 대상자로 규정하고 있다. 이 법률에 근거하여 1999년 북한이탈주민 정착 지원 사무소(하나원)를 개설하였고, 하나원은 북한이탈주민을 일정 기간 수용하여 국내 적응을 위한 교육과 더불어 취업 및 생활을 지원하는 역할을 하고 있다. 이후 2010년에는 남북하나재단이 통일부 산하 기타 공공기관으로 설립되었다.

정착지원 사업은 초기정착, 일자리, 교육, 청소년, 의료 건강, 가족복지 등이 있는데, 법률 제30조에 따라서 설립과 운영은 정부 출연 및 보조, 기부와 후원금을 통해 진행하고 있다. 이처럼 북한이탈주민에 대해서는 사회복지 수혜라는 차원에서, 보편주의, 즉 대한민국 국민으로서 수혜의 권리를 가지고 있는 것으로 인정하여 일반적인 사회복지 혜택을 받을 수 있으며, 남북 분단이라는 우리의 특수한 현실을 고려하여 특별한 혜택을 받을 수 있는 법, 제도, 프로그램이 운영되고 있다.

북한이탈주민가정은 다문화가정의 한 유형이지만 지원정책 및 서비스 시행의 주무 부처는 통일부이며, 취업, 주택, 교육, 사회복지 등 여러 관련 부처와 관련 정책을 협의, 조정하는 북한이탈주민대책 협의회가 구성되어 있다(박현식, 2013). 사회서비스는 크게 중앙정부 및 지방자치단체의 공적 지원과 민간 차원으로 구분한다. 정부 차원에서 실시되는 사회적응교육은 하나원이라 불리는 북한이탈주민 정착지원 사무소에서 진행된다. 정서 안정 및 건강 증진, 우리 사회의 이해 증진, 진로지도 및 직업적응 훈련, 초기정착 지원 등을 내용으로 12주 392시간의 정규교육 과정이 진행되며, 일과 전후나 주말에 참여 자율형 보충 과정도 운영되고 있다. 하나원에는 북한이탈청소년의 교육을 위한 '하나둘학교'를 운영하고 치료와 보건을 위한 '하나의원'이 설치되어 있다. 재정적 및 제도적 지원으로 정착금과 주거 지원금을 지급하는 초기정착금 지급제도가 있다. 단, 만 60세 이상의 고령자, 장애인, 장기치료자, 한부모 아동 가정 등 요건에 따른 가산금이 주어진다. 취업과 관련된 장려금과, 주거와 관련하여 임대주택을 알선해 준다. 또한, 교육 부분에서는 중·고등학교 및 대학 입학 희망자에게 특례 입학할 수 있는 제도를 두고, 등록금 면제 혜택도 보장하고 있다. 이 외에도 국민기초생활 보장, 의료 보호, 국민연금 가입 특례 등의 사회복지 지원이 이루어진다.

(4) 외국인 유학생을 위한 사회복지서비스

교육부에 따르면 외국인 유학생의 경우는 2003년에는 12,314명에서 2016년 10만 명을 넘겼으며, 2021년 4월 기준으로 151,281명에 이르렀다. 주요 국가별 현황을 살펴보면, 중국이 67,348명(44.2%)으로 집계되었으며, 그다음으로 베트남 35,843명(23.5%), 몽골 6,028명(4%), 미국 2,218명(1.5%), 기타 37,026명(24.3%)의 순으로 나타났다. 국내에서 유학 생활을 하기 위해서 대부분 대학에서 국민건강보험이나 국내 주재 외국인보험 가입을 필수 조건으로 하고 있다. 그러나 건강보험의 경우 상대적으로 보험료가 비싸며, 유학생의 경우 국내 주재 외국인보험 중 유학생보험 상품에 가입하는 경우가 많다. 그리하여 유학생보험은 자부담률이 높은 편이다.

3) 정부 부처별 다문화가족 복지서비스 실천

여성가족부는 다문화가족에 관하여 초기적응, 자녀돌봄 등 다문화가족의 정착단계별 맞춤형 서비스를 강화하고, 특히 다문화학생의 증가 추세에 대응하여 2022년부터 학령기 다문화 아동·청소년의 학교생활 적응을 위한 기초학습 및 진로상담(컨설팅)을 지원한다. 다문화가족의 정착단계별 맞춤형 서비스 강화를 위해 첫째, 초기적응 서비스로 결혼이민자 입국 전 현지사전교육부터 입국 후 생활정보 및 통·번역 서비스 제공(13개 언어), 한국어 교육 등을 지원한다. 둘째, 자녀돌봄 서비스로 출산부터 초등학교 입학 전까지 자녀양육 및 언어발달을 지원한다. 셋째, 학교생활 지원 서비스로 학령기 아동·청소년의 기초학습, 진로컨설팅, 이중언어 인재 양성을 지원한다.

(1) 여성가족부 다문화정책

여성가족부에서 다문화가족의 서비스별 수혜 현황은 공공부조제도, 교육 서비스, 지원 서비스, 다문화 인프라 인지도 및 이용 수준, 사회적 네트워크로 이루어진다(김유경 외, 2013).

① 공공부조제도의 수혜 현황은, 국민기초생활보장과 의료 보호에 기초하여 인구·사회적 및 가족 특성별로 나타났다. 이를 살펴보면, 국민기초생활보장 수급률은 여성이 남성보다 다소 높았으나 거의 비슷한 수준이었고, 의료 보호도 비슷한 수준을 보였다. 연령별로는 국민기초생활보장 수급률은 대체로 고연령층에서 높았으며, 의료 보호 역시 고연령층에서 높아서 국민기초생활보장과 의료 보

호는 유사한 경향을 보였다. 출신 국적별로는 중국 조선족과 한족, 필리핀 및 기타 국가 출신이 타 국가 출신보다 국민기초생활 보장과 의료 보호 수혜율이 높았고, 월평균 가구소득별로는 저소득층에서 공공부조 수혜율이 높았다. 특히 국민기초생활 보장과 의료 보호 모두 무자녀가 유자녀보다 수혜율이 높았다. 중도입국자녀 유무별로는 국민기초생활보장 수혜는 중도입국자녀가 있는 경우가 없는 경우보다 다소 높았으나 거의 차이가 없었고, 의료 보호도 비슷한 수준을 보였다. 자녀 연령별로는 국민기초생활보장과 의료 보호 모두 9세 미만 자녀가 없는 경우가 자녀가 있는 경우보다 높았다.

② 교육 서비스는 가정 방문을 통한 각종 교육, 한국어 또는 한국 사회 적응 교육, 배우자 및 배우자 가족 교육, 일자리 교육 연계 등이 포함된다. 교육 서비스 수혜 현황은, 한국어 또는 한국사회 적응 교육, 가정 방문을 통한 각종 교육 순으로 나타났다. 그러나 일자리 교육 연계와 배우자 및 배우자 가족 교육은 저조하였다. 가정 방문을 통한 교육과 한국어 또는 한국사회 적응교육이 높은 데 비해 배우자 및 배우자 가족 교육, 그리고 일자리 교육은 수혜율이 상당히 저조하였다. 성별로는 여성결혼이민자 및 귀화자의 수혜율은 남성보다 아주 높았다. 연령별로는 저연령층일수록, 혼인상태별로는 유배우자가 이혼, 별거, 사별자보다 대체로 서비스 수혜율이 높은 편이었다. 교육 수준별로는 대체로 저학력층에서 높은 것으로 나타났다. 출신 국적별로는 베트남, 필리핀, 몽골, 태국, 캄보디아 출신은 가정 방문을 통한 각종 교육과 한국어, 한국사회 적응교육은 전체보다 높았다. 이 외에 일본 출신은 한국어, 한국사회 적응교육 수혜가

높았고, 일자리 교육 연계는 중국 조선족과 한족, 필리핀, 몽골, 태국·캄보디아, 일본 출신이 높은 편이었다. 국적취득별로는 국적 미취득자가 국적취득자보다 교육 수혜율이 높았다. 한국어 수준별로는 한국어 수준이 낮은 경우 교육 수혜가 높은 편이었다

③ 지원 서비스는 통역 서비스 지원, 임신 출산 지원, 언어발달 지원, 자녀 생활 및 학습지원, 사회활동 지원, 각종 상담 등이 중심이다. 지원 서비스 수혜 현황을 살펴보면, 임신, 출산지원이 가장 많았고, 다음으로 자녀 생활 및 학습지원, 각종 상담, 언어발달 지원, 통·번역 서비스 지원, 사회활동 지원 순이었다. 성별로는 여성이 남성보다 높은 경향을 보였다. 연령별로는 대체로 저연령층의 수혜가 높은 편이나 자녀 생활 및 학습지원은 자녀양육기인 20대 후반과 30대 연령층에서 높은 특성을 보였다. 혼인상태별로는 유배우자는 이혼, 별거, 사별자보다 통·번역 서비스, 임신·출산, 언어발달, 그리고 자녀 생활 및 학습, 사회활동 지원이 높았고, 사별자는 각종 상담이 높았다. 교육 수준별로는 지원 유형별로 차이를 보여 저학력층은 임신, 출산 지원, 고학력층은 자녀 생활 및 학습지원에서 높았고, 나머지는 차이가 없었다. 출신 국적별로는 타 국적에 비해 베트남, 필리핀, 몽골, 태국, 캄보디아 등에서 임신·출산 지원과 자녀 생활 및 학습지원이 높았다. 국적취득별로는 국적 미취득자가 국적취득자보다 각종 지원 서비스 수혜가 높았고, 한국어 수준별로는 한국어 수준이 높은 경우보다 한국어 수준이 보통과 낮은 경우가 각종 지원 서비스 수혜가 높은 편이었다.

④ 다문화 인프라 인지도 및 이용에서 먼저, 다문화 인프라 인지

도는 편차가 크게 나타났다. 주민센터와 다문화가족지원센터에 대한 인지도가 높은 데 비해, 건강가정지원센터, 이주여성긴급지원센터, 정부 지원 여성센터의 인지도는 저조하였다. 성별로는 여성이 남성보다 인지도가 높았으며, 고용센터와 외국인 상담소는 남성이 약간 높았다. 연령별로는 인지도가 차이를 보여 대체로 저연령층은 다문화가족지원센터와 건강가정지원센터(건강가정다문화가족지원센터), 그리고 이주여성긴급지원센터의 인지도가 높은 편이었고, 고연령층은 주민센터와 정부 지원 여성센터에 대한 인지도가 높았다. 혼인상태별로는 유배우자는 다문화가족지원센터, 건강가정지원센터, 이주여성긴급지원센터, 그리고 정부 지원 여성센터와 외국인 상담소 등 민간단체의 인지도가 높았다. 교육 수준별로는 고학력층에서 건강가정지원센터, 이주여성긴급지원센터, 정부 지원 여성센터, 그리고 고용센터, 사회복지관 및 외국인 상담소가 높았으나, 나머지는 일정하지 않았다. 출신 국적별로는 베트남, 필리핀, 몽골, 태국, 캄보디아 및 일본 출신은 다문화가족지원센터, 건강가정지원센터, 그리고 이주여성긴급지원센터의 인지도가 높았고, 중국 조선족과 한족은 주민센터, 정부 지원 여성센터, 그리고 고용센터와 사회복지관, 외국인 상담소에 대한 인지도가 높은 편이었다. 이 외에 필리핀, 일본과 기타 국가 출신은 정부 지원 여성센터, 외국인 상담소 및 사회복지관에 대한 인지도가 높았고, 몽골, 태국, 캄보디아와 북미, 호주, 서유럽 출신도 정부 지원 여성센터와 외국인 상담소에 대한 인지도가 높았다.

다문화 인프라에 대한 이용 수준은, 주민센터가 가장 높았고, 다음은 다문화가족지원센터, 이주여성긴급지원센터, 고용센터, 사회복지관 순으로 높았으며, 나머지는 10% 미만으로 저조하였다. 특히 다문화가족지원센터는 인지도에 비해 절반 정도 이용하였고, 고용센터도 3분의 1 정도가 이용하였다. 성별로는 남녀 모두 주민센터 이용이 높았으며, 이 외에 남성은 고용센터를, 여성은 다문화가족지원센터와 사회복지관 이용률이 높았다. 특히 다문화가족지원센터는 여성이 남성보다 약 6배 높아서 남성결혼이민자 및 귀화자의 접근성 제고를 위한 지원이 필요하다. 연령별로는 저연령층인 경우 다문화가족지원센터와 사회복지관 이용이 높았고, 고연령층인 경우 주민센터 이용이 높은 경향을 보였다. 혼인상태별로는 모두 주민센터 이용이 높았으며, 이 외에 유배우자는 다문화가족지원센터를, 이혼·별거자는 고용센터를, 사별자는 사회복지관을 이용하는 비율이 높았다.

⑤ 사회적 네트워크는 다문화가족의 어려움을 함께 의논하는 일과 여가나 취미생활을 같이할 수 있는 것으로 사회적 네트워크를 가지고 있는 비율은 63~82%로 나타났다. 특히 자녀교육과 관련하여 네트워크가 가장 높았고, 다음은 일자리 관련, 어려운 일 관련 순으로 높았으며, 여가 및 취미생활 관련 네트워크가 가장 낮았다. 지역별로는 읍·면·동 지역 거주자의 경우, 젊은 연령층의 경우, 유배우자인 경우, 교육수준이 높은 경우, 출신 국적이 일본, 북미, 호주, 서유럽인 경우, 대체로 사회적 네트워크가 높은 편이었다. 또한, 교육수준이 낮은 경우, 중국 조선족과 한족 출신, 주관적 생활수준이 낮은 경우는 사회적 네트워크가 미흡함을 의미해서 이들을 대상으

로 사회적 지지 형성을 위한 지원이 필요함을 시사한다. 국적취득자는 자녀교육과 관련하여서만 사회적 네트워크가 높았고, 어려운 일, 일자리, 그리고 여가 및 취미생활과 관련하여서는 국적 미취득자인 경우 사회적 네트워크가 높았다.

(2) 법무부 다문화정책

① 사회통합프로그램은 외국인등록증 또는 거소신고증을 소지한 합법 체류외국인 및 국적취득 후 3년 이내인 사람이면 가능하다. 사회통합프로그램 과정은 한국어와 한국문화와 한국사회이해로 구성되어 있다. 한국어와 한국문화로는 0~4단계로 구성되어 있고, 또한 사전평가(레벨 테스트)를 거쳐 단계배정을 한다. 한국사회이해로는 영주자격 취득 시 70시간, 국적취득 시 100시간 교육이 필요하다.

② 조기적응프로그램은 최초 입국하는 외국인으로서 의무참여와 자율참여로 구성된다. 의무참여는 방문취업 동포, 호텔·유흥업 종사 외국인이다. 자율참여는 결혼이민자, 중도입국자녀, 외국인 유학생, 밀집지역거주 외국인이며 이수 혜택은 결혼이민자 체류기간 2년을 부여한다. 조기적응프로그램 과정은 먼저, 공통과목은 기초법·제도, 생활정보, 출입국관련 제도 등 2시간 교육이 필요하다. 다음으로, 특수과목은 방문취업 동포(국적취득 절차), 결혼이민자(가족 간 상호이해), 호텔·유흥업 종사 외국인(인권보호) 등으로 1시간 교육이 필요하다.

③ 국제결혼안내프로그램은 법무부 장관이 고시한 국가 국민을

결혼동거 목적으로 초청하려는 한국인 배우자(혼인예정자 포함)에게 해당된다. 고시 국가는 중국, 베트남, 필리핀, 캄보디아, 몽골, 우즈베키스탄, 태국이 해당된다. 국제결혼안내프로그램 과정은 먼저, 국제결혼하는 국가의 기본생활 적응 등을 소개한다. 또한, 입국 절차(결혼이민사증 발급절차 및 심사기준)와 관련된 내용 등을 설명한다. 더불어, 결혼이민자 상담 및 피해사례 소개, 결혼이민자와 한국인 남편의 경험담을 공유한다. 마지막으로, 인권교육이 있다(김후년, 2021).

4) 다문화사회복지법의 문제점

한국의 다문화구성원들에 대한 사회복지법, 제도 및 프로그램은 그 구성원의 특성에 맞추어서 차별적으로 시행되고 있다(권금상 외, 2017). 그중에서도 차지하는 비율이 상대적으로 높은 다문화가족과 외국인노동자에 대해서 다양한 사회복지제도 및 프로그램이 시행되어 왔으며, 2000년대 후반에 들어와서는 다문화 2세대와 중도입국 청소년이 급증함에 따라서 새로운 정책과 제도 정비에 임하고 있다. 또한, 정부에서 제공되고 있는 복지서비스는 과연 다문화 구성원들의 한국생활 적응에 얼마나 도움을 주고 있는지, 어떤 영향을 미치고 있는가를 진단해볼 필요가 있다. 이런 법적·제도적 차원에서 다문화사회 구현을 위한 여러 정책, 프로그램을 시행하여 왔지만, 한편 다문화가족 및 외국인노동자, 그리고 북한이탈주민에 대한 사회적 인식은 아직 크게 바뀌지 않고 있다. 이것이 한국사회에 혈연중심주의적인 단일민족사관과 인종적 편견, 그리고 개발도상국 출신자에 대한 경제적 차별 등이 한국인의 의식 속에 자리 잡고 있기 때문이다. 물론 이런 편견과 차별 의식을 해소하기 위해서 여러 가지 교육프로그램과 홍보, 그리고 대중문화를 통한 간접 교육 등을 실시해왔으나, 자민족중심주의적 · 문화적 편견과 이에 따른 다른 문화에 대한 차별 의식은 다문화사회복지를 구현하는 데 근본적인 장애로 인식되고 있다. 법적 · 제도적 차원에서의 다문화가족이나 외국인노동자 등에 대한 사회복지정책과 실천도 중요하지만, 이상적인 다문화사회복지를 이루어가기 위해서는 이런 사회 · 심리적 차원에서의 편견과 차별 의식을 해소하는 것이 무엇보다 중요하다.

다문화사회복지란 다른 여러 문화가 공존 가능하다는 다문화주의를 이념적 기초로 해서 문화의 기반이 되는 일상적 삶의 기회가 평등하게 보장되는 사회라고 정의된다. 그 이유로 세계화 과정에서 빈번한 인적 · 물적 교류가 가져온 다민족, 다국민 공동체가 세계 각지에서 형성되어 가는 가운데 주류문화가 다양한 민족들의 하위문화를 일방적으로 억압하고, 주류문화를 강요하는 문화적 식민주의적 태도를 견지하는 것이 아니라, 문화적 상대주의 혹은 문화다원주의적 입장에서 소수민족과 문화적으로 공생, 공존을 지향하는 사회를 말하기 때문이다. 즉, 다문화사회복지란 세계화의 진행과 함께 다양한 문화를 가진 민족, 종족들이 근대적인 국가라는 제도 속에서 국민이란 법적 자격을 가지게 됨으로써, 국민으로서 누려야 할 혜택을 평등하게 향유하는 사회를 추구하는 것이다.

4. 다문화교육정책 담론의 도입기

1980년대 초 한국 교육과정을 살펴보면, 제5공화국이 출범하면서 4대 국정 지표의 하나로 교육 혁신과 문화 창달을 두어 전인교육, 정신교육, 과학교육 및 평생교육을 추진하였다(김이경, 박상환, 이태상, 2005). 처음으로 대통령 직속기구로 교육개혁심의회를 설치하였다. 가장 큰 문제점은 지나친 입시 위주의 교육, 획일화 교육, 교원의 격무 및 사기 저하 등이 주된 문제점이었다. 특히 1960년대 이후 급속한 수출 주도의 경제성장은 국제이해가 필요하였으며, 스포츠, 예술, 문화 등의 분야에서도 광범위한 국제교류를 촉진하였다. 1980년대를 맞이하면서 국제질서 안에서의 한국의 위치는 중대한 전환점을 맞이하게 되었고, 이에 국제이해교육이 처음 도입되었다. 특히, 1986년 아시안 게임과 1988년 올림픽 경기는 한국인의 세계적 진출이 국제적 관심을 받게 되었다. 이러한 영향으로 국제이해교육의 필요성이 크게 강조되었다. 한국에서의 국제교육은 정규교육과정을 통하여 초등학교의 사회과, 중학교의 역사와 사회과, 외국어 교육, 고등학교의 세계사, 세계지리, 외국어 과목에서 즉, 국제이해를 촉진하는 교과서를 통해 교육과정을 편성하였다.

초창기의 다문화교육의 방향은 외국의 다문화교육을 소개하는 논문들(김영옥, 2002; 박은덕, 1995)과 미술, 음악, 유아 등의 교과와 관련된 다문화교육의 연구 등이 주류를 이루었다. 특히, 다문화교육 관련 학회지 및 다문화교육 관련 연구들은 지속해서 유아교육에서 다문화교육 관련 연구들이 꾸준하게 행해지고 있었다(장인실, 차경희,

2012). 다문화교육은 학술지에 논문 주제로 발표되었다. 발표된 학술지의 경향을 보면 교육학 분야별, 대상별, 교과 영역별, 교육 특성별로 매우 다양한 구성을 갖추고 있었다. 이러한 현상이 나타나는 이유는 다문화교육은 특정 교과나 전공에 해당하는 것이 아니라 모든 전공에서 다양하게 연구되어야 한다.

다문화교육 관련 논문이 1984년부터 처음 발표된 이래로 학술지에 게재된 논문과 책, 그리고 신문, 미디어, 정책보고서 등을 이용하여 다문화교육 담론의 도입기의 전반적인 동향을 살펴보면, 한국 다문화교육의 연구로서의 신뢰성과 전체적인 경향성을 파악하는데 적절한 접근이 될 수 있었다(장인실, 차경희, 2012). 다문화교육 관련 논문은 1984년부터 시작되어 2008년까지 급증하였고, 2009년과 2010년에는 연도별로 100여 편에 이르는 논문들이 발표되었다.

1984년부터 1990년대까지의 연구 경향은 외국의 다문화교육 소개부터 다문화교육과 미술교육에 관한 연구, 다문화사회에서의 민주시민교육 등에 이르기까지 많은 연구가 이루어졌다. 국내에서 다문화 관련 연구의 시작은 김종석(1984)의 미국 다문화교육에 관한 연구로 다문화교육 관련 논문의 효시인 '미국 다문화교육의 이론적 고찰'을 발표하였다. 이는 다문화교육 연구에 관한 분석으로 연구 주제별 동향을 분석하는 차원이며, 다양한 외국 이론의 소개나 다문화적 현상에 대해 파악하는 수준에 그치는 것이었다. 이를 기초로 하여 1980년대에는 2편의 논문이 발표되었다.

1990년대에는 국내 학술지 논문이 35건이었는데, 이러한 초기의 연구들은 대부분이 교육학 차원에서 다문화교육을 소개하는 내용이다(장인실, 차경희, 2012). 그 밖에 다른 학문 분야에서도 다문화주의를 소개하는 논문(정상준, 1995: 백용창, 1995)이 대부분이었는데, 논문은 주로 사회과나 유아교육과 연관 지어 프로그램을 개발하거나 교과서를 분석하는 연구들이 진행되었다. 초기연구가 빈약한 것은 한국과 같은 단일민족으로 유지되어 온 나라에서 사회의 문제로서 다문화교육은 중요한 이슈가 될 수 없었다. 반면, 미국, 영국, 캐나다, 호주 등 인종문제와 결합한 문화권 여러 나라에서 인종 간 갈등 및 인권운동이 민주주의 이념과는 모순적인 관계에 놓여 있다(김종석, 1984). 이 문제를 해결하기 위한 노력의 일환으로 나타난 것이 다문화교육이다.

5. 다문화교육정책 담론의 성장기

1980년대부터 다문화교육에 대한 소개는 있었지만, 1990년대부터 2000년 이전까지의 연구에서 한국연구재단 학술등재지 혹은 학술등재후보지에 포함되는 다문화교육 관련 논문은 전무하였다. 1994년 김영삼정부에서 세계화는 국가의 관심사로 세계화가 강조되면서 이에 대한 교육적인 대안으로 국제이해교육이 제시되었다. 이는 모든 인간이 더불어 사는 세상을 만들기 위해서는 학생들에게 세계시민 의식과 자질을 향상하는 것이 중요하다는 인식이 확산하였다. 이와 함께 국제이해교육은 교육부의 제7차 교육과정에 포함되어 학교현장에서 실천되어 왔다(김현덕, 2007). 따라서 국제이해교육의 발생 배경은 세계화와 깊은 관련이 있다.

국제이해교육의 시작은 유네스코가 중심이 되어 이루어졌다. 1974년 유네스코는 제18차 총회에서 전 지구적인 문제인 인구, 식량, 자원, 환경, 에너지 등에 대한 교육적 대안으로 국제이해교육의 기본방침을 제시하였다. 다문화교육과 국제이해교육은 세계화의 여파로 지역사회 구성원이 다양화되어 가고, 세계가 지구촌화되면서 시대적 요구에 부응하여 생겨난 교육이다. 그러나 1995년 교육부는 각급 학교의 교육 및 사회교육 분야에서 국제이해교육과 평화교육을 강화하고 학생들의 해외연수 및 유학 기회를 확대하였으며, 외국학교와 자매결연을 통한 학생 교류의 활성화, 외국어교육을 강화하였다(박영준, 2016).

다문화교육에 대한 본격적인 연구는 2006년 교육인적자원부가 '다문화가정 자녀교육 지원대책'을 발표한 이후로 많은 다문화교육 관련 연구와 정책 논문들이 나오게 되었다. 2006~2007년은 다문화교육 지원정책의 태동기에 해당하며, 다문화교육 지원에 대한 사회적 필요성을 인식하고 교육과정에 다문화교육을 포함하고, 중앙다문화교육센터 설립 등 다문화교육 지원정책의 기틀을 마련한 시기이다. 이러한 과정에서 다문화교육을 연구한 학자들이 많지 않은 현실에서 국제이해교육을 연구한 학자들이 급격히 다문화교육 관련 연구와 현장연구에 참여하게 됨으로 인해 한국에서의 다문화교육은 국제이해교육과 다문화교육이 결합한 형태로 제시되었다(박순호, 2010).

한국사회에 새롭게 제기된 다문화교육이란 개념은 한국사회에서 명확한 개념이 정립되어 있지 않아서 이것이 국제이해교육과 어떤 연관이 있는지 의문이 제기되기도 하였다(김현덕, 2007). 김현덕(2007)은 다문화교육과 국제이해교육의 비교연구를 통해 이 두 용어의 관계가 명확하게 정의되어 있지 않아 개념과 교육내용, 교육 범위의 측면에서 혼란을 주고 있다고 비판하였다. 또한 역사적으로 다른 배경에서 출발한 이 두 교육은 대립 관계를 거쳐 왔고, 최근에는 서로 상호협력 관계를 모색한다고 주장하였다. 따라서 일부에서는 다문화교육이 국제이해교육의 분야 속에서 실시되어 왔기 때문에 다문화교육을 국제이해교육에 포함할 것인지 아니면 국제이해교육에 다문화교육을 포함할지 다양한 의견들이 제시되었다.

1) 다문화교육 지원정책

2006년을 시작으로 다문화가정의 초등학교 입학자 수가 급증하면서 다문화교육의 필요성이 제기되었으며, 이를 위한 대책 마련이 본격화되어 교육부는 2006년에 정부 차원의 다문화교육 지원계획이 수립되었다. 교육부의 '다문화가정 자녀교육지원정책'에서 정책 대상을 다문화가정 자녀에게만 국한하지 않고 통합적 교육지원 계획을 구성하여 학교에서 다문화 환경조성, 부모교육, 일반 학생 및 교사들을 위한 다문화교육, 교과과정 개편 등이 이루어져 왔다. 교육과정 개편에서부터 자녀지원, 다문화교육정책 연구학교 운영 등 다양한 차원의 교육정책 사업까지 포함되어 있으며, 교육부의 다문화교육정책의 기조와 내용이 분명하게 나타나 있어 정책적 담론을 형성하는 데 중요하게 작용하였다. 그러나 교육부의 주요 정책대상으로 명시된 국제결혼가정과 외국인노동자가정 자녀는 한국사회에서 인식되는 사회적 지위가 다르고 정책대상과 사업에 관한 내용도 상당히 차별적으로 진행되어 왔다. 교육부의 정책에서 다문화가정 자녀라는 이름을 2008년부터 통칭하여 사용하였지만, 실질적인 정책수혜 정도와 기본적인 교육권이 매우 다르게 시행되었다.

교육부가 제시한 2006년도 다문화가정 교육지원 체제의 한계(교육부, 2007)는 첫째, 중앙과 지방 간 역할분담 지원 체제의 미흡이다. 둘째, 학교 중심의 다각적인 관련 시책이 부진하다는 것이다. 셋째, 다문화이해 증진대책에서 일반인의 이해가 부족하다는 것이다. 넷째, 지역단위 역량형성이 미흡하다는 점이다. 즉, 다양한 사업단체인 시민단체, 지방자치단체, 교육청, 대학, 기업, 언론 등의 사업추진으로 다양한 사업의 시너지 효과 도출에 실패하였다. 다섯째, 전문적인 지원체제가 부재하다는 점이다. 이는 관련된 정책 및 사업을 뒷받침할 이론적 근거가 부족하고, 각종 프로그램 및 자료를 개발하는 전담조직 부재와 다문화 이해, 소수자 배려, 관련자 상담 등을 담당하는 핵심 교원양성을 위한 연수도 부족하다고 평가하였다.

교육부의 2006년과 2007년도 다문화가정 자녀교육 지원 핵심 내용을 살펴보면, 2006년에는 결혼이민자가정 지원을 위한 부처 간 협력체제를 구축, 지역사회의 결혼이민가정 지원 협력체제 구축을 지원, 학교의 결혼이민가정 자녀지원 기능을 강화, 결혼이민자가정 자녀교육을 위한 교사의 역량 강화, 교육과정 및 교과서에 다문화교육 요소 반영, 그리고 대학생 멘토링 사업을 결혼이민자가정 자녀에게로의 확대가 다문화가정 자녀교육 지원의 핵심내용이다. 2007년에는 결혼이민자가정 자녀의 경우 한국어와 한국문화에 대한 조기 습득을 통해 학교교육 및 사회생활에서의 소외감과 이질감을 극복할 수 있도록 지원한다. 아울러 언어, 문화 장벽 해소를 통해 한국사회를 구성하는 일원으로서의 자아 정체감을 확립하고 사회통합에 기여토록 한다. 또한, 일반인의 경우 다문화에 대한 이해 확대를 통해 문화적 편견을 극복하는 것이 다문화가정 자녀교육 지원의 핵심내용이다.

2006년 다문화가정 자녀교육 지원정책안에 기초하여 교육부의 다문화정책은 첫째, 다문화가정 자녀중심이었던 정책에서 일반 학생을 대상으로 하는 보편적인 방식으로 전환하였다. 다문화이해교육 강조나 다문화 관련 교사 연수 등은 그 대표적인 예이다. 둘째, 경제적 지원에 치중된 시혜중심에서 다문화가정 자녀역량 강화 정책으로의 변화이다. 다문화가정 자녀에 대한 무상 학습지원 등 온정주의적 시혜정책에서 벗어나 새로운 인적자원으로 여겨 글로벌 인재로서 재인식되고 있다. 이들의 이중언어교육을 통한 다문화가정 자녀의 강점을 지원하는 정책이다. 셋째, 직접적인 중앙부처 중심의 지원정책에서 간접적인 지역사회 네트워크를 활용하는 방식으로 전환하였다. 지역사회 거점지원센터의 서비스의 확대 및 지역사회적 환경에 적합한 다문화교육정책을 실시하여 수요자 중심 맞춤형 다문화교육 지원으로의 강조는 이러한 정책적 배경에 기인한다.

2) 다문화교육의 연구 동향

다문화교육에 관한 연구들은 주로 다문화교육의 실태와 문제점에 대한 연구들이 급증하였고 연구의 내용이 차별과 배제보다는 언어교육, 일상생활 문화교육, 다문화 이해능력 함양, 자아 정체감, 학교생활 적응 및 일상생활 적응 등을 중심으로 이루어졌다(황갑진, 2010). 2005년 한 해 동안 10편 이내의 다문화교육 관련 논문들이 발표되었는데, 한국에서 다문화교육 관련 교육과정 연구는 활발히 이루어지지 않았다. 예컨대, 다문화교육 관련한 주제로 시민교육(설규주, 2004), 코시안 아동에 대한 사례 연구(오성배, 2006) 등이 있다.

2006년부터 활발하게 이루어진 다문화교육 관련 연구는 초창기의 다문화교육 연구에 비해 연구의 영역이 다양해지기 시작하였다. 예컨대, 미술, 유아, 음악 교과와 관련된 다문화교육 연구에서 국어, 사회과, 도덕, 세계지리 등의 과목으로 확대되어 갔다(양주애, 2010; 윤정숙, 남상준, 2009; 장의선, 2010; 최영환, 2009; 원진숙, 2009). 교과 관련 연구들은 교실현장에서 교과별 다문화교육 방안을 탐색하는 형식으로 연구가 이루어졌다.

이 시기의 연구 동향을 살펴보면, 초창기 다문화교육 연구들에 비해 연구주제가 여러영역으로 확대되어갔다. 그러나 대부분의 연구는 외국의 다문화교육 현황 및 경향, 즉 미국을 비롯해 호주, 캐나다 등 서구 국가로 확대하여 분석되었으며, 한국사회의 다문화교육과 관련한 연구들은 연구 중점을 다문화가정에 두었다. 이에 맞추어 미술교육이나 유아교육에서 역사나 도덕 등으로 교과를 확대하여 다문화교육을 소개하였다. 이에 따라 다문화교육이 소수자를 위한 교육뿐 아니라 다수자를 위한 교육임이 인식되었다. 이 시기 다수자를 위한 다문화교육에 대한 연구는 미흡하였다. 소수의 연구가 교사와 학생들의 다문화 인식에 관한 연구로 행해지고 있었으나 그 숫자가 적은 편이었으며, 다수자를 대상으로 하는 다문화교육 프로그램을 진행하는 연구들은 부재하였다(장인실, 2013).

2007년 연구의 흐름은 이론에서 다문화교육의 방향을 모색할 뿐 아니라 질적연구, 사례연구, 실행연구, 비교연구, 모형개발연구 등 다양한 연구들이 진행되었다. 다양한 차원에서 초등 수준의 교과별 적용과 통합교육 과정 프로그램 개발이 이루어졌다. 평등교육은 2007년에 처음 연구되었지만, 교수학습의 문화적 유형에 관한 연구들이 대부분이었다. 2007년 서울교육대학교 교육대학원에서 처음으로 다문화가정교육 전공과목을 개설하였고, 2008년도에 다문화교육 연구원을 설립하여 초등교육 현장에서 겪고 있는 다문화시대의 문제점을 해결하고자 노력하였다. 특히, 교육대학은 초등교원 양성대학으로서 초등교사, 초등학생, 그리고 그들의 학부모들을 연계할 수 있는 중심적인 위치에 있기에 다문화사회가 당면하고 있는 다문화교육 대상자들의 문제점을 동시에 파악하고 연계할 수 있는 중요한 위치에 있다.

한국에서 다문화교육을 연구하는 많은 연구자는 다문화가정 구성원들이 겪는 차별과 소외, 학교 부적응과 같은 경험들이 오랫동안 단일민족을 강조해온 한국사회의 분위기나 다문화사회로의 변화에 대한 준비가 부족했던 점에서 기인한다고 지적한다(권오현 외, 2009).

선행연구들은 공통으로 다문화교육의 실행에 있어 교사의 역할이 매우 중요하다고 강조한다. 특히, 교사가 다문화적인 환경에서 다문화 감수성을 통한 지도 능력을 발휘할 수 있도록 다문화교육 연수 프로그램이 필요하다는 지적을 하고 있다(모경환, 2009; 모경환, 황혜원, 2007; 최충옥, 모경환, 2008; 오은순, 권재기, 2008; 박윤경 외, 2008).

3) 다문화교육정책 담론

2000년대 들어서 이주민의 급격한 유입으로 다문화가족 중에서 결혼이주여성 가족의 지원을 중심으로 담론이 형성되었다. 특히 2006년 한국 다문화교육정책 담론이 두드러지기 시작하였다. 교육부의 다문화가정 자녀교육 지원계획에 드러나는 지배적인 다문화교육정책 담론은 문화 담론, 온정주의 담론, 그리고 정체성 담론이 있다(이민경, 2010).

(1) 문화 담론

문화 담론은 한국사회에서 중심적인 담론이라고 할 수 있다. 문화를 기반으로 하는 담론은 교육부의 정책뿐만 아니라 다른 분야의 정책에서도 지배적인 담론으로 여겨진다. 문화 담론의 중심은 일반인들에게는 다양한 문화의 인정을 강조하고, 이주민들에게는 그들 고유의 문화적 특성을 존중하는 데 기반하고 있다. 따라서 다문화교육은 다양한 문화에 대한 수용, 다문화가정 자녀에 대한 지원, 그리고 이해라는 측면에서 출발한다.

교육부의 정책은 2006년부터 학교의 다문화교육 행사와 시·도 교육청에서 지정된 다문화교육 정책연구 학교의 다문화교육 프로그램이 주로 각국의 다양한 문화체험으로 나타났다. 이것은 문화 담론이 어떻게 구현되고 있는지를 나타내는 대표적인 사례이다(조영달 외, 2010; 조혜영, 서덕희, 권순희, 2008). 문화 담론은 다문화사회에서 문화적 편견을 지양하고, 문화적 공감이나 타자의 문화에 대한 긍정적인 참여를 가능케 할 수 있다. 그러나 오로지 문화다양성만을 지나치게 강조하게 되면 이들을 주변화시킬 수 있다(Banks, 2008). 이처럼 문화 담론은 다른 문화 이해와 수용이라는 문화상대주의적 관점을 넘어서 현실적으로 작동하는 문화적·사회적 기제에 대한 교육적 담론과 사회적 수용을 위한 정책은 미흡하다는 면에서 한계를 지닌다.

(2) 온정주의 담론

온정주의 담론으로 한국사회에서 다문화가정이 한국사회에서도 새로운 소외계층을 형성하고 있다는 현실적 배경에 기반하여 문화 담론과 함께 매우 폭넓은 지지를 형성하고 있는 담론이다. 온정주의 담론에서는 다문화교육정책은 경제적 어려움과 차별을 겪는 이주자 집단에 대한 지원을 강조하는 점이다. 한국사회 다문화교육정책 담론은 한국사회에서 결혼이주나 노동이주를 중심으로 이루어진 담론이라는 점이다. 다문화가정 자녀들의 특성을 한국문화 부적응과 학습능력 부족, 경제적으로 취약한 형편 등으로 규정한 것은 이들에 대한 경제적 지원과 온정적인 지원정책이 중심을 이루는 것이기 때문이다.

온정주의 담론은 다문화가정 자녀들에게 학교수업 후 학습 지원과 문화예술공연 관람 지원 등을 지원함으로써 문화복지 정책의 대상이 된다. 일반 학생들은 다문화가정 자녀들을 도와주는 멘토 역할을 한다. 이러한 온정주의 담론은 한국사회에서 순수민족과 혈통을 강조로 다른 민족적·인종적 배경을 지닌 사회구성원들을 적극적인 국가정책 대상으로 여겨질 수 있었다는 면에서 다문화정책 저변의 확산에 기여했다고 여긴다. 이에 따라 온정주의 담론은 일시적인 시혜적 상황에 있어서 지속적인 정책으로 여기는 게 어렵게 되었다. 이러한 상황은 다문화가정 자녀를 도움의 대상이 되는 열등한 존재로 주변화시키는 경향이 있다.

이러한 온정주의 담론은 다문화 관련 언론보도 분석에서도 비슷한 결과를 보였다. 결혼이주여성에 대한 뉴스가 주로 언어 및 문화적 동화를 위한 지원을 중점적으로 강조하였으며 도움이 필요한 대상으로 제시되었다. 또한, 이들의 건강문제, 심리적 불안이 부각되면서 사회적 약자로 수혜의 대상이라는 점이 강조되었다(김경희, 2009). 반면, 결혼이주여성에 대한 이주민에 대한 사고방식, 종교 생활, 일상생활의 문화적 측면에 대해서는 무관심하였다.

(3) 정체성 담론

정체성 담론으로 결혼이민자가정 자녀의 경우 한국사회를 구성하는 일원으로서의 자아 정체감 형성, 자존감 향상 등 한국사회에서 겪는 정체성 혼란 문제를 극복하게 함으로써 이들 자신의 민족적·인종적 배경에 대한 긍정적인 태도를 갖게 해야 한다는 담론이다.

다문화교육의 중심은 학생들이 이해의 폭을 넓혀 다양한 인종, 민족, 언어, 종교에 대한 존중과 이를 수용하며, 자아존중감을 발달시키고, 소수민족 집단의 정체성과 자긍심을 키우는 일이다.

다문화교육정책 담론에서 정체성 담론은 이주자들의 문화적 정체성의 성장과 유지가 가장 중요한 요소이다. 다문화가정 자녀들의 정체성 혼란 문제가 주요한 담론으로 나타나면서 교육부는 정체성 함양이 주요한 교육프로그램에 포함되어야 할 것을 주장하였다. 이에 따라, 많은 연구 학교들이 정체성 함양을 다문화교육의 목표로 여겼다. 교육부의 정체성 담론은 이중언어 구사자와 같은 능력배양을 통해 글로벌 인적자원 담론과 마찬가지로 매우 도구적 관점에서 인식되었다. 교육부는 2006년부터 교과과정 개편에서 단일민족으로서의 정체성을 강조하는 내용을 개편하고 다문화사회에서의 세계시민성을 포함하고 있다. 그러나 세계시민으로서의 정체성 함양 교육정책은 단순히 글로벌 인재로서 국제이해 능력의 배양이나 타문화 수용에 머물러 있는 한계가 있다는 지적을 받고 있다.

따라서, 다문화교육정책의 목표는 다문화사회에서의 불평등 구조와 차별의 사회적 기제에 대한 개선도 함께 요구된다. 이와 더불어, 다문화교육 내용 체계에서도 사회정의가 강조되어 다문화가정 자녀들, 특히 외국인노동자가정 자녀들에 대한 사회적 수용이 반영되는 방식으로 정책이 수행될 수 있다. 그러나 현실적으로 외국인노동자가정 자녀들이 상대적으로 정책 담론의 핵심이 되고 있지 못한다. 한국사회 다문화교육정책 담론이 한 국가 내에서도 특정한 소수 집단은 공적인 주목을 받지 못하고 있다.

6. 다문화교육정책 담론의 정착기

1) 다문화교육 연구

초기의 연구들은 미국 중심의 다문화교육 소개가 대부분이었으나 점차 미국, 캐나다, 유럽국가 등의 다양한 나라의 다문화교육 소개와 비교하는 연구들이 증가하였다(김상무, 2010; 성상환, 서유정, 2009). 다문화가정의 실상과 학교생활의 적응과 문제점을 다루는 연구들이 결혼이민자가정, 이주노동자가정 자녀 등으로 대상자를 구체화하여 연구되고 있으며(서종남, 2010; 오성배, 2009), 다문화가정 학생들을 위한 교수, 학습지원에 관한 연구들도 나왔다(원진숙, 2009). 그중에서 교과서 분석을 통하여 한국에서의 다문화교육 문제점을 지적하는 연구(박현호, 강운선, 2009)와 사회과 교육과정을 연계한 연구(하윤수, 2009)들도 이루어졌다. 또한, 소수이기는 하나 다문화가정이 아닌 교사나 일반 학생들의 다문화 인식을 연구하는 논문(모경환, 2009; 최지연, 2009)들도 나왔으며, 일반 학생들을 대상으로 다문화교육 프로그램을 실시한 후 그 효과성을 검증해보는 연구(장인실, 정경미, 2009) 등도 있다.

2008년의 연구 동향은 2007년에 이어 다문화가정에 관한 연구들과 교육과정 및 교과서 재구성 방향에 대한 논의가 지속되었고, 다양한 교육 활동을 통해 나타나는 이주민과 한국 국민에 대한 비교연구들이 시도되었다. 새로운 변화로 교사의 다문화교육 인식에 관한 연구가 예비교사나 보육교사 차원으로 확대되고 유아교육 기관 관련 연구가 급증하였다. 또한, 다문화교육 과정 개발에 관한 연구가 상대적으로 미흡하며, 지금까지의 교육이 소수자의 적응 교육과 일회성 교육에 그치는 경우가 많음을 지적하였다(황규호, 양영자, 2008). 따라서 다문화교육 내용을 선정할 때는 소수자의 적응 교육, 정체성 교육뿐만 아니라 모두를 대상으로 하는 상호이해 증진 교육 등 보다 폭넓은 차원에서 고려되어야 함을 강조하였다.

2) 다문화교육 담론

2008년 다문화가정 자녀교육 지원의 핵심 내용은, 결혼이민자, 외국인노동자 등의 증가로 다양해진 한국사회 구성원에 대한 맞춤형 교육 및 사회적응 지원 확대와 다문화가정 자녀의 학습능력 향상 및 학교적응을 위한 현장 및 수요자 중심의 교육을 강화하는 것이다. 더불어, 국정 지표인 '인재 대국' 실현을 위해 다문화가정 학생을 다언어를 구사하는 글로벌 인재로 육성하고 지원하는 것이 교육의 핵심 내용이다. 그러나 2008년부터 주목할 변화는 교육지원안부터 결혼이민자가정이 지원대상에서 다문화가정 자녀로 그 명칭이 변경되면서 이주노동자가정 자녀까지 정책의 대상이 되었다. 이는 교육부의 다문화가정 자녀지원 정책이 이전까지 심각한 교육 소외를 경험해왔던 이주노동자가정 자녀에게로 확대되었다는 점이다. 다문화가정 자녀들에 대한 글로벌 인재 담론이 등장한 것은 역량 강화 정책이 본격적으로 진행됨에 따라 시작되었다.

글로벌 인재 담론에서 국제이해교육의 핵심은 글로벌 인재 양성을 위한 한국사회에서 교육적 중심이 되었고, 다양한 국가와 문화에 대한 이해와 지식, 국제적 소통능력 배양이다. 2000년대 이후, 다문화교육이 확산되어 이중언어를 사용할 수 있는 글로벌 인재 양성을 다문화가정 자녀에게서 발견하게 되었다. 다양한 문화적 배경을 지니고 있고, 이중언어 구사가 가능한 환경 속에 있는 다문화가정 자녀들을 잠재적인 글로벌 인재로 여겨 이들을 지원하여 글로벌 한국을 건설해야 한다는 담론이 주장되었다. 다문화교육을 통하여 세계를 이끌 수 있는 인재를 키우기 위해 다문화가정 학생을 여러 언어를 구사하는 글로벌 인재로 육성 지원하는 정책도 이에 해당한다. 이 글로벌 인재 담론은 일반 학생, 다문화가정 자녀 모두가 다양한 문화 이해 능력 및 소통 능력을 키워 글로벌 리더로 여겨지는 것이다. 이러한 현실은 다문화 소통능력 등 다문화 감수성이 국제화 시대에 갖추어야 하는 일종의 새로운 자격 요건으로 새롭게 인식되고 있음을 보여준다. 글로벌 인재 담론이 다문화가정 자녀들을 위치시키면서 국제 경쟁력을 갖춘 인재로 도구화하고 있다는 비판이 제기된 이유이다.

글로벌 인재 담론은 다문화가정 자녀들을 사회적 비용이라는 관점에서 사회적 자원이라는 관점으로 전환된 계기가 되어, 다문화가정 자녀를 열등생으로 간주하는 것에서 우수한 자원으로 인식할 수 있는 담론의 전환을 가져왔다는 점에서 의의를 지닌다. 그러나 여전히 다문화가정 자녀들을 한국사회의 구성원으로서 인식하기보다는 대상화, 타자화시키는 점에서 한계를 지니고 있다. 또한, 다문화가정 자녀를 글로벌 인재라는 모델은 현실적으로 도달하기 힘든 주체들을 이중으로 소외시키는 방식으로 작동될 수 있는 위험성이 있을 수 있다는 지적도 있다.

이와 더불어, 다문화사회 전반에 걸쳐 중요하게 논의되는 담론은 인권 담론이다. 이는 다문화사회에서 정의와 인권이라는 개념에 초점을 둔다. 이 관점은 민주사회의 핵심적인 요소인 인간 존엄에 대한 존중과 평등성을 강조하여 이주민의 유입으로 인한 다문화사회 형성에 있어 사회구성원으로서의 기본적인 인권문제가 핵심이라는 것을 전제로 한다. 교육과정 개편에 기본적인 교육권을 보장하기 위해 인권교육을 포함하고, 미등록 이주노동자가정 자녀들의 학교교육 기회의 허용과 이를 지원하는 노력이다.

교육부가 2008년부터 미등록 이주노동자가정 자녀들을 정책적 대상에 포함해 이주노동자가정 자녀들의 학교교육을 지원해온 정책들은 국제결혼가정정책에 집중된 타 부처보다 상대적으로 매우 적극적인 정책이라고 할 수 있다. 그러나 교육부의 정책 담론 중에서 인권 담론이 차지하는 비중이 매우 낮고, 이는 다문화교육정책의 주요 논의로 여겨지지 못하였다. 한편, 인권 담론은 이주민뿐만 아니라 그동안 배제되었던 한국사회의 사회적 · 문화적 소수자들의 권리 주장과도 연결되어 있다(이민경, 2010). 이는 소수자가 처한 차별 상황을 이해할 수 있고 이들의 인권을 옹호하여 정의로운 사회 구현을 위한 노력도 포함한다.

3) 다문화학생 지원정책과 연구 동향

교육부의 2009년 다문화가정 자녀교육 지원의 핵심내용은 첫째, 다문화교육 기반 구축 및 연계, 활용 강화, 둘째, 현장 중심의 다문화가정의 특성에 맞는 맞춤형 교육 지원, 셋째, 일반 학생의 다문화 이해 및 다문화가정의 강점 발굴 지원이었다. 이에 따라, 2009년의 연구 경향은 다문화가정 자녀 및 학생들의 한국문화 수용 및 정서적 특징에 대한 이해와 다양한 다문화교육 전략이 제안되었다.

2010년 교육부의 다문화가정 자녀교육 지원계획의 계획의 목표는 다문화가정 학생의 교육격차 해소와 다문화가정 학부모의 역량 강화, 다문화교육 기반 강화 및 다문화 이해 확산이었다. 이에 따라 교육부의 2010년 연구 동향은 기존 연구의 다양한 패턴들이 지속되거나 확장되는 모습을 보인다. 또한 미국, 캐나다, 프랑스, 독일, 일본 등의 선진국 다문화정책에 대한 논의를 통해 국내 다문화정책을 점검하고 향후 정책 추진 방향이 제시되기도 하였다. 일반 학생들의 다문화학생에 대한 인식에 관한 연구들도 많이 이루어졌으며, 다문화 관련 정서척도 개발 관련 연구도 활발해졌다. 특히, 2008년과 2010년의 연구 논문들의 대부분은 외국 다문화 연구에 대한 분석 및 한국 다문화 연구에 대한 시사점이었다.

한국사회에서 외국인노동자, 북한이탈주민, 국제결혼이주자의 수가 해마다 증가 추세에 있고, 이에 따라 한국사회의 인종, 민족적 다양성이 계속 증가하고 있다. 이러한 상황에서 다문화가정 학생이 교육현장에서 겪는 여러 가지 어려움이 지속되고 있음이 언론 매체,

국가 기관의 연구보고서나 다양한 연구에 의해 보고되었다(박영준, 2016). 특히, 북한이탈청소년의 경우 북한 생활과 탈북과정에서 겪는 학습 공백으로 인한 교육 격차, 남한과 북한의 언어, 문화적 차이 등으로 인하여 학교생활에 적응하는 데 어려움을 경험하고 있는 것으로 나타났다. 이 외에도 다문화가정 자녀가 차별, 소외, 학업성취의 어려움 등을 나타내는 연구가 많았다(고유미, 이정윤, 2009; 박순희, 2009). 이에 따라 타문화 존중 담론이 강조되었다. 즉, 일반 학생이 다문화학생의 문화적 배경을 이해하고 존중함으로써 다른 문화 간 편견이나 갈등이 감소되는 것으로 간주되었다.

특히, 다문화학생 지원정책에 관한 선행연구는 학교 단위에서 다문화학생을 어떻게 지원하고 있는지에 중점을 두어 이루어졌다(김효선, 홍원표, 2016). 예를 들어, 김효선과 홍원표(2016)의 연구는 학교 다문화교육 실행 현황을 크게 교육대상, 교육내용과 목표, 방법의 측면으로 구분하여 분석하였다.

다문화교육 대상의 범위에 초점을 둔 연구 초기에는 이주노동자 가정, 혹은 국제결혼가정 자녀들의 교육실태를 파악하여 학교에서 겪는 어려움을 해결하기 위한 연구를 비롯하여 최근에는 다문화학생뿐만 아니라 모든 학생을 대상으로 연구하고 있다. 이는 다문화교육 대상이 확대되는 것은 사회적 소수자집단에만 한정될 경우 사회적 다수집단의 다문화에 대한 상호이해가 증진되기 어렵다는 비판에서 비롯되었다.

다문화학생 지원정책에서 다문화적 학교 환경조성, 다문화교육의 목표에 부합하는 교과 교육과정 재구성을 비롯하여 모든 학생이 문화적으로 다른 배경의 학생에 대한 편견을 해소할 수 있도록 교과 외 활동을 강조하였다(최충옥 외, 2010). 특히, 다문화가정의 정책적 지원 가운데 무엇보다 시급한 부분은 언어교육 지원으로 이는 한국어교육 지원정책으로 다문화가정 학생을 위한 한국어교육 지원을 인적·물적·심리적·행정적·재정적 지원에서 미흡한 수준으로 지원되고 있음을 주장하였다(오은순, 2009). 이와 더불어 다문화가정 학생들이 공동체적 소통을 키울 수 있도록 언어교육과 문화교육을 지원해야 한다. 또한 다문화가정 학생들의 한국어의 어려움과, 교사 및 학부모와의 의사소통의 어려움, 다문화가정 자녀를 위한 교육적 지원과 주위 사람들의 인식에 대한 교육이 중요함을 강조하였다(김덕주, 2013).

다문화가정 자녀에 대한 교육지원 정책은 다양한 측면에서 즉, 다문화가정 학생, 이들을 지원하는 다문화가정, 학교, 그리고 일반 사회 구성원에 이르기까지 통합적 접근이 되어야 한다(노기호, 2011). 그러나 학교현장에서 다문화학생을 담당하는 교사에 대한 처우가 낮으며, 특히 저소득층을 대상으로 자녀 교육비 지원으로 한국어 교육프로그램 운영 등의 행정적·재정적 지원은 현장에서 매우 미흡한 수준으로 나타나고 있다(신혜진, 2018). 이에 모든 학생을 포함하는 통합 교육적 관점에서 다문화학생 밀집 학교를 지원하는 정책이 필요하다(박철희, 박주형, 김왕준, 2016). 다문화학생 지원정책과 관련된 구체적인 정책사업에 초점을 둔 연구는 부족하다.

4) 다문화교육정책의 변화

(1) 2008~2012년 다문화교육정책

다문화교육 지원정책 도입기는 2008~2012년에 해당하며, 다문화와 관련 예비학교, 거점학교 등 정책학교가 시작되고 중도입국학생의 증가에 대한 교육대책을 마련하기 시작한 시기이다. 다문화교육정책은 교육대상으로 다문화가정 학생과 일반 학생을 대상으로 하였다(교육부, 2008). 이전 시기와 다르게 다문화교육정책에서 다른 문화적 배경의 학생은 국제결혼가정 자녀와 외국인노동자 자녀뿐만 아니라 중도입국자녀까지 포함하였다. 다문화교육정책의 목표는 '한국사회에의 동화', '다문화적 역량계발', '다문화적 정체성 형성'이 강조되었다. 다문화교육의 내용은 '한국에 대한 이해', '다문화에 대한 인정', '다문화적 정체성', 그리고 '인문 및 직업교육'이 강조되었다.

(2) 2013~2017년 다문화교육정책

2012년 이후는 다문화교육지원 보완 및 지속 확대기로 다문화와 관련된 다양한 교육정책을 보완하여 다문화교육 사업을 발전시키는 시기이다. 2013년의 다문화교육정책은 다문화 특별학급 운영 및 다문화학생 학력 인정에 대한 근거를 마련하였다. 그리하여 다문화교육정책 학교 운영으로 예비학교와 한국어교육 과정 도입과 2012년부터 한국어교육 지원과 2016년에는 '찾아가는 예비학교'를 도입하여 운영되었다. 2014년부터 실시한 '다문화 중점학교' 운영 및 2015

년부터 실시한 '다문화 유치원' 운영이 꾸준히 진행되고 있다. 2016 년의 경우 교육부는 중도입국, 외국인 학생의 공교육 진입 지원을 위한 한국어, 한국문화 교육에 대한 예비학교 운영을 확대하였고, 교과 및 비교과와 연계된 다문화이해교육을 실시하는 다문화 중점 학교 운영을 확대하였다. 교육부는 2017년 다문화교육 지원계획을 발표와 함께 재정도 확대되었다(교육부, 2017). 다문화교육 지원계획 의 목표는 '다름을 인정하는 교육, 다문화시대 인재육성'이다.

(3) 2018~2022년 다문화교육정책

2019년에는 다문화교육정책 학교사업을 개편하여 지역 자율성을 강화하였다. 특히, 2009년부터 시작된 다문화학생과 대학생 멘토 링을 실시하여 현재까지 진행 중이고, 2017년부터 시작된 한국어가 서툰 중도입국학생을 위한 모국어 멘토링 운영도 현재까지 이어지고 있다. 중앙다문화교육센터(2007)와 지역다문화센터(2015)는 현재 14개 시ㆍ도 교육청에서 지원하였다.

교육부가 2019학년도에 시행되고 있는 다문화교육 사업의 추진 배경에는 외국인, 다문화가정 증가에 대응하여 학교의 다문화 감수성을 제고하고, 개인의 문화적 배경과 관계없이 교육의 기회를 보장하는 일이다. 특히, 유아, 청소년기 다문화학생, 한국어 능력이 부족한 중도입국 외국인 학생, 난민, 무슬림 학생 등 성장 주기별, 특성별 맞춤형 교육 요구와 기존의 다문화학생 지원 중심의 다문화교육 추진 방식에서 차별, 편견 방지 및 상호문화이해를 위한 교육 방식으로 확장하기 위함이다. 또한, 다문화학생의 문화적 다양성과 차이를 인정하고 이를 우리 사회의 발전동력으로 전환할 교육의 기반 정비가 필요함에 따라 이들을 우수인재로 양성하고 한국사회의 개방성을 높일 수 있는 내실 있는 지원체계를 마련하기 위함이다.

교육부는 학교 내 다문화학생, 여성가족부는 다문화가족, 법무부는 체류자격 및 외국인 인권 관련 협업을 추진하며 중도입국자녀 등 대상에 따라 통계를 관리하므로 통계자료 간 연계가 필요하다. 여성가족부에서 실시하는 자녀언어 발달서비스, 이중언어 인재 양성 등 사업 간 연계를 확대하는 일이 중요한 과제이다.

5) 다문화교육정책의 비판적 담론

다문화교육 지원계획에서는 다른 문화적 배경을 지닌 학생을 '다문화학생'으로 기존의 한국 학생을 '일반 학생'으로 지칭하고 있다. 그러나 다문화교육정책에서 사용되는 용어는 특정한 대상을 규정하고 다문화교육 담론에 영향을 끼치는 강력한 가시적·상징적 힘을 지니고 있기 때문에 한국의 다문화교육정책에서 다른 문화적 배경의 학생과 기존의 한국 학생을 가리키는 표현으로 '다문화학생', '일반 학생'의 용어를 여전히 사용하고 있어 이들을 왜곡된 이미지로 분류되도록 한다(이민경, 이수정, 2011).

다문화는 특정한 국가의 문화가 아니라 다양한 문화 그 자체를 의미하고, 다문화가정 또한 특정한 문화를 공유하는 가정이 아니라 한 가족 내에 다양한 문화가 공존한다는 점을 기술하는 포괄적인 용어이다(이경희, 2011). 그러나 다문화교육정책에서 베트남, 필리핀 등의 아시아 국가 출신의 부모를 둔 학생을 '다문화학생'이라고 지칭하고 기존의 한국 학생을 '일반 학생'으로 지칭하는 것은 다문화를 특정한 국가들의 문화를 가리키는 것으로, 또한 다문화가정이 한국 사회에 존재하는 기존의 가정형태와는 다른 형태의 가정을 가리키는 것으로 그 의미를 왜곡하고 축소시키게 된다(김선미, 2011). 이러한 용어 사용은 일반적이지 않고 비정상적이라는 점을 은연중에 암시하게 된다(김도혜, 2012; 장한업, 2011). 또한 다문화교육정책에서 최근까지 사용되고 있는 다문화학생과 일반 학생이라는 용어는 기존의 한국 학생들이 단일한 문화를 지닌 집단인 것으로 단정함으로써 그간 다문화교육정책이 목표와 내용 측면에서 지향해온 방향과는 다르게 다른 문화적 배경을 지닌 구성원에 대한 배타적인 인식을 심을 수 있다.

제2부에서는 한국의 다문화사회복지와 다문화교육 담론의 형성과 변천과정에서 개념과 쟁점 분석을 살피고자 한다. 제3장과 제4장에서는 지식체계와 언술체계의 다문화사회복지와 다문화교육 담론에서 도출한 30개의 주요 개념과 쟁점을 분석한다.

연구 목적에 따라 '다문화'에 대한 기존 학술논문을 조사하기 위해 체계적인 문헌검토 방법(systematic literature review method)을 채택한다. 체계적인 문헌검토 방법을 사용하여 1980년부터 2021년 사이에 출판된 문헌에 대한 검토로 제한했다. 그 이유는 최초의 '다문화' 키워드의 논문은 1983년에 출판된 단편적인 증거 때문에 적절하다고 판단했다. 그런 다음 학술출판물 검색 소스로 '다문화' 및 다문화 관련 분야에서 가장 많이 사용되는 데이터베이스인 DBPIA(누리미디어), KISS(한국학술정보), RISS(한국교육학술정보원), NDSL(국가과학기술정보센터), 국내학술지 및 학위논문, 해외학술논문, 학술지, 단행본, 연구보고서와 해외학술지 데이터베이스인 EBSCO, ProQuest, Science Direct 및 Web of Science 데이터베이스에서 다문화 분야의 학술적 자료를 활용하였다.

주요 개념 30개에는 〈다문화 복지, 다문화가족 복지서비스, 다문화가족복지정책, 외국인의 사회보장, 다문화 상담, 다문화가족 관계, 다문화사회전문가, 사회통합프로그램, 문화적응 스트레스, 다문화가족 정신건강, 다문화 네트워크, 다문화 법률, 다문화가족 국제결혼중개업, 다문화가족정책, 글로벌 가족, 다문화교육, 상호문화교육, 한국어교육, 국제이해교육, 다문화교육 프로그램, 외국인 유학생, 다문화 중점학교, 다문화교육정책, 다문화가족교육, 세계시민교육, 다문화인권교육, 다문화학생, 중도입국청소년, 다문화 인식, 문화적 역량〉이다.

제2부

한국 다문화사회복지와
다문화교육 담론의
주요 개념과 쟁점

제3장

다문화사회복지와
다문화교육 담론의 주요 개념

1. 다문화 복지

세계화 현상, 정보산업의 발달, 저출산 · 고령화 현상 등 다양한 요인에 의해 다문화사회는 확장되어 가고 있다. 특히, 혼인 수급의 불균형, 국내외 이주산업의 활성화는 지속적으로 국제결혼의 증가를 부추기고 있다. 이처럼 다문화사회가 몰고 온 전 지구적 현상은 다문화 복지의 필요성을 더욱 강조한다. 그동안의 다문화가족 관련 연구는 일부 가족 분석 등에 편중되어 있었으며, 아울러 가족부양 및 기능, 건강 및 보건의료 실태에 대한 통계자료가 부족하였다. 또한, 최근 급증하는 해체가족을 대상으로 한 연구도 미비하게 이루어졌다. 다문화가족을 대상으로 하는 복지서비스의 대부분이 결혼이민자 개인단위로 제공되어 가족단위의 서비스 지원 역시 상대적으로 미흡하였다(정복동, 2016). 따라서 다문화가족의 특성, 가족관계의 변화, 가족부양, 가족기능, 복지 구현 등 실제적인 요인을 파악하고, 이에 걸맞게 대책 방안 연구가 진행되어야 한다.

다문화가족 복지지원의 목적은 다문화가족의 조기정착을 위해 다양한 서비스를 통합적으로 제공하고, 다문화가족의 복지증진 및 이주여성의 인권 보호를 강화하며, 다문화가족 및 사회구성원과의 관계 증진을 제고하기 위함이다. 사회 취약계층인 다문화가족이 건강하게 유지되고, 전체 가족원이 원만한 가족생활 및 사회생활을 할 수 있도록 사회적 지원방안을 마련하는 것은 중요하다.

다문화가족별 복지 욕구를 살펴보면, 먼저 결혼이주여성의 한국생활 적응과 원만한 가족관계, 인권 등의 분야에서 다양하게 나타났다(최현미 외, 2008). 특히 이들을 대상으로 하는 프로그램 중에서 가장 빈번하게 시행되고 있는 것은 한국어교육, 요리강습 등 한국의 일상생활 적응에 유용한 프로그램을 진행하고 있다. 반면, 상호문화 이해를 증진하기 위한 프로그램이나 사회 인식 개선을 위한 프로그램은 상대적으로 적은 편이다. 그러므로 결혼이주여성들의 사회복지 욕구 해소를 위한 본국 친정 가족부양의 피선택자를 한국 남성으로 규정할 것이 아니라 사회구성원으로서 필요한 복지 욕구를 파악해야 한다.

결혼이주여성들에게 지원하는 복지서비스 프로그램의 이용 실태를 살펴본 결과, 한국어교육, 한국 요리 강습, 한국문화 관련 등의 이용률은 과반수의 비율을 보였으나, 취업교육 및 취업훈련, 전화를 이용한 통역서비스 제공 등의 이용 비율은 저조하였다. 무엇보다 이들에게 가장 필요한 서비스는 한국어교육인 것으로 나타났다. 기본적인 일상생활과 취업, 가족 및 부부관계에서 빚어지는 어려움과 고충 중의 하나가 의사소통이기 때문이다. 그러나 현실적으로 지속적인 한국어학습이 어려운 이유는 임신과 출산으로 인한 외부 활동의 제약과 교육장소의 접근성이 낮기 때문이다. 이에 찾아가는 방문 서비스 제공에 좋은 호응을 나타내고 있다.

결혼이주여성들은 각기 다른 문화적 배경 속에서 본국의 가족관계와 비교하며 한국의 가족관계를 이해하는 데 어려움을 겪는다. 또한, 문화적인 차이로 인해 가사노동 분담에 대한 이해 차이를 겪게 되는데, 일부 국가에서는 남녀 모두 동등하게 분담되는 것을 당연하게 여기기도 한다. 더불어 한국에서의 며느리 역할 이해 부족으로 인해 갈등을 일으키게 되는 경우도 발생한다. 이에 따라 한국과 이주여성 국가의 가족, 문화적 특성에 대한 교육과정을 통해서 상호이해와 존중하는 태도를 모두 갖출 수 있는 기반 마련이 필요하다.

임신과 출산에 대한 의료서비스 역시 지원되어야 할 부분이다. 특히 외국인을 위한 통역을 지원하는 병원 시설이 거의 없어 낯선 곳에서 첫 출산을 하게 되는 이주여성들에게 생기는 불안감과 어려움은 매우 크다. 더불어, 상당 부분 의료보장 체계 안에 들어가 있지 못하여 의료서비스를 이용할 때 의료비 부담, 직업활동 중단에 따른 경제적 부담, 진료 대기의 시간 소비 등은 장애 요인이 되고 있다. 또한, 결혼이주여성들은 한국의 보육시설, 유치원, 초 · 중 · 고등학교 교육 교과과정이 낯설어 보육과 교육을 이해하는 데 어려움을 겪고 있으며, 이에 따라 자녀들의 학교 과제를 도와주는 것이 쉽지 않다.

다문화가정은 절반 이상이 최저생계비 이하인 저소득층에 해당된다. 이들의 경제적 취약성은 가족 형성 이후에도 지속적인 생활의 어려움, 자녀양육의 어려움, 노년기 준비의 제약 등으로 이어진다. 결혼이주여성들은 대부분 전업주부로 미취업상태이지만 대부분 자녀양육비 충당이나 가족의 생계유지를 위해서 취업을 희망하고 있다. 그러나 한국어 미숙과 자녀양육의 부담 및 취업정보와 기술의 부족으로 취업하지 못하는 경우가 많다. 이에 정부는 결혼이민자가족의 안정적인 생활환경 조성을 위해 국적취득 전이라도 18세 미만 아동을 양육하는 경우 「국민기초생활보장법」, 「긴급복지지원법」, 「한부모가족지원법」 적용을 통해 생계, 의료, 주거 등을 지원하고 있다.

결혼이주여성의 인권은 가정폭력 및 성폭력, 가족형성 과정과 각 생활주기에 따른 다양한 측면을 고려해야 한다. 특히 가족형성 과정에서 나타나는 인권침해 실태는 인권침해적인 모집과 광고, 맞선 및 속성 국제결혼 시스템 운영, 대기 비자발급 과정과 결혼생활에까지 다양하다. 이러한 위기상황에 정부 차원에서 가용 자원과 서비스, 전문통역가 배치로 이들을 보호하고 있다. 그러나 이에 더해 다양한 지역사회 자원과 서비스 정보의 제공이 원활히 되도록 해야 한다.

외국인노동자에 대한 복지서비스 욕구는 완전한 이주를 희망하는 비율은 낮았으며, 이주 목적을 달성할 때까지 안정적인 체류를 원하는 것으로 나타났다(최현미 외, 2008). 외국인노동자들이 가장 원하는 것은 고용안정이었으며, 주거환경이나 사회적 기반이 취약하더라도 고용안정과 지속성이 높은 것으로 나타났다. 현재 시행되고 있는 고용허가제는 사업장 변경 시 사업주의 허락과 3차례까지만 이동이 가능한 이동제한으로 인해 새로운 직업을 찾는 데 어려움이 있다. 그뿐 아니라 강제노동과 감금노동의 발생에도 적극적으로 대처하기가 힘들다. 따라서 노동권리의 침해, 부당한 노동 행위 등에 적극적으로 대처할 수 있도록 시스템을 개발할 필요가 있다. 또한, 외국인노동자들은 산업재해와 직업병에 노출되기 쉽다. 철저한 안전교육 이후에 작업이 이루어져야 하지만, 부실한 교육으로 산업재해는 늘어나고 있다. 이 때문에 현실적으로 적용 배제 사업장에 취업했을 경우

산재 적용을 못 받는 사각지대에 놓이게 된다. 그러므로 모든 사업장에서 전면적인 산업재해 보상이 이루어져야 할 것이다.

외국인노동자 자녀들의 공교육 진입에도 제한적이다. 의무교육이 제공되는 초등학교와 중학교에서 불법체류자의 자녀라 할지라도 해당 지역의 거주 사실을 입증하는 서류로 대체하여 입학할 수 있지만, 현실적으로 일선 학교에서는 외국인 학생 지도상의 어려움, 이들 자녀들의 지역적 분포로 인한 학급구성의 어려움, 불법체류 신분의 부모를 둔 자녀들에 대한 수용 기피, 외국인 학생에 대한 국내 학부모의 거부감 등으로 학교 수용이 쉽지 않다. 또한, 이들 자녀의 한국어 미숙으로 자신의 연령보다 낮은 학년에서 공부해야 하므로 청소년 시기에 부적응문제를 야기할 수 있다. 외국인노동자 거주 밀집지역 외의 특별학급 등 어려운 외국인노동자 자녀들의 경우 온라인교육, 일대일 학습 도우미 지원 등 다양한 차원에서 교육지원이 활성화되어야 한다.

북한이탈주민의 사회복지 욕구는 정부 차원에서 안정적인 정착에 대한 지원에도 불구하고 실업률이 높고 단순 노무직이나 아르바이트 업종 등 불안정한 직종에 종사하는 경우가 많다. 특히 지나치게 복잡한 행정절차로 사업주들이 북한이탈주민을 고용하는 것이 쉽지 않고 직업훈련을 받을 직업훈련원 접근성도 매우 떨어지는 문제점이 있다. 북한이탈주민이 초기정착금과 정착장려금 등이 지원되는 기간 동안 취업을 위한 노력을 적극적으로 하지 않는 경우도 많다. 이에 직업교육을 위한 동기부여도 필요하며, 이들의 사회적 · 심리적 적응을 위해서 다양한 지역사회의 직업 활동이 요구되지만,

개인신상이나 심리적 문제로 가족문제의 경우 소극적으로 대처하며 적극적인 서비스를 요청하지 않는다. 지역 내의 유관기관 등의 서비스 등에 대한 안내책자를 보급하고, 정착지원을 위한 적극적 서비스 등을 할 수 있는 체계를 마련해야 한다. 특히, 북한이탈 과정에서 경험하는 충격적인 사건들로 인해 정신건강상의 어려움을 호소하는 경우가 많다. 이에 따른 적절한 치료와 개입을 하여 지속적인 관리를 해야 할 것이다.

그러므로 새롭게 출현하고 있는 다문화가족의 특성 및 복지욕구를 파악하여 사회취약계층인 다문화가족이 건강하게 유지 발전되고, 다양한 유형의 가족이 안정적 생활을 유지할 수 있도록 지원을 강화해야 한다. 특히, 정착주기 장기화로 다양한 가족유형이 발생함에 따라 안정된 가족생활을 도모할 수 있는 지원 강화와 한부모 가족 지원 확대 등과 폭력피해 이주여성의 복합적 문제를 지원하는 전문기관 신설 등으로 결혼이민자 인권보호 체계를 확충하여야 한다. 또한, 다문화가족 학령기자녀의 비율이 높아지고 있으므로 안정적 성장을 위한 자녀 역량 강화 및 위기관리 지원을 확대되어야 한다. 이와 더불어, 관계부처 협력을 통한 다문화가족 인권 보호 사각지대를 해소해야 할 것이다. 상호존중에 기반해 다문화 수용성 제고를 위한 환경개선이 필요하다.

2. 다문화가족 복지서비스

한국사회가 다문화사회로 이행하면서 치르게 될 국가적 비용이나 사회적 위험요인들에 대해 복지정책을 구축하는 것은 매우 중요하다(최연실, 2011). 이주자나 다문화가족의 구성원들이 주류사회에 편입되고 한국사회의 일원으로 정착하여 궁극적인 사회통합을 이루기 위해서는 기본적인 사회적 지원이나 복지서비스 제공이 필요하다. 그러므로 한국사회에서 다문화가족에 대한 복지정책과 복지서비스를 어떻게 수행할 것인가는 매우 중요한 문제로 다루어야 한다.

특히 다문화가족의 구성원이 되는 이주자들은 처음부터 한국에서 성장한 것이 아니므로 이들이 지닌 특유의 사회적 · 문화적 특수성을 충분히 이해해야 한다. 따라서 이들이 한국사회에서 사회구성원 역할을 제대로 수행하기 위해서는 이주민들의 특수성을 고려한 사회적 보호 및 복지서비스를 제공하고, 이들의 사회적 권리를 총체적으로 형성할 수 있도록 지원하는 것이 필요하다(최연실, 2010).

다문화시대에 대비한 다문화가족복지정책 방안 연구에 따르면, 단기적 복지정책 방안으로 다문화가족의 한국어 및 사회적응력 제고, 경제적 자립지원 강화, 자녀출산지원 강화, 건강과 가족관계 강화, 결혼이민자의 폭력피해를 미연에 방지하여 가족의 기능 강화 등을 제시하였다. 중장기적 복지정책 방안으로 법적 · 제도적 개선, 인프라 개선, 서비스 전달의 효율화, 인식개선 및 이해증진 등을 제기하였다(최연실, 2010).

다문화가족복지정책의 중심 내부에서 강조되는 것은 가족관계 및 사회 적응력 제고, 다문화가족의 안정성 확보, 가족기능 강화 등을 위한 복지서비스 중의 하나인 가족상담이다. 다문화가족을 위한 가족상담 복지서비스는 일반적인 상담과 문화적 역량을 갖추어야 하는 것으로 관련 종사자들은 문화적 요소의 이해 등에 대한 교육이나 훈련이 부족한 상태이다. 다문화가족 복지서비스 종사자들의 다문화가족 관련 교육실태를 조사한 연구를 살펴보면, 대부분의 다문화가족 담당 공무원들, 그리고 다문화가족지원센터와 사회복지관 종사자들의 과반수에서 다문화가족 상담 및 사례 관리 기법에 대해 교육을 받지 못한 것으로 드러났다(장명선, 장은애, 2010). 다문화가족 상담에는 상담자들의 다른 문화 이해, 언어소통 등의 부재로 다문화교육 등을 포함한 상담 전문가의 양성이 시급히 요구된다.

다문화가족 복지서비스는 상당히 종류가 많고 다양하지만, 다문화가족을 위한 가족상담만을 전문화시켜 제공하는 기관은 현재 존재하지 않는다. 다문화가족을 지원하는 기관에서는 대부분 가족상담이 다문화가족을 위한 중요한 복지서비스라는 것은 알지만 현실적으로 가족상담이 차지하는 비율은 그리 높지 않은 편이다. 다문화가족을 지원하는 복지서비스 프로그램을 영역, 서비스 프로그램의 종류, 목적, 대상, 실시 기관, 방법별로 살펴보면, 현재 대부분의 지역 다문화가족지원센터와 유관기관에서는 교육, 자녀양육, 생활·문화, 심리, 정서, 보건 등과 관련된 복지서비스를 제공하는데, 그중에서 대부분의 기관에서 가장 큰 비중을 두고 있는 것은 한국어교육이라고 할 수 있다(이혜승, 김난영, 2011).

다문화가족을 위한 복지지원정책이 다문화가족 내에 존재하는 다양한 욕구를 포괄해야 한다. 그런 의미에서 다문화가족을 지원하는 복지서비스도 점차 다양화되고 질적 수준의 제고가 논의되는 실정이다. 따라서 결혼이민자, 그 배우자 및 가족 등을 대상으로 하는 가족 통합적 접근을 가족 간 갈등 및 가정폭력 등 가족해체 현상에 개입할 수 있는 효율적인 방법으로 보았다(김유경, 2011). 더불어 건강가정지원센터나 전국의 복지관, 그 외의 여성결혼이민자나 다문화가족을 지원하는 각종 사회기관의 복지서비스는 사회서비스 가운데 중심적 위치를 차지해왔다.

다문화가족이 증가함에 따라 정부에서는 이들을 위한 생애주기별 맞춤형 서비스를 기획하여 다양한 서비스를 제공하고 있다. 또한, 전국에 다문화가족지원센터를 설립하여 운영함으로써 결혼이주여성 및 그 자녀들의 한국사회 적응을 돕고 있다. 복지서비스는 다문화가족이 한국사회에 적응하는 데 언어, 문화, 경제, 의료, 보육 등 다양한 분야에서 어려움이 있을 수 있으며, 다양한 복지서비스의 제공은 이러한 어려움을 우선 해결할 수 있는 첫 시도가 될 수 있다(김안나, 최승아, 2016). 또한, 복지서비스 제공을 통해 이들이 한국사회에 적응하고 어려움을 해결해가는 과정에서 역량 강화를 할 수 있다. 결혼이주여성의 증가는 복지서비스의 필요성이 더욱 강조되고 있다. 결혼이주여성을 위한 복지서비스는 현재 여러 기관에서 제공되는 한국어 교육이나 적응을 위한 프로그램에 지나치게 집중되어 있으나 개별적인 복지 욕구를 충족시킬 만한 다양한 프로그램이 부족하다.

여성가족부에서 제공하는 생애주기별 맞춤형 서비스는 다문화가족을 위한 가족교육, 상담, 문화 프로그램을 단계별로 제공함으로써 결혼이민자의 조기적응 및 안정적인 가족생활을 지원하는 것을 목적으로 한다. 다문화가족을 위한 생애주기별 맞춤형 서비스는 1단계에서 입국 전 결혼준비기로 국제결혼 과정의 인권 보호와 교육프로그램의 서비스 내용은 「결혼중개업의 관리에 관한 법률」 제정, 개정 시행, 결혼중개업자 전문지식 및 윤리의식 향상 교육 실시, 결혼이민(예정)자 현지 사전교육 운영의 내실화에 있다.

2단계는 입국 초 가족관계 형성기로 결혼이민자의 조기적응 및 안정적 생활 지원을 위한 종합서비스를 제공한다. 주요 내용은 한국어교육, 다문화가족 통합교육, 다문화가족 취업 연계 및 교육지원, 개인, 가족상담 등이다. 그리고 다국어판 생활 · 정책 정보 잡지, 한국생활 가이드북을 제공하고 있다. 또한, 다양한 매체를 통한 한국어교육과 위기 개입 및 가족 종합 교육에 관한 서비스를 지원한다. 예컨대, 가정폭력 피해 상담 · 보호와 생활정보 제공을 위한 다누리 콜센터 1577-1366 및 전용 쉼터, 법률구조기관 등 관련 기관 간 연계를 강화한다.

3단계는 자녀양육 및 정착기로 다문화가족자녀의 양육, 교육 지원 관련 서비스를 제공한다. 관련내용은 부모의 자녀양육 능력 향상을 위한 부모교육, 학업성취가 낮고 자아, 정서, 사회성 발달에서 어려움을 겪고 있는 다문화가족자녀를 대상으로 자녀생활 서비스 지원, 다문화가족자녀 언어발달 지원 및 이중언어 가족환경 조성 사업 등을 지원한다.

4단계는 역량 강화기로 다문화가족의 경제 및 사회적 자립을 지원한다. 서비스 내용은 다문화가족 취업 연계 및 취업 기초소양 교육 실시, 결혼이민자 적합 직종개발 및 직업교육 훈련 실시, 자조 모임 및 봉사단 등 운영을 지원한다. 전 단계에서는 다문화 역량 강화를 위하여 대국민 인식개선 및 홍보로 다문화가족 모니터링단 운영, 다문화가족 지원 포털사이트 '다누리' 운영 지원, 다문화 인식개선을 위한 콘텐츠 개발 및 보급을 하고 있다. 이와 더불어 전국 규모의 다문화가족실태를 파악하여 정책수립에 필요한 기초 통계 자료확보 및 맞춤형 서비스 개발에 활용하고 있다.

3. 다문화가족복지정책

여성가족부는 '2021년 가족사업 안내' 보고서를 통해 가족서비스 제공 기관인 건강가정·다문화가족지원센터의 명칭을 개정(21.10.13. 시행)하여 '가족센터'로 변경하였다. 건강가정·다문화가족지원센터는 「건강가정기본법」 제35조에 따른 '건강가정지원센터'와 「다문화가족지원법」 제12조에 따른 '다문화가족지원센터'의 기능을 통합하여 운영하는 기관으로, 가족형태, 가족관계 특성 등을 고려한 가족교육 및 상담, 다문화가족을 위한 한국어교육, 다문화가정의 자녀 방문교육 등 종합적인 서비스를 제공하고 있다.

또한, 아이돌봄 서비스, 공동육아 나눔터 운영 등을 통해 지역사회의 돌봄 사각지대 해소에 기여하고 있으며, 2022년부터는 '1인 가구의 사회관계망 지원사업과, 다문화가족의 학령기 자녀학습 및 진로 지원사업'을 실시한다. 더불어, 센터에 국·공립어린이집, 공동육아나눔터 등 국민 생활과 밀접하게 연관되는 공공시설을 함께 설치하여 통합적 가족서비스가 제공되는 가족센터 건립도 추진 중이다. 이같이 지역 내의 모든 가족이 이용할 수 있는 통합서비스를 제공하고 있음에도 불구하고 '건강가정·다문화가족지원센터'라는 명칭으로 인해 특정 가족만 이용할 수 있는 장소로 와전되는 경우도 생겨난다. 이에 여성가족부(2021)는 센터 종사자와 지방자치단체 공무원 등 현장의 의견수렴을 거쳐 '건강가정·다문화가족지원센터' 명칭을 '가족센터'로 변경하게 되었다.

다문화가정이 증가함에 따라 다문화복지정책도 확대되고 있다. 2022년 현재 전국에는 230개의 다문화가족지원센터(2022년 가족센터로 명칭 변경)가 여성결혼이민자를 비롯한 다문화가족 구성원들을 대상으로 다양한 프로그램과 서비스를 제공하고 있다(여성가족부, 2019). 그러므로, 한국사회의 다문화가족정책은 대부분 다문화가족지원센터를 중심으로 추진되고 있다. 다문화가족지원센터의 서비스나 프로그램은 사회복지사를 비롯하여 방문교육지도사, 언어발달지도사, 통·번역지도사, 이중언어강사 등 전문인력에 의해 제공되고 있다.

다문화복지정책의 변천을 살펴보면, 1990년대 농촌을 중심으로 결혼이주여성이 급격하게 증가하였으며, 다문화가정이 형성되기 시작하였다(이오복, 2019). 당시 많은 다문화가정은 경제능력이 낮은 한국인 남편과 저개발국의 여성결혼이민자로 구성된 취약계층이 대부분이었다. 이에 따라 여성가족부는 2005년 국제결혼 부부프로그램을 개발하여 2006년 '여성결혼이민자가족 및 혼혈인, 이주자 사회통합 지원방안'을 발표하였다. 결혼이민자가족의 사회·문화적응 지원체계 구축을 위하여 지역별로 '결혼이민자 가족지원센터' 21개 소를 운영하였으며, 여성결혼이민자의 한국생활 적응에 초점을 두었다. 이 사업은 결혼이민자 가족지원센터의 설치와 다문화복지정책 마련의 토대가 되었다. 2007년 결혼이민자 아동 양육지원 방문교육 시범 사업추진 29개소 운영으로 이어졌다. 한국어 방문교육은 농림부 농촌 특별기금 예산으로 시범 사업이 추진되었다. 2008년 한국어교육 및 아동 양육 방문교육 사업을 통합하여 전국 서비스 전달체계가 구축되었다. 다문화복지정책은 '생애주기별 맞춤형 서비스'로 가족단위의 통합적 지원체계를 갖추어 시행되고 있다. 다문화복지정책은 생애주기별 맞춤형 서비스 측면에서 가족 구성원이 모두 복지대상으로 간주하여 통합적 접근을 시도로 정책의 포괄성을 제시하였다(김승권 외, 2009).

다문화가족지원정책은 생애주기에 따라 여성결혼이민자의 입국 전 결혼 준비기, 입국 초 가족관계 형성기, 자녀양육 및 정착기, 역량 강화기로 각 시기별 요구되는 서비스를 제공하고 있다(보건복지부, 2009). 이 정책의 목적은 빠른 시간 안에 다문화복지정책 기초를 마련하고 안정적인 추진체계를 갖추고자 노력했으나, 다문화복지정책을 시행하는 주요 기관 간 역할분담이 원활하지 않아 체계적으로 실행되지 못하였다. 또한, 중장기적 계획의 부족과 일반 국민들에 대한 다문화이해교육의 부재와 인식개선 노력이 부족하였다(오윤자, 2012).

다문화정책의 초기 담당부서는 보건복지부였으나, 현재 여성가족부 모두 다문화복지정책에 초점을 맞추고 있다. 처음 시작된 정책인 생애주기별 맞춤형 서비스 정책 이후 정부는 제1차 다문화가족정책 기본계획(2010~2012)의 수립 및 시행하였다. 제1차 다문화가족정책 기본계획은 한국생활 정착을 시작으로 점차 다문화가족의 안정적인 가족생활 지원을 위한 종합적 서비스를 제공하여 사회·경제적 자립의 목적을 추구하였다. 다문화가족 수요의 변화에 따라 중장기 계획으로 제2차 다문화가족정책 기본계획(2013~2017)을 수립하였다. 기본계획은 여성결혼이민자가 한국사회에 잘 정착하여 동화될 수 있도록 하는 데 초점을 두었고, 특히 여성결혼이민자의 사회·경제적 진출 지원과 자녀교육, 가족문제 해결을 위한 다양한 프로그램 등 다문화가족에 대한 사회적 수용성 제고를 위한 사업에 중점을 두었다. 다문화가족의 역량을 강화함으로써 사회발전 기여와 다양성이 존중되는 사회를 구현하고자 하는 비전을 담았다. 제3차 다문화가족정책 기본계획(2018~2022)을 수립하여 다문화가족의 장기정착과 여성결혼이민자의 사회참여 확대, 다문화가정 자녀의 역량 강화 등을 통한 참여와 공존의 다문화사회 구현이라는 비전을 담아 시행하고 있다. 이에 따라 여성가족부 장관은 5년마다 다문화가족정책에 관한 기본계획을 수립할 것을 규정하고 있다.

다문화가족지원센터의 서비스와 프로그램을 수행하는 사회복지사는 초기 면담과 서비스 욕구 조사, 사례관리, 필요한 다양한 서비스 연계 등 핵심적인 역할을 하고 있다. 또한 방문 교육지도사는 다문화가족자녀 언어발달 지원사업을 담당하고 있다. 따라서 방문 교육사업은 언어소통이 어려운 여성결혼이민자와 다문화가족자녀, 그리고 중도입국자녀 가정을 방문하여 한국어교육 서비스를 제공하고 있다(여성가족부, 2019).

다문화가족자녀들의 언어발달 지원서비스는 다문화가족자녀들이 겪는 의사소통에 어려움을 해결하기 위한 서비스를 제공하고 있다. 이와 관련하여 이중언어 인재양성을 위한 서비스를 교육부와 여성가족부가 폭넓게 제공하고 있다. 다문화가족자녀에 대한 서비스가 인재양성에 중점을 둔 점은 다문화사회 구성원 역량 제고의 목적에 기인한다. 통·번역 서비스는 2009년부터 실시되었는데, 여성결혼이민자의 의사소통 지원을 위해 통·번역 서비스 전담 인력의 선발, 양성, 관리하는 사업으로 여성결혼이민자의 초기 한국생활 적응을 위한 활동을 하고 있다(이오복, 2019).

한국사회의 다문화가족정책으로는 결혼이민자의 체류 유지 미비에 따른 대책, 생활안정 대책 및 사회통합 대책, 사회참여 촉진 정책, 생애주기별 맞춤형 지원강화 대책 등이 수행되어 왔다. 다문화가족 복지정책을 중앙 행정기관들이 부처별로 실시함으로써 유사한 사업이 중복적으로 시행되어 자원의 낭비 등 효율을 막기 위해 다문화복지정책을 주도적으로 이끌어가는 체계가 필요하다. 특히, 각 부처로부터 일률적으로 진행되는 프로그램은 지역사회나 대상자의 특성에 맞는 전문적인 프로그램 개발에 도움이 되지 못하였다. 다문화복지를 주도할 전담 체계는 이러한 정책이 진행되는 과정에서 발생하는 문제들을 해결하고 운영할 수 있는 전문성이 제고되어야 한다. 대부분 프로그램이 기관에 일괄 적용 방식으로 진행되고 있어 소수자의 욕구에 대한 서비스가 부재하거나, 유사한 서비스들은 중복지원 되어 대상자와 서비스의 적합도에 차이가 존재하였다.

아울러, 다문화가정여성, 자녀, 남편 등의 경우에는 개별적인 개입 프로그램이 실행되었는데, 다음에는 사례관리 중심의 가족개입이 우선되어야 한다. 또한, 현재의 다문화정책은 결혼이민자들을 위한 정책으로 편중되어 있어 외국인노동자, 유학생, 외국국적 동포, 북한이탈주민 등 모든 이주배경의 사회구성원들을 수용하고 포용할 수 있는 통합적인 정책이 미흡하다. 선진국의 다문화가족복지정책은 이민의 효과적 통제를 위한 관련 법안, 이민자와 자녀에 대한 교육, 일자리 소개와 취업교육 등으로 다양하지만, 우리나라는 법과 제도적 장치, 지원 프로그램 등이 아주 부족한 편이다. 다문화사회를 위한 정책은 다문화가정 구성원이 지역사회 일원으로서 자리를 잡을 수 있도록 대 국민적 교육과 프로그램 실행이 되어야 한다.

4. 외국인의 사회보장

전체 인구 대비 체류외국인 비율도 2013년 3.08%에서 2017년 4.21%, 2019년 4.87%로 매년 증가하고 있다. 인간다운 생활의 기반이 되는 사회보장에 관하여 외국인은 한국사회에서 어떠한 법적 지위를 보장받고 있는가는 중요한 이슈이다. 따라서 사회적 기본권이 인간의 존엄성, 자유권의 실질적인 조건 형성, 인간다운 생활의 실현에 외국인도 그 주체가 된다.

오늘날 한국의 사회보장법제가 외국인의 정착을 위한 사회통합을 위해 어떠한 노력을 해야 하는지 살펴볼 필요가 있다. 헌법 제34조의 '인간다운 생활을 할 권리'를 비롯한 사회적 기본권은 사회보장수급권 보장의 근거가 되는데, 종래 헌법재판소는 국민과 유사한 지위에 있는 외국인은 기본권의 주체가 될 수 있다고 보았고, 단순히 '국민의 권리'가 아니라 '인간의 권리'로 볼 수 있는 기본권은 외국인도 그 기본권의 주체가 될 수 있다고 판결하였다(김복기, 2019).

또한, 헌법재판소에서는 인간의 존엄과 가치, 행복추구권, 평등권은 인간의 권리로서 외국인도 변호인의 조력을 받을 권리, 재판청구권 등은 인간의 권리에 해당하여 불법체류 중인 외국인에 대한 기본권 주체성을 인정하였다. 외국인 기본권 주체성을 전면적으로 인정하지 않더라도, 사회보장에 관한 기본권 주체성 내지 헌법상 기본권에 근거한 사회보장에 관한 권리 보호에 대해 외국인도 인간의 권리로서 생존권적 성격을 띠는 사회보장급여에 대해서는 헌법적 권리를 주장할 수 있다. 한편, 사회보장 영역에서 외국인에 대한 불이익처우는 대부분 국적을 이유로 한 차별문제이다. 현행 헌법 제6조 제2항에서 외국인의 법적 지위는 '국제법 국제관습의 범위 내에서 보장된다'라는 규정과 관련하여 '외국인에 대해서 우리나라는 차별 대우하지 않는다'라는 것으로, 이는 외국인에 대한 헌법상 평등권 인정과 관련된 것이다.

외국인의 사회보장수급권에 관한 분야별 검토는 사회보장기본법의 분류에 따라 공공부조, 사회보험, 사회서비스 순으로 살펴보면(김복기, 2019), 먼저 공공부조는 우리나라 공공부조법제의 근간이 되는

「국민기초생활보장법」에 외국인에 관한 수급권자 특례규정을 두고 있다. 「국민기초생활보장법」상 급여의 종류는 생계급여, 주거급여, 의료급여, 교육급여, 해산 급여, 장제급여, 자활급여 등이 있으며, 주거급여와 의료급여는 별도의 법률(주거급여법, 의료급여법)에 근거한다. 「긴급복지지원법」은 생계 및 위기상황에서 도움이 필요한 사람을 신속하게 지원함으로써 인간다운 생활을 하기 위해 마련된 공공부조로 국내에 체류하고 있는 외국인 중 긴급지원 대상에 해당하는 경우에 대통령령으로 정하는 긴급지원 특례규정을 두고 있다.

사회보험은 국민의 건강과 소득을 보장하는 제도로 국민에게 발생하는 사회적 위험을 보험의 방식으로 대처하는 제도이다. 관련 법률로는 산업재해보상보험, 고용보험, 국민건강보험, 국민연금 등이 있다(김복기. 2019). 국내에 체류하는 외국인이 국민건강보험 적용 사업장의 근로자, 공무원 또는 교직원이고 주민등록법상 「재외동포의 출입국과 법적지위에 관한 법률(재외동포법)」에 의한 국내거소신고 또는 출입국관리법상 외국인등록을 하면 '직장가입자'가 된다(국민건강보험법 제109조 제2항). 이에 해당하지 않더라도 주민등록법상 등록 또는 「재외동포법」상 국내 거소자, 또는 「출입국관리법」상 외국인등록을 하고 보건복지부령으로 정하는 일정한 체류자격이 있는 사람이 6개월 이상 국내에 거주하였거나, 계속 거주할 경우에는 '지역가입자'가 될 수 있다.

외국인 직장가입자의 배우자, 직계존속, 직계비속과 그 배우자, 또는 형제, 자매가 보건복지부령상 소정의 자격인정 기준을 충족할 경우 공단에 피부양자 신청이 가능하다. 노인장기요양보험의 경우,

「노인장기요양보험법」 제7조 제3항의, 「외국인노동자의 고용 등에 관한 법률」에 따른 외국인노동자로서 국민건강보험법에 따라 직장 가입자가 되고 「출입국관리법」 제10조에 따라 산업연수 활동을 할 수 있는 체류자격을 가지고 지정된 산업체에서 연수하고 있는 외국 인이 신청하면 장기요양보험 가입자에서 제외될 수 있다. 외국인노 동자 및 그 자녀가 18세 미만인 경우, 국적취득 전 결혼이민자와 그 자녀, 난민과 그 자녀 등으로서 건강보험, 의료급여 등 각종 의료보 장제도에 의해서 의료혜택을 받을 수 없는 자는 보건복지부의 '외국 인노동자 등 소외계층 의료서비스 지원사업'에 의하여 의료지원을 받을 수 있다.

국민연금의 경우, 국내에 거주하는 외국인은 「국민연금법」 제126 조 제1항에 근거하여 대통령령으로 정하는 자 외의 외국인은 당연 히 사업장가입자 또는 지역가입자가 될 수 있다. 산업재해보상보험 은 사업주가 보험가입자가 되는 것으로 근로자를 고용하는 모든 사 업 또는 사업장에 적용됨을 원칙으로 하며 사업장에서 임금을 목적 으로 사용자에게 노무를 제공하는 외국인은 산재보험의 수급권자가 될 수 있다. 「고용보험법」 역시 근로자를 사용하는 모든 사업 또는 사업장에 적용됨을 원칙으로 하고 있으나, 일정한 경우를 제외하고 외국인노동자에게는 「고용보험법」이 적용되지 않는다. 최근 개정된 「고용보험법」(2019)은 이에 관한 규정을 신설하여 「외국인노동자의 고용 등에 관한 법률」의 적용받는 외국인노동자에게는 원칙적으로 「고용보험법」을 적용함을 명시하고 있다.

사회서비스란 국가, 지방자치단체 및 민간 부문의 도움이 필요한 모든 국민에게 복지, 의료, 교육, 고용, 주거, 문화, 환경 등의 분야에 인간다운 생활을 보장하고 있다. 관련 법률로는 「장애인복지법」, 「아동복지법」, 「노인복지법」, 「한부모가족지원법」, 「다문화가족지원법」 등이 있다(김복기, 2019). 다만 「아동복지법」, 「영유아보육법」에는 외국인 아동과 관련하여 별도의 규정이 없다. 외국인 특례규정을 두고 있는 「한부모가족지원법」은 지원대상자의 범위는 국내에 체류하고 있는 외국인 중 대한민국 국민과 혼인하여 대한민국 국적의 아동을 양육하고 있는 사람으로서 「출입국관리법」에 따른 외국인등록을 마친 자가 된다. 「장애인복지법」은 외국인 중 출입국관리법에 따라 외국인등록을 한 사람으로서 대한민국에 영주할 수 있는 체류자격을 가진 사람, 「재한외국인처우기본법」에 따른 결혼이민자(한국 국민과 혼인한 적이 있거나 혼인관계에 있는 재한외국인), 난민인정자는 장애인 등록을 할 수 있다.

5. 다문화 상담

지난 수년간 전통적인 상담이론이나 기법은 개인에 관심을 두고 개인을 변화시키는 능력에 중점을 두어왔다(Robinson & Morries, 2000). 최근 들어 세계화와 더불어 이주는 우리의 삶에서 흔히 경험할 수 있는 현상이 되었고, 국제적인 현상으로 자리 잡았지만, 이러한 인간의 지리적 이동에는 많은 문제점과 복잡한 결과들을 초래하게 되었다.

이러한 세계적 이주화의 영향과 국제교류의 증가에 따라 한국사회 역시 다인종, 다문화사회로 빠르게 변모·전환되었다. 한 사회 내에 인종과 문화의 차이는 물론 가치, 종교, 젠더, 생활양식 등 문화적 다양성의 중요성이 강조되고 새로운 상담 모델이 필요하게 되었다. 변화하는 세계의 전반적인 상황과 급변하는 인구 변화에 따라 사회공동체 간의 의견 차이를 좁히고 함께 공생할 방안을 모색해나가는 일이 점점 더 중요해지고 있다. 이에 대한 대안으로 기존의 상담이론이 지닌 제한점을 극복하기 위한 다문화 상담이 새로이 등장하게 되었다. 다문화 상담은 시대적 요구에 부응하기 위해 다문화적 배경을 가진 내담자의 개별적 특성을 고려한 상담의 중요성을 강조하고 있다.

국내 다문화 상담은 다양한 문화적 배경을 가진 사회적 소수자들의 개인적·사회적 어려움을 지원하고 있지만, 아직 시작단계에 불과하며 연구현황도 제대로 체계를 갖추지 못하고 있다(김춘희, 손은령, 2014). 그러나 다문화 상담은 문화적 관점을 통해 부적응의 문제를 개인의 문제로부터 사회·문화적 시각으로 확장하고 통합하여 접근하는 데 도움을 준다(Sue, Sue, Neville, & Smith, 2012). 또한, 상담이 이루어지고 있는 문화권 안에서 가장 효율적인 방식을 고민할 수 있도록 도와주며, 좀 더 세부적으로는 상담자와 내담자 사이에 존재하고 있는 문화 차이에도 집중한다(김은하, 신윤정, 이지연, 2019). 즉, 다문화 상담은 상담자의 개인적인 차원뿐 아니라 상담자가 속해 있는 사회·문화적 차원에서도 내담자의 복지를 최우선으로 해야 하는 상담자의 윤리와 상담의 효율성을 보장하고 있다.

사회가 점점 다양화되면서 한국의 상담자들도 다양한 문화적 배경을 가진 내담자들을 많이 만나게 될 것이며, 이에 대해 상담자들도 적극적인 변화가 요구된다. 즉, 다양한 국적, 인종, 성적 지향, 종교, 연령, 장애, 성별 등의 내담자를 만날 때 상담자가 자신이 속한 문화에 대해 인식하고 내담자가 속한 문화와의 차이점에 대해 민감하고 적절하게 인식하고 인정하여야 한다.

한국의 다문화 상담에 관한 연구는 1996년을 시작으로 하여 소수의 연구로 이루어지다가 2008년 이후 다문화 상담 연구의 양적 증가와 더욱 다양한 측면들을 연구할 수 있는 질적인 성장이 증가하였다. 그 이유는 정부가 제정한 「다문화가족지원법」의 영향으로 사회적 관심과 제도적 장치가 마련되었기 때문이다. 이로 인한 국제결혼, 북한이탈주민, 이주노동자, 귀화 등 다양한 방식을 통해 구성된 가정을 다문화가정으로 통칭하게 되었고, 한국에 온 외국 여성들에 대한 제도적 지원체제 마련, 교육적 · 상담적 지원을 보장할 수 있게 되면서 상담연구를 진행할 수 있는 기반이 마련된 것으로 여겨진다.

또한, 보건복지부(2008)에서 다문화 상담자의 효과적인 문화상담을 위한 상담역량 개발에 대하여 단계별 과정을 소개하였다. 1단계는 문화에 대한 인식훈련단계로 상담자 자신과 문화적으로 다양한 내담자의 관점으로부터 상황을 정확하게 볼 수 있는 능력배양 단계이다. 2단계는 지식훈련단계로 상담자 자신의 문화와 타문화에 대한 다양한 지식습득이며, 3단계는 기술훈련단계로 문화적 자각과 지식을 바탕으로 다문화적 상담기술을 활용하는 단계이다. 마지막 4단계는 사례관리훈련단계로 내담자가 속한 다양한 공식적 · 비공식적 자원을 활용하여 내담자의 삶 전반에 효과적으로 개입, 사회의 지원망을 활용하는 단계이다. 이 과정은 다문화 상담 효과를 극대화하기 위한 기술이지만 보완되어야 할 점도 있음을 지적한다.

다문화 상담 중에서 다문화가족에게 가장 시급하게 필요한 문제로는 가족갈등 및 폭력에 대한 개입으로 나타났다. 다문화가족을 위한 정책적 효율성을 높이기 위해 강조되는 것은 다문화가족의 욕구를 반영한 맞춤형 가족단위 프로그램의 제공이라 할 수 있다. 따라서, 다문화가족에 대해서는 개인상담보다는 가족상담의 필요성이 강하게 제기된다. 그런데도 다문화가족의 상담 이용 실태는 전반적으로 높지 않은 것으로 나타났다. 다문화가족의 가족상담 경험이 높지 않은 이유로는 결혼이민자나 외국인노동자 등 다문화가족을 구성하는 대상들에게 가족상담에 대한 인식이 아직 보편화되지 않기 때문인 것으로 판단되며, 또 다른 이유로는 복지서비스에 대한 접근이 제한되어 있기 때문이다.

다문화가족 상담이 나아가야 할 방향으로 교육과정 개발과 전문인력의 역량 강화에 중점을 두어야 한다. 먼저, 다문화가족을 위한 가족상담 복지서비스를 수행할 전문적인 인력의 역량 강화를 위해 상담인력 양성과 배치는 정책적으로 가장 시급한 사안으로 고려되었다. 특히 이주자 특성에 맞는 상담기법을 습득할 인력 수요가 현실적으로 가장 높은 분야이나 상대적으로 양성과정은 미흡한 것으로 지적받아 향후 교육과정 개발과 인력양성에 가장 역점을 두어야 할 분야이다. 특히 상담 영역의 경우 더욱 세분화시켜 심리상담, 가족상담, 다문화 상담 등의 세 가지 하부 영역별로 자격규정이 검토되어야 한다. 다문화 상담의 목표는 특정 문화 구성원들이 다른 문화 구성원들과 상호작용하도록 돕는 방법으로 자신의 문화 틀 내에서 다른 세계관을 존중하고 이해하면서 새로운 방식으로 생각하고 느끼고 행동하며 의도대로 살 수 있도록 개인, 가족, 집단, 조직을 새롭게 하는 것이다.

국내의 다문화 상담 연구의 주요 내용과 다문화 상담연구 흐름의 주요 특징에 대한 연구는 국내 다문화 상담 연구를 '하위문화 상담', '다문화 상담 일반', '한국적 다문화 상담' 연구로 분류하였다(김춘희, 손은령, 2014). '하위문화 상담' 연구 영역은 국적 관련, 사회·경제적 지위, 젠더와 관련된 연구가 있으며, 이주자들을 지원하는 다문화지원센터와 학교의 상담연구들도 상당수 포함되어 있다. 또한, '다문화 상담 일반' 연구에는 다문화 상담과정과 상담자에 관한 연구들로 문화이입 과정의 상담과 다문화 상담의 방법론으로서 현상학을 소개하는 등 다문화 상담과정에 관한 연구와 상담자의 자기 상담 과정, 상담에서의 감정이입 등 상담자와 관련된 연구가 포함되었다. '한국적 다문화 상담' 연구 영역은 한국문화가 가진 문화 특성을 바탕으로 새로운 상담 방향 모색과 다문화적 접근처럼 한국적 상담 모형의 토착화를 위한 연구들로 상담에서의 문화적 요소를 매우 중요한 특성으로 인식하고, 다문화현상과 문화적 차이를 어떻게 다루어야 할지에 대한 과정적·철학적·방법적인 면을 소개하였다.

또한, 사회문제로 대두되고 있던 노인, 아동, 장애, 소수 종교, 성적 지향 등 사회적 지원과 상담 접근이 절실한 다른 하위문화에 관한 연구들이 매우 부족한 실정이다(김춘희, 손은령, 2014). 따라서 상담자들의 문화적 배경에 대해 민감해져야 할 필요가 있으며, 또한 다문화 상담의 역량을 강화할 필요성이 있다. 상담자와 내담자 사이의 문화적 차이를 다루는 다문화 상담 연구로서 국내의 상담 연구들은 다문화 상담자로서의 철학과 태도 등에 대한 논의는 진행되고 있지만, 더 큰 노력이 요구된다. 한국문화가 지닌 독특성, 그리고 다문화 시각을 상담에 적용하는 일이 제한된 역사적 배경과 사회 · 문화적 배경에 영향을 받기 때문이다.

다문화 상담이론과 연구에서 문화를 보는 두 가지 중요한 접근은 에틱(etic)관점과 에믹(emic)관점으로 구분된다(Choudhuri, Santiago-Rivera, & Garrett, 2011). 이 두 접근법은 서로의 다른 점을 가지는 동시에 공통점도 있어서 내담자의 요구에 효과적으로 대응하면서 내담자의 문제와 쟁점을 이해하는 데 도움이 되고 있다. 문화연구에 대한 두 가지 다른 접근법으로서 에틱관점은 문화를 보편적인 관점에서 바라보는 관찰자의 시각이다. 문화는 인간의 공통점이 되고 있으므로 상담자는 다른 문화를 지닌 내담자에게 적용할 수 있는 보편적 원리를 알고 있어야 한다고 주장한다(Choudhuri et al., 2011). 따라서 에틱관점은 상담의 치료적 특성이 어떠한 독특한 이론적 요소에 의한 것이 아니라 모든 상담 접근에 공통으로 들어 있는 요소로 여겨진다. 또한, 상담자의 문화와 문화가 다른 내담자를 돕는 경우, 상담자는 문화의 특수성에 기초한 역동을 이해하기 어려울 것으로 지적되어 왔다.

반면에 에믹접근은 내부자관점으로 다문화 상담에서 구체적인 문화연구를 포함하고 이전의 기술을 변용하거나 새로운 기술을 개발하여 다양한 집단에 적용하는 것들을 포함한다. 개인의 문화적 체계 안에서 그들의 인간성을 구성하는 특수한 방법을 이해하는 것으로 특수한 문화적 체계의 특징을 다루는 것으로 문화의 상대성과 특수성을 강조하게 된다(Choudhuri et al., 2011). 그리고 집단에 속한 개인들 간에도 차이가 있음을 인정한다.

따라서 다문화 상담사는 여러 단점을 보완할 수 있도록 에틱(etic) 관점과 에믹(emic)관점의 시각을 포함한 다문화 역량을 갖추어야 한다. 다문화 역량은 다양한 문화적 상황에서 효과적이고 민감하게 일하려는 능력을 의미한다. 다문화 상담 역량(multicultural counseling competence)은 서비스 받는 내담자의 문화적 세계관을 동등한 가치로 인정하고 그들의 행동을 존중하고 인정하며 효과적이고 민감하게 상담하는 일련의 수행능력이다.

다문화적 상담 역량은 세 가지 차원, 즉 인식, 지식, 기술에서 발전되어 왔다(Choudhuri et al., 2011). 인식은 문화적으로 유능한 상담을 결정짓는 요소로 모든 수준의 전문적 기술과 훈련에서 상담자는 다양한 사회적 정체성과 그들의 관점이 어떻게 상담관계와 관련이 있는지 인식해야 한다. 지식은 상담자는 내담자의 역사, 경제, 정치적인 맥락을 이해하는 것은 필수적이며, 효과적인 치료작업은 그들의 문화적 기원에 내재한 특수한 지식을 습득해야 한다. 마지막으로 기술적인 측면을 개발하는 데 있어서 상담자는 문화적으로 적절하고 민감한 개입을 발달시키고 사용할 수 있어야 한다. 결국, 다문화 사회에서 상담 역량이란 내담자를 문화적 맥락에서 민감하고 적절하게 인식하고, 인정하며, 반응하는 상담자의 능력이다.

6. 다문화가족 관계

한국의 다문화가족 관련 연구의 흐름은 다문화가족에 대한 전반적인 이해를 목적으로 한 실태조사와 인권단체 및 여성단체를 중심으로 결혼이주여성에 초점을 맞추었다. 점차 다문화가족에 대한 사회적 관심이 증대되면서 다문화가족에 관한 연구가 활발하게 진행되고 있다. 구체적으로, 여성결혼이민자의 특성 및 가족생활, 경제생활 및 취업실태, 사회적 차별, 정책 수요 등을 주제로 연구가 수행되고, 대상과 연구범위도 확대되었다(양승은, 이미영, 2011).

다문화가족 관계는 국제결혼을 통해 탄생하며, 가족의 형성기인 초기 부부기, 확대기인 자녀양육 및 교육기, 축소기인 후기 부부기로 구분된다(장혼성, 2013). 가족관계 형성기 부부는 신혼기에 해당하며, 확대기는 자녀의 출산, 영유아기, 아동기, 청소년기, 청년기로 구분되는 하나의 생활공동체이다. 다문화가족도 일반 가족처럼 가족의 발달주기를 통하여 여러 가지 생활사건들을 경험하게 된다. 동시에 다문화가 내포하고 있는 다양성으로 인하여 언어와 음식, 생활양식의 차이를 극복하는 데 시간이 필요하다. 다문화가족 부부에 있어 가족관계 형성기는 다문화가족의 이후 가정생활 적응에 매우 큰 영향을 미치는 시기이다.

다문화가족의 국적도 점차 다양해지고 있다. 통계자료에 따르면, 한국인 남편과 결혼이주여성들 간의 연령차가 크며, 재혼의 비중이 높아지고 있다. 이것은 결혼알선업체의 증가와 함께 재혼하려는 한국 남자들이 많아지고 있으며, 농업 종사자뿐 아니라 다양한 직종에 종사하는 사람들로 확대되고 있다. 이는 초기 농촌을 중심으로 진행되었던 국제결혼이 현재 도시지역으로 확산하였고, 다문화가족들의 거주지역 또한 경기도, 서울, 인천 등으로 수도권에 거주하는 비율이 높은 것으로 나타났다.

다문화가족들을 이해하는 데 있어 가족관계에 대한 만족이 중요한 이유는 스트레스에 대한 적응을 높여 그 상황을 잘 적응할 수 있도록 돕기 때문이다(조규영, 전혜정, 2011). 가족은 결혼이주여성들이 타국에서 사회적 관계를 맺을 수 있는 바탕이 되고, 이들의 심리적 안정을 증진할 수 있다. 이들의 한국에서 형성된 가족의 존재는 단순히 혼인으로 맺어지거나, 혈연으로 이루어진 집단인 가족의 의미를 넘어 사회로 나아가는 데 중요한 자원이 된다. 결혼이주여성들은 입국 후 기대의 좌절을 겪고, 음식과 주거문화에 적응하는 과정에서 스트레스를 겪으며, 가족관계 적응에서 고부갈등, 남편과의 갈등, 자녀양육에서의 갈등을 겪게 된다(한건수, 2006). 이와 같은 가족생활 속에서의 문화 차이로 인한 가치관들의 상충은 가족갈등을 초래할 수 있다.

이처럼 다문화가족들의 가족관계는 부부관계, 고부관계, 부모와 자녀관계 등 상호작용하며 영향을 미친다. 결혼이주여성들의 개인적 특성과 가족 특성, 사회·문화적 특성들은 결혼이주여성들과 가족들이 어떻게 기능하는지, 어떤 상호작용이 일어나는지에 대한 종합적 시각을 제공한다. 그럼으로써 결혼이주여성과 가족이 상호작용하는 다양한 환경에서 가족관계 만족도에 대한 의미를 개인 특성, 가족 특성, 사회·문화적 특성에 따라 살펴보는 일은 중요하다.

선행연구에 따르면, 가족 이해도와 가족관계 만족도에서 대부분의 결혼이주여성은 시부모에 대한 이해도와 만족도가 배우자나 자녀의 이해도와 만족도보다 낮은 것으로 나타났다. 시댁의 영향력은 결혼이주여성에게 중요한 요인으로 작용하였고, 상대적으로 보수적인 시부모와 개방적인 외국인 며느리와의 만남은 생활사건들 속에서 오해와 스트레스를 유발하며, 이를 통한 불신은 관계 형성을 저해하는 요인으로 나타났다(장진경, 전종미, 신유경, 2008).

다문화가정 남성의 사회·경제적 배경이 다문화 가정생활 적응에 영향을 미치며, 소득이 높을수록 가정생활 적응 정도가 높았다. 결혼이주여성의 가족 만족도는 친정 가족과의 관계에 따라 결정되었다. 친정과의 연락 빈도, 생활비 송금 여부, 배우자의 학력, 배우자의 연령에 따라 가족관계 만족도가 다른 것으로 나타났다(양성은, 이미영, 2011). 특히 친정과 빈번한 연락, 송금하는 경우 배우자에 대한 만족도가 높게 나타났다. 또한, 배우자의 학력이 낮고 송금을 하는 경우에 자녀 만족도가 높았고, 배우자의 연령이 낮고 친정에 자주 연락할수록 시부모 만족도가 높은 것으로 나타났다. 이러한 결혼이주여성의 친정 관계적인 측면은 이들의 문화적응 스트레스를 상쇄시킬 가능성이 있다(송지현, 이태영, 2010). 즉, 친밀한 친정 가족과의 관계는 문화적응 스트레스를 완화할 가능성이 있다. 이는 다문화수용 태도가 높을수록 결혼이주여성의 결혼만족도가 높은 연구 결과에 따라 결혼이주여성의 자문화 전달 태도는 결혼 적응에 큰 영향을 미치는 것으로 나타났다.

다문화가정의 부부들이 국제결혼으로 인해 언어와 문화의 차이를 좁히지 못하여 안정적인 부부생활을 영위하는 데 어려움을 겪는 경우가 많고 가족해체라는 극단적인 경우도 초래하고 있다(장흔성, 2013). 이에 따라 다문화가족 부부의 가족관계 형성기에 이들을 위한 교육프로그램의 필요성이 더욱 필요함을 알 수 있다. 다문화가족은 초기 가족관계 형성기에 서로의 문화에 대한 이해와 기초관계가 형성되기도 전에 진행되는 결혼과정으로 인한 적응의 어려움을 갖고 있다. 또한, 언어 차이와 문화 차이로 소통의 부재로 야기되는 심리적 불안감, 신뢰감 상실 등 새로운 문제가 나타날 수 있다. 이와 더불어 다문화가족의 경제적 어려움으로 이들의 가구 소득이 최저생계비 이하인 가구가 상당한 것으로 파악되었다(강기정, 박경애, 2011).

가족 형성기에 있는 다문화가족 부부들이 결혼 초기에 겪고 있는 어려움을 해소하여 건강한 부부관계 형성을 위한 적극적인 부부 교육이 요구되지만, 현실에서는 원활한 교육이 이루어지지 못하고 있다. 그 결과 다문화가족의 이혼 등에 의한 가족해체가 증가하는 수치로도 확인할 수 있다. 그러므로 가족관계 형성기에 있는 다문화가족 부부교육 프로그램의 필요성이 더욱 중요함을 알 수 있다.

7. 다문화사회전문가

다문화사회전문가란 재한외국인의 사회적 적응을 위해 마련된 법무부의 사회통합프로그램에서 한국사회이해 과정의 강사로 활동

할 수 있는 사람을 말한다. 다문화교육, 다문화가족 및 이주민 상담, 이민행정 분야 등에서 활동하는 법무부 공인의 교육전문가이다. 즉, 다문화가정 및 이주민들을 대상으로 다문화교육을 실시하고, 이주민 상담, 정보제공 등 이민행정 분야에서 다양한 서비스 및 지원 활동을 할 수 있는 사회통합을 돕는 교육전문가이다. 다문화사회전문가는 법무부에서 인정하는 자격으로, 한국어교원 3급 이상 자격자 또는 한국어 교원양성 과정 이수자로 한국어교육뿐 아니라 이민정책이나 노동정책을 이해하고 이주민들이 당면한 이슈를 파악하고 있어야 한다.

다문화 전문인력이라는 개념은 기능적 전문성과 다문화적 역량의 소양을 갖추고 이민자 및 다문화 관련 각종 지원을 직접적으로 제공하는 사람이다(이성순, 2011). 기능적 전문성이란 자신의 전문 분야에서 갖추어야 할 지식과 기술 등을 포함한 전문성을 뜻하며 다문화적 역량이란 다문화사회에서 관련 전문인력들이 갖추어야 할 지식, 태도, 기술 역량을 의미한다. 다문화사회에서의 전문인력은 이민자와 내국인 모두에게 상호문화적 배경과 가치관, 문화 및 관습 차이의 이해, 서로 간의 소통을 증진하는 등 외국인 사회통합에 있어 매우 중요한 역할을 수행한다. 다문화 전문인력은 노동부의 외국인노동자지원센터, 여성가족부의 다문화가족지원센터, 이주여성긴급지원센터, 이민자지원시민단체 등의 기관종사자나 활동가들이 주로 기관의 사업을 기획, 운영하면서 이민자들에게 교육, 상담 등의 서비스를 제공한다.

2008년 법무부가 '다문화 이해증진 및 사회통합거점대학 사업

(Active Brain Tower, ABT)'이라는 명칭으로 시작한 다문화사회전문가 제도가 본격적으로 시행되었다. 다문화사회전문가는 법무부 주관으로 2008년 20개 ABT대학에서 398명, 2009년 1개 ABT대학에서 53명, 2010년 10개 ABT대학에서 150명이 배출되었다.

다문화사회전문가 양성사업의 법적 근거는 2012년 「출입국관리법」에 명시된 사회통합프로그램 시행 및 전문인력 양성에 관한 조항이다. 법적 기반과 관련하여 법무부가 다문화 이해증진 및 사회통합 거점대학 사업이라는 명칭으로 시작한 다문화사회전문가는 2008년에 도입되었다. 2012년 「출입국관리법」을 개정하여 제2절 제39조와 제40조 사회통합프로그램 근거조항을 신설하였다. 이후 2013년 「출입국관리법」 시행규칙의 제3조에서 다문화사회전문가 인정요건을 상세히 규정한 것은 많은 각급 대학들이 다문화사회전문가 양성과정을 비교적 용이하게 개설하는 계기가 되었다.

법무부가 사회통합정책을 효율적으로 시행하기 위해 ABT사업의 목표는 다문화사회전문가를 다문화교육을 위한 강사로 양성하는 것이다. 이 시기에 각 부처, 지방자치단체, 민간 등에서 필요한 다문화교육 강사를 양성했지만 대부분 단편적인 목적으로 양성되고 있어서, 전문성이 부족하다고 인식하였기 때문이다. 그다음 목표는 이민자 사회통합을 위한 사회통합교육프로그램 운영 전문강사 양성에 있다. 정부는 이민자의 한국사회 정착 지원을 돕는 교육과정으로서 사회통합프로그램에 관한 논의를 본격적으로 시작하여 2009년에 사회통합프로그램을 시범적으로 운영해오고 있다.

다문화사회전문가의 활동 영역 및 진로는 다문화사회의 안정적인 정착 지원과 국내에 증가하고 있는 다문화가족, 이주민들이 한국 사회에 잘 적응할 수 있도록 다양한 영역에서 일하고 있다. 다문화 사회전문가 2급 수료증 과정은 법무부에서 정한 '다문화사회전문가 과정'을 운영하는 대학교에서 재학 중 관련과목을 이수하고, 졸업 후 오프라인 교육을 이수하면 별도 시험 없이 취득할 수 있다.

다문화사회전문가 활동기관은 사회통합프로그램 한국사회이해 과정 담당 강사, 법무부 귀화 민간면접관, 사회통합프로그램 구술시 험관, 이민통합지원센터의 이민 · 다문화 및 사회통합 업무담당, 다 문화가정 자녀 및 이주아동 청소년의 한국사회 적응교육, 유치원 · 초 · 중 · 고 · 대학생, 일반인 대상 다문화이해교육을 담당한다. 국 내외 한국어 · 한국문화 교육기관, 다문화가족지원센터, 다문화예비 학교, 사회통합프로그램 운영기관, 외국인노동자지원센터, 세종학 당, 한국문화원, 한글학교, 외국인학교, 한국국제협력단(KOICA) 등 이다.

다문화사회전문가 취득방법은 다문화사회전문가 과정 교과목 8 개(필수 5과목 15학점, 선택 3과목 9학점) 24학점 이수 후, 법무부 장관 이 정하는 교육 15시간 이수가 필요하다. 교과목 8개는 이민다문화 가족 복지론, 다문화사회교수방법론, 국제이주와 노동정책, 이민법 제론, 한국사회의 다문화현상이해, 이민정책론, 아시아사회의 이해, 지역사회와 사회통합이다. 다문화사회전문가 과정을 수료한 자들의 학력은 대졸이 3분의 2 정도, 연령대는 20~30대가 절반 정도, 한국 어교원 양성과정은 모두 이수한 상태이며, 보유 자격증으로는 정교 사, 사회복지사, 평생교육사 순으로 나타났다. 그 외 현재 소속 분야에 있어서는 다문화가족지원센터, 대학교, 복지관 순으로 나타났다 (이성순, 2011).

현재 이민자의 다문화 전문인력으로 양성보다는 내국인의 다문화사회전문가 양성에 치중되어 있다. 이에 다문화사회전문가 인력을 구성할 때 이민자 출신 인력에 대한 할당이 도입되어 입국 초기의 이민자들 대상 한국사회이해 교과목을 담당할 수 있도록 해야 할 것이다. 다문화 배경을 가진 전문인력은 자신의 문화적 배경과 유사한 이민자들에 대해 보다 긍정적인 상호작용과 인식을 갖기 때문이다. 이들을 전문인력화하여 다문화 관련기관에 종사하도록 해야할 것이다(이성순, 2011). 그 외 현재 중앙부처별, 지방자치단체별, 사단법인, 평생교육원 등에서 다문화 전문인력 양성 사업을 하고 있고 이에 국가적으로 다문화 전문인력에 대한 기준과 향후 양성 방안, 그에 따른 부처 간 협조체계나 역할분담을 해야 한다. ABT대학은 다문화사회전문가를 양성하는 대학으로 지역과 정부의 파트너로서 건강한 다문화사회의 조성, 전문인력 양성에 큰 영향력을 발휘해야 한다.

다문화가족지원센터에서 다문화사회전문가는 필수적인 인적자원이다. 다문화가족지원센터를 설치 및 운영하고자 하는 기관은 다문화사회전문가를 채용하여야 한다. 또한, 다문화가족지원센터에서 일하는 다문화사회전문가는 지속적인 역량 강화를 위해 정기적으로 인권에 관한 내용이 포함된 보수교육을 받아야 한다. 특히 보수교육에 있어서는 이민자의 생활지원과 복지, 교육, 의료, 이민 행정, 상담 등 이민자에게 실질적인 정보를 제공할 수 있는 교육프로그램으로 구성되어야 할 것이다. 실제로 법무부에서 다문화사회전문가를 대상으로 실시하는 보수교육 과정에 있어 사회통합프로그램 시범운영 기관에서의 한국사회이해교육 과정이 진행되는 정도와 그에 따른 기관별 우수 강의안 발표 등 단기 보수교육을 실시하였다. 이에 참가자들은 다문화사회전문가 정규 양성 교육과정보다는 보다 심화한 교육내용의 접근과 교수기법을 요구하였다. 아울러 한국어와 한국사회이해에 대해 강의안을 작성할 때 실제 적용할 수 있는 강의 시수의 확대와 참가자들의 경험 공유 필요성을 제기하였다.

법무부는 다문화사회전문가 양성과정에서 교육 분야의 역할을 실무적 교육과 더불어 이를 뒷받침하는 이론적 교육을 함께 시행해야 한다. 다문화사회전문가에게 가장 필요한 부분은 입국 절차, 입국, 입국 후 체류 과정, 국적취득까지 관리이다. 이에 함께, 법무부, ABT대학, 지역사회 협력 방안 및 시민교육을 위한 인력 양성이 요청된다. ABT대학 소재 지역의 자치단체, 민간단체, 대학 등이 다문화 컨소시엄을 구성하여 보다 포괄적이고 총체적인 개선 노력과 협력체제 구축 등 지역적 특성 속에서 시민교육 또한 다문화사회전문가를 양성하여야 한다.

8. 사회통합프로그램

최근 한국에 장기거주하거나 한국 국적을 취득하고자 하는 사람이 증가하고 있는 것으로 나타났다. 저출산 및 급속한 고령화의 진전과 함께 앞으로 예상되는 생산활동 인구 부족에 대한 유력한 대안

중 하나가 이민 확대라는 점을 고려할 때 영주권자나 귀화자의 수는 더욱 증가할 것이다.

외국인은 한국의 영주권이나 국적을 취득하고자 할 경우 법무부가 주관하는 사회통합프로그램(Korea Immigration and Integration Program, KIIP)을 이수해야 한다. 사회통합프로그램이란 대한민국에 체류하고 있는 이민자가 한국사회 구성원으로 적응하고 자립하는 데 필요한 기본적인 소양을 체계적으로 함양할 수 있도록 하는 교육이다(김종세, 2011).

사회통합프로그램 도입 취지는 이민자가 한국어와 한국문화를 하루빨리 익히도록 하여 선주민과의 원활한 의사소통으로 지역사회에 쉽게 융화될 수 있도록 지원하고자 한다. 또한, 재한외국인에 대한 각종 지원정책을 사회통합프로그램으로 표준화하고, 이를 이수한 이민자에게는 귀화 면접시험을 면제해주는 등 다양한 혜택을 제공하여 적극적인 참여기회를 부여한다. 더불어, 이민자에게 꼭 필요하고 적절한 지원정책 개발과 세부지원 항목 발굴을 위한 이민자의 사회적응 지수 측정을 통해 이민자 지원정책 등에 반영하고자 하였다(권혁주, 2016; 이성순, 2011).

사회통합프로그램을 이수한 이주민이 귀화 · 영주자격 신청 시 받을 수 있는 혜택은 첫째, 귀화신청 시 귀화신청 대상자의 귀화용 종합평가 합격인정 및 귀화면접 심사면제, 둘째, 영주권 자격신청 시 기본소양 요건충족 인정 및 실태조사 면제, 셋째, 그 외 체류자격 신청 시 가산점 등 점수 부여 및 한국어능력 등 입증면제, 넷째, 사증신청 시 한국어능력 입증면제가 있다. 그 밖에도 국적필기시험 면제 및 국적면접심사 면제, 국적심사대기 기간단축이 있다. 또한, 점수제에 의한 전문인력의 거주자격(F-5) 신청을 할 경우, 국민의 배우자 및 미성년자녀 영주자격(F-5) 신청을 할 경우, 외국인노동자의 특정활동(E-7) 변경을 할 경우, 장기체류외국인의 거주(F-2)자격 변경을 할 경우, 한국어능력 입증면제가 가능하다.

이처럼 사회통합프로그램은 이민자가 한국사회 구성원으로 적응·자립하는 데 필수적인 기본소양(한국어와 한국문화 및 한국사회이해)을 체계적으로 함양할 수 있도록 마련한 사회통합교육으로, 법무부 장관이 지정한 운영기관에서 소정의 교육을 이수한 이민자에게 체류허가 및 영주자격, 국적 부여 등 이민정책과 연계하여 혜택을 제공하는 핵심적인 이민자 사회통합정책이다.

사회통합프로그램 교육과정으로 정규교육(0~5단계), 시민교육, 지방자치단체 연계 프로그램, 이민자멘토교육이 있다. 진행과정은 사전평가나 그 외 단계배정 절차를 거쳐 학습자 수준에 맞는 교육 단계부터 참여가 가능하다(〈표 1〉). 정규교육은 0단계부터 5단계까지에 해당하며, 한국어와 한국문화(0~4단계) 최대 415시간 과정과 한국사회이해(5단계)의 기본과정 70시간, 심화과정 30시간의 교육과정이다. 정규교육 과정인 '한국어와 한국문화'는 기초, 초급 1과 초급 2, 중급 1과 중급 2로 나뉘며, 학습자의 수준에 따른 단계에 맞추어 순차적으로 이수하게 된다. '한국사회이해'의 기본과정(70시간)은 영주자 및 장기체류 외국인을 대상으로 사회, 문화, 정치, 경제, 법, 역사, 지리 등 영역 전반에 걸쳐 한국생활에 필요한 기본소양을 교육하는 과정이다. 또한, 심화과정(30시간)은 '한국사회이해'의 기본과정을 수료한 후 국적취득을 목적으로 한 외국인을 대상으로 대한민국 국민이 갖추어야 하는 국가 정체성과 국가안보, 통일과 외교, 헌법가치 등을 종합적으로 교육하고 이수하는 과정이다.

〈표 1〉 사회통합프로그램 교육과정

〈정규교육〉

구분 \ 교육명	한국어와 한국문화					한국사회이해	
단　계	0단계	1단계	2단계	3단계	4단계	5단계	
과　정	기초	초급1	초급2	중급1	중급2	기본	심화
총 교육시간	15시간	100시간	100시간	100시간	100시간	70시간	30시간
평　가	없음	1단계평가	2단계평가	3단계평가	중간평가	영주용 종합평가	귀화용 종합평가
참　고	○ 5단계 심화과정은 기본과정 수료(수료인정 출석시간 수강) 후 참여 ○ 5단계 교육시간이 기본 70시간, 심화 30시간으로 변경('21.8.16부터) ○ 5단계 교육과정 분리 전('16. 7. 16.)까지 받은 5단계 교육(최종 이수완료 제외) 경력은 현행 5단계 기본과정으로 인정됨 ○ 교육과정별 목표 및 내용 등은 [별지 1] 참조						

법무부 출입국 · 외국인정책본부(2022)

정규교육 과정의 단계별 이수시간을 살펴보면, '한국어와 한국문화' 0단계는 기초과정으로 총 15시간의 교육시간을 규정하고 있으며, 1단계(초급1), 2단계(초급2), 3단계(중급1), 4단계(중급2)는 각 100시간으로 구성되어 있다. 5단계는 '한국사회이해' 과정으로 기본 70시간, 심화 30시간으로 총 100시간을 이수해야 한다.

사회통합프로그램과 관련되는 평가는 사전평가, 단계평가, 중간평가, 종합평가가 있다(설규주, 2019). 사전평가는 사회통합프로그램 신청자의 한국어능력과 한국사회이해 정도를 평가하는 것으로, 필기와 구술시험으로 구성되어 있다. 다음 단계로 올라가는 것이 가능한지를 판단하는 단계평가는 각 단계를 마친 후 해당 단계에서 학습한 내용을 중심으로 필기와 구술시험으로 구성되어 있다. 중간평가는 4단계를 마치고 '한국사회이해' 과정(5단계)의 진입 여부를 판단하는 시험으로, 필기와 구술 및 작문으로 구성되어 있다. 단계평가와 중간평가 모두 한국어과정 전반과 한국문화에 관한 내용 일부가 해당하며, 각각 80%와 20%의 비중으로 이루어져 있다. 종합평가는 5단계 '한국사회이해' 과정이 종료된 이후 시행하는 시험으로, 필기와 구술 및 작문시험으로 구성되어 있다. 한국어 과정 전반과 '한국사회이해' 과정은 균등히(50%씩) 이루어져 있다. '한국사회이해' 기본과정만 이수한 사람은 영주용 종합평가에 응시할 수 있고, 심화과정까지 이수해야 귀화용 종합평가에도 응시할 수 있다.

이와 더불어, 시민교육은 이민자가 더 빠르게 한국사회에 적응할 수 있도록 지원하기 위해 분야별 전문기관에서 개발한 총 5개의 맞춤형 교육이다. 첫째, 법무부의 범죄예방정책국에서 진행하는 '생활법률교육'을 통해 실생활과 밀접하게 관련된 기초생활 법률과 법질서에 관한 교육을 받는다. 둘째, 한국소비자원의 '소비자교육'을 통해 소비자의 피해를 예방하고 권리구제를 받을 방법을 교육받는다. 셋째, 금융감독원의 '금융경제교육'을 통해 주택임대차, 은행 이용방법, 보험가입 방법, 공과금 납부 등의 실생활 금융이해력을 향상하기 위한 교육을 받는다. 넷째, 경찰청에서 진행하는 '범죄예방교육'을 통해 이주자를 대상으로 한 성폭력 등 범죄예방을 위한 교육을 받는다. 마지막으로 소방청의 '소방안전교육'을 통해 재난안전과 화제안전, 생활안전, 응급처치 등과 같은 실생활 중점교육을 받는다.

시민교육을 받음으로써 사회통합프로그램의 정규교육 단계의 출석으로 인정해준다.

지방자치단체 연계프로그램은 각 지방자치단체의 이민자를 대상으로 문화와 교육, 체험프로그램 중 사회통합에 기여하는 우수프로그램을 사회통합프로그램 지방자치단체 연계프로그램으로 지정하고, 이민자가 참여 시 사회통합프로그램 출석시간으로 인정해준다. 또한, 이민자 멘토교육은 사회통합프로그램 참여자를 포함한 모든 이민자와 국민을 대상으로 진행한다. 한국어 수준이 높으며, 한국사회에 성공적으로 정착하여 안정적인 사회적 기반을 가지고 모범적인 생활을 하는 이민자를 멘토로 선정하여 사회통합프로그램 참여 중인 이민자의 멘토가 되어 한국사회 적응에 대한 경험과 조언을 공유하는 강연 형식의 상호소통교육이다. 이민자 멘토교육 또한 교육을 받는 사회통합프로그램 정규교육 단계의 출석시간을 인정해준다.

사회통합프로그램 관련 선행연구는 한국어교육에 관한 것이 대부분이다. 그동안 사회통합프로그램에서 큰 비중을 차지하고 있는 한국어와 한국문화에 관한 연구는 상당히 이루어져 왔다(강수정, 이민정, 2017; 이경주, 2017; 오지혜, 심상민, 이미향, 2019). 그러나 한국에 이민을 온 사람이 한국사회의 일원으로서 알아야 할 한국의 역사, 정치, 법률, 경제, 사회, 문화, 교육, 일상생활 등 한국사회 전반을 다루는 한국사회이해 과정에 관한 양적 연구의 비중은 적은 상황이다. 그러나 사회통합프로그램에 참여한 결혼이주여성을 대상으로 설문조사를 실시한 연구에서 한국사회이해 교육에 대한 만족도는 높은 것으로 나타났다(황민철, 임동진, 김태환, 2018).

그동안 사회통합프로그램은 이민자의 한국어능력 및 한국사회에 대한 소양 함양교육을 체계화, 표준화하는 데 큰 역할을 했다. 사회통합프로그램은 한국사회 이해를 비롯하여 한국사회 적응을 넘어 사회통합에 기여하고 더 나아가 민주주의 구현에 이바지할 수 있어야 한다.

9. 문화적응 스트레스

문화적응(acculturation)은 서로 다른 문화적 속성을 가지고 있는 개인이나 집단이 지속적인 접촉을 거치면서 일어나는 다양한 상호 반응이다(Berry, 1976). 즉, 문화적응은 두 개의 고유한 문화그룹 간의 지속적인 직접접촉으로 인해 비롯되는 심리적 변화로 정의되어 온 용어다. 원래 그룹 차원의 현상으로 제안되었지만, 현재는 개인 차원의 현상으로도 널리 인식되고 있으며, 심리학적 문화적응이라고 불린다. 즉, 문화집단이 집단적으로 경험하고 있는 개인의 심리적 변화를 말하며, 문화적응의 과정에서 경험할 수 있는 대표적인 행동 반응은 문화적응 스트레스이다.

문화적응의 결과로 가장 핵심적인 변화는 원래의 정치, 경제, 기술, 언어, 종교, 사회제도들이 바뀌거나 새로운 제도들이 그 자리를 대신하는 것이다. 또한, 이로 인한 문화적 변화, 새로운 사회적 관계들 그리고 행동의 변화와 정신건강 상태의 변화 등 개인들이 새로운 환경에 적응하려고 시도할 때 일어나는 심리적 변화 양상이다(Berry,

Minde, Kim, & Mok, 1987).

문화적응 스트레스(accumulative stress)란 문화적 상황 변화에 적응하는 과정에서 받게 되는 스트레스로 다양한 요인들과 함께 문화적응의 과정에 연관되어 있으며, 새로운 문화로 적응하고자 할 때 개인 또는 집단이 경험하는 긴장과 역기능의 그 결과로 나타나는 여러 현상으로 인한 스트레스를 의미한다(Berry, 2003; Hovey & Magana, 2002). 즉, 문화적응 과정에서 직접적으로 기인하거나 그 과정에 근원을 두고 있는 스트레스로서 문화적응 과정에서 일어나는 심리적·사회적·문화적인 스트레스원에 기인한 것을 문화적응 스트레스라고 한다.

이민자는 문화적응 과정에서 심리·사회적 어려움과 함께 문화적응 스트레스를 경험하는데 이들 가족 구성원이 일상적인 생활사에서 경험하는 독특한 경험이라고 할 수 있다(Hovey & Magana, 2002; Thomas & Choi, 2006). 아울러 스트레스가 이민자들의 대처 능력을 초과할 때 불안감, 우울증으로 이어질 수 있다. 많은 기존의 연구에서 성인이민자들은 심리적·정신적 어려움을 호소하며 이것이 축적되어 문화적응 스트레스의 결과로 정신건강 문제들을 보고하였다(Mui & Kang, 2006).

베리(John Berry)의 문화적응 스트레스는 이민자들이 경험하고 심리적 고통을 초래하는 문화적 패턴 사이의 갈등이다. 베리와 동료들은 문화적응을 4단계로 범주화하였다(Berry et al., 1987). 이들 범주는 동화(assimilation, 주류문화는 받아들이고 소수민족 문화는 배척), 분리(separation, 주류문화는 거절하고 오로지 소수민족 문화에 의존), 통합

(integration, 두 문화를 종합), 주변화(marginalization, 두 문화를 모두 배척)로 구분된다. 베리 모델에서 통합은 이중문화주의(biculturalism)로 표현된다. 스트레스 현상에서 영향을 주는 중요한 변인을 여러 유형의 문화적응 집단, 여러 개인적인 차이 변수, 즉 성, 나이, 교육, 태도, 인지방식 등과 여러 사회적 변수, 즉 접촉, 사회적 지원 및 지위 등에 의해 상당한 변화를 나타낸다.

문화적응 스트레스는 개인의 갈등을 유발하고 사회의 통합을 저해한다는 점에서 중요한 연구 문제로 대두되었다(Hovey & Magana, 2002). 해외 연구에서 나타난 문화적응 스트레스에 대한 종단적 연구는 시간의 흐름에 따른 문화적응 스트레스의 변화 양상을 밝혔다. 문화적응 스트레스가 개인의 경험이나 심리 · 사회적 특성의 영향을 받아 변화하는 속성을 가지고 있기 때문이다(Tartakovsky, 2007). 문화적응 스트레스의 변화 양상은 연구에 따라 다르게 나타났다. 피어린과 동료들(Pearlin, Menaghan, Lieberman, & Mullan, 1981)은 그들의 스트레스 과정 연구에서 사회적 스트레스의 과정은 다음과 같은 세 가지 주요 개념 영역 '스트레스의 근원(sources of stress), 스트레스의 매개자(mediators of stress), 스트레스의 징후(manifestations of stress)'를 결합한 것으로 보았다. 이들의 각 영역은 최근 집중적으로 연구된 다양한 하위 영역들을 포함한다. 스트레스의 근원을 찾는 과정에서 상당한 관심이 인생의 사건과 장기간에 걸친 삶의 중압감에 주목하였다. 스트레스가 많은 환경의 영향을 중재할 수 있는 조건에 대처와 사회적 지지는 상당히 영향력이 있는 것으로 알려졌다(Pearlin et al., 1981). 따라서 스트레스 과정의 개념적 틀로 스트레스 요인, 자원 조절, 스트레스 징후를 들 수 있다.

피어린(Leonard Pearlin)의 스트레스 과정(stress process) 모델은 스트레스원(sources of stress)이 어떠한 과정을 거쳐 어떤 결과가 나타나는지 구체적인 과정을 설명하고 있어 스트레스 현상을 통합적으로 이해하기 위한 유용한 이론적 틀을 제공한다(Pearlin, 1999). 스트레스 과정 모델에 의하면, 스트레스 조절 자원은 대처(coping), 사회적 지지(social support), 자기개념(self-concept)으로 이루어진다.

먼저, 대처란 개인이 스트레스를 극복하기 위해 스스로 대처하는 행동으로 여겨지며, 특히 다문화청소년의 스트레스 상황에 대한 대처는 이중문화에 대한 수용 태도에 있다. 이중문화 수용은 한국문화와 외국인 부모 나라의 문화 양쪽에 대한 수용 태도를 의미한다. 다문화청소년이 경험하는 이중문화 수용은 소수자로서 주류문화에 적응해야 하는 긴장상태에서 이주민 청소년이 취할 수 있는 대표적인 대처 양상 중 하나이다. 다문화청소년의 높은 이중문화 수용 태도는 다문화청소년의 문화적응 스트레스 발달을 조절할 수 있는 긍정적인 자원으로 작용하였다(김승경, 양계민, 2012; 이소연, 2018).

또한, 사회적 지지란 주변에서 관계를 맺고 있는 사람으로부터 제공받는 정서적·물질적·정신적·도구적 지지를 의미한다. 기존의 많은 연구는 낮은 수준의 사회적 지지가 우울증 증상의 위험을 증가시키는 것으로 나타났다(Chang, 2019; Turner & Brown, 2010). 사회적 지지는 스트레스의 영향으로부터 사람을 보호할 수 있다. 청소년이 사회적 관계를 맺는 중요한 사람은 가족, 친구, 교사 등으로 이들이 제공하는 사회적 지지는 다문화청소년의 문화적응 스트레스 발달에 영향을 주는 주요한 자원이다. 선행연구에서 이민자가 경험하는 사회적 지지와 문화적응 스트레스 간에는 상관관계가 있음이 나타났다(Poyrazli, Kavanaugh, Baker, & Al-Timim, 2004). 특히 청소년에게 사회적 지지는 유연한 심리 사회적 적응을 돕는 보호 요인으로 청소년의 문화적응 스트레스를 완화한다(Lakey & Orehek, 2011).

마지막으로, 스트레스 과정 모델에서 자기개념이란 스스로의 삶에 영향을 주는 문제를 통제할 수 있는 자기능력에 대해 아는 것이다. 이 모델에서 제시하는 자기개념에 대한 정의는 자기의 능력에 대한 긍정적인 이해로 자존감(self-esteem)의 개념과 동일시된다. 선행연구에 따르면, 이민자자녀의 자존감이 학교생활의 적응을 돕고 문화적응 스트레스를 완화하는 역할을 한다(Kim, Hogge, & Salvisberg, 2014).

다문화가족들이 겪는 문화적응 스트레스는 다양한 양상으로 나타난다. 다문화가정의 부모들은 차별, 언어적 어려움, 사회적 · 재정적 자원의 부족, 소외감을 경험한다(현경자, 김연수, 2012). 자녀들은 부모의 낮은 사회 · 경제적 지위, 교육 방식의 차이 등으로 인해 언어발달 지체, 학교수업 부적응, 폭력성, 과잉행동장애, 정서장애 등을 경험한다. 더욱 광범위한 사회적 구조 안에서 개인이 경험하는 스트레스의 결과와 부적응 또한 스트레스 과정 모델에서 관심을 두는 요인이다. 이와 관련하여 이민자 청소년의 학교생활 적응은 대표적인 사회적응으로 간주한다. 그러므로 다문화청소년은 일반 청소년보다 학교적응에 어려움을 겪고 있으며, 고학년으로 올라갈수록 학교적응의 어려움으로 학업을 중단하는 경우가 늘어나고 있다. 다문화청소년의 학교적응은 문화적응 스트레스 발달의 결과로서 탐색할 이론적 배경이 된다(박희훈, 오성배, 2014).

다문화가정 청소년이 경험하는 문화적응 스트레스의 변화 양상 연구에서 다문화청소년이 경험한 사회적 지지 자원 중에서 가족과 또래 친구의 사회적 지지만이 긍정적인 발달 궤적을 예측하였다(은선민, 이수현, 이강이, 2019). 가족은 다문화청소년의 문화적응 스트레스 및 위기와 관련해서도 핵심적인 완충 역할로 개인에게 가장 친밀하고 밀접한 대처(coping) 체계이다(은선민 외, 2019). 또한, 초기 청소년기가 또래 친구의 역할이 중요한 문제로 대두되는 시기라는 점을 고려하면 친구로부터 경험하는 사회적 지지는 국내 다문화청소년이 직면한 문화적응 및 이로 인한 긴장의 많은 부분에서 설명할 수 있다.

최근 결혼이주여성이 급속히 증가함과 더불어 인종, 언어, 문화 등 사회적응 과정에서 다양한 문제들이 나타나고 있다. 또한, 인권 침해, 경제적 빈곤, 교육의 부재, 문화적 차이 등 다양한 어려움에 부딪히고 있다. 하지만 두 문화 사이에서 정체성의 갈등이나 혼란을 방지하기 위한 대책은 여전히 미흡하여 결혼이주여성들의 문화적응을 위한 정책은 비판적이며, 아직도 이들을 인격적으로 존중하는 자세가 부족하다(이영실, 조명희, 홍성희, 2012; 이혜림, 박재완, 2018; Torneo, 2016). 결혼이주여성이 문화적응 과정에서 다른 두 문화 간의 접촉으로 인해 문화가 상이한 경우, 문화의 적응과 갈등, 수용과 배제 등의 과정을 거쳐 이중문화 정체성의 혼란을 가져온다(박용순, 송진영, 이순자, 2012; 염동문, 임채영, 김한솔, 2019).

한편, 국내 결혼이주여성의 문화적응 스트레스에 대한 연구는 활발히 진행되어 왔다. 결혼이주여성의 문화적응 스트레스와 관련된 선행연구들에서 나타난 원인들로는 먼저, 개인적 요인으로는 자아존중감, 자아 탄력성, 우울, 건강상태, 심리적 안녕감, 삶의 질, 정신건강, 사회·경제적 상황, 한국어능력 등에 관한 연구들이다. 다음은 가족요인으로 부부 갈등, 결혼 만족도, 가정폭력 등이 있다. 마지막으로 사회적 요인은 사회적 지지, 사회통합 등에 대한 연구들이다(신혜정, 노충래, 허성희, 김정화, 2015).

국내 결혼이주여성의 경우 이민자에게 요구되는 주류사회의 보편적인 문화적응 과정 외에 한국 남편과 국제결혼이라는 특수한 상황을 통해 이루어진 이주의 특성상 한국의 가족생활 및 한국문화에 대한 적응이 요구된다. 이 과정에서 결혼이주여성은 자신의 가족문화와 결혼을 통해 형성된 가족문화와의 차이에서 갈등과 긴장을 경험하게 된다(이진숙, 2010). 따라서 결혼이주여성들의 문화적응 스트레스를 이해하기 위해서는 그들의 본국사회의 가족문화의 영향과 한국사회의 문화적 요소를 수용 또는 거부하는 과정을 동시에 고려해야 한다(양옥경, 송민경, 임세와, 2009). 더불어 한국인들의 국제결혼에 대한 편견과 외국인에 대한 배타적 태도는 결혼이주여성의 한국생활 적응을 더욱 어렵게 만들어 다양한 문화적응 스트레스를 유발할 수 있는데, 이러한 스트레스가 적절하게 해결되지 못하면 정신건강상의 문제를 갖게 될 위험이 커지며, 이는 자녀양육 문제와 가족불화, 가정폭력, 결혼생활 부적응, 부부 갈등의 원인이 되어 결국에는 가정해체의 위기까지 이어지게 된다(권명희, 2011; 오광실, 정혜정, 2012). 따라서 결혼이주여성들의 문화적응 과정에 대한 이해와 관심은 문화적 충격과 문화적응 스트레스를 완화하고 한국생활에 잘 적응할 수 있도록 지원하는 일이 될 것이다. 결혼이주여성의 문화적응 스트레스를 예방하고 완화하기 위해서는 결혼생활 만족과 더불어 다양한 사회적 지지체계를 개발하고 그 기능을 강화해야 할 필요성이 제기되었다. 또한, 정부 차원에서 다양한 채널을 통해 이러한 공식적인 지지 프로그램이 확대될 수 있는 정책적 여건이 마련되어야 한다.

10. 다문화가족 정신건강

1990년대까지는 종교단체를 통해서 입국한 일본 여성이 다수를 차지한 데 비해 2000년 초부터 중국, 필리핀, 베트남, 캄보디아, 몽골 등 국적이 다양해지고 있다(이재화, 이재모, 2020). 그러나 매년 약 30% 정도의 높은 증가율을 보이던 결혼이민자는 최근 국제결혼 심사강화 및 국제결혼 안내 프로그램 이수 의무화 조치 등으로 인해 감소하였다. 국적별로는 중국, 베트남, 일본, 필리핀 순이며, 총 국가 수는 195개국이다.

결혼이민자 여성은 한국사회보다 경제적 수준이 낮은 국가 출신인 경우가 대다수이며, 평균적으로 한국인 여성에 비해 학력수준도 낮은 것으로 나타났다. 대체로 이주를 위한 준비과정이나 다른 문화에 대한 이해가 부족 및 한국어에 대한 어려움을 가진 채 한국사회에 정착하였기 때문에 한국문화에 대한 이해가 부족하고 결혼에 대한 충분한 준비가 되어 있지 않은 상태가 대부분이다. 더구나 결혼 상대와의 많은 나이 차이, 한국에서의 낮은 경제적 수준 등 이주 후의 사회적 · 경제적 환경도 스트레스의 요인이 될 가능성이 높다.

결혼이민자여성의 정신건강 문제는 개인적인 문제로 국한되지 않고 다문화가정 전체의 정신건강 문제로 확대될 수 있다는 점에서 중요하게 고려될 필요가 있다. 다문화가족은 대화의 어려움과 문화의 차이, 사회적인 편견이라는 어려움을 가지고 있다. 이러한 상황은 출산 후 양육문제와 시부모와 같은 확대가족과의 관계 등 일반적인 결혼생활에서 발생하는 스트레스 요인과 결합하여 불안, 우울증 등 여성결혼이민자 및 자녀의 정신건강 문제가 우려되는 부분으로 나타나고 있다(이소희, 이선혜, 2013).

국제결혼의 증가로 다문화가족의 여성들은 결혼이라는 과정을 통한 이주로 인해 타국의 이질적인 낯선 환경에 적응하면서 심리적 안정뿐 아니라 사회 · 경제 · 문화적으로도 적응해야 하는 정신건강의 위기에 직면하는 경우가 빈번하다. 이러한 과제를 해결하기 위한 다문화가족 여성의 긴장과 스트레스는 전반적인 결혼생활에 대한 스트레스로 확대된다. 다문화가족 여성이 겪는 스트레스를 잘 극복하기 위해서 사회적 지지를 제공하는 제공원으로써 가족의 지지가 중요하지만, 오히려 가족관계로부터 야기되는 가정폭력, 시댁 식구와의 갈등, 가정경제의 어려움, 남편과의 부정적 관계, 자녀양육 문제의 어려움 등의 문제 상황이 가중될 경우 심각한 가족관계 스트레스로 이어지게 된다. 다문화가족 여성의 가족 건강성을 높이기 위해서는 가족 스트레스를 극복하고, 사회적 지지에 필요한 자원들을 대상으로 한 프로그램, 자신에 대한 자존감을 향상할 수 있는 다양한 프로그램들이 제공되어야 한다.

결혼이주여성들의 사회적 지지가 결혼의 질에 얼마나 영향을 미치는지에 관한 연구에 따르면, 배우자 지지가 낮을수록 이혼 의도가 높은 것으로 나타났으며, 배우자 지지가 높을수록 부부간 애정이 높은 것으로 나타났다(김현숙, 김희재, 오중환, 2010). 또한, 다문화가족의 자녀들에 관한 초기연구 결과들은 이주아동은 이주 자체가 주는 스트레스, 이주 후 소수자라는 약자의 위치, 그리고 특정 문화적 배경의 영향 등의 이유로 정신건강 문제의 위험성이 증가한다. 또한, 이주아동의 정신건강 문제는 이주자의 특성, 이주집단의 특성, 이주 후 거주 국가의 특성에 따라 다르게 나타난다(Kirmayer et al., 2011).

북한이탈주민가정의 청소년은 이주과정에서의 불안전한 가족 및 가족해체, 중국 등 제3국에서 불안한 은신생활, 심리적 외상 노출로 인한 정신건강 문제 및 가족 갈등에 취약할 수 있다(이소희, 이선혜, 2013). 최근 무연고 북한이탈청소년도 증가하고 있는데, 부모의 사망 혹은 생존에도 불구하고 제3국을 통해 홀로 탈북하여 남한에 입국하고 있다. 이들은 탈북과정에서 경험한 심리적 고통, 남한사회 부적응 문제로 인한 정신건강 악화, 남한 입국 이후 스스로 책임져야 하는 자신의 생활에 대한 어려움, 탈북 중개인에게 갚아야 할 채무, 심지어 북에 남은 가족들을 위해 돈을 벌어야 하는 상황에 놓이는 경우가 있다. 특히, 장기간 부모와 이별하였다가 재결합하는 경우가 많아 불안정한 양육환경에서 자라게 될 가능성이 높다.

국내 북한이탈주민가정 자녀의 정신건강 및 관련요인에 관한 연구결과는 많지 않으나 그간 보고된 주요 결과들은 건강 및 스트레스 인지 상태는 약 10명 중 약 2명 내외는 스트레스를 느끼는 것으로 나타났다. 탈북 학생(10~21세)을 대상으로 인성평가 척도와 청소년 성격평가 연구에서, 중고생의 35%가 정서적 문제, 충동조절 문제, 자해, 타해 위험성, 대인관계 부적응 중 한 가지 이상 나타났다(이인숙, 박호란, 김윤수, 박현정, 2011).

다문화가정 자녀의 정신건강 문제를 살펴보면, 결혼이민자자녀들의 14.3%가 우울감이나 무력감을 느끼고 있고, 27%가 인터넷과 게임 등 컴퓨터 사용을 과도하게 하는 것으로 나타났다(이소희, 이선혜, 2013). 초등학교 저학년보다 학년이 올라갈수록 정신건강 상태가 양호하지 못한 것으로 나타났다(임소연, 박민희, 2014). 또한, 결혼이민자 어머니가 불안감이 높을수록 그 자녀들의 내재화 및 외현화 증상이 더 많이 나타나는 경향을 보여 국제결혼가정 자녀의 정신건강 문제는 외국 출신 어머니의 정신건강 상태와 밀접히 연관된 것으로 나타났다(이소희, 이선혜, 2013).

다문화가정 시어머니의 고부갈등, 스트레스 대처, 정신건강에 관한 연구에 의하면, 다문화가정 시어머니가 일반 가정 시어머니보다 고부갈등을 더 많이 경험하며, 정신건강이 나쁜 것으로 나타났다(성은영, 황순택, 2013). 정신건강에서는 특히 신체화(somatization)와 우울을 보다 많이 경험하는 것으로 나타났으며, 스트레스 대처는 집단 간 차이는 없었고 모두에서 수동적 대처를 하는 것으로 나타났다. 다문화가정 시어머니의 고부갈등과 스트레스 대처가 정신건강에 미치는 영향을 분석한 결과, 고부갈등의 주 효과만 통계적으로 유의미하였다(성은영, 황순택, 2013). 즉, 다문화가정 시어머니의 정신건강에는 고부갈등 요인이 가장 큰 요소이며, 일반 가정 시어머니의 경우 스트레스 대처가 정신건강에 영향을 미칠 가능성이 있는 것으로 보인다.

11. 다문화 네트워크

전 세계 인구의 3%가 국경을 넘어 이주하여 낯선 곳에서 살고 있다. 모든 아시아 국가는 이주(emigration)와 이민(immigration) 모두를 경험하고 있다. 예컨대, 목적지 국가로 일본, 홍콩, 싱가포르, 한국, 브루나이, 대만 등이 있으며, 출국지 국가로는 중국, 인도, 필리핀, 방글라데시, 버마, 캄보디아, 인도네시아, 라오스, 네팔, 파키스탄, 스리랑카 등이 있다. 이같이 활발한 국제이주는 한국은 물론 세계 곳곳에서 다른 문화를 지닌 사람들이 더불어 살아가는 다문화사회를 형성해가고 있다.

결혼을 통해 국경을 넘어 이주하는 배우자는 여성이 압도적으로 많으며, 대부분이 가난한 나라에서 부유한 나라로 이주하는 형태를 보인다(Castles & Miller, 2009; Piper & Roces, 2003). 즉, 이주의 여성화가 보편화되고, 탈영토화 현상의 특성이 나타난다. 기존의 경험 양식을 완전히 뒤바꾸어 놓는 탈영토화란 지역, 국가라는 공간을 넘어서는 상호연계와 상호의존의 네트워크가 급속히 발달하고, 그 네트워크 안에서 개인적 · 지역적 · 국가적 · 국제적 · 지구적 차원에서 상품, 사람, 자본, 지식, 이미지, 범죄, 공해, 약품, 의상, 신념, 상호작용이 밀도가 높은 상태를 지칭한다.

국제결혼이주의 증가로 여성결혼이민자들의 네트워크가 그들의 삶에 중요한 역할을 하고 있다. 여성결혼이민자들은 한국사회에 빠르게 적응하고 있으나 이들의 사회적 네트워크는 사회활동의 제한으로 가족 및 친구를 통해 형성되고 있다. 여성결혼이민자들이 당면한 과제 해결은 초국가적 이주민들의 네트워크에서 찾아볼 수 있으며, 모국의 디아스포라로 초국가적 이주민들은 모국과 거주국 사이에서 인적 연결망, 정체성 등의 관계성을 지속적으로 유지하고 있다. 또한, 여성결혼이민자들은 자신들의 모국과의 지속적인 관계를 보이면서 초국적인 특성을 반영한 민족문화 네트워크를 형성하며 민족문화 네트워크는 한국사회에 다문화사회의 특징에 해당한다(이용균, 2007). 여성결혼이민자들은 가정생활, 직장 생활에서 겪는 어려움과 스트레스를 친정 가족, 친구들과의 커뮤니티를 통해 해소하며, 동향인, 동료, 친구들과의 소규모 모임을 비롯한 여러 모임을 통해 민족문화를 향유함으로써 그들의 민족적·문화적 정체성을 유지해 나간다(이소영, 2014).

여성결혼이민자의 이주 네트워크는 국가와 국가 사이에서 디아스포라로서의 정체성을 지니고 있다. 오늘날 모국과 거주국을 연결해주는 이민사업이 점차 발달하고 있으며, 이에 따라, 이주민들 스스로가 조직한 친족적·민족적 네트워크가 구성되어 있다. 또한, 경제적 측면을 고려할 때 가족 및 친척에 기반을 둔 경제적 거래는 서로 밀접하게 통합된 디아스포라와 연계하면서 더욱 안정적으로 유지된다. 이러한 전 지구적 네트워크는 가족, 친족 혹은 더 나아가 서로 다른 인종 구성원들 간에 이루어지는 자본과 신용의 흐름과 범위를 더욱 확장시켜 준다. 그 대표적인 예가 화교의 비즈니스 네트워크이다.

이주민들이 어느 곳에 정착할지를 결정하는 데는 이주민 네트워크가 큰 영향을 끼친다. 네트워크는 이주민이 새로운 지역에 정착하는 데 중요한 역할을 한다. 네트워크의 역할 중 가장 중요한 역할은 취업정보로 선행이주민들이 일자리를 제공해주는 경우가 많다(이소영, 2014). 특정 지역 출신 이주민들의 네트워크가 잘 확립되어 있을수록, 이에 따라 이주를 증가시킨다. 네트워크의 가장 중요한 요소는 해외에 거주하는 친구와 가족들에게 이주 시 자금과 도착 시 취업정보 제공과 생활적응 정보를 제공해준다. 특히 출신국 사람들로 형성된 이주지는 새로운 이주자가 정착할 때 필요한 숙식 제공, 피난처 제공, 구직과 취업, 특정 고용 시장배치 등을 돕는다. 따라서 이주민들은 친구나 친척, 동포가 자신을 돕고 환영해주는 곳을 이주대상국으로 선호한다. 이는 선이주민들이 만들어놓은 민족커뮤니티로 다국적 연계를 이용할 수 있기 때문이다(전형권, 2008).

이주민 네트워크는 가족 네트워크, 사회적 네트워크, 민족문화 네트워크로 구분된다(이소영, 2014). 카슬과 밀러의 연구에서는 이주자들이 이주와 이입지에서의 적응을 위해 발전시킨것은 비공식적 사회 연결망이다(Castles & Miller, 2009). 이주 연결망에서 중요한 연결은 가족관계와 공동체 유대이다. 이를 통해 종종 연쇄이주가 일어나기도 하는데, 가족과 이출지 연고에 의한 사회연결망이 이주자의 거처, 취업, 관료제적 절차에의 적응 등에 도움을 주며 개인적 곤경에 대한 지원도 가능하게 된다.

가족 네트워크는 여성결혼이민자가 한국으로 오기 전 결혼이주 과정에서 형성된 네트워크로 가족들에게 한국에 대한 정보를 제공해주는 역할을 한다. 이에 기초한 네트워크는 이민한 가족과 모국 혹은 제3국에 있는 가족 간 연결망으로 연고 이주민에게 이주 전에 이주할 국가의 정보를 제공하여 새로운 사회에서 직업을 찾고 적응하는 데 매우 중요한 역할을 한다. 즉, 이주민에게 가족 및 친족 네트워크는 거주국에서 경제적·사회적 생존을 위해 꼭 필요하다. 또한, 이주한 이후의 가족 네트워크로 새로운 가족을 형성하며 시댁 식구들과 연계된다. 가족 네트워크에는 결혼이민자의 친정 가족과의 연락, 시댁 가족과의 모임, 남편 및 시댁 가족과의 의사소통, 시댁 가족의 한국어 및 문화학습 지지도 포함된다.

사회적 네트워크는 개인들의 다양한 관계로 맺어지는 사회결합으로서 사회조직의 특성을 형성하는 데 중요한 역할을 한다. 즉, 사회적 네트워크는 여성결혼이민자가 결혼이주 과정에서 친구, 동향인, 중개업체를 통하여 이주한 경우를 말한다. 한국으로 이주한 이후 여성결혼이민자들이 한국에서 생활하면서 알게 된 친구, 동료, 동향인과의 모임도 포함된다. 이러한 네트워크는 친구들과의 모임을 통해서 어려움과 스트레스를 해소하기도 하며 다문화가족지원센터의 도움으로 어려운 상황을 극복한다. 또한, 이주여성 모임을 통해 새로 이주해온 여성들의 적응을 돕고, 자녀육아, 취업에 관련된 정보를 서로 공유하기도 한다.

민족문화 네트워크는 여성결혼이민자들의 모국과 문화적 관계, 출신국 문화의 유지 등에서 형성된다. 또한, 모국과의 연결 혹은 같은 민족과의 네트워크를 유지하여 사회생활 전반을 풍요롭게 한다. 결혼 이후의 고향 방문 혹은 친정 부모 초대, 모국 송금, 출신국의 음식문화 향유 및 축제 참여, 자녀에 대한 출신국의 언어교육 등으로 네트워크를 유지한다. 이는 한국사회에서 출신국과 관련된 모임 및 활동을 통하여 여성결혼이민자는 자신의 문화를 지속해서 향유하며 그들 스스로 정체성을 유지하고 있다(이용균, 2007).

　　특히, 민족이라는 동질성과 정체성이 네트워크에 커다란 영향력을 발휘하며, 이러한 네트워크는 구성원들 간에 통신, 방문, 학술, 문화 등의 교류와 무역, 그리고 투자 등 다양한 경제적 거래를 촉진시키는 기반이 된다. 여성결혼이민자는 이주한 사회에서의 커뮤니티 활동 등 다양한 공간에서 다양한 사람들과 관계를 맺고 자신의 정체성을 형성해가고 있다. 여성결혼이민자들의 남편들과 시댁 가족들도 이주여성을 통해 지역적인 경계를 넘어 상호의존의 네트워크가 형성되어 그 안에서 상품, 사람, 지식, 신념, 경제적 교류와 양육 등을 통한 문화적 교류가 적어도 개인적 차원과 지역적 차원에서 활성화되는 초국가적 성격이 나타나고 있다.

　　결혼과정에서도 한국 남성과 결혼한 친척, 친지 등의 사회적 관계망을 통해 소개받아 새로운 결혼이민자가 발생하는 연쇄이주의 성격이 강하게 드러나 있었다. 이주자가 선이주자와의 네트워크를 통해 한국사회에 정착하고, 또한 본국의 비이주자들과 연계되어 친구, 친척 등이 참여하는 연계망이 형성되고 있다. 이주 후 한국생활에 적응하는 과정에서도 출신국의 친족, 친구 또는 같은 출신국의 다문화가정의 여성들과 긴밀한 관계를 유지하고 있다. 즉, 이미 개인 차원의 이주가 후속 이주로 연결되고 있다(김정민, 2013). 또한, 이들의 네트워크는 한국사회에 정착해나가는 과정에서 자기 민족들과 소수민족 공동체의 결성인 민족집단(ethnic group)을 형성해나가는 데 큰 역할을 하고 있다.

12. 다문화 법률

한국 다문화 관련 법규의 근간이 되는 「국적법」과 「다문화가족지원법」, 다문화교육 관련 법률 등이 중심을 이루고 있다(김명정, 2018). 정부 부처별 다문화가족 지원사업을 시행하고 있으며 이에 따른 다문화가족지원 관련 법률은 여성가족부의 「다문화가족지원법」, 법무부의 「재한외국인처우기본법」, 행정안전부, 「지방자치단체의 거주외국인 지원 조례」, 보건복지부의 「사회복지사업법」 등이 있다.

국적 관련 법률의 변천에서 한국 「국적법」은 혈통주의에 기초하여 제한적 속지주의와 일정한 거주 요건을 갖춘 사람을 대상으로 하는 귀화제도로 국적을 보유하고 있다. 출생에 의한 국적 부여는 부계혈통주의를 따랐으나, 1997년 개정된 「국적법」은 부모양계혈통주의를 채택하여 출생 당시 부모 어느 한쪽이라도 한국인이면 한국 국적을 취득할 수 있다. 부계혈통주의에서 부모양계혈통주의로의 변화는 양성평등이라는 관점에서 중요한 변화이다. 이러한 변화는 다문화적 관점에서도 출생에 의한 국민의 인정 범위를 넓혀주었다는 점에서 의미 있는 변화이다. 출생에 의한 국적취득 요건 중에서 부모가 분명하지 않은 경우에는 예외적으로 한국 국적을 부여함으로써 속지주의를 채택하고 있다(김정규, 2012).

출생에 의한 경우가 아니고서는 대부분 귀화를 통해 국적취득이 가능하다. 그러나 「국적법」에서 요구하는 국적취득의 일반 귀화 요건은 5년 이상의 거주, 생계유지 능력, 한국어 등의 기본소양을 갖출 것을 요구하므로 모든 요건을 갖추기가 쉽지 않다. 특히, 결혼이주민의 경우 일반 귀화 요건을 거의 갖추지 못한 상태에서 한국생활을 시작하기 때문에 이들을 위한 간이귀화 요건을 별도로 규정하고 있다.

한국 「국적법」에 따르면, 배우자가 사망한 경우에는 사망진단서, 배우자가 실종된 경우에는 실종선고 사실이 기재된 배우자의 기본증명서, 배우자의 귀책사유로 이혼이나 별거한 경우에는 이를 증명할 수 있는 판결문, 이혼조정결정문, 배우자의 폭행 등을 고소한 사실이 명시된 검찰의 불기소 결정문, 그리고 진단서 등을 통해 보호를 받을 수 있다(김명정 2018). 즉, '제1호 또는 제2호의 기간을 채우지 못하였으나, 그 배우자와 혼인한 상태로 대한민국에 주소를 두고 있던 중 그 배우자의 사망이나 실종 또는 그 밖에 자신에게 책임이 없는 사유로 정상적인 혼인생활을 할 수 없었던 사람으로서 제1호나 제2호의 잔여기간을 채웠고 법무부 장관이 상당하다고 인정하는 사람'이다(간이귀화 요건). 또한, 결혼이민자의 자녀를 양육하는 경우에는 가족관계증명서 등을 통해 제4호의 보호도 받을 수 있다(박진근, 2013).

현행 「국적법」에서 개선될 부분은 복수국적의 문제이다. 복수국적이란 어떠한 자가 여러 개의 국적을 보유하고 있는 것을 의미한다. 한국의 「국적법」은 복수국적자에게 일정 연령 또는 일정 기간이 초과하기 전에 국적을 선택할 것을 의무화하고 있다. 한국 국적제도를 통해 국가의 통일성과 민족적 통합성을 강하게 유지하고자 하는 제도적 장치로 단일국적주의, 속인주의의 강조, 엄격한 귀화요건을 유지해왔다(최윤철, 2010). 결혼이민자의 경우, 「국적법」 제10조 1항에 '대한민국 국적을 취득한 외국인으로서 외국 국적을 가지고 있는 자는 대한민국 국적을 취득한 날부터 1년 이내에 그 외국국적을 포기하여야 한다'는 조항에 근거하여 혼인 관계가 해소된 경우에는 서약을 통한 복수국적 유지자격이 부여되지 않고 있다. 국제결혼가정의 결혼이민자들에게 복수국적을 허용하는 것이 이혼율이 높은 상황에서 가정해체를 더욱 촉진할 우려도 있지만, 자신의 귀책사유 없이 혼인관계가 해소된 경우와 미성년자를 양육하고 있는 사람도 보호할 필요성이 있다(김남진, 2017).

다문화가족지원 법규는 2006년 대통령 자문기구인 여성가족부 등 여러 부처가 공동으로 '여성결혼이민자 가족의 사회통합 지원대책'을 마련으로 본격적으로 시작되었다. 이러한 정책서비스가 실제로 제공되기 위해 다문화가족지원센터가 설치되었고, 이후 이러한 정책을 법적·제도적으로 뒷받침하기 위해서 「다문화가족지원법」이 제정되었다.

「다문화가족지원법」은 다문화정책 기본계획과 지원의 종류, 국가 및 지방자치단체의 책무를 규정하고 있는 법률이다. 다문화가족 지원사업은 사업비의 확보나 전문인력의 양성과 같은 구체적인 실무 차원의 어려움에도 불구하고 꾸준히 개선되어 다문화가족지원센터는 2019년 전국에 218개소가 설치·운영되었다.

그러나 「다문화가족지원법」이 받는 비판점은 이 법의 대상이 되는 가족의 범주이다. 같은 법에서 「재한외국인 처우 기본법」과 「국적법」이 규정하고 있는 경우 외에도 사실혼 관계에서 출생한 자녀를 양육하고 있는 가정에도 준용하고 있고, 또한 이혼 등의 사유로 해체된 가정의 자녀에 대해서도 적용되는 등 그 적용 대상을 확대하기 위한 취지가 각 조항에 반영되어 있으나 외국인만으로 구성된 가족이나 아직 대한민국 국적을 취득하지 못한 자 등은 같은 법이 규정하고 있는 다문화가족에 해당하지 않음으로써 「다문화가족지원법」에 의한 보호를 받지 못하는 한계점이 있다(전경근, 2015). 또한, 가정폭력 피해자에 대한 보호지원, 의료 및 건강 관리를 위한 지원, 아동보육과 청소년교육, 다문화가족지원센터의 설치, 다문화가족지원 업무 관련 공무원의 교육 등 많은 행정 행위들이 재량행위로 임의 규정되어 있다(권영호, 2014).

다문화사회로의 성공적 이행은 다문화교육의 성과에 달려 있다할 정도로 중요한 영역이다. 「다문화가족지원법」의 몇 개 조항에 다문화교육에 관한 내용이 담겨 있지만, 한국에서는 의외로 다문화교육에 관한 법률은 존재하지 않는다. 그러나 다문화교육은 구체적인 법제화가 이루어지기 전에도 신속하게 정책집행이 이루어져 왔다.

다문화교육은 상당 부분이 「다문화가족지원법」의 교육 관련 조항에서 다문화가정의 적응, 의료 보건, 보육, 성평등, 가정폭력 예방, 서비스 등을 포괄적으로 규정하고 있다. 그러나 개정하더라도 교육에 관한 사항들이 체계화되기는 어렵다. 따라서 다문화교육에 관한 사항들은 체계화된 법제화를 추구할 필요가 있다(김명정, 송성민, 2018). 특히 한국사회에서 만연하는 인종차별을 엄격히 금지하고, 인종 등 배경 요인과 무관하게 모든 사람에게 동등한 정치적 기본권이 있음을 선언하지만, 차별금지에 관한 일반 법규(포괄적 차별금지법)를 제정할 필요가 있다. 구체적 법규를 통해 평등을 실현하고자 하는 개별 입법방안도 고려되어야 할 것이다.

13. 다문화가족 국제결혼중개업

2019년 여성가족부의 결혼중개업 공시자료에 의하면, 국내 결혼 중개서비스는 778개 업체, 국제결혼중개서비스는 391개 업체가 운영되고 있다(김민정, 곽민주, 2020). 1990년대 농촌 총각 결혼시키기 사업으로서 시작된 한국 남성과 아시아 여성들의 국제결혼은 2000년 이후 급증하였는데, 이러한 이유 중의 하나가 국제결혼중개업자의 증가 때문이라고 할 수 있다. 국제결혼 수요가 늘어남에 따라 국제결혼을 중개하는 중개업자들의 상당한 이윤 추구로 결혼중개업이 더욱 증가하는 계기가 되었다. 과거에 행정기관의 허락과 감독을 받아야 했던 결혼중개업체들이 세무서에 사업자등록 신고만 하면 되는 자유업이 되면서 초국적 결혼시장을 확장해나갔다. 국제결혼이

결혼 결정권을 매매할 수 있는 상품으로 전락시키면서 많은 문제점과 비난을 받아오게 되었다.

국제이주, 특히 아시아 지역에서 국제결혼을 통한 한국사회로의 이주는 하나의 사회적인 현상이다. 한국 경제의 발전 등으로 한류의 급속한 전파로 비교적 사회·경제적 여건이 열악하였던 동남아 국가의 여성들이 한국으로의 결혼이주를 희망하게 되었고, 결혼중개업자의 개입으로 이들 국가의 많은 여성이 한국으로 결혼을 위하여 이주하게 되었다. 이제는 농촌총각 장가보내기 차원이 아니라 사회 전반에 걸쳐 국제결혼이 이루어지고 있다.

결혼중개업소는 자신들의 이익을 위하여 가능한 한 많은 결혼은 성사시키기를 원하였으며, 이 과정에서 충분하고 정확한 정보의 제공은 의도적으로 제공되지 않았다. 더구나 동남아 여성과의 결혼은 일반적으로 한국 남성이 결혼중개업자에 거액의 가입비를 내고 회원으로 가입한 후 결혼중개업자의 주도로 일주일도 안 되는 기간을 정하여 한국 남성이 해당국으로 가서 결혼을 희망하는 다수의 여성을 소개받는다. 이후 한국인 남성이 마음에 드는 여성과 현지에서 간단한 결혼식을 올리고 해당국에 혼인신고를 한다. 한국으로 돌아온 남성은 해당 여성에 대한 초청 절차를 진행한다(박흥식, 2013). 며칠 만에 결혼중개업자에게 중개료를 지불하고 배우자를 한국으로 초청한 한국인은 상대방 배우자에 대하여 마치 자신이 돈을 주고 사온 권리자와 같은 인식을 갖게 되고, 여성들은 결혼과정에서 허위정보에 의해 인권침해를 경험하게 된다. 그동안 결혼중개업의 결혼은 허위정보를 통해 여성을 이주로 유도하고 또 이러한 일이 한국 밖에서 이루어지고 있는데도 불구하고 한국정부는 미온적 태도를 보여 왔다.

그러나 최근 국제결혼이주자의 수가 증가하고 이에 대한 사회적 관심이 커지면서 정부는 국제이주의 특성상 결혼이주자들의 인권침해가 출신국으로부터 이주 과정에서 기인함을 알고 결혼중개업체를 감독하게 이르렀다. 현재 진행되는 결혼중개 방식은 비용 전액을 남성이 부담하는 남성의 기준에 의해 이루어지고 있기 때문에 여성들은 결혼과정에서 일어나는 다양한 형태의 인권유린에 취약할 수밖에 없다. 특히 중개과정에 내재된 젠더 불평등은 결혼 후 가족 내에서 여성에 대한 착취와 폭력으로 이어지기 쉽다(김현미, 김민정, 김정선, 2008).

한국 국제결혼중개업의 인권침해적인 행태는 2000초부터 보고되었으며, 이를 계기로 2007년에 「결혼중개업관리에 관한 법률 시행규칙」이 제정되었다(한건수, 설동훈, 2006). 하지만 중개업체에 대해 결혼 쌍방에 대한 정확한 정보제공 의무부여, 한국중개업체의 공동 불법행위 책임명시, 현지법령 위반 시 처벌관련 조항, 피해 여성에 대한 보호 등 결혼과정에서 여성들의 의사 결정권을 보호하고 인권 침해를 방지하기 위한 핵심적인 내용은 포함되어 있지 않고 있다(김현미 외, 2008).

맞선과 결혼과정은 3일에서 4일 사이, 길어야 일주일 안에 이루어진다. 맞선과정은 한국 남성은 시간 간격을 두고 5명에서 7명의 여성과 30분 정도의 맞선과정으로 진행된다. 여성 중에서 1차로 마음에 드는 여성을 선택하고, 1차로 선택된 여성 중 다시 마음에 드는 여성을 최종적으로 선택하는 단계를 거치며, 남성의 선택을 통해 이루어지는 일방적인 권한은 오직 남성에게 있다. 맞선 후 결혼식과 결혼 등록을 하고 한국대사관에서 배우자 비자를 발급받아 한국으로 입국하게 된다. 이렇게 짧은 시간에 이루어지는 중개업체를 통해 얻어지는 정보에 의해 결혼한 이주여성의 거의 절반가량이 자신이 알고 있던 남편의 정보가 사실과 달랐다고 주장하였다(여성가족부, 2006).

결혼중개업자에 의한 서류진행 과정에서 결혼당사자가 배제된 위법적인 혼인증명서 발급, 신체검사, 갈취, 불법계약서 체결 강요와 같은 다양한 탈법적이고 범법적인 행위들이 이루어진다. 예컨대 가족법이 요구하는 건강검진 이외에 선택된 여성에 대한 출산 여부를 확인하기 위한 자체적인 신체검사를 들 수 있으며, 여성들에게 성혼 후 사례비를 요구하고 남편이 주고 간 용돈을 중간에서 갈취하는 등 결혼당사자에게 불법계약서 체결을 강요한다. 이러한 계약서는 여성이 결혼구조에서 빠져나갈 수 없게 만드는 일종의 통제장치 역할을 하게 된다. 이에 한국 중개업체들은 입국 후 3개월 내 무단가출 및 이혼을 요구하는 경우 결혼을 재주선한다는 신부보증제를 시행하고 있다(김현미 외, 2008).

한국정부는 2012년 「결혼중개업 관리에 관한 법률」의 개정을 통하여 허위정보를 통해 여성을 결혼이주로 유도하거나, 18세 미만의 사람을 소개하거나, 2명 이상의 이용자에게 2명 이상의 외국인 상대방을 동시에 또는 순차적으로 소개하는 행위를 금지하고 이를 위반한 경우 2천만 원 이하의 벌금, 3년 이하의 징역형에 처하도록 벌칙

규정을 신설함으로써(동법 제29조 제9호) 사실상 집단면담에 의한 결혼중개행위를 금지하였다(박홍식, 2013).

결혼중개업자가 외국 현지에서 국제결혼중개를 하는 경우「결혼중개업의 관리에 관한 법률」뿐만 아니라 외국현지 형사법령 및 행정법령을 준수하도록 하고 있고(동법 제11조 제1항), 국제결혼중개업자가 외국현지 업체 등과 업무제휴를 할 때는 서면으로 계약을 체결하고, 반드시 현지법령을 준수하도록 하는 내용이 포함되어야 한다(동법 제14조의 2, 제1항 제2항)(박홍식, 2013).「결혼중개업의 관리에 관한 법률」을 위반하게 되면 그 법률에 따라 벌칙이나 행정벌이 부과된다. 또한, 한국 형사법령이나 행정법령에 위반하지 않더라도 외국현지의 형사법령이나 행정법령을 위반하는 경우, 동법에 따라 벌칙이나 행정벌을 부여할 수 있다. 따라서 결혼중개업자의 해외 현지에서의 행위가 한국결혼중개업의 관리에 관한 법률을 위반하는 경우는 물론, 현지의 법령을 위반하는 경우에도 한국 결혼중개업의 관리에 관한 법률에 따라 벌칙이나 행정벌을 부과할 수 있게 되었다(박홍식, 2013).

한국 남성이 외국 여성과 국제결혼을 하는 대부분의 국가는 중국, 베트남, 필리핀, 캄보디아, 몽골 등이며 이들의 국가에서는 국제결혼중개행위 자체를 금지하거나, 영리를 목적으로 하는 국제결혼중개행위를 불법한 행위로 여긴다. 그러므로, 이들 국가의 여성과 한국 남성의 결혼을 중개하는 한국 국제결혼중개업자의 중개행위는 모두 결혼중개업의 관리에 관한 법률에 위반하는 행위가 될 수 있다. 그런데도 여전히 많은 국제결혼중개업소가 이들 국가 여성과 한국인의 결혼을 계속 진행하고 있다는 것은 정부가 이들의 불법을 묵인하고 있는 것으로 여겨진다(박홍식, 2013).

한국에서도 국제결혼중개업의 공익화 방안에 대한 정책적인 필요성이 여러 차례 언급된 바에 기인하여 국제결혼중개 행위를 공익화하고, 이들에 대한 철저한 관리와 감독을 통하여 많은 문제를 안고 있는 국제결혼중개업의 폐단을 감소시킬 수 있고 정상적인 국제결혼중개가 이루어지도록 하는 것이 필요하다. 다문화정책과 관련하여 국제결혼중개업의 문제는 비록 그것이 결혼당사자의 사적인 영역이라 하더라도 그 영향은 당사자들은 물론 그들의 자녀와 친인척, 더 나아가 지역사회 및 국가의 정치, 경제, 사회, 문화에 이르기까지, 현재뿐 아니라 미래에까지 영향을 미치는 매우 중대한 일이기 때문이다.

14. 다문화가족정책

다문화가족정책 기본계획은 정책의 기본방향과 정책과제를 담아 5년마다 수립되는 법정계획이다. 제1차 다문화가족정책 기본계획(2010~2012), 제2차 다문화가족정책 기본계획(2013~2017), 제3차 다문화가족정책 기본계획(2018~2022), 제4차 다문화가족정책 기본계획(2023~2027)으로 이루어져 있다(여성가족부). 2012년 제1차 다문화가족정책 기본계획은 한국생활 정착에 초점을 두었고, 이어 제2차 다문화가족정책 기본계획은 여성결혼이민자가 한국사회에 잘 정착하여 동화될 수 있도록 하는 데 초점을 두었으며, 사회 · 경제적 진출 지원과 자녀교육, 가족문제 해결을 위한 다양한 프로그램 등을 제공하였다.

제3차 다문화가족정책 기본계획(2018~2022)은 참여와 공존의 열린 다문화사회 형성을 목표로 모두가 존중받는 차별 없는 다문화사회 구현, 다문화가족의 사회, 경제적 참여 확대, 다문화가족자녀의 건강한 성장을 도모하였다. 정책과제로 5대 영역, 70개 세부과제가 제시되었다. 또한 제3차 다문화가족정책(2018~2022) 기본계획의 성과와 한계를 분석하고, 환경 변화와 새로운 정책수요를 반영하여 제4차 다문화가족정책 기본계획(2023~2027)을 수립하게 된다.

다문화가족정책 운영을 위한 추진체계 강화를 위해서는 지역 다문화교육지원센터 운영을 전국으로 확대 추진하고, 센터 운영의 자율성을 확대하여 지역 여건에 맞는 다문화교육 추진 지원대책 과제로 정규학교 내 '한국어수업' 및 재외한국교육원 내 '찾아가는 한국어교실' 등을 운영하기 위해 지역 교육 당국과 협의, 현지 한글학교에 한국어교재 및 콘텐츠를 제공해야 한다.

여성가족부 다문화가족지원 사업은, 다양한 유형의 가족이 안정적 생활을 유지할 수 있도록 지원을 강화하여 폭력피해 이주여성의 복합적 문제를 원스톱(상담, 법률, 체류 상담 등)으로 지원하는 '전문상담소'를 신설하고, 저소득 한부모 자녀양육 부담 경감과 생활 안정을 위한 한부모가족 아동 양육비 지원 단가를 인상 및 지원 연령을 확대한다. 다문화가족의 복잡하고 다양한 문제 해결을 위한 위기 다문화가족, 복합적 요구를 가진 다문화가족 대상 사례관리 지원을 확대하여 추진한다. 또한, 결혼이민자의 자립역량 강화 및 사회적 참여 기회를 확대한다. 결혼이민자 스스로 정착과정을 설계하고 실행할 수 있도록 '결혼이민자 정착단계별 지원 패키지 프로그램'을 확대하고, 다문화가족 사회참여 확대를 위한 다문화가족지원센터 운영위원회에 결혼이민자 참여를 추진하며, 다문화가족의 사회참여 · 소통 활성화를 위한 '다문화가족 교류 · 소통공간' 사업을 추진한다. 다문화가족자녀가 가정 내에서 이중언어로 소통할 수 있는 환경을 조성하여 글로벌 인재로의 성장을 지원하는 이중언어 환경조성 사업을 확대하고 지리적 여건 등으로 센터 이용이 어려운 다문화가족을 대상으로 다문화가정에 직접 방문하여 부모교육, 자녀생활 지원, 한국어교육을 제공하는 방문 교육사업 기간을 확대한다.

법무부의 다문화가족지원 주요사업은, 재한외국인이 언어 · 문화적 차이, 사회적 편견 등을 스스로 극복하여 건전한 사회 구성원으로 자립할 수 있도록 '이민자 네트워크' 자조 모임 활성화, 국민과 재한외국인이 함께하는 어울림의 장을 마련, 이민자 인식 개선을 위한 세계인의 날 등 다양한 문화행사를 개최한다.

외교부의 다문화가족 지원사업은, KOICA 드림봉사단 선발 시 다문화청소년의 참여기회 확대, KOICA 청년인턴 선발 서류심사 시 가산점을 부여한다. 또한, 대책과제인 신분안정과 교육기회 제공을 위한 귀환여성자녀 체류비자 장기화 및 외국인 신분인 아동의 교육 보장을 위한 교육지침 개정 관련 주재국 협의, 한베자녀 현지 한글 캠프 운영 및 교육 기자재 등을 지원한다.

보건복지부의 다문화가족 지원사업은, 사례관리 사업 내실화를 위해 다문화가족지원센터를 비롯한 민간 복지 기관과 시군구, 읍면 동과의 정례적 소통 및 협의를 활성화한다. 또한, 현직 어린이집 원장 및 보육 교사 보수교육 과정에 다문화가정 영유아 보육 및 지원 내용을 포함하여 연중 교육을 실시하고, 대책과제로 베트남 귀환여성 자녀 대상으로 베트남 현지 보건의료 서비스를 제공한다.

고용노동부의 다문화가족 지원사업은, 집단 상담, 내일배움카드제, 취업성공패키지를 통한 맞춤형 취업지원 서비스를 제공하고, 결혼이민자 등 여성특화 창업 입문과정을 운영하여 참여자에 대한 맞춤형 과정 관리를 강화한다. 또한, 현장실무 중심의 교육훈련 및 인력 양성을 추진하는 다문화청소년 특화 폴리텍 다솜학교 운영을 지속한다.

국방부의 다문화가족 지원사업은, 군 내부 차원에서 다문화 전문강사 양성을 위한 각 군 및 국방부 부대소속 전문강사 선발 및 양성, 내부 다문화강사 양성 교육프로그램을 실시한다. 또한, 장병을 대상으로 찾아가는 다문화이해교육을 추진하여 한국건강가정진흥원 소속 민간 전문강사 교육과 군 내부 다문화 전문강사는 인근 부대에서 다문화이해교육 강의를 지원한다.

행정안전부의 다문화가족 지원사업은, 결혼이민자에게 일자리를 제공하여 안정적 생활 기반을 마련할 수 있도록 하고, 외국인 주민 등 지원 협의회에 참가토록 하여 정책결정 과정의 참여 기회를 확대한다. 또한, 다문화 관련 업무 담당자의 전문성 및 일반 공무원들의 다문화 수용성을 제고하고, 인권침해 방지를 위해 공무원 교육원에 관련 교과 과정, 과목을 운영한다. 또한, 외국인정책 전문연구기관과 협력을 통한 권역별 교육을 실시하여 지방자치단체 담당공무원의 전문성을 제고한다.

문화체육관광부의 다문화가족 지원사업은, 사회 전반의 문화다양성에 대한 인식 및 수용성 제고를 통하여 무지개다리 사업, 문화다양성의 날 및 문화다양성 주간 행사 운영, 지역현장 밀착형으로 찾아가는 문화다양성 교육, 대상별 맞춤형 문화다양성 전문인력의 연수 추진, 교육부 협력 문화다양성 인식 제고 및 가치 확산을 위한 연구학교 운영 지원을 지속한다. 또한, 문화다양성 이해 도모 및 상호문화교육 활성화, 다문화 배경 초·중·고등학생을 위한 한국어 교재의 교사용 지도서 및 익힘책을 개발, 사회통합프로그램의 한국어교재 개발, 국립민속박물관의 다문화꾸러미 재개발 및 보급을 한다. 더불어 문화시설 내 다문화프로그램 확대, 결혼이민자 및 외국인노동자 등 다문화가족과 지역주민 간의 문화격차 해소, 지식정보 공유를 위한 도서관서비스를 개선하고 확대한다.

농림축산식품부의 다문화가족 지원사업은, 농촌지역 결혼이민여성에 대한 농업교육 및 다문화가족의 안정적 농촌 정착을 위한 교육을 지속해서 추진하고 결혼이민여성을 대상으로 정착단계별 기초농업 교육 및 전문여성 농업인을 멘토로 연계한 일대일 맞춤형 농업교육을 실시한다. 또한, 다문화가족이 한국 국민으로서의 자긍심을 고취하고 가족 구성원 간 이해도를 제고할 수 있도록 '다문화가족 농촌정착 지원과정'을 운영한다. 더불어 한국 농촌생활에 어려움을 겪는 신규 결혼이민여성에게 결혼이민여성 일대일 후견인제를 지원하여 농촌생활 적응 및 안정적 정착을 유도하고, 한국 거주 7년 이상

결혼이민여성 및 한국 농촌여성을 멘토로 생활상담(가정생활, 복지 사업, 한국문화 등)을 통해 종합후견인 역할을 수행한다.

산업통상부의 다문화가족 지원사업은, 사회적 취업 취약계층 지원을 통한 해외 마케팅 전문인력을 제공하여 중소기업의 해외시장 진출을 위한 현지 언어 및 문화를 이해하는 인력 채용을 희망하는 중소, 중견기업에 대한 해외 마케팅 인재를 알선한다. 교육 및 취업 기회 제공으로 다문화 인재의 한국사회 적응도 제고 및 우리 사회의 인적자원으로 활용한다.

중소벤처기업부의 다문화가족 지원사업은, 여성 창업 보육시설 운영 및 입주기업 지원 프로그램을 마련, 우수 예비창업자 발굴 등을 통해 여성 창업을 활성화하고, 여성 기업 제품 공동구매를 확대, 관련 정보제공 등을 통해 여성 기업 판로촉진 및 경영의 안정을 지원한다.

방송통신위원회와 방송통신심의위원회의 다문화가족 지원사업은, 한국교육방송공사가 다문화시대 사회통합에 이바지할 수 있는 다양한 장르의 프로그램 개발할 수 있도록 제작비를 지원한다. 방송 프로그램에 대한 심의를 강화 및 자율규제 강화와 표현의 맥락과 구성 등을 고려하고, 인종차별 방송프로그램에 대한 심의를 강화하며, 심의 책임자 회의 및 교육 등을 통한 자율규제를 강화한다.

경찰청의 다문화가족 지원사업은, 결혼이주여성 등의 접근성이 좋은 다문화가족지원센터, NGO 등을 '외국인 도움 센터'로 지정, 확대하여 피해 상담창구로 활용하고, 결혼이주여성, 이주노동자 등 대상 성폭력 예방교육을 통해 성범죄에 대한 이해도를 제고하고 범죄 피해 신고를 활성화한다. 또한, 법무부와 협업, 사회통합프로그램에 경찰청 범죄예방교육 강좌를 개설하고 현장경찰관 맞춤형 강의 콘텐츠를 제작 및 경찰청 교육포털에 등록하여 교육을 실시한다.

국세청의 다문화가족 지원사업은, 8세 미만의 한국인 부양 자녀가 있는 외국인 한부모 가구가 근로, 자녀장려금 신청 대상에 포함됨을 안내하여 장려금을 신청한 외국인에 대해 내국인 가구와 동일하게 지급한다.

농촌진흥청의 다문화가족 지원사업은, 농촌지역 결혼이주여성 리더십 제고 프로그램을 운영하여 농촌 다문화사회 변화 대응을 위해 자체 개발한 결혼이민여성 리더 역량 진단표와 교육프로그램의 현장 운영을 한다. 또한, 다문화자녀 공동체 활동 프로그램의 현장 체험을 운영하여 자체 개발한 다문화자녀 공동체가 함께 즐기고 체험할 수 있는 전통놀이 및 농업테마를 활용한 교육프로그램을 운영한다.

소방청의 다문화가족 지원사업은, 찾아가는 취약계층 소방안전교육(다문화가족, 국내 체류 외국인 등) 및 안전체험 교육 확산을 위해 119 신고 앱을 영문 버전으로 만들어 대국민 홍보를 추진한다. 국토교통부의 다문화가족 지원사업은, 다문화가족 및 한부모가족에 대한 주택 특별공급제도를 운용하고, 이에 대한 정보 안내를 지속해서 실시한다.

15. 글로벌 가족

세계화의 흐름 속에서 사회적 · 경제적 · 정치적 변화들은 한 나라의 차원에서 해결하기 힘든 새로운 기회를 열어놓았다. 다양한 형태의 이주를 촉발했고, 이와 함께 이전과는 다른 새로운 가족 형태들이 형성되고 있다. 경제의 기회를 확대하기 위해 가족 구성원들의 해외 이주 및 거주는 이주정책, 이주역사에 따라 지역마다 다양한 방식으로 전개되어 점점 더 상이한 공간들과 상이한 시간, 그리고 상이한 속도로 상호교차 속에서 살게 된다(김영옥, 김현미, 2013).

세계 여러 지역에서 여러 형태로 가족이 국경을 넘어 이주로 인해 떨어져 지내는 글로벌 가족 또는 초국가적 가족이 등장하고 있다(Gross, 2001). 세계화가 가져온 새로운 가족 형태인 초국가적 가족은 지리적으로 국가 간의 경계를 넘어서 떨어져 사는 가족을 지칭하며, 특히 부부가 떨어져 살며 어느 한쪽이 자녀를 데리고 사는 경우를 일컫는다. 가구의 생계 단위가 두 개 이상의 국가에 걸쳐 있다는 의미로 다국적 가구로도 불린다(Piper & Roces, 2003). 이러한 현재의 글로벌 가족형태는 이전의 글로벌 가족형태와는 다른 모습을 나타낸다. 이전에는 주로 일시적인 노동이민자들에게 볼 수 있는 현상으로 주로 가족의 생계를 책임지는 남성이 자기 가족을 본국에 두고 더 잘사는 나라로 일시적 돈벌이 가는 생계형 글로벌 가족 형태였다. 그러나 새롭게 나타나는 글로벌 가족은 여성들이 자녀를 본국에 두고 해외로 나가거나 남편이 본국에 있고 자녀와 부인이 해외에 거주하는 경우 등 다양한 이유로 다양한 형태의 가족들이 나타난다.

한국사회에서도 자녀교육을 위해 부부가 국경을 넘어 떨어져서 지내는 가족이 나타나 사회적 관심사가 되었다. 특히 교육을 위해 남편이 본국에 남고 자녀를 데리고 미국에 교육을 위해 머무르는 경우가 많아졌다. 이러한 현상은 한국뿐만 아니라 홍콩, 대만의 경우에도 자녀교육을 위해서 중산층 기혼 여성들이 자녀를 데리고 해외로 나가고 남편은 본국에서 지원하는 글로벌 가족이 되었다. 이런 경우, 대체로 경제적 능력이 있는 가족인 경우가 대부분이다. 또한, 아시아의 부유층에서는 자녀들만 해외유학지에 남겨두고 부모들은 양국을 오가면서 부모 역할을 하고 있다. 이러한 배경은 한국을 비롯한 아시아의 강한 가족연대 및 가족주의가 발현되는 모습에서 찾아볼 수 있다.

글로벌 가족은 국제결혼으로 계속 증가하고 있는 국제결혼가족이 한국의 특수한 가족 형태 중 하나인 다문화가족일 뿐 아니라 글로벌시대에 태동하는 새로운 가족형태이다. 결혼이주를 통한 가족 만들기는 상이한 국가 영토에 사는 구성원들 간의 협업전략이 가져온 가족의 초국적화 현상을 만들어낸다(김영옥, 김현미, 2013). 세계화가 가져온 경제적 구조변화와 함께 가족 구성원들이 여러 국가에 흩어져 살지만, 심리적 차원에서는 유대감과 귀속감을 계속 유지하는 가족형태가 늘어나고 있다. 글로벌 가족이 가족 구성원들 간의 심리적 차원 및 사회, 문화, 경제적 국면을 포함한다.

초국적 가족은 가족 구성원이 두 개 혹은 그 이상의 나라에 분산되어 거주하더라도 가족의 복지와 안정을 향해 견고하게 연결되어 있다(Bryceson & Vuorela, 2002). 이러한 연결이 가능한 것은 가족 구성원들이 잦은 접촉을 통해 귀속감을 공유하기 때문이다. 교통수단을 통한 직접 왕래뿐만 아니라 이메일이나 블로그 등 전자 매체의 소통기술에 힘입어 귀속감을 유지한다(Levitt & Schiller, 2004; Wilding, 2006). 이 귀속감은 서로 떨어져 있더라도 가족임을 정서적으로 확인하고 또 계속 가족으로 머물기를 원하는 욕망으로 나타난다(Huang, Yeoh, & Lam, 2008).

글로벌 가족은 가구의 형성과 지속이 점점 더 사람들의 국제적 이동과 하나 이상의 나라에 사는 가구 구성원들 간의 교류에 의존한다. 따라서 글로벌 가족은 구성원들 사이에 글로벌한 움직임과 교류를 통해 가구를 형성하고 유지하려는 노력을 증대시킬 때 그 안정성이 유지된다. 이러한 이유로 가족원들의 상호방문과 이후의 지속적인 교류는 가족 유지의 안정성을 위해 필수적인 과정이다.

한국사회에서 글로벌 가족의 형태인 다문화가족은 취약계층으로서, 즉 복지정책의 대상으로 여겨왔다. 그러나 다문화가족은 세계화시대에 탄생한 초국적 가족으로, 가족의 안정적인 유지와 발전은 두 국가에 속한 가족 구성원들의 연대를 강화하는 데에 달려 있다. 다문화가족은 이런 점에서 단순히 취약계층으로 사회복지의 대상으로 취급되는 가족으로 여겨지게 된다. 결혼이주여성들에게 다문화라는 표제어와 함께 제공되는 많은 단체의 프로그램들은 서로 구조적 연계성이 떨어질 뿐 아니라, 지역주민들이나 시민들을 포함하지 못한다. 다문화프로그램들이 이주여성들에게 실질적인 도움을 주긴 하지만, 시민사회 내 상징적 가치체계에는 영향을 미치지 못한다. 따라서 한국의 다문화주의는 시민권 확장에는 기여하지 못하며 이들을 시혜의 대상으로 여긴다(김정선, 2011).

결혼이주여성이 다문화프로그램에 참여하여 문화 역량을 강화한다 해도 남편과 시댁 가족들과의 문화적 차이로 인한 갈등은 해소되지 않는 경우가 많다. 예를 들어, 한국과 베트남 가족의 베트남 처가 방문과 그 이후의 삶은 두 가족 간의 초국적 연결성을 증진하는 데 기여하였다. 이때 이주여성은 한국에서 심리적 소속감을 느끼게 된다(김영옥, 김현미, 2013).

한 나라의 지역적인 범위를 넘어서는 초국적 가족의 구성은 지속적인 상호방문과 교류를 통해 구성되는 가족임을 강조하고자 하였다. 이 과정에서 두 가족의 협력적인 가구의 기능이 강화된다. 국제결혼이라고 반드시 글로벌 가구가 형성되는 것은 아니라 가족의 성공적인 유지는 자신이 태어난 본래 가족과 한국 가족 간의 지속적인 상호방문 및 사회·문화적 소통과 경제적 상호지원 등을 통해 가능하다. 글로벌 가족은 다문화가족의 구성원들이 단순히 한국의 인구 위기를 해결하는 대상이 아니라 이들이 지속해서 정체성을 구성하면서 두 개 이상의 국가 건설과 사회적 재생산의 과정에 참여하고 있다. 다문화가족의 이러한 행위성에 대한 이해는 국가가 추진하는 다문화정책뿐 아니라 시민사회가 추구하는 시민권의 확장에도 중요하게 기여한다(김영옥, 김현미, 2013). 이처럼 글로벌 가족은 국제결혼의 네트워크로 한 국가에서 경험하고 있는 교육, 경제, 주거 등 모든 부분에서 초국가적으로 연결해주는 전환점이 되는 것이다.

16. 다문화교육

저출산, 고령화 현상으로 인한 생산연령 인구감소, 결혼 적령기 인구의 성비 불균형 심화 등으로 인해 외국인노동자와 결혼이민자의 유입이 증가하면서 이로 인한 다문화가정 자녀도 지속해서 증가하였다. 이에 따라 한국사회에서 단일민족 정체성 유지를 목표로 시행되어 오던 한국사회 교육정책의 전면적인 변화가 요구되었다. 다문화사회 진전에 대응하는 국가 차원의 이주민과 그 자녀를 대상으로 하는 경우, 한국어 및 한국문화 교육을 통한 한국사회 적응교육에 주안점을 두고 있다.

한국사회가 실시하고 있는 다문화교육은 미국의 다문화교육을 유일한 모형으로 삼고 있다. 1960년대 미국의 다문화교육은 그간 많은 변화를 거쳐 오늘에 이르렀고, 미국뿐만 아니라 세계 여러 나라에 큰 영향을 주고 있다. 하지만, 과연 그것이 한국사회에도 여전히 효과적인지 생각해볼 필요가 있다.

다문화교육에 대한 개념은 학자마다 다르게 정의되었지만, 공통점은 다문화교육을 통해 교육 평등을 달성하고자 하는 것이다. 먼저 뱅크스(James Banks)는 다문화교육이란 다양한 문화적 · 인종적 · 경제적 배경을 가진 학생들의 교육적 형평성을 제고하기 위한 총체적 학교개혁을 위한 노력이라고 하였다(Banks, 2007). 베넷(Christine Bennett)은 다문화교육은 평등교육을 목표로 교육과정 개혁을 통하여 주류집단과 소수집단의 모든 사람이 다문화적 능력을 배양하여 사회정의의 실현에 참여할 수 있도록 하는 교육임을 강조하였다

(Bennett, 2007). 니에토(Sonia Nieto)는 다문화교육은 모든 학생을 위한 기본교육과 종합적인 학교개혁 과정이라고 하였다(Nieto, 2017). 슬리터와 그랜트(Grant & Sleeter, 2011)는 다문화교육은 철학개념이자 일종의 교육과정으로, 모든 학생이 미국의 조직과 기관에서 구조적으로 평등하게 일하도록 준비시키는 과정이라고 하였다.

한국사회에서 다문화교육이란 용어는 그 개념이 뚜렷이 정립되어 있지 않았지만, 국제결혼가정의 수가 급속히 증가하면서 다문화가정의 아동들은 학교에서 언어, 피부색, 문화 등의 차이로 따돌림, 학교생활의 어려움 등을 겪고 있는 것에 따른 교육적인 대안으로 다문화교육이 논의되기 시작하였다(김현덕, 2007). 한국정부와 지방자치단체는 이런 급격한 사회적 변화에 대처하기 위한 노력의 하나로 '다민족 · 다문화사회로의 전환'을 선언한 이래 부처별로 다양한 정책을 내놓고 있다. 그중 하나가 국내 외국인과 초 · 중 · 고등 학생을 대상으로 하는 다문화교육이다. 한국사회에서 다문화교육이란 용어는 2007년부터 사회구성원들이 인종적 · 민족적 · 종교적으로 다양화되면서 이들의 다양한 욕구를 충족시키기 위한 교육을 목표로 발전되어 왔다.

한국의 다문화교육에 대한 내용은 먼저, 다문화학생 대상 정책목표 측면에서는 학교 및 사회적응, 교육기회 보장 및 교육격차 해소를 동시에 제시하였고, 둘째, 정책수행을 위한 근거법령 측면에서는 기회균등보다는 사회적응에 대한 비중을 크게 두었다(은지용, 2020). 이와 관련해서 프로그램 측면에서는, 정부 차원에서 한국어 및 기초학력 증진을 위한 다양한 프로그램 방안들을 직접 고안해서 제시하였다. 이중언어교육에서는 글로벌 역량개발을 목표로 하고 있지만, 이중언어교육을 통해 형성될 수 있는 모국어 및 모국문화에 대한 정체성 고려는 미비한 실정이며 국가 경쟁력 제고를 위한 측면에서 다문화가정이 가지고 있는 이중언어 재능을 인적자원 개발 측면에서 접근하고 있다. 아울러 이중언어교육 실행을 위한 직접적인 근거법령이 제정되어 있지 않으며, 이중언어교육 프로그램의 실제 운영 관련 정책은 부족하다. 그러나 이중언어교육에 실질적 도움이 되는 교재개발은 의미 있게 진행되고 있으며, 다문화가정 학생의 이중언어 사용과 관련된 정체성을 국가, 사회적 차원에서 활용하여 실질적인 이중언어 사용 능력 향상에 중점을 두는 교재개발에 역점을 두고 있다.

다문화교육 대상 정책목표 및 내용은, 모든 학생을 대상으로 다문화 감수성, 다문화 이해, 반편견 교육 등 체계적으로 제시되어 있지는 않으나 상세화시켜 제시되고 있다. 「다문화가족지원법」에서 다문화가족에 대한 편견과 차별을 예방하기 위해 모든 사회구성원에게 다문화이해교육의 필요성을 강조하고 있다. 이는 다문화가족을 위해 모든 사람의 다문화 감수성 증진을 위한 다문화이해교육이 필요함을 함의하고 있다.

미국에서 다문화교육정책이 실시된 배경은, 시민권 운동으로 1960대와 1970년대에 걸쳐 인종차별 철폐 운동에서 시작되어 성차별이나 장애인차별 등 각종 차별과 불평등을 시정하고, 시민의 평등한 인권보장을 주창한 사회적 관심사로 대두하게 되었다(Banks & Banks, 2019; May & Sleeter, 2010). 이러한 사회 전반의 시민권 확장 운동에 힘입어 교육 분야에서도 교육기회에 있어서 차별이나 불평등을 해소하기 위해 각종 법률과 조항을 제 · 개정하였다. 이에 따라 「초 · 중등교육법의 교육평등 조항(Elementary and Secondary Education Act of 1965)」, 「이중언어교육법(Bilingual Education Act of 1968)」, 「평등교육기회법(Equal Education Opportunities Act of 1974)」 등이 이루어졌다.

2002년에는 소수인종 출신 학생들의 학업성취 보장을 위한 학교교육의 책무성을 부여하기 위해 「아동낙오방지법」, 「모든 학생 성공법(Every Student Succeeds Act, 2015)」을 제정하여 학생들의 중도탈락을 방지하였다(은지용, 2020). 그리고 연방정부에서는 이러한 법률들을 정책 실행을 위한 근거로 삼아 각 주(State)에 교육 보조금을 지원하고 프로그램 운영을 위한 지침서를 개발해서 보급하여 학교현장에서 이민자가정 출신 학생, 유색인종 학생들과 같은 소수자집단 출신 학생들이 교육적 차별을 받지 않고 필요와 요구가 충족되고 일정한 수준의 학습성취가 이루어질 수 있도록 하고 있다(Ovando & Combs, 2018).

뱅크스는 다문화교육의 목표를 학생들이 자신이 속한 인종, 민족, 사회 계층, 성별 집단과 관계없이 누구나 공평한 학습 기회를 제공하는 데 주안점을 두는 교육개혁 운동으로 정의, 공평, 자유와 같은 핵심적 가치를 실현하기 위해 노력하는 시민을 양성하는 것으로 정의하였다(Banks, 2006). 특히 인종집단 출신 학생들이 문화 정체성의 차이로 인해 발생하는 차별이나 교육자원에 대한 접근 기회의 차별을 철폐함으로써 정의와 공평이 실현되는 민주사회가 이루어져야 함과 일맥상통한다.

캔달(Kendall, 1983)은 다문화교육의 목표는 첫째, 아동들이 자신의 문화와 가치를 존경하는 것과 마찬가지로 다른 사람의 문화와 가치도 존중할 수 있게 해야 한다. 둘째, 다문화사회에서 성공으로 살아갈 수 있는 태도와 능력을 길러야 한다. 셋째, 인종주의 등에 의해 가장 영향을 많이 받는 유색인종의 아이들이 긍정적인 자아 개념을 형성할 수 있도록 도와주어야 한다. 넷째, 문화다양성과 인간으로서의 공통성을 모두 과정으로 경험하도록 도와야 한다. 다섯째, 다문화공동체 사회에서 서로 독특한 역할을 맡아 수행할 수 있도록 격려하는 것이다

미국의 다문화교육정책의 주요 특징은 연방 수준에서 언어 소수 학생을 위한 교육프로그램 개발 및 평가 관련 세부운영 지침을 마련한다는 점이다(은지용, 2020). 미국의 다문화교육은 교육기회 보장을 제시하고 있으며, 충분하고 적절한 기회보장을 강조해서 규정하고 있다. 이와 더불어 적절한 교육의 기회제공을 명시한 관련 법령에서 공적 생활 영역에서의 기회균등을 강조하고 있다. 교육기회의 보장 관련 법안이 제정된 배경에는 교육기회의 차별에 대한 소송이 제기되었고, 재판 결과가 사회적 이슈로 부각되면서 의회에서 법안을 제정하였다. 이에 미국은 영어 및 기초학력 증진의 효과성을 높일 수 있는 핵심적인 프로그램을 개발하거나 프로그램 운영을 위한 지원방안, 교육프로그램 운영 효과에 대한 평가방안에 대한 지침을 마련하고 있다(은지용, 2020).

미국은 이중언어교육을 통해 영어교육의 효과성을 증진함으로써 다문화가정 학생의 교육기회의 형평성을 제고하는 데 주안점을 두고 있다. 또한, 영어학습의 효과성 및 교과 학습내용에 대한 이해도

고려하여 교육기회의 균등 보장을 위한 수단으로 접근하고 있다. 과거 이중언어교육 지원 활성화로 「이중언어교육법(Bilingual Education Act of 1968)」이 제정되었으나 현재는 「아동 낙오방지법」이 제정되면서 폐지되었다. 이중언어교육 지원을 위한 법 자체는 폐지되었지만, 소수언어를 사용하는 학생을 위한 영어교육을 위해 이중언어교육을 운영하고 있다. 미국은 이중언어 교육프로그램을 영어 숙달을 위한 과도기 프로그램(transitional bilingual program)으로 활용하여 영어능력 향상을 위한 교육에 초점을 두고 있다. 또한, 주정부 교육과정 차원에서 문화다양성 교육을 강조하고 있다. 그러므로 미국의 다문화교육은 주(state)정부 교육과정 차원에서 문화다양성 교육을 제시하며, 교육기회 균등보장을 강조하고 프로그램 운영 지원방안과 효과성 평가를 위한 지침 개발에 주로 관여한다는 점에서 한국과 다른 점이다.

17. 상호문화교육

상호문화교육은 1970년대 초 유럽에서 출현하였다. 상호문화교육이 30년 이상 유럽 기구의 정책과 계획에서 중요한 현안이 되어 온 이유는 제2차 세계대전 이래로 국제이주가 급증하고, 유럽 자체가 역사적 · 다문화적 · 다언어적 자산이 있고, 유럽과 세계에서 상호문화적 대화를 나눌 수 있는 시민을 만들어낼 필요성 때문이다 (Allemann-Ghionda, 2008).

독일과 프랑스에서 출현한 상호문화교육은 유럽 전역에 확산되었다. 이에 기여한 국제기구는 유럽평의회, 유네스코, 그리고 유럽연합이다. 유럽평의회는 1970년 초 상호문화교육에 큰 관심을 가지고 레이(Rey Gomez)와 같은 학자들의 도움으로 상호문화교육의 기초를 마련하여 상호문화적 대화 권장, 민족중심주의 거부, 문화상대주의 옹호, 이민가정 자녀교육 등 다양한 활동을 전개하였다. 1984년에는 '상호문화이해를 위한 교사양성계획'을 모든 회원국에 권고하였으며, 상호문화교육을 주도하는 국제기구가 되었다. 1995년에 모든 회원국이 상호문화교육을 시행할 수 있는 구체적인 방법을 제시하였다. 또한, 2003년에는 교재(Mirrors and windows: An intercultural communication)를 통해 상호문화적 의사소통 역량을 개발하기 위해서 상호문화교육을 유럽의 교사양성 과정 속에 포함하고, 교수와 교사에게 상호문화 학습에 필요한 교육자료를 제공하였다(Huber-Kriegler, Lázár, & Strange, 2003).

유네스코는 1940년 말부터 1970년 중반까지는 주로 국제이해교육을 권장해왔지만, 1974년부터는 국제이해교육의 내용을 환경, 인구, 기아, 질병 등으로 확대하였고, '상호문화적'이라는 용어를 처음으로 사용하기 시작하였다. 이는 유럽평의회의 영향으로 1994년에 열린 제44차 국제교육학술회의 최종보고서(1995)는 국제이해교육이라는 용어를 더 이상 사용하지 않았고, 상호문화교육에 대해서는 자세히 설명하였으며, 2006년에는 상호문화교육과 다문화교육을 구분하였다. 상호문화적(intercultural)이라는 용어는 다양한 문화들의 공존과 공정한 상호작용, 대화, 상호존중을 통해 공유된 문화적 표현을 만들어낼 가능성으로 여겼다.

유럽연합은 상호문화교육의 내용이 담긴 지침서나 교재를 개발하기보다는 보고서 형태를 통해 상호문화교육의 실태를 파악하는 데 주력하였다. 상호문화교육을 동일한 사회 속에 사는 다양한 다수 또는 소수집단, 다양한 사회들 간의 이해를 증진하는 교육이라고 주장한 알레만 기온다(Allemann-Ghionda)는 보고서를 통해 다양성 통합, 다문화주의 강화, 상호문화적 대화 권장, 이민자와 다른 문화적 소수집단 통합 등을 강조하였다. 더불어 모든 학생에게 균등한 교육기회를 제공하고자 하는 유럽정책들이 국가정책 속에, 그리고 유럽연합 각국의 일상인 교육 현실 속에 반영 상황을 발표하였다(Allemann-Ghionda, 2008).

상호문화교육은 상호문화와 교육이 합성된 용어로 간주하며, 상호문화는 상호작용, 교류, 장벽 제거, 상호성을 포함한다. 그리하여 상호문화교육은 학교가 상이한 문화를 가진 학생들 사이에 상호작용, 협력, 이해라는 긍정적인 관계를 형성할 목적으로 행하는 일련의 조치라 할 수 있다. 그러나 상호문화교육이 1970년 초 유럽에서 시작될 때 상호문화교육은 독일, 프랑스 등 유럽 선진국에서 이민배경이 있는 학생의 언어문제를 해결하기 위해 시작되었다. 특히, 학생의 언어교육 문제를 해결하고자 하는 일종의 특수교육이었다. 이후 이 교육은 이민배경 학생들을 범주화하고 그들의 소외감만 증가시킨다고 비판하였고, 이에 상호문화교육은 1970년대 후반에 독일과 프랑스에서 모든 학생에게 문화다양성을 가르치는 일반교육으로 발전하였다(장한업, 2016). 상호문화교육을 위한 기본원칙들은 '인간성', '다양성', '타자', '정체성', '이질성', '감정이입', '상호문화성' 등을 강조한다. 이 개념들은 철학인 성찰을 해야 하는 것이다. 특히 현상학이 주장하는 사람들 간의 심리적 관계를 다루기 위해서 사용하는 개념인 '상호주관성(intersubjectivity)'과 상호문화 철학이 강조하는 문화 간 모든 형태의 상호작용을 강조하는 '상호문화성(interculturalite)'과 밀접히 관련되어 있다(장한업, 2016).

프랑스에서 상호문화교육을 정립한 압달라 프레첼(Martine Abdallah-Pretceille, 2006)은 그의 논문(Interculturalism as a paradigm for thinking about diversity)에서 문화의 개념이 오늘날의 문화적 다양성을 설명하는 데 더 이상 적절하지 않다는 것을 증명하려고 하였다. 실제로 문화는 독립적인 실체로 이해될 수 없지만, 사회적·정치적, 의사소통에 기반한 현실의 관점에서 문맥화되어야 한다. 문화적 다원주의를 고찰할 때 전체 문화보다는 의미 있는 문화적 단편들의 다양성이다. 문화의 개념을 덜 적합하게 만든 것은 인종 간 관계와 교차문화 교류의 복잡성이다. 압달라 프레첼은 이 개념을 문화성의 개념으로 대체하였다. 문화는 언어와 마찬가지로 자기 자신과 다른 사람 사이의 표현과 상호작용의 공간이다.

프랑스의 상호문화교육을 살펴보면, 프랑스는 제2차 세계대전 이전인 1930년대까지의 이민이 인근 유럽국가들로부터 이주하여서 이민은 대체로 종교와 문화에 있어 가톨릭 문화권이었기에 프랑스 국민들과 큰 문화 충돌은 없었다. 제2차 세계대전 이후의 이민은 프랑스의 식민지였던 북아프리카 출신이 대부분을 이루었다. 이들은 대다수 이슬람 신봉자들로서 본격적으로 프랑스에 정착하여 생활하게 되었으며, 1970년대 이후에는 여러 가지 면에서 프랑스 국민들과 불협화음이 일어났다. 또한, 외국 이민노동자들이 많아지고 프랑스 학교에 입학하는 그들의 자녀가 늘어나면서 이민자 학생들의 프랑스어 능력 부족 현상이 생겨났다. 이에 따라 학업에 큰 어려움을 겪게 되었고 프랑스어를 보충하는 교육을 하게 되었다.

먼저, 1970년에는 프랑스어 입문반을 초등학교에 신설하였고, 1973년에는 중학교에 적응반을 개설하여 이민배경 학생을 대상으로 프랑스어 수업을 늘리게 되었다. 그러나 보충 언어교육에도 불구하고 프랑스어 과정은 외국 학생에게 적용할 때 잘 맞지 않는 교수법 등으로 여러 가지 문제점이 나타났다(장한업, 2016).

그 후 1973년 초등교육에 외국 학생들을 대상으로 출신 언어문화교육을 실시할 수 있도록 허용했으며, 이 교육을 프랑스 상호문화교육의 시작으로 여기게 되었다. 그러나 교육현장에서 교사의 역량 부족, 학교와 집에서 사용하는 언어의 차이 등 여러 가지 한계가 드러나 비판을 받게 되었다. 이에 프랑스 교육부는 1978년 프랑스 학생뿐만 아니라 모든 학생을 대상으로 외국문화교육을 통해 다른 문화에 대한 개방된 태도를 가질 수 있도록 권고하게 되었다. 그러나 이후 이슬람 문화가 프랑스에 확산하면서 히잡 사건을 겪게 되었고, 그로 인해 교육부에서는 상호문화라는 용어 사용을 기피하게 되었다.

독일은 제2차 세계대전 이후 복구와 경제발전을 이루기 위해 많은 외국인노동자를 받아들였다. 이들은 계약기간이 만료되면 본국으로 돌아가는 일정기간 체류자라는 의미에서 손님 노동자(guest worker)로 불렸다. 당시 독일정부는 독일은 이민국가라고 인정하지 않았기 때문에 국가 차원의 통합정책을 실행하지 않았지만, 실질적으로 외국인노동자가 늘어나면서 상황은 달라지기 시작하였으며 교육계에서는 외국인 자녀에 대한 교육문제가 부상하게 되었다.

이에 1960년 초부터 독일학교에 이민배경 자녀들을 입학시키고 이들에게 독일어를 가르칠 것을 권고하였으며, 1964년에는 이민배경 자녀들이 가능한 한 빨리 일반 학교에 편입될 수 있도록 지원하도록 권장하였다. 외국인을 대상으로 하는 일련의 교육, 문화정책은 '외국인 교육학'으로 여긴다. 이에 따라 제2언어로서의 독일어 교수법 개발, 외국인 아동을 위한 특별반 운영, 독일어 보충수업 실시, 방과 후 모국어 수업 실시, 숙제 및 학업 지원, 독일어 강좌, 다양한 문화행사 등이 실시되었다(장한업, 2016).

이렇게 시작된 외국인 교육학은 언어문제에 치중한 나머지 이민자들을 계층화, 사회적 문제를 교육적 관점으로 고려, 이민배경 자녀들만을 대상으로 하는 특수 교육적 성격 때문에 많은 비판을 받았다(장한업, 2016). 그러나 이러한 비판에 기초하여 1970년대 초 상호문화교육이 출현하게 되었다. 1973년 독일은 새로운 외국인노동자 모집을 중단하였다. 하지만, 가족결합 이민은 허용되어 외국인의 수는 계속 늘어났으며, 외국인은 더 이상 손님 노동자가 아니라 독일 내에 함께 살아가야 할 존재들로 여겨졌다. 독일정부는 이민자 문제를 정치, 사회문제로 여겼으며, 학교도 이민배경 자녀에 대한 대책 마련이 필요함을 느꼈다(김상무, 2010). 이러한 과정에서, 이민배경 학생의 문화는 사회적 풍요로 인식되기 시작하여 1996년 독일 학교가 상호문화교육을 본격으로 도입하였고 '학교 상호문화 학습과 교육에 한 권고'를 발표하였다. 오늘날 독일은 이탈리아와 함께 유럽

에서 상호문화교육을 가장 잘 실천하고 있는 나라 중의 하나로 소개
되고 있다(Allemann-Ghionda, 2009).

18. 한국어교육

경제가 성장하고 세계화 시대를 맞이한 한국이 다문화사회에 진
입하게 되면서 다문화가정 및 자녀, 이주노동자, 외국인 유학생 등
이 급격히 증가하였다. 이런 변화는 한국사회에서 기존에 나타나지
않았던 여러 과제가 발생하게 되었고, 이에 따라 정부 차원의 정책
과 맞물려 한국 내에서의 다문화가정 구성원, 결혼이민자, 이주노동
자, 유학생 등에 관한 정책연구가 눈에 띄게 이루어지기 시작하였
다. 이러한 추세와 더불어 2000년대부터 학문으로서 한국어교육이
급성장하기 시작하였다. 그 배경에는 다문화사회를 맞이하여 다문
화가정 구성원의 급격한 증가에 기인한다.

결혼이민자는 유학생과 함께 한국어교육 정책에서 매우 중요한
대상이라 할 수 있다. 그동안 한국어교육 분야에서도 결혼이민자 대
상으로 한국어 교재가 발간되어 체계적인 한국어교육이 실시되었
다. 특히, 다문화가족지원센터는 결혼이민자들에게 한국어를 가르
치는 것뿐만 아니라 한국생활에 적응하는 데 매우 중요한 역할을 담
당해왔다. 전체 결혼이민자의 약 20%에 해당하는 3만 2천여 명이
2017년 한 해 동안 다문화가족지원센터를 이용하였으며, 이들에게
다문화가족지원센터는 생애 전 주기에 걸쳐 지원을 받을 수 있는 곳

으로 인식되었다. 한국어 의사소통 문제가 해결된 이후에도 다문화 가족지원센터를 방문하여 자녀교육과 자기 계발 또는 여러 결혼이민자와 교류하고 있는 것으로 나타났다(김선정, 강현자, 2019).

결혼이민자를 위한 한국어교육 과정은 전체 6등급으로 구성되어 있으며 등급별 수업 시수는 100시간이다(김선정, 강현자, 2019). 이 중 1~4등급까지를 필수과정으로 권장하고 5~6급은 심화과정으로 분류하였다. 필수과정은 일상생활과 기본적인 사회생활을 목표로 한 것이고, 심화과정은 한국에서 직업을 갖거나 복잡한 사회관계를 유지하기 위한 것이다. 실제 결혼이민자 대상의 한국어교육이 심화과정에까지 이르지 못하였다(김선정, 2018). 김선정(2018)에 의하면 다문화가족지원센터의 학습자가 진행 중인 학습단계를 조사한 결과 1단계가 31%, 2단계가 26%, 3단계가 12%, 4단계가 12%의 비율로 나타났으며, 토픽을 공부하는 특별반은 11%로 가장 낮은 수치를 보였다. 반면 기초단계인 초급과정(1단계, 2단계)의 학습자는 절반 이상을 차지하는 것으로 나타났다.

한국어교육에서 교육대상의 대부분이 여성결혼이민자에게만 집중되어 있고, 한국어교육 연구는 주로 초급 숙달 정도에만 관심을 보인다(주월랑, 2019). 따라서 실제 현장에 거주하는 지역성의 특성이 반영된 교재 개발의 다양성도 이루어져야 할 것으로 지적되었다. 또한, 집합교육에 참여하지 못하는 대상자들을 위하여 미디어를 활용하는 방안도 구상되어야 할 것으로 제언되었다.

정부 차원에서 시행하고 있는 결혼이민자 대상의 한국어교육 프로그램은 여성가족부의 다문화가족지원센터 프로그램과 법무부 사회통합프로그램이 대표적이며, 결혼이민자들의 한국어교육과 한국 사회에의 정착을 위한 다양한 프로그램을 제공하고 있다. 다문화가 족지원센터의 한국어교육 프로그램은 결혼이민자들의 자녀양육, 가 족과의 대화, 사회 진출 등 일상생활 및 사회적응을 목적으로 한다. 따라서 자녀동반 참여 프로그램을 포함하여 여성결혼이민자에게 최 적화된 교육환경 및 교육프로그램을 제공한다. 또한, 다문화가족지 원센터에 개설된 타 프로그램과의 연계를 강화하여 결혼이민자들의 한국사회 정착을 지원하고 있다.

이에 반해, 사회통합프로그램은 영주권 및 국적취득을 목적으로 한국어를 배우려는 이민자들을 대상으로 운영되는 한국어교육 프로 그램으로 한국어 숙달도를 기준으로 보면 초급(1급, 2급)과 중급(3급, 4급)을 성취목표로 한다. 사회통합프로그램은 이민자들이 한국사회 구성원으로 적응 및 자립할 수 있게 기본소양을 교육하는 프로그램 으로 한국어와 한국문화 교육과정은 0~4단계까지 운영된다.

교육부에서는 예비학교(대안학교 특별학습 운영)를 운영하여 중도입 국자녀 등 한국어와 한국문화가 익숙하지 않은 다문화 학생의 학교 적응력 강화를 위해 한국어와 한국문화를 집중적으로 교육받을 수 있도록 하고 있다. 교육부에서는 한국어교육을 중앙다문화교육센터 및 각 시 · 도 교육청을 통해 운영하고 있다. 중앙다문화교육센터에 서는 이민자 교육을 포함한 교육과정을 위해 교사의 교재연구와 교 육연수를 중심으로 운영하고 있으며, 전국의 시 · 도 교육청은 다문 화가정 자녀를 위한 교육지원 사업을 담당하고 있다. 더불어 국내에 서 교육과정을 개발하여 실시하고 있으며, 국가 간 교육 교류 차원에서 유학생을 지원하는 사업과 국외 한국학 진흥 사업을 운영하고 있다. 또한, 국가 표준 한국어능력시험을 주관하며, 다문화가정 학생과 일반 학생을 대상으로 결혼이민자의 언어와 문화를 교육할 수 있는 이중언어 강사 양성 연수를 지원하고 있다. 이중언어 강사의 양성과정 및 심화 과정은 시·도 교육청 및 대학에서 운영하고 있다.

외국인노동자를 위한 한국어교육은 일부 지방자치단체와 연관된 다문화가족지원센터에서 지원하기도 하지만 대부분 민간단체가 이루어내고 있다. 이런 상황으로 지방자치단체 부설 기관이나 민간단체의 수와 함께 교육과정 및 구체적인 실태조사가 정확하게 파악되지 않는다. 정부 부처에서 세운 외국인노동자지원센터는 전국에 8곳(서울, 안산, 의정부, 김해, 마산, 대구, 인천, 천안)의 거점센터와 함께 29개소의 소지역 센터가 있다. 이들 한국어교육 기관은 보통 1주에 2시간을 기준으로 하여 한 학기당 40시간 정도의 수업이 이루어지고 있다. 이는 한국어표준 교육과정 모형의 최소 시간인 72시간에도 미치지 못하는 상황이다(안희은, 2019). 이 기관들에서 시행되는 학습내용은 문법, 어휘 등의 지식적 교육보다는 실제 근로현장에서 사용되는 내용을 중심으로 말하기와 듣기 중심의 의사소통 교육이 주된 내용이다. 그런데 열악한 학습환경으로 인하여 한국어 학습이 제대로 이루어지지 않고 있다.

해외 한국어교육은 2000년대에 들어서면서 한류 열풍의 확산으로 한국과 한국문화에 관한 관심이 증대되었고, 이에 따라 한국어교육에 관한 관심도 세계적으로 확산하게 되었다. 대표적인 국가 주도 사업인 한국국제교류재단에서 주관하는 한국학 파견 교수 사업이 있으며, 세종학당재단에서 주도하고 있는 일반 대중을 대상으로 한 한국어 보급 사업 등이 있다. 또한, 재외동포재단 및 교육부 주관의 한글학교 중심의 재외동포를 위한 한국어교육 사업 등이 있다(이정희, 임채훈, 박나리, 박진욱, 2018).

특히 대학을 중심으로 해외 한국학 파견교수 사업은 해외에 한국어 관련 전공자를 양성하고 이들을 통해 친한국적 인재양성과 한국학의 현지 보급에 매우 중요하다. 아시아 여러 나라 등에서 국내 기업과의 활발한 교류와 한류의 영향, 유학생의 증가로 한국어교육이 빠르게 성장하였고, 고려인과 한국의 교역 증가에 힘입어 카자흐스탄, 우즈베키스탄 등 CIS 국가도 빠르게 증가하고 있다. 더불어 유럽과 미국, 호주, 중동과 아프리카 지역 등 꾸준히 증가하고 있다(이정희 외, 2018).

문화체육관광부는 한국어세계화재단과 함께 날로 급증하는 한국어 학습자의 수요에 맞추어 해외 한국어교육 기관인 세종학당을 운영하고 있다. 2022년 6월 기준으로 총 84개국 244개소를 통해 세종학당이 운영되고 있으며, 아시아 30개국에 139개 학당, 유럽 27개국 57개 학당, 오세아니아 2개국 4개 학당, 아프리카 12개국 12개 학당, 아메리카 13개국 32개 학당이 설립되어 있다(세종학당재단, 2022).

한국어교육에 관한 연구의 급증함과 동시에 연구 주제 또한 다양해졌으며, 더 나아가 연구 방법도 질적으로 상당히 보완되거나 발전하고 있으므로 한국어교육 정책의 연구 동향을 살펴볼 필요가 있다. 또한, 한국어교육 연구가 발전함에 따라 한국 내 한국어교육뿐만 아니라 한국 이외 지역에서의 한국어 보급이나 해외 한국어교육 관련 연구들은 어떻게 발전하고 있는지 분석해볼 필요가 있다(박영훈, 송향근, 2016).

대표적인 한국어교육 정책연구는 한국어 교육환경을 분석하고 이에 따른 정부의 한국어교육 정책방향에 대한 논의를 전개하였다(조항록, 2015). 이어서 국외 한국어교육 정책론 정립을 위한 탐색을 주제로 하는 논문이 발표되었다(이병규, 2008). 2000년 이전까지의 국외 한국어교육 정책은 주로 재외동포의 민족의식을 고취하기 위한 민족교육 차원에서 이루어졌다. 재외동포를 위한 한국어교육은 광복 이후 지금까지 계속되어 왔으며, 재외동포들이 민족 교육의 차원에서 진행해온 한국어교육은 한글학교라는 민간 자원봉사 단체를 중심으로 시작되었다. 현지 동포들이 중심이 되어 자발적으로 만들어진 한글학교와 교육부 소속의 한국교육원이 있으며, 한글학교의 대부분은 열악한 교육환경 속에서 유지되고 있다. 기존의 국외 한국어교육 정책의 대상은 재외국민, 재외동포에 국한되었으나 최근에는 외국인을 대상으로 하는 한국어교육이 점차 늘어가고 있다.

19. 국제이해교육

국제이해교육(education for international understanding)은 다문화교육과 자주 논의되는 교육이다. 두 용어는 명확하게 구분되지 않은 채 혼용되기도 하지만, 이 두 교육은 발생 배경에서부터 서로 달라 그 목적과 교육 내용에서도 차이가 있다. 다문화교육은 아프리카계 미국인들에 의해 다양한 사회 계층, 성, 인종, 문화 집단에 속한 사람들이 차별받지 않고 평등한 학습 기회를 가질 수 있도록 학교 체제를 바꾸려는 개혁운동이었다. 이에 반해 국제이해교육은 유럽계 미국인에 의해 학생들의 세계 체제와 상호의존성에 대한 이해를 증진시키기 위한 세계시민교육의 일환이었다. 다문화교육은 국내의 다양성이나 차별 문제에 관심을 두고, 국제이해교육은 세계적 차원의 다양성에 관심을 둔다는 점에서 차이가 있으나 이 둘은 상호보완 관계를 추구하면서 진행되고 있다(김현덕, 2007).

국제이해교육이라는 용어는 유네스코가 오래전부터 사용해온 용어로 1946년 런던에서 개최된 제1차 유네스코 총회에서 처음 사용되어졌으며, 제2차 세계대전 후의 세계 질서 재편과 평화에 대한 열망으로 유네스코의 실천적 교육사업의 하나로 전개되어 왔다. 그 후 국제이해교육의 사업 명칭의 변천과 더불어 유네스코가 중심이 되어 시작된 국제이해교육은 20세기 후반 세계화가 가속되면서 주목받게 되었다. 즉, 급격히 발전한 정보통신과 교통의 발달로 사람, 자본, 기술, 상품, 서비스 등의 국가 간 이동이 지속으로 증대됨에 따라 세계의 상호의존성은 더욱 심화되었고, 세계 여러 나라들은 국제이해교육에 큰 관심을 두게 되었다. 국제이해교육이 포괄하는 개념상의 영역은 내용 면에서 서로 밀접하게 연계되어 상호의존적이고 보완적인 성격을 가진 국제이해 및 협력교육, 평화교육, 인권교육, 민주주의 교육, 관용교육이라는 5개 영역으로 나누어졌다(김진희, 2011).

한국에서는 국제이해교육은 김영삼정부에서 세계화의 일환으로 강조한 교육이며(김현덕, 2007; 장한업, 2009), 이 교육의 근본 목적은 국제분쟁을 줄이고 세계 평화를 유지하기 위해 국가 간의 상호이해를 증진하는 데 있다. 국제이해교육은 국경을 초월하여 세계인이 하나의 공동체적 시각을 갖고 세계문제를 이해하고 해결해가는 방법을 찾는 교육이다.

국제이해교육 개념은 시대적 발전에 따라 그 내용이 수정 보완되어졌다. 국제이해교육의 정의를 가장 먼저 구축한 학자는 핸비(Robert Hanvey)로 국제이해교육에 자주 언급되고 있다. 핸비(1976)는 그의 논문(An attainable global perspective)에서 국제이해교육에서 공식적인 교육수준과 비공식적인 교육수준 모두를 강조하였고, 달성할 수 있는 글로벌 관점(global perspective)의 형성에 기여하는 사고방식, 민감성, 지적 능력 및 설명 능력을 검토하는 5가지 구성요소로서, 관점의식(perspective consciousness), 지구인식(state of the planet awareness), 교차문화인식(cross cultural awareness), 글로벌 역학의 지식(knowledge of global dynamics), 인간선택에 대한 인식(awareness of human choices)을 강조하고 있다.

첫째, 관점의식은 모든 사람의 관점이 미묘한 영향에 의해 형성되고 다른 사람들이 다른 관점을 가질 수 있다는 개념을 인식할 필요성을 제기한다. 둘째, 지구인식 상태에서는 세계 상황에 대한 정보를 지능적으로 해석할 수 있는 개인의 능력을 높이기 위한 문제와 해결책을 검토한다. 셋째, 교차문화인식은 다른 차원의 문화적 인식과 외국문화의 맥락 안에서 자신의 역할을 상상할 수 있는 능력을 갖춘 공감 이상의 단계에 도달하기 위한 필요성에 관해 설명한다. 넷째, 글로벌 역학의 지식은 성장 문제가 지배적인 현대적 문제가 될 수 있는 상호의존적 시스템으로 세계를 분석한다. 다섯째, 인간의 선택에 대한 인식은 증가하는 글로벌 관점에서 우리의 세계 문제에 대한 해결책으로 어려운 가치결정을 요구하게 될 것이라고 강조한다.

역사적으로 다문화교육은 형평성, 사회정의, 유색인종의 교육적 성공에 특히 관심이 많은 아프리카계 미국인 등에 의한 시민권 운동에서 발전하였다. 이에 반해 세계교육과 국제교육은 제2차 세계대전 이후의 대외 정책, 지역 연구, 국제교육 교류 등에 뿌리를 두고 있다. 그것은 미국 학생들이 신흥 세계시스템의 역학과 그들 자신의 개인적·경제적·정치적·환경적·문화적 상호연관성을 이해하기를 원했던 유럽 혈통의 남성들에 의해 지배되어 왔다(Merryfield, 2000).

국제이해교육이 1961년 한국에 소개되었지만, 그 당시 한국적 특수성으로 인권이나 평화교육 같은 세계 인류의 양심과 윤리에 바탕을 둔 유네스코 이념을 담은 국제이해교육을 할 수가 없었다. 그러나 1973년부터 교육부에 국제이해교육을 할 것을 권고하였고, 1986년 유네스코 협동학교 중 희망학교를 대상으로 국제이해교육 시범연구학교를 지정하였으며, 1994년 유네스코 청년원에서 세미나를 개최하기에 이르렀다. 1990년대 들어서는 환경문제가 사회문제로 대두되는 시기로 국제이해교육에서도 환경운동이 강조되었다.

1994년 정부의 국제화 및 세계화 정책에 따라 교육부는 국제화교육계획을 수립하게 되었고 외국어교육이 포함되어 추진되었다.

이에 국제이해교육의 필요성을 증대시켰고, 김대중정부에 들어서는 제7차 교육과정에 국제이해교육이 포함되어 학교현장에서 실천되어 왔으며, 특히 통일교육의 중요성을 강조하였다. 노무현정부에서는 국제교육정책을 사회통합으로 실천하였다. 이에 따라 한국의 국제이해 교육사에서 유네스코 협동학교는 2009년 총 108개교의 활동으로 범지구적 문제와 유엔 및 유네스코와 같은 국제기구의 역할, 지속 가능한 발전 교육, 평화와 인권, 민주주의와 문화 간 학습으로 세계시민을 육성하는 데 초점을 두었다(김진희, 2011).

세계화와 국제이주의 증가는 한국사회의 인적 구성을 변화시켜 다민족사회로의 이행이 촉진되었다. 정부나 시민사회는 이러한 변화에 대한 대응으로 다문화정책을 강조하고 있으며, 교육 영역에서는 다문화교육이 대안으로 제시되어 왔다. 다문화정책의 일환으로 이루어지고 있는 다문화교육은 대부분 다문화가정의 구성원들을 대상으로 하고 있다. 그 내용 또한 한국어 및 한국문화 교육 등 동화교육에 치중하고 있으며, 문화의 경계를 넘나들 수 있는 교차문화적 능력(cross-cultural competence)을 키우는 데는 부족하다. 한국의 다문화교육이 이처럼 모호하게 추진되고 있고 다문화교육의 내용이 대부분 이민자를 대상으로 하며, 그 내용도 한국문화로의 동화를 강조한다. 다문화교육 과정에서 결혼이민자나 그 자녀들이 다문화로 분류되어 불리면서 차별과 인권을 침해받는 경우도 많다(한건수, 2012). 이러한 문제점은 국제이해교육의 관점에서 해결될 수 있다고 주장되고 있다. 한국사회의 다문화교육의 지향점이 세계시민을 육성해내는 데 있다면 한국사회가 국제이해교육을 통한 세계시민의 양성을 고려해야 한다. 이는 이주민뿐만 아니라 전 국민을 위한 학교교육과 평생교육의 개혁이 필요하기 때문일 것이다.

한국사회에 다문화교육은 국제이해교육으로 이해되었고, 또는 국제이해교육은 다문화교육으로 이해되었다. 따라서 국제이해교육과 다문화교육은 서로 연관성이 있는지 어떻게 구분할 것인지는 분명하지 않았다. 연구자에 따라 국제이해교육에 다문화교육을 포함해야 한다는 주장과 다문화교육에 국제이해교육이 포함되어야 한다는 주장, 다문화교육 대안으로 국제이해교육이 되어야 한다는 주장이 제기되어 왔다. 그러나 교육현장에서는 국제사회의 환경이나 문화에 대한 이해와 생활방식에 대한 존중, 평등 의식이 바탕이 된 국제이해교육의 많은 부분이 실시되어 왔다.

20. 다문화교육 프로그램

다문화교육은 문화의 다양성을 존중하고 학생들이 스스로 자아정립과 삶의 방식, 사회관계를 형성하는 과정에서 자신들이 속해 있는 문화뿐만 아니라 서로 다른 문화에 대한 이해가 필요하다(박순희 . 이주희 . 김은진, 2011). 다문화교육에 대한 많은 논의와 시행에도 불구하고 효과적이고 실천적인 다문화교육의 정착 과정은 여전히 큰 노력이 필요하다는 것을 말해준다. 다양한 문화적 배경을 가진 구성원들이 상호존중을 바탕으로 조화롭게 공존함을 지향하는 다문화교육을 교육현장에서 시행하기에는 여전히 어려움이 있다.

다문화교육을 담당하는 교사들은 다문화 수업 진행의 실제적 방법 부족, 다문화 교실 운영에 대한 소양 교육 부족, 다문화교육에 대한 체계적 교육 부족, 교수 학습자료의 부족, 다문화교육에 대한 확신 부재, 교사 역량에의 의지 등의 어려움을 나타내고 있다. 이에 대해 일회적으로 수행되는 다문화교육이 아니라 효과적이고 실천적인 다문화교육을 현장에서 구현하기 위해서는 정교하고 체계적인 교육 프로그램이 필요하다. 따라서 다문화교육 프로그램은 지속해서 개발되어야 하고, 이미 개발된 프로그램들은 현장 상황에 맞게 계속 수정 보완되어야 한다. 다문화교육이 지향하는 궁극적인 가치들을 세밀하게 규정하고 이를 효율적으로 구현할 수 있는 표준적 교육프로그램이 있다면 매년 반복되는 예산과 낭비를 줄여 좀 더 미래지향적이고 발전적인 다문화교육을 시행할 수 있을 것이다.

한국의 다문화교육은 주로 다문화가정학생만을 위한 것으로 이해하는 경향이 지배적이다. 기존의 연구와 프로그램들은 결혼이주여성의 적응을 돕고, 이들의 자녀들을 위한 자아존중감이나 자아정체성을 높여 학교생활의 적응을 돕는 프로그램에 초점을 두었다(김정현, 성미영, 정현심, 권윤정, 2010). 일반인을 대상으로 한 연구나 프로그램은 유아 및 초등학생을 대상으로 한 교육프로그램 연구와 한국인과 이주민 통합프로그램개발 연구 등이 있다(김성길, 한진상, 2010; 오은순, 권재기, 2009).

다문화교육은 다문화가정의 자녀들이 청소년이 되어 가는 과정에 국한되어서는 안 되며, 모든 청소년에 대한 시민교육으로써 반인종주의, 반편견교육에서 시작해야 한다(박순희 외, 2011). 특히 문화적 민감성은 다문화 관련 연구에서 문화 유능감, 문화 민감성, 문화 수용성 등의 용어들은 매우 비슷하게 사용되며, 개념과 내용을 공유하는 문화 능력의 의미를 포함하고 있다. 문화 능력이란 서로 다른 문화, 인종 배경을 가지고 있거나 몇 개의 문화가 공존하는 실천현장에서 클라이언트와 효과적으로 활동할 수 있는 능력을 일컫는다. 그러므로 문화 능력을 향상한다는 것은 다른 문화뿐만 아니라 자기 문화에 대한 개방성, 수용성, 주의성(alertness), 적응성(flexibility)과 같은 태도와 가치를 함양하는 데 노력하는 것이다.

다문화교육 프로그램의 목표는 문화다양성, 편견 감소, 정체성, 시민성, 다문화사회의 이해이다. 먼저, 문화다양성 교육은 인종, 민족, 종교, 계층, 성, 언어 등의 다양한 문화집단이 존재하는 사회를 바탕으로 하여 개인들의 고유한 문화적 정체성 형성을 강조하는 교육이다(Bennett & Bennett, 2004; Sue & Sue, 2008). 편견 감소 교육은 학생들의 편견 감소를 위한 지침으로, 다양한 민족 인종 집단의 이미지를 수업 교재에 일관되고 자연스럽고 통합적으로 포함하기 위하여 학생들을 다양한 민족, 인종, 집단과 함께하는 영화, 비디오, 문학, 기록물, 사진 등과 같은 간접 경험물에 참여시키는 것이다(Banks & Banks, 2019). 또한, 정체성 교육은 긍정적인 자아상 형성, 자문화에 대한 자긍심, 타문화에 대한 이해와 존중의 내용이 포함되어야 한다. 다문화 정체성 형성을 위한 교육내용은 다문화사회의 다양한 소수집단과 소통할 수 있는 공감능력으로 타인의 문제를 그들의 입장에서 생각하는 능력이다(Tiedt & Tiedt, 2010). 다음으로, 시민성 교육의 목표와 내용은 공동체 안에서의 태도와 행동 영역에 초점을 맞추어야 한다. 이는 다문화 시민성 교육이 지향하는 핵심적 가치는 타문화 또는 소수자 및 소수문화에 대한 관용적 태도, 공감, 배려, 그리고 인권존중이다. 마지막으로, 다문화사회의 이해교육에서 강조하는 공통적 내용은 주로 한국사회 구성원 변화, 미래 한국사회의 모습, 새로운 문화의 이입 등에 관련된 인식 변화의 필요성이다.

해외 다른 나라의 다문화교육 프로그램을 살펴보면, 먼저 미국의 다문화교육의 목적은 민족, 인종, 문화 등 다양성으로 인해 야기되는 문제들을 최소화하기 위하여 문화상대주의적 시각에서 바라보고 있으며, 자신의 문화와 다른 나라의 문화를 균형 있게 이해하려는 노력의 일환으로 다문화 관련 주제를 교과서에 포함하고 있다. 교사 연수 과정에 다문화 학습자료 구성 방법과 인종 및 집단 사이에 긍정적인 관계를 촉진하는 수업방법을 활용하여 소수자 정체성 보호 및 미국사회 적응을 지원하는 미국연방 교육부 프로그램 지침(Guide to US Department Education Programs), 영어 습득을 위한 ESL 교육, 고등교육 주관인 인디언 자녀대상 교육프로그램, 교사를 위한 이중언어 교육, 초·중등 교육국에서 실시하는 가족 중심적 읽고 쓰기 능력 향상을 지원하기 위한 Event Start 프로그램을 시행하고 있다.

캐나다의 다문화교육은 1971년 세계 최초로 다문화주의를 국가정책으로 표방하면서 프랑스어와 영어를 공식 언어로 채택하였다. 소수집단의 언어와 문화를 국가의 정책으로 존중하는 모자이크 다문화주의로 다양성을 유지하는 관점에서 '2 언어 2 문화주의'를 추구하였다. 다문화교육 프로그램으로 언어교육과 문화수업을 병행하기 위해 1992년부터 이민자 정착 및 통합 프로그램(Language

Instruction for Newcomers to Canada)과 이민자의 오리엔테이션, 통 · 번역 서비스, 상담 및 취업 관련 서비스를 하기 위한 이민자 적응 및 정착을 위한 프로그램(Immigration Settlement Adaptation Program), 자원봉사자를 통한 적응 프로그램인 호스트 프로그램(Host Program)과 이민자의 학력과 경력을 캐나다 기준에 맞도록 평가 · 인정해주는 기관(Prior Leasing Assessment and Recognition)을 시행하고 있다(김정규, 2010; 박진경, 임동진, 2012).

호주는 다문화주의를 구현하기 위해 모든 학습자를 위한 다문화교육을 공표하고 인종주의에 대한 반대, 문화적 · 언어적 · 종교적 차이에 대한 이해와 공존, 다양한 문화적 배경을 지닌 학습자를 위한 맞춤형 프로그램과 교육서비스 제공 등의 노력을 하고 있다. 다문화교육 프로그램으로 인종주의 금지(Racism No Way)를 위한 반인종 차별교육 프로그램, 편견 금지 교육프로그램, 다문화 호주 건설, 조화롭게 살기, 성인 이민자 프로그램, 무료 통 · 번역 언어지원 서비스, 10학년까지 모든 아동이 중국어, 프랑스어, 독일어 등 9가지 언어 중 하나를 선택(프리스쿨의 외국어 프로그램인 호주 조기학습 언어에 한국어와 터키어, 독일어, 베트남어 4개 언어를 추가)하여 배우도록 하는 '영어 외에 다른 언어(Language other than English)' 등이 대표적인 다문화교육 프로그램이다.

프랑스의 다문화교육은 시민교육 차원에서 실시되었다. 이 교육은 초등학교 1학년부터 고등학교 3학년까지 필수과목이며, 소수인종과 민족에 대한 차별과 편견의 문제를 중요하게 다루고 있으며, 프랑스사회를 살아가는 건강한 시민이 가져야 할 의식과 태도로서 강조된다. 이주민교육은 프랑스어와 프랑스문화에 기반을 두고 있으며, 이주민의 문화적 다양성을 인정하고 공화주의 원칙을 중심으로 연대하여 단일한 공화국을 유지하는 것이다. 다문화교육 프로그램으로는 1970년부터 이주민을 위한 특별 학급을 구성하여 언어교육, 프랑스 이해교육, 프랑스어 교육센터를 운영하고 있으며, 지역사회와 연계한 학교 밖 프로그램을 진행하여 청소년지원센터에서 학습지원, 학습 상담, 진로 컨설팅, 아르바이트 등을 주선하고 있다. 초등학교 교육과정에 이주민 자녀를 위한 모국어 교육을 실시하여 이주민 자녀들의 문화적 정체성 보호 및 이주민 국가 출신 교사를 임용하고 이민자 부모 모국어 교육 자료를 제공하고 있다(한승준, 2008).

영국의 다문화교육은 세계시민교육으로서 다문화교육을 시행하고 있다. 지식과 이해 면에서 사회적 정의, 평등, 평화와 갈등, 다양성, 지속 가능한 발전, 세계화와 상호의존성을, 기능 면에서 비판적사고, 효과적인 논쟁, 협력과 분쟁 해결, 불평등과 불의에 도전을, 가치 및 태도 면에서 사회정의와 평등에 대한 헌신, 다양성 존중, 정체감과 자존감, 변화에 대한 효능감을 키운다(이민경, 2008). 다문화교육정책을 전담하는 정부기구(Future of Multi-Ethnic Britain)는 모든 형태의 인종차별과 불평등을 해소하고 다문화에 대한 이해와 문화 간공존을 위한 연구와 정책 수립을 시행한다(오성배, 2008).

독일의 다문화교육은 외국인노동자들에 대한 '차별적 배제 정책'에서 탈피하기 위한 노력으로서 사회·문화적 다양성, 언어의 상이함, 보편성과 특수성 등을 적용할 수 있는 능력 함양을 위해 '상호문화교육 프로그램'이 발달하였다. 첫째, 감정이입 능력, 관용, 갈등 해결 능력, 협동심, 연대성 등에 대한 교육, 둘째, 문화적 차이 이해와 극복을 위한 교육, 셋째, 역사와 사회적 현실을 다양한 관점에서 파악하고 인식하는 교육, 인종과 문화적 차별을 극복하기 위한 정치교육이다(김상무, 2010; 성상환, 2009). 독일정부는 이주민의 자립과 사회통합을 지원하기 위하여 경제적 지원과 상담, 교육을 긴밀히 연계하여 진행하였고, 학교는 물론 연방정부와 주정부의 관계 부처, 지방자치단체, 지역 주민, 기업, 노조, 종교단체, 시민사회 등이 긴밀히 연대하여 다양한 지원 프로그램을 제공하였다(정수정, 최순종, 2015).

일본의 다문화교육은 1980년대 이후 국제결혼이 증가하면서 다문화사회의 성격을 띠게 되었다. 그리하여 국제이해교육이라는 관점에서 추진되어 일본인 학생들의 국제화를 목표로 하였다. 2002년부터 초등학교와 중학교에 '종합 학습시간'을 도입하여 국제이해와 다문화 공생을 위한 교육활동을 실시하였다. 다문화교육 프로그램으로는 '다문화 공생플랜', 일본어 교육, 다양한 통·번역을 통한 이주민 생활 지원, 다문화 공생 지역 만들기 등이 있다. 이러한 교육프로그램은 일본의 국가주의와 결합한 일본 중심적이고 민족 중심적인 인식이 포함되어 있다(김윤정, 2017; 문정애, 2012).

21. 외국인 유학생

21세기는 지구촌 시대로 세계화, 국제화와 과학 정보통신 기술의 발달로 인적·물적 자원의 이동이 그 어느 때보다도 활발해짐으로 인하여 전 지구적 차원에서 21세기는 이주의 시대라 불릴 만큼 이동성이 증가하고 있다. 국가 간의 이주는 전통적인 방식과는 달리 유학, 결혼, 여행 등 다양한 목적으로 이루어지고 있다. 이러한 이동성은 한 국가 내에 인종의 다양성을 증가시키고 국가 간의 연계를 넓히는 계기가 된다. 2019년 국제이주자는 전 세계 인구의 3.5%를 차지하는 약 2억 7천백6십만 명으로 보고되었다(International Organization for Migration, 2019). 가장 이주하고 싶은 나라는 미국, 영국, 캐나다, 프랑스, 독일 등 순으로 나타났다(McAuliffe & Ruhs, 2017).

이주에 있어서 일부 목적지 국가가 다른 나라보다 선호도가 높았는데, 특히 미국이 가장 높은 것으로 나타났으며, 그 이유로는 경제 문제에 초점이 맞추어졌다. 높은 임금을 받는 부유한 나라들은 이와 같은 연구에서 인기 있는 이주 목적지 국가인 경향을 나타낸다(Esipova, Ray, & Pugliese, 2017; Jayasuriya, McAuliffe, & Iqbal, 2016; McAuliffe & Jayasuriya, 2016). 이러한 추세와 더불어 최근 들어 일부 엘리트 계층에게만 국한되었던 해외 유학이 점차 확대되면서 국경을 넘어 이동하는 학생의 수는 꾸준히 증가하였다.

한국사회의 유학생 수도 큰 폭으로 증가하였으며, 국내 대학들은 해외 유학생 유치에 큰 노력을 기울이고 있다. 한국사회는 2001년에 처음으로 '외국인 유학생 유치 확대 종합 방안'이 검토되어 2004

년에 외국인 유학생 5만 명 유치를 구체화하였고, 이후 유학생의 증가 추세로 2008년에 목표가 달성되었다. 이후 외국인 유학생의 지속적인 증가에 따라 내실화를 위한 한국 유학 안내 시스템을 도입하였다. 아울러 입학 절차, 학사 관리, 비자 연장 등의 내용을 확충하는 방안이 마련되었다. 외국인 유학생의 체계적인 선발을 위해서 '외국인 유학생 선발, 관리 가이드라인'을 마련해 유학생관리를 실태조사 및 대학 공시를 통해 자율적으로 하였다. 더불어 외국인 유학생의 적응을 위해 대학 내에 외국인 유학생을 지원하는 전담인력을 지원하며, '외국인 유학생 콜센터'와 '유학종합지원 시스템'을 구축하여 유학생 관련 업무를 온라인으로 서비스하는 대책도 마련하였다.

한국으로 유학 오는 학생의 수는 2003년에 12,314명을 시작으로 2019년 국내 고등 교육기관에 재학 중인 외국인 유학생 통계는 160,165명으로 집계되었다(한국교육개발원, 2019). 현재, 외국인 유학생은 계속 증가 추세를 이어가고 있다. 이처럼 외국인 유학생이 급격히 증가하면서 한국의 대학도 인구 구성 면에서 국제적인 면모를 띠게 되었다.

국내 외국인 유학생 지원정책 및 현황을 살펴보면, 먼저 정책지원 측면에서 외국인 유학생들이 국내 대학에 입학, 정착하기까지의 지원은 확대되었으나 입학 이후 대학에서의 학업 수행에 관한 관심은 여전히 높지 않고 외국인 유학생 학습지원에 관한 내용도 미비하다. 외국인 유학생은 대학 입학 이후 학습지원 체제의 부재, 영어 강의의 부족, 캠퍼스의 낮은 타문화 이해 수용도 등에 어려움을 겪고 있으며, 이들 학습에 관한 국내 연구도 매우 제한적이고 유학생 실태에 관한 연구도 미미한 수준이다. 주로 외국인 유학생을 대상으로 한 국내 연구는 사회적 · 문화적 적응에 관한 연구로 학교 내에서 교수학습 상황을 이해하는 데는 한계가 있다(권양이, 2008: 주휘정, 2010).

외국인 유학생의 경제적 지원대책으로 제한된 경제활동을 법적으로 허용하고 있다. 학업에 지장을 주지 않는 범위의 직종 내에서 아르바이트할 수 있다. 학기 중에는 월요일에서 금요일 사이에는 주당 20시간 이내로 2개 장소까지 할 수 있으며, 공휴일, 토요일, 일요일, 방학 중에는 시간 및 장소의 개수와 상관없이 아르바이트가 가능하도록 하고 있다(출입국 · 외국인정책본부, 2009).

다수 외국인 유학생의 국내 유학 목적은 정규학위 과정 이수에 있다. 어학연수 과정을 통해 대학 입학을 준비하는 외국인 유학생을 감안하면 정규학위 과정 입학에 유학 목적을 둔 외국인 유학생은 더 많을 것으로 추정된다. 외국인 유학생의 출신 국가는 다양하며, 특히 중국 유학생이 많다(한국교육개발원, 2009). 지리적으로 인접한 아시아계 학생이 전체 90% 이상을 차지하며 타 대륙보다 월등히 높은 수치를 나타낸다.

일반적으로 해외에서 공부하는 것은 유학생 자신뿐 아니라 그들의 모국에 많은 혜택을 준다. 유학은 자기만족을 증진하고, 자신감과 독립성을 기르며, 세계관을 확장하고, 교차문화 역량을 향상시킨다. 또한, 사회화를 향상하고, 경력기회를 증가시키며, 언어 능력을 향상시키거나 외국어를 배우도록 이끌 수도 있다(Berdan, Goodman, & Taylor, 2013).

세계에서 유학생들이 가장 선호하는 나라는 미국이다. 유학생들은 여러 가지 방법으로 유학국에 영향을 미치며, 미국의 학습 기관에서 문화적 다양성을 높이는 것으로 알려져 있다. 미국의 유학생은 2015년에 974,926명으로 나타났다(Olson & Banjong, 2016). 대다수의 유학생은 중국, 인도, 한국으로부터 온 학생들이다(Bension, 2015). 9 · 11테러 이후 비자 제한과 관련해서 유학생의 성장 추세는 비규칙적으로 관찰되었다. 유학생의 90% 이상이 선진국가에서 공부하고 있으며, 유학국으로는 미국, 영국, 독일, 프랑스, 호주가 대다수(70%)를 차지하고 있다. 미국은 이들 유학생의 선두 국가로 영국이 그 뒤를 잇고 있으며, 호주가 그 뒤를 따르고 있다(Verbik & Lasanowski, 2007).

많은 유학생이 개발도상국 출신이라는(Mazzarol & Soutar, 2002) 요인은 한국사회에도 적용된다. 한국사회의 다양한 유학 출신국은 이주국의 정치적 · 경제적 수준과 관련이 있다. 교육안전정보국 교육통계과의 2018년 교육기본통계에 따르면, 전체 유학생 가운데 중국 유학생의 비율은 48.2%, 베트남(19%), 몽골(4.8%), 일본(2.8%), 미국(1.9%) 순으로 아시아 국가 유학생 비율이 높은 것으로 나타났다. 출신 국가로는 중국인 유학생, 과정으로는 학부생, 계열로는 인문사회, 어학계열 비중이 가장 높게 나타났다. 전체 유학생의 57%가 수도권 소재 대학에 재학 중이었다(교육안전정보국 교육통계과, 2018).

외국 유학생들이 거주하는 나라의 문화에 적응하기 위해 여러 가지 유형의 문화적응 양상을 보이며, 그 유형에 따라 유학생들의 서비스에 관한 욕구도 다양할 수 있다. 외국인 유학생들이 개인적 · 사회적 그리고 환경적 변화에 적응하는 것은 쉽지 않다. 한국사회에서 외국인 유학생은 자신의 고국을 떠나 사회, 문화, 환경, 인종, 언어 등이 다른 한국에서 새롭게 시작해야 하며 이러한 것들이 외국인 유학생들을 긴장하게 만든다. 새로운 문화와 언어, 음식, 생활환경을 터득하고 적응해야 하기 때문이다. 이처럼 문화적응 과정에서 발생하는 고통과 역기능을 문화적응 스트레스(acculturative stress)라고 하며, 문화적응 스트레스는 신체적 · 심리적 · 사회적 양상을 포함하는 것으로 불안이나 우울과 같은 정신건강 상태, 소외감, 신체적 증상 그리고 정체성 혼란 등이 나타난다. 또한, 학업 요구에 의한 억압, 언어적인 장벽, 경제적인 불안, 문화적 또는 가치적 갈등, 향수병, 고정관념, 편견, 차별과 같은 스트레스를 경험한다.

외국인 유학생들이 한국사회의 적응을 잘하기 위해서는 상담프로그램 제공 등의 사회복지실천 영역에서의 지원이 필요하다. 또한, 이들을 위한 다양한 프로그램의 개발이 앞으로 지속해서 이루어져야 할 것이다. 또한 다른 나라의 이질적인 문화를 수용하고 이해하려는 국민 각자의 태도 개선과 사회 전반적인 풍토 조성이 중요하며, 세계화의 물결과 다문화사회로 전환된 시기에 타문화에 대한 태도의 개선, 개방적인 시각으로의 전환은 매우 중요하다.

22. 다문화 중점학교

한국사회에 결혼이주민과 외국인노동자의 수가 증가함에 따라 이주배경을 지닌 다문화학생 수는 눈에 띄게 증가하였다. 이에 정부는 다문화학생의 학교 적응을 위해 다문화학생 지원정책을 수립하여 추진해왔다(교육부, 2017). 다문화학생은 국제결혼가정 자녀와 외국인가정 자녀를 포함한 것으로 외국인가정 자녀는 '외국인 사이'에서 출생한 자녀를 지칭한다. 중도입국청소년은 국제결혼가정 자녀 중에서 외국인 부모의 나라에서 성장하다가 중도에 국내로 입국한 자녀를 일컫는다(오지혜, 2017).

이러한 배경에 있는 학생들이 학교생활 환경에서 겪는 문제로 언어적 차이에서 나타난 의사소통의 어려움, 학교생활의 부적응에서 오는 정서 및 행동 문제, 낮은 학업성취로 인한 학업성취가 부진한 양상을 나타내고 있다(박혜성, 박현숙, 2014). 다문화배경 자녀의 학업을 중단한 원인으로는 학교생활의 문화와 공부가 어려운 것으로 나타나 언어적 의사소통이 시급한 문제임을 알 수 있다. 이들 초등학생은 전체 다문화학생 중 4분의 3(75%)에 해당하며, 학교생활의 부적응은 또래 친구들과 잘 어울리지 못해서가 학교공부에 흥미가 없어서보다 높게 나타났다(여성가족부, 2016).

이에 정부는 다문화학생의 학교적응을 위해 다문화학생 지원정책을 수립하고 이를 적극적으로 추진해왔다. 특히, 학교에서 다문화학생의 학업부진 개선 및 재능 계발과 일반 학생들의 다문화 인식 제고를 위한 다문화교육이 시행되어 왔다. 또한, 전국 단위로 다문화 중점학교, 다문화 연구학교, 다문화 예비학교 등의 다문화정책 학교들을 지정하여 운영해오고 있다(구하라, 김두섭, 2018).

교육부가 2012년 '다문화학생 교육 선진화 방안'을 발표하여 다문화교육을 위한 초·중·고등학교에 걸쳐 시범학교를 운영하였다.

다문화교육 시범학교는 2006년 방과 후 학교 시범학교(2006~2011)를 시행하여 다문화가정 학생의 학업결손 방지, 한국어 지도, 교과 지도, 문화체험 교육하기 위한 취지였으며, 다문화교육 연구학교(2006~2011)는 다문화가정 학생의 교육을 위한 프로그램 운영과 다문화 관련 교사 및 일반 학생의 인식 제고를 위한 취지로 도입되었다.

2009년 다문화교육 거점학교(2006~2011)는 다문화학생이 다수 재학 중인 학교를 지역사회의 거점학교로 지정하였다. 이는 인근 지역 다문화학생을 위한 방과 후 프로그램 및 창의적 체험 활동을 통한 한국어, 이중언어, 상호이해교육, 방학 중 캠프 운영과 다문화교육 실천을 위한 학생 대상에 맞는 활동과 프로그램 등을 개발하여 시범 적용하고 집중적으로 지원하여 해당 사례를 다른 학교로 전파하는 역할을 위한 취지로 시행되었다.

2012년 다문화 예비학교는 중도입국청소년의 정규학교 배치 전 한국어 및 한국문화 이해교육 실시, 초기 적응력 강화와 중도입국학생의 다문화적 역량개발을 위하여 도입되었다. 2012년 '글로벌 선도학교'는 거점형 학교는 인근 지역 다문화학생을 지원하고, 집중지원형 학교는 다문화교육 우수 사례를 타 학교로 전파하는 것이다.

2014년에 도입된 다문화교육 중점학교(2014~2018)는 모든 학생에 대한 다문화이해교육과 다문화학생 맞춤형 교육지원을 실시하여 다문화학생과 일반 학생의 실질적 사회통합 기반 조성과 다문화교육 우수 사례를 공유하고 확산하여 다문화교육 활성화를 꾀하고자 하였다(김효선, 홍원표, 2016). 즉, 다문화 친화적인 교육환경 기반 조성을 목적으로 하며, 일정 수의 다문화학생이 재학하고 있고 교육과정과 연계하여 다문화교육을 적극적으로 실시할 학교를 먼저 선정하게 된다.

다문화교육은 소수자들을 대상으로 동화에 초점을 두었고, 주류 학생들을 대상으로는 문화이해에 편중되어 있었다(김효선, 홍원표, 2016). 이에 대한 대책으로 교육부에서는 다문화교육 중점학교 정책사업을 2014년부터 시행해왔다. 학생 및 교사들의 지속적인 연수를 통하여 다문화교육 중점학교의 기본 방향 및 다문화교육 관련 내용을 학습하고 함양하는 기회를 제공하고 있다. 기존의 다문화 시범학교들에 대한 한계를 보완하기 위해 다문화교육 중점학교는 문화이해교육, 반편견 · 반차별 교육, 세계시민교육을 모든 학생을 대상으로 하는 학교이다. 즉, 다문화교육 중점학교는 문화다양성과 문화이해교육에 중점을 두었던 내용을 반편견과 반차별, 세계시민의식까지 다문화교육의 내용 영역으로 확대하였다(교육부, 2016).

다문화 중점학교는 2014년 초 · 중 · 고 210개교, 2015년 150개교, 2016년 180개교 등이 시행되고 있다(교육부, 2016). 중앙다문화교육센터(2017)에 의하면, 다문화교육 중점학교로 선정된 학교는 다문화 친화적 교육지원 확산을 목표로 다문화 친화적 학교환경의 구축과 지역사회에서의 다문화교육 거점 역할로 운영되고 있다.

다문화교육 중점학교의 교육프로그램 목적은 첫째, 다문화교육을 통한 사회통합의 기초를 마련, 둘째, 프로그램 기획과 운영을 통한 다문화 친화적인 환경을 조성, 셋째, 학교와 지역사회의 자원 연계 등을 통한 다문화교육 체계를 구축하고 학생들의 다문화 감수성 제고 및 다문화교육을 확산시키는 것이 중점학교의 주된 역할이다

(최종임, 김영순, 2016).

　구체적으로 살펴보면, 문화다양성과 문화이해교육에서는 다문화 가정 학생을 위한 자아 존중감 발달 및 문화 정체성 함양을 위한 프로그램들이 다수를 이루고 있으며, 각종 체험활동이나 논술 지도, 학업 지도, 상담 등을 통해 이들의 자신감을 높여주고자 한다. 다문화학생들의 문화적 배경과 관련된 민속놀이, 의상, 음식 등을 소개함으로써 이들의 정체성 함양을 도와주기 위해 학교들에서 지역의 다문화센터와 연계하여 이주민 강사 및 외부 전문가들의 도움으로 진행된다. 일반 학생들의 다문화에 대한 이해와 수용을 함양하기 위한 활동과 행사는 문화 탐구 동아리, 친구 사랑의 날, 동료 멘토링, 다문화 도서판매대, 다문화 이해 주간 등이 있다.

　반편견, 반차별과 관련된 활동은 다른 문화에 대한 편견과 부정적 이미지 해소를 위한 프로그램들이 주로 운영된다. 초등학교의 경우 주로 다문화 인식개선에 많은 초점을 두지만, 중·고등학교에서는 한국사회에 존재하는 편견이나 불평등을 없애는 방안을 탐구하고 있다. 이에 따라 초등학교에서는 편견을 없애는 노력으로 중국, 일본, 태국, 필리핀 등의 문화체험을 통해 외모나 피부색에 대한 거부감이나 편견을 없애는 데 주력하고 있다. 이와 함께 일부 중·고등학교에서는 학생들이 인종차별이나 편견의 위험을 인식하고 이를 해소하기 위해 다문화 인식개선 광고 만들기, 게임 만들기, 토론하기, 내 삶 속의 다문화 등의 활동을 하고 있다. 더불어 세계시민 의식 함양과 관련된 활동들로 세계 동화책 낭송회, 외국문화 알아보기, 인권교육, 유네스코와 연계한 국제이해교육, 학교에서 만나는 세상 등이 있다. 반면 다문화교육 중점학교를 운영하는 교사들은 업무 과중, 인근 학교와의 연계에 대한 어려움, 중점학교 운영에 필요한 정보 부족 등의 어려움을 겪고 있음이 나타났다(김효선, 홍원표, 2016).

다문화교육 중점학교에서의 다문화교육 프로그램은 학교교육 과정 내에서 다문화교육 소재를 바탕으로 하여 다문화교육 프로그램을 기획하여 운영하고 있다. 교과 교육과정 외 비교과 연계 교육프로그램을 실시하여 학교 안팎의 다문화교육 자원을 활용하고 모든 학생을 대상으로 기획 및 운영함으로써 다문화 친화적인 학교를 조성하고 있다(최종임, 박인옥, 2016). 따라서 다문화교육 중점학교는 다문화교육을 통한 교사의 전문성 향상, 다른 문화에 대한 포용력과 존중하는 태도, 공동체 의식을 함양하게 하며, 학부모와 함께하는 프로그램 운영을 통하여 학부모의 호응도 및 학교교육에 대한 신뢰도 향상 등에 초점을 두었다.

다문화교육 중점학교 운영의 의의는 다문화 수용성 및 인식 제고를 위해 모든 학생을 대상으로 다문화교육 관련 학교 구성원들의 인식, 반차별 및 반편견 관련 내용의 요소 확대, 우수 교육프로그램의 확산 및 공유 등의 맞춤형 교육지원을 하는 것에 있다(권하정, 이기용, 2018).

23. 다문화교육정책

한국의 다문화정책은 1980년대 말 이후 급증한 외국인노동자들에 의해 시작되었으나 외국인노동자는 보호받아야 할 이주민으로만 대상화되었을 뿐 본격적인 다문화교육의 정책적 대응은 미약했다(이정금, 2018). 그러나 2000년대에 접어들면서 시작된 한국사회의 국제결혼 급증은 다문화교육정책에 집중적인 관심으로 나타났다. 이에 따라 다문화교육정책이 2005년을 기준으로 전반적인 점검과 함께 새로운 정책들이 제시되었다(김현미, 2009). 또한, 결혼이주자들이 한국 국적을 취득하여 더 이상 외국인의 신분이 아닌 한국사회에 구성원으로서 지위를 갖게 되었다(이정금, 2018; 이민경, 2018). 따라서 여러 중앙정부 부처 및 지방정부의 다문화정책 관련 사업이 2006년부터 본격적으로 시작되었고, 다문화 인구의 유입은 국제결혼으로 새로운 문제로 인식되었으며, 국제결혼가정의 자녀출산에 따른 양육과 교육문제가 논의되었다. 이에 교육부, 여성가족부, 행정안전부, 법무부 등 정부의 여러 기관은 직접 다문화와 관련된 새로운 다문화정책을 계획하고 수립하여 다문화정책을 시행하기에 이르렀다.

특히, 이주노동자가정 자녀의 대거 입국과 맞물려 인종적·민족적 배경이 다른 새로운 학생들이 학교교육 현장에 유입되어 한국 학교교육의 재구조화와 체계화, 미래사회 전망에 따른 다양한 교육정책 개발이 본격화되는 계기가 되었다(전경숙, 송민경 2011). 한편, 다문화가정 학생들의 학습 부진과 학교 부적응 등으로 학업을 중단하는 경우가 증가하고 있으므로 교육부의 다문화교육정책 방향은 매우 중요하며, 안정된 정책을 확립할 필요가 있다.

다문화교육정책과 관련한 다양한 프로그램이 정부 부처와 각각의 지방자치 단체, 그리고 학교, 평생교육 기관, 시민단체 등에서 시행되고 있다. 교육부는 2006년 다문화가정 자녀교육 지원 대책을 마련한 이후 계속해서 이들의 교육지원 대책을 수립하여 추진하고 있다. 여성가족부는 다문화정책에 관한 역할을 정부조직법 개정(2010)에 따라 보건복지가족부의 청소년 및 다문화가족을 포함한 가족 기능을 인수하게 되었다. 이에 여성가족부는 다문화가족정책 기본계획을 수립하여 다양한 다문화정책을 시행하고 있다. 이와 함께, 법무부는 2009년 이후 다문화 서비스 정책으로 '이민자 사회통합프로그램 및 그 운영 등에 관한 규정'에 의해 이민자들을 위한 정책을 수립하여 운영하고 있다(이정금, 2018).

교육부의 2011년도 다문화교육정책 추이를 살펴보면, 다문화가정의 평생교육 지원사업과 다문화가정 학부모의 자녀교육 역량 강화, 다문화가정 학생의 건강한 성장 환경을 조성하는 데 초점이 맞추어졌다. 사업은 대학 및 시·도 교육청의 평생교육 기관 중에서 3년 이상 다문화 관련 사업 실적이 있는 기관이 신청할 수 있었으며, 유형별 도시형, 농촌형으로 구분하여 선정하였다. 우대 조건으로 아버지 참여 교육프로그램을 운영할 경우에 우선적으로 지원 받을 수 있다. 교육부는 다문화가정을 위한 학부모 교육 및 아버지교육 프로그램 등으로 운영되었으며, 다른 정부 부처나 지방자치단체에서 지원받는 동일 프로그램은 운영할 수 없도록 하였다.

교육부의 2012년 다문화교육정책은 '다문화학생 교육 선진화 방안'으로 다문화학생의 지속적인 증가에 따라 학교가 중심이 되어 다문화 친화적 교육환경을 조성하고 중도입국자녀 등 다문화학생에게 맞춤형 교육을 실시하기 위한 정책이다. 다문화학생 교육 선진화 방안은 다문화사회에서 모든 학생이 갖추어야 할 핵심 소양은 다양성에 대한 이해와 차이에 대한 존중이다. 특히, 다문화학생이 가지고 있는 잠재적인 재능을 찾아내어 우리 사회의 인재로 성장할 수 있도록 인식전환의 계기가 마련되어야 한다.

교육부의 2013년 다문화교육정책은 '한 명의 학생도 놓치지 않는 다문화 친화적 학교 육성'을 목표로 다문화 관련 추진 전략 및 과제를 발표하였다. 다문화학생 재능발현 지원사업으로 '한국어, 한국문화교육 내실화, 학교적응 및 기초학력 지원, 이중언어 교육 활성화, 진로 · 진학지도 강화'를 제안하였고, 또한 글로벌 선도학교 내실화, 교원연수 강화, 다문화가정 학부모 교육 강화, 일반 학생 상호이해 교육 강화'를 다문화 친화적 교육환경 구축 사업으로 제시하였다.

교육부의 2014년 다문화교육정책은 '중도입국학생 적응촉진을 위한 예비학교를 80교로 확대하여, 모든 학생을 위한 다문화교육 중점학교 120교 운영, 다문화대학생 멘토링 6,000명 이상으로 확대, 글로벌 브릿지 사업, 직업교육 기회확대' 등에 대해 지원하기로 하였다. 2014년부터는 이전의 교육복지 차원의 수혜적 관점에서 벗어나 다문화학생 지원뿐만 아니라 모든 학생을 대상으로 하는 통합 및 육성의 관점에서 다문화교육 사업도 진행하였다. 이에 따른 세부계획은 사회통합을 위한 다문화교육 활성화, 다문화학생의 소질, 재능 계발 및 육성, 교원 인식 및 역량 제고를 통해 다문화학생의 재능을 발현하기 위한 사업발굴과 사회통합을 위한 다문화교육에 지속적 지원을 추진하였다.

교육부의 2015년 다문화학생 교육지원 계획은 다문화학생을 위한 맞춤형 교육과 일반 학생과 교원을 위한 다문화이해교육을 강화하고, 다문화가정 미취학 전 아동을 위한 '다문화 유치원' 30개교 시범 사업 운영을 추진하였다. 2015년 다문화가정의 미취학 아동은 121만 명으로 다문화학생 수는 계속 증가하고 있다. 교육부는 2015년부터 유치원 단계부터 다문화학생의 특성을 고려한 '선제적 맞춤형 교육' 실시와 문화다양성을 수용하는 '다문화이해교육 확대', '범부처 협업 및 지역 내 연계'를 강화하였다.

교육부의 2016년 다문화교육정책은 교육부가 다문화교육을 통해 '교육의 출발선 평등'을 실현하고 다문화 인재를 양성하기 위한 다문화교육 지원계획을 발표하였다. 다문화교육 지원 추진방향은 맞춤형 교육으로 '공교육 진입과 적응지원, 다문화 수용성 제고를 위한 다문화이해교육 확대, 효율적 지원을 위한 부처 간 협업, 그리고 지역 내 연계 강화' 등을 제시하였다.

교육부의 2017년 다문화교육정책은 재학 중인 다문화학생은 9만 9천여 명으로 전체 학생 대비 1.7%에 해당한다. 교육부는 다문화학생은 지속해서 증가하는 추세에 대해 이들이 한국사회의 인재로 성장할 수 있고, 모든 학생이 다문화 수용성을 제고할 수 있도록 다문화교육 지원계획을 발표하였다. 교육부의 추진 방향은 첫째, 다문화학생 맞춤형 교육지원 강화를 위해 다문화 유치원을 전국으로 확대하고 대학생 멘토링을 계속 지원하고 기초학습을 지원한다. 둘째,

학교 구성원의 다문화 이해를 제고하기 위한 정책으로 예비 교원 단계부터 교원의 역량 제고를 위해 다문화 관련 학습을 실시하여 학생들의 다문화 수용도와 이해도를 높인다. 셋째, 다문화교육 활성화를 위한 기반을 마련하기 위해 시·도 교육청의 역량을 높여 지역에 따른 맞춤형 교육을 추진할 수 있도록 지원하는 것이다.

교육부의 2018년 다문화교육정책은 다문화사회 도래에 따른 제도적 기반을 마련하고 우리 사회의 다문화 수용성 및 다문화 이해를 제고한다. 또한, 다문화학생 교육 사각지대를 해소하기 위해 학교 구성원의 다문화교육 참여 확대, 모든 학생과 모든 학교로 다문화교육의 범위를 적극적으로 확장한다. 다문화학생 맞춤형 교육지원 내실화를 위하여 출발선의 평등을 위한 발달 지원 등 중도입국, 외국인학생 교육 사각지대 해소에 필요한 공교육 진입을 확대하고 맞춤형 한국어교육을 제공한다.

교육부의 2019년 다문화교육정책은 다양한 문화가 공존하는 성숙한 교육환경과 다문화학생 교육기회 보장 및 교육격차 해소에 목표를 두고 있다. 다문화학생 맞춤형 지원강화, 학교 구성원의 다문화 수용성 제고, 다문화교육 지원체계 내실화를 추진과제로 제시하였다. 다문화학생 맞춤형 지원 강화는 다문화학생을 우수 인재로 양성하기 위해 한국어교육과 함께 공교육 진입 및 적응, 강점개발 교육지원, 맞춤형 한국어교육을 제공한다. 또한, 학교 적응과 관련하여 조기 적응 및 기초학력 보장과 교육기회와 관련하여 중도입국, 외국인학생 공교육 진입 지원과 인재육성 측면에서 강점 개발을 통한 우수 인재 육성이다. 학교구성원의 수용성 제고를 위하여 다문화학생 및 다문화교육정책 학교중심의 다문화교육을 넘어 모든 학교로 다문화교육의 범위를 적극적으로 확장한다. 이를 위하여 학교 전체 학생을 대상으로 한 다문화교육 확대, 교원의 다문화교육 역량 제고, 학부모 및 지역사회에 정책 홍보 및 교육 참여를 확대한다. 더불어 다문화교육 지원체계 내실화를 위해 학교현장에 다문화교육이 안착할 수 있도록 중앙과 지방 간 연계 및 협업에 기반을 둔 다문화교육 지원체계 마련을 위하여 중앙과 지역별 다문화교육 지원단을 운영, 다문화교육센터 운영, 부처 간 협업 강화를 추진한다.

교육부의 2020년 다문화교육정책은 다문화학생 교육기회 보장 및 교육격차 해소와 다양한 문화가 공존하는 성숙한 교육환경 구축을 목표로 하고 있다. 그 목표로 출발선 평등을 위한 교육기회 보장, 학교 조기적응을 위한 언어 학습지원(맞춤형 한국어교육 제공과 기초학력 지원), 안정적인 성장을 위한 진로 정서지원, 다양성이 공존하는 학교 조성(전체 학교의 다문화교육 확대, 교원의 다문화교육 역량 제고, 가정 및 지역사회와의 연계), 학교현장 중심 지원체계 강화(현장의 교육수요에 다른 지원사업 운영과 중앙 지역 간의 연계 강화)를 추진과제로 제시하였다. 그러므로 다문화교육은 이러한 정책들을 실현해야 한다. 다문화교육정책이 나가야 할 방향은 상호문화의 다양성 인정, 중앙컨트롤시스템과 사회관계망 구축, 전 국민을 대상으로 하는 다문화교육으로 확대되어야 한다.

24. 다문화가족교육

다문화가족은 새로운 사회에 대한 적응이라는 측면에서 어려움을 지니고 있다. 의사소통과 문화 차이로 인한 어려움, 주위의 차별 대우, 외국생활에의 부적응 등의 고충을 지니고 있어서 이에 따라 파생되는 여러 가지 문제점을 가지고 있는 것으로 나타났다. 이에 제정된 법이 「다문화가족지원법」이며, 다문화정책 관련 사업을 활발하게 진행하기 위해 다문화가족지원센터 및 지원 프로그램을 강화하고 있다. 이와 함께 실천현장에서도 다문화가족을 위한 여러 가지 노력 중에 다문화 아동을 이해하기 위한 교육은 기본적으로 이루어져야 할 과제이다.

다문화가족교육에 대한 개념은 다양하게 정의되어 왔지만, 다문화가족교육이란 결혼이민자가정의 자녀들과 함께하는 다문화교육으로 자녀가 어머니의 외국 국적인 가정환경으로 인해 지니게 되는 문화적 다름에 의해 차별받지 않고 다름에서 오는 다양성을 존중하여 서로 소통할 수 있도록 하는 교육이다. 다문화가족교육은 다른 문화를 무조건 수용하는 것이 아니라 자신의 전통문화에 기반을 두고 다른 사람들이 새로운 문화를 받아들이는 태도, 지식, 인식을 갖게 하는 교육이라 할 수 있다(김태동, 2011). 이에 현장에서 교육하는 교사가 성공적인 다문화가족교육을 수행하기 위해서는 먼저 교사 자신이 인종이나 문화 차이와 관계없이 다른 사람에 대한 긍정적인 태도를 지니고 있어야 한다. 또한, 문화적인 정체성을 확고히 하여 다른 민족과 문화집단에 대한 경험과 자신의 문화적인 유산에 대한 인식, 지식, 기술에 대해 점검하고 이해해야 한다(김태동, 2011).

다문화가족교육은 다문화가정이 언어, 문화 차이로 인해 사소한 의견 충돌이 가족갈등으로 아픔을 경험하게 된다. 이에 따라 정부는 결혼이민자를 위한 한국어교육을 다각화·전문화하고 다국어 정보 자료를 보급하는 등 큰 노력을 기울여 왔다. 그러나 초기 정착단계에 있는 이민자들의 의사소통은 어려움에 부딪히게 된다. 이에 한국어 학교에서는 통·번역 서비스를 하여 결혼이민자들에게 모국어로 상담, 정보제공 및 교육을 지원하고, 가족 간의 문제 발생, 자녀상담, 병원진료, 행정기관 방문 시 해당 센터에 요청하여 통역 및 번역 서비스를 지원받을 수 있도록 하고 있다.

한편, 질 높은 다문화교육을 위한 현장에서의 교육 실제에 관한 연구도 이루어지고 있다. 다문화교육의 실제에 관한 연구를 살펴보면, 다문화교육은 유아기부터 실시해야 한다고 하였다(김운삼, 2019). 특히 유아기는 부모와 긍정적 관계 형성과 상호작용을 통해 자신과 타인에 대한 자각을 발달시키며 다양한 사회적 기술을 습득하게 되는 시기이다. 그러므로 다문화가족 부모들이 경험하는 사회적 어려움에 초점을 맞추어 조기에 개입하는 것이 중요하다. 유아기에 부모·자녀 관계를 긍정적으로 형성하고 유지하는 것은 다문화가족의 부모와 자녀 적응과 발달에 매우 적절한 접근으로 여겨진다.

다문화가족교육을 위한 환경은 다문화교육을 실행하는 첫 단계로 유아들이 다양성과 차이에 대해 긍정적으로 인식하도록 도와주어야 하고 정확한 지식과 정보를 제공해야 한다. 유아기는 타인을 이해하고 다양한 문화를 수용할 수 있는 자세와 열린 태도를 지녔으므로 다문화교육을 시작하기에 적절한 시기이다(도미향, 김순천, 2010).
따라서 국제화시대에 필요한 융통성과 개방성 있는 유능한 인재 양
성을 위하여 다문화가족교육이 필요하며 인간은 인종이나 성, 사회
적 지지와 관계없이 모두 평등함을 인지해야 하기 때문이다.

다문화가족교육은 교육현장뿐 아니라 가정에서도 필요하다. 단
순히 교육현장에서만 이루어져서는 안 되며, 그들의 가정 내에서도
교육이 함께 이루어져야 한다. 그러나 다문화가족을 대상으로 하는
가족관계 프로그램은 미흡한 실정이며, 다문화가족의 부모ㆍ자녀
관계에 초점을 맞춘 구체적이고 구조화된 프로그램도 부족하다(민성
혜, 김경은, 김리진, 2011). 또한, 결혼여성이민자의 남편을 대상으로 하
는 부부 향상 프로그램 실시에 따른 효과를 제시한 연구들뿐이다.

다문화가족 부모들은 다양한 부모교육을 통하여 빠르게 변화하
는 사회에서 부모 자신과 자녀들의 상황에 맞게 적절히 수행할 수
있는 지식을 얻고 그것을 효율적으로 활용하기 위한 구체적인 방법
들을 터득할 수 있을 것이다. 더불어 다문화가족 부부 지원 교육은
다문화가족의 안정적인 정착과 가족생활을 지원하기 위해 가족교
육, 상담, 한국어 문화 프로그램, 자녀지원, 직업교육 등 서비스 제공
을 통해 결혼이민자의 한국사회 조기적응 및 다문화가족의 안정적
인 가족생활을 지원한다. 다문화가족 부부교육 지원의 선정 기준은
결혼이민자, 자녀, 다문화가족이 해당된다.

다문화가족교육 지원 내용(여성가족부, 2016)은 ① 한국어 교육(집
합/방문)으로 생활 언어를 익히고 문화를 이해할 수 있도록 체계적
단계별 한국어교육을 실시한다. ② 다문화가족 통합교육(집합/방문)

을 제공한다. ③ 상담은 다문화가족 부부, 부모, 자녀관계 개선 및 가족 갈등 등 관련 상담을 통해 다문화가족의 내부 스트레스 완화 및 가족의 건강성을 증진한다. ④ 다문화가족 취업 연계 및 교육지원으로 다문화가족의 경제활동 참여를 위해 지역 특성 및 결혼이민자의 수요 등을 고려하여 취업 연계 준비 프로그램을 운영한다. ⑤ 문화사업은 다문화가족 나눔봉사단, 다문화가족 자조 모임을 주선한다. ⑥ 자녀 언어발달 지원사업으로 다문화가족자녀의 성장 단계별 언어발달 정도를 진단·평가하고 언어 향상을 위해 교육프로그램 서비스를 제공한다. ⑦ 통·번역 서비스 사업은 결혼이민자 및 그 가족의 초기 생활 적응에 필요한 의사소통을 지원하기 위해 통역 및 번역 서비스를 제공한다. ⑧ 언어 영재교실은 다문화가족자녀 등에게 어머니(아버지) 나라 언어 습득을 지원하기 위해 실시하는 결혼이민자 출신국 언어교육 지원 서비스를 제공한다. ⑨ 육아정보 나눔터 운영은, 자녀를 키우는 결혼이민자들에게 자녀양육 상담, 정보 등 육아 관련 서비스를 제공하고, 결혼이민자들이 센터를 이용하는 동안 자녀를 일시적으로 돌봐주는 공간을 마련한다. ⑩ 지역사회 네트워크 강화는 지역사회 내 다문화가족 지원사업이 통합적·체계적·효율적으로 추진될 수 있도록 서비스 전달체계 구축 및 서비스를 기관과 연계해 제공한다.

특히, 다문화가족교육에서 부모교육프로그램은 전국 다문화가족 지원센터에서 시행되고 있으며 부모교육프로그램은 19개이며, 이 프로그램 과정을 보면 자녀양육 및 교육을 위한 자녀의 발달 단계별 특성에 대한 이해, 자녀와의 소통 등 자녀양육과 관련된 영역은 충분히 포함되어 있음을 알 수 있다(여성가족부, 2016). 반면, 부모교육 프로그램에서 자아 정체감, 자존감, 효능감 등의 내용이 대폭 강화 되어야 하며, 남편과의 민주적 관계 형성, 다문화에 대한 소개와 안 내 등의 내용을 좀 더 보완할 필요가 있다. 결혼이민자의 언어적 한 계, 문화적응 등의 특성으로 인해 다문화가족에서 아버지의 역할은 매우 중요하다. 따라서 아버지의 자녀돌봄 참여, 아버지의 민주적 역할, 아버지의 역할 강조 등의 교육내용과 자녀 언어발달 지원, 외 국인 아내의 한국생활 지원을 통해 건강한 부모 역할 가능성 확산에 기여하는 등의 내용으로 다문화가족 부모교육프로그램이 보완되어 야 한다.

25. 세계시민교육

세계시민교육의 개념은 전 지구적 문제와 이슈에 대해 사회적 발 전을 도모하기 위해 학습자가 함양해야 하는 지식, 기술, 가치와 관 련된 교육으로 정의한다(Tawil, 2013). 그동안 세계시민교육이 개인 주의 및 능력주의를 바탕으로 보편성을 강조하기 때문에 사회변화 에는 소극적이었다. 그러나 이제 세계화에 대응하기 위한 교육의 역 할로 다양한 구조와 체계, 불평등한 권력 관계 등을 비판적으로 이 해하고 학습자가 처한 상황에서 변화를 위해 적극적으로 참여하도 록 돕는 비판적 세계시민교육이 되어야 한다(Harshman, Augustine, & Merryfield, 2015).

한국의 세계시민교육에 관한 연구는 세계화에 따른 국경을 넘어선 인적·물적 교류가 활발해짐에 따라 빈곤, 인권, 환경 등 한 나라 차원에서 해결할 수 없는 전 지구적인 문제로 확대되어 공동으로 대응하기 위해 교육을 통한 세계시민의식의 함양이 필요하게 되었다. 한국사회도 세계화의 변화에 대응하기 위하여 세계시민성의 개념과 교육의 방향을 모색하는 이론적 논의에서 출발하여, 2000년대에 들어 점차 학교교육 과정 내에서 세계시민교육을 적용하기 위한 실천방안에 관한 연구가 활발하게 진행되었다.

2010년 이후에는 세계시민교육 관련 연구에도 다양한 변화가 이루어져 민주시민교육, 국제이해교육, 다문화교육 등 유사개념과의 관계 속에서 크게 확대되었다(박환보, 조혜승, 2016). 2015년 세계교육포럼은 국제사회는 세계시민교육을 글로벌 교육 의제로 확정하여 2030년까지 달성해야 할 목표를 설정하였다(UNESCO, 2015). 따라서 세계시민교육은 세계를 하나의 단위로 인식하며 다양한 문화 및 사람들과의 상호의존성을 이해하는 보편적 인류발전을 추구하는 가치지향적 교육이자 사회적 실천을 도모하는 교육이다(김진희, 허영식, 2013).

다문화교육과 비슷한 개념으로 세계화교육(global education), 반편견교육(anti-bias education), 다민족교육(multiethnic education) 등의 다양한 개념들이 소개되고 있다(박순희 외, 2011). 교육현장에서는 세계시민교육과 다문화교육이 구분되지 않고 있다. 세계시민교육이란 세계인이 국경을 초월하여 공동체 시각으로 세계문제를 이해하고 해결해가는 방법을 찾는 교육이다. 이에 다문화교육이란 국가 내 다양한 문화집단들이 서로 공존하는 가운데 조화롭게 살아가게 한 교육이다. 세계시민교육은 국제이해교육의 추진 과정에서 다소 미흡했던 부분을 보완한다는 점에서 국제이해교육을 보완한 것으로 여겨진다(한경구, 2017).

세계시민교육은 2012년 유엔총회에서 교육에 대한 국제적 지원을 높이고 주로 개발도상국을 중심으로 지원되었던 양질의 교육기회제공에서 더 나아가 글로벌 시민의식의 함양을 강조하는 '글로벌 교육우선구상(Global Education First Initiative)'이 제안되었다. 글로벌교육우선구상은 교육기회의 확대를 위해 모든 어린이는 학교에 다녀야 하고, 교육의 질을 높여야 하며, 세계시민의식을 함양해야 한다는 것을 제안하였다(한경구, 2017).

세계시민교육이 상당히 넓은 지지와 관심으로 새로운 국제적 교육의제로 채택되었다. 세계시민교육으로 접근할 경우 개발도상국의 교육에 치우치지 않고 선진국의 교육문제도 함께 다룰 수 있기 때문이다. 또한, 교육이 문해와 계산능력 등 취업과 경제발전을 위한 도구적인 차원을 넘어서 민주시민의 책임의식과 각성을 강조하기에 좋다는 점과 전 지구적 차원의 문제에 대한 관심과 문화 간 이해를 강조하기에 좋다는 점 등이 작용했던 것으로 나타났다(한경구, 2017).

세계시민교육의 등장 배경은 경제발전과 변혁적 교육의 필요성과 경쟁중심 교육의 문제점과 한계를 탈피하기 위함이다. 또한, 국제사회의 교육패러다임이 주로 개발도상국에서 활용되었다. 교육은 빈곤을 벗어나 경제개발과 성장을 통해 인간다운 삶을 누리는 중요한 수단으로 여겨졌으며, 교육문제에 집중하는 가운데 상대적으로 관심이 부족했던 세계시민으로서의 의식 함양을 강조하는 중요한 과제로 인식하게 되었다. 글로벌시민으로의 성장을 위해 세계시민 교육은 국제이해교육과 지속가능한 발전교육, 모두를 위한 교육 등 국제적 교육운동의 연장선상에서 강조되었다.

세계시민교육의 내용은 모든 학습자가 지속 가능한 발전의 증진에 필요한 지식과 기술교육을 통해서 습득하도록 하는 데 있으며, 이와 더불어 인권, 양성평등, 평화와 비폭력 문화의 증진, 세계시민성 그리고 문화적 다양성 및 지속 가능한 발전에 대한 문화기여 이해 등이 포함되어 있다(한경구, 2017). 즉, 세계시민교육은 인권과 평화와 양성평등과 지속 가능한 발전과 문화다양성에 대한 책임의식을 가지며, 행동하는 것을 강조하는 세계시민으로서 참여하는 일이다.

유네스코를 중심으로 시작한 세계시민교육이란 먼저, 다름에 대한 것이 차별과 배제의 대상이 아니라 다양성의 일부로 존중되어야 한다는 것이다. 포용과 착취와 억압과 불평등이 없어야 한다는 정의로움과 갈등과 긴장을 전쟁이나 무력행사 등 폭력적인 방법을 사용하지 않고 비폭력적으로 해소하는 평화로움을 포함한다. 즉, 세계시민교육이 강조하는 포용, 정의, 그리고 평화는 유네스코가 강조해온 교육이다. 따라서 세계시민교육은 다른 문화에 대한 존중과 이해를 강조한다는 점에서 국제이해교육과 지속 가능한 발전 교육의 내용과 방법의 연장선상에 있다. 또한, 서로 다름을 이해하고 학습자들이 더 포용적이고, 정의롭고, 평화로운 세상을 만드는 데 이바지하는 데 필요한 지식, 기능, 가치, 태도를 길러준다는 의미에서 더욱 실천과 책임을 강조하고 있다.

교육부는 국제협력, 세계시민교육 선도교사 선발 및 연수를 지원하고 있다. 서울시교육청은 2015년 세계시민·다문화교육 전담팀을 신설하고 세계시민교육 교원연수, 교원 및 학생동아리 지원, 인정 교과서 개발과 보급, 세계시민교육 전문기관 협력추진, 연구학교, 특별지원학교 등과 같은 정책학교 지원, 유네스코학교 지원, 일반학교 프로그램 지원, 다문화교육 등을 추진하였다.

교육현장에서의 세계시민교육정책 및 흐름을 살펴보면, 2015년 개정 교육과정은 2017학년도 초등학교 1~2학년부터 단계적으로 시작하여 2020학년도에 중·고등학교 3학년까지 모두 적용하고 있다. 2017년 초중고에 보급된 '지구촌과 함께하는 세계시민' 인정 교과서는 세계시민교육 자료로 교과 및 비교과 활동에서 다양하게 활용할 수 있다. 인정 교과서는 시민으로 생각하고 생활하는 데 필요한 민주시민교육의 핵심 분야를 주제로 선정하여 인권, 선거, 평등, 다양성, 평화, 연대, 환경, 민주주의, 노동, 미디어, 참여 등을 각 주제마다 단계별 내면화 과정을 거쳐서 주체로서 인식범위를 확장하도록 하였다. 시 교육청은 모든 학교에 교과서를 배부하고 세계시민, 다문화교육 정책학교(연구학교, 모델학교, 특별지원학교 등)에 활용하도록 지원하였다.

서울시교육청은 세계시민교육 전문기관인 유네스코 한국위원회(Korean National Commission for UNESCO), 월드비전(World Vision), 굿네이버스(Good Neighbors) 등과 업무 협약을 맺고 있다. 유네스코 한국위원회, 유네스코 아시아-태평양 국제이해교육원(Asia-Pacific Centre of Education for International Understanding under the Auspices of

UNESCO), 한국국제협력단 ODA교육원, 월드비전, 굿네이버스 등 전문기관은 세계시민교육 프로그램과 콘텐츠 개발 등에 노력하고 있다(이금연, 2017). 학교는 자율적으로 NGO들과 연계하여 구호봉사 및 나눔활동 등 세계시민성 함양을 추진하고 있다.

또한, 시 교육청은 교원의 역량 강화를 위해 모든 자격 연수대상자의 연수과정에 일정한 세계시민교육 시간을 이수하도록 하고 있다. 세계시민성 함양 및 수업지도안 개발 등을 내용으로 한 소양 과목은 자격 연수대상자, 희망교원, 신규임용 예정교사를 대상으로 유네스코 한국위원회, 유네스코 아시아태평양 국제이해교육원, 국제개발 협력민간의회 등 전문기관에 위탁, 연계하여 실시하고 있다. 교원연수 및 세계시민교육 체험행사 운영, 학교별 주한 외교관 초청 특강, 총 254교에서 해외 자매학교(중국, 일본, 러시아 등 외국 519교)와의 교류 등이다.

이러한 학교현장에서 활용될 수 있는 교육개발로 세계시민교육에 대한 관심은 증가하지만 세계시민교육은 여전히 일부 교사들에 의해 실행되고 있다(이성회, 2015). 이에 따라 학교현장에서 세계시민교육의 이해와 활용 및 확대방안을 지원하기 위한 거시적 맥락의 정책연구가 필요함이 지적되었다. 그리하여, 교육부는 2016년 세계시민교육 확산을 위해 예산을 책정하였으며, 세계시민교육 교육자료 개발, 세계시민교육 선도 전문가 육성 등의 정책들을 제시하였다. 그러나 이러한 정책들이 교육현장에서 어떻게 이해하고 진행되는지에 대한 연구가 필요하다. 더불어 세계시민교육 단계도 초·중등교육에 치중되어 있으며, 상대적으로 고등교육과 유아교육 분야의 세계시민교육에 관한 관심이 부족한 것으로 드러났다.

26. 다문화인권교육

인권교육에 대한 개념은 다양한 견해가 제시되고 있으며 용어 자체에 있는 모호함 때문에 생각보다 훨씬 복잡하게 각 사람에게 각각 다른 의미로 이해되고 있다(Joseph & McBeth, 2010). 유엔의 각종 선언에서 인권교육의 개념을 제시하고 있으며 인종이나 민족, 문화 등으로 인한 차별과 편견을 없애는 노력을 하고 있다(Tibbitts & Fernekes, 2011). 인권교육은 개개인의 인권과 기본적 자유를 존중하도록 하는 교육활동이며, 인종, 민족, 성별, 국적, 문화 등의 차이를 존중하고 인정하며 사람들 간에 차별과 편견이 사라지고 평등한 관계와 관용에 기반한 사회를 형성하는 데 기여한다.

세계인권선언문에 모든 인간은 교육을 받을 권리, 차별받지 아니할 권리, 문화를 향유할 권리를 부여받았다. 국제인권운동은 1970년대 후반부터 유엔과 다른 지역 인권기구의 노력으로 시작되어 세계 국가들의 교육시스템 내에서 인권개념, 규범, 가치관의 통합을 추구함으로써 교육이론과 실천의 새로운 분야로서 전 세계적으로 관심과 중요성을 증가시켰다. 1990년대 초반부터 유엔인권교육의 10주년과 그 뒤를 이은 유엔세계인권교육 계획의 후원으로 이러한 노력은 시민교육, 평화교육, 반인종주의 교육 및 다문화이해를 위한 교육을 하는 계기가 되었다(Tibbitts & Fernekes, 2011).

한국사회의 교육에서 다문화인권교육이라는 개념이 상정되면서 다문화교육과 인권교육의 관계에 대한 관심이 증대되어 다문화인권교육이라는 용어가 등장하였다(강형민, 정상우, 2015; 나달숙, 2014; 박인현, 2013; 유의정, 2015). 다문화인권교육은 다문화 역량뿐 아니라 다양한 문화적 차이에서 기인하는 모든 차별적 요소를 예방하기 위한 인권 감수성을 증진하고자 하는 교육개혁이다.

다문화교육의 역사적 기원은 미국의 차별받던 소수집단의 시민권리 운동에 있으며, 1960년대 아프리카계 미국인과 유색인종의 공교육에서 차별적 관행에 반발하여 일어났다. 이후 1970년대 여성권리 운동은 성소수자나, 노인, 장애인에 대한 인권이 사회·정치적 이슈로 등장하면서 다문화교육의 핵심을 이루었다(Banks & Banks, 2019). 1980년대 다문화교육은 평등한 교육기회와 학교변혁 및 사회적 변화로 연결되었고, 1990년대에 이르러 다문화교육은 사회정의, 비판적 사고, 교육기회 평등에 관심이 집중되었다.

다문화교육의 초기 역사는 인권, 특히 차별받지 않을 권리, 균등하게 교육받을 권리가 매우 중요한 맥락을 차지하였다. 즉, 미국의 다문화교육은 인종을 중심으로 한 교육에서의 차별금지에서 출발하여 다문화주의와 결합하여 다문화교육이라는 새로운 영역을 구축하였다. 인종을 넘어 젠더, 장애, 사회계층, 소외계층, 종교, 지역, 성적 취향 등의 차별적인 요소를 배제하는 모두를 위한 교육으로 발전하였다.

다문화교육은 역사적으로 차별금지에서 출발하였다는 점에서 인권교육과 같은 맥락에서 출발하였다(강형민, 정상우, 2015). 한국사회의 교육에서 다문화인권교육이라는 개념은 다문화교육이 강조한 인권적 측면에 주목하면서 다문화교육의 개념을 정의하고 인권교육에 기반한 다문화인권교육의 내용을 체계화하여 각종 차별금지를 핵심과제로 인식하였다(유의정, 2015). 차별 없는 교육권 보장에 중심을 둔 다문화교육을 모든 학생이 참여할 수 있게 하는 교육이며, 이는 소수자를 위한 교육이 아닌 시민 모두를 위한 교육이다(Gorski, 2012).

다문화교육에서 인권의 강조는 다양한 문화, 인종, 민족으로 인해 문화적 다양성 또는 문화적 차이로 발생하는 차별적 요소에 주목한다. 인권교육은 인권에 대한 존중과 근본적인 자유를 강화, 인성과 인성에 대한 존엄성을 강화, 모든 국가, 원주민, 인종적·민족적·국가적·종교적·언어적 집단 간의 이해와 관용, 젠더 평등, 우정을 도모, 모든 사람이 법에 따라 통치되는 자유민주주의 사회에 효과적으로 참여, 평화를 유지, 그리고 사람 중심의 지속 가능한 발전과 사회정의를 증진한다(United Nations, 1998).

한국사회에서 다문화인권교육은 2000년대에 들어서면서 다문화사회로의 전환에 따른 「다문화가족지원법」의 제정에서부터 시작되었다. 다문화가족에 대한 사회적 차별과 편견을 배제하기 위한 다문화교육도 정착·보급되었으며, 다양한 사회 구성원을 인정하고 존중하기 위한 다문화이해교육도 시행하였다. 그러나 그동안 다문화인권교육이 아닌 이주민에 대한 지원중심으로 이해되는 경향이 강하였다.

특히, 한국사회에 오랫동안 단일민족 문화의 편견으로 문화적 다양성을 인식하지 못하여 이주 배경 아동에 대한 차별로 인한 인권침해가 이루어져 왔다(강형민, 정상우, 2015). 다문화교육이 활성화되어 소수자의 다양한 환경과 문화적 배경을 이해하는 교육이 이루어진다면 소수자 인권침해 가능성 인식과 더불어 다양한 문화적 특성을 이해하기 위한 다문화인권교육의 필요성을 인식할 것이다. 또한, 체류자격의 부여에 따라 실질적인 교육을 동등하게 지원받기가 쉽지 않은 현실을 고려할 때, 평등한 교육의 실질적 제공이 지속해서 확대되어야 할 것이다. 한국사회에 만연해 있는 다문화 구성원에 대한 편견과 차별을 예방이라는 다문화교육의 본질적 성격을 강조한다(나달숙, 2014; 정상우, 2017).

다문화인권교육의 구체적인 특성(정상우, 2017)은 첫째, 다문화인권교육은 편견 및 차별의 예방을 위한 교육이다. 다문화교육은 인종, 국적, 민족, 종교, 장애, 문화, 계층 등에 따른 편견, 차별, 불평등을 금지하고 다양성 존중을 개념으로 하는 인권보호 교육이다. 둘째, 이주민과 사회적 소수자에 대한 인권침해를 예방하고 구제에 기여한다. 또한, 다문화인권교육은 다문화 역량과 인권 감수성 제고를 목적으로 한다. 셋째, 본질적으로 시민성과 시민권에 관한 교육이므로 시민교육을 목표로 한다. 다문화교육은 학교를 중심으로 출발하였지만, 개인적 다문화 역량의 함양을 넘어 학교개혁과 사회개혁을 추구하였다. 넷째, 다문화인권교육은 사회통합을 목적으로 한다.

다문화인권교육의 실천 방향(나달숙, 2014)은 평등권 보장을 위한 다문화인권교육으로, 다문화교육에 있어서 평등한 처우 교육이 교육의 바탕이 되게 할 필요가 있으며, 평등권 보장을 위해 평등성에 기반한 인권교육으로서의 실천이다. 인권교육의 실천으로 헌법 제

11조의 평등원칙과 각국에서의 평등 심사기준에 대해 교육하여야 한다. 예컨대 미국 등 외국에서의 인종차별과 성차별, 종교차별, 경제적·사회적 차별 등에 대해 판례를 중심으로 교육하며, 직접조사를 통해 실생활에 적용하도록 교육한다. 이러한 실천은 미국에서 정책적으로 실시되었던 적극적 평등실현조치(affirmative action)[4]에 대해 다양한 판례를 통하여 정책적 평등에 대해 교육한다. 또한, 적극적 조치와 우대조치에 관한 규정과 그동안 실시되어 온 양성평등 채용목표제에 대해 교육한다.

더불어, 다양성 존중과 차별배제를 위한 다문화인권교육으로, 다양성에 대한 인권교육과 편견에 의한 차별을 배제하는 인권교육으로서의 실천이다. 또한, 소수권리 보장을 위한 다문화인권교육으로, 다양성에 대해 국가의 개입이나 간섭이 없이 개인의 자유가 보장되는 영역이라는 소극적 권리로서의 인권교육을 한다. 마지막으로, 적극적 권리보장을 위한 다문화인권교육으로, 국가가 적극적으로 다양성을 보장하는 차원의 교육이 적극적 권리로서 다문화교육이다.

27. 다문화학생

최근 학령인구는 저출산으로 인해 점차 감소하는 가운데, 다문화

---

4 미국의 적극적 평등실현조치(affirmative action)란 역사적으로 지속되어 온 사회적 차별의 효과를 없애기 위하여 취업, 학교입학, 공공계약 등의 영역에서 소수인종을 우대하는 정책을 말한다.

학생은 꾸준히 증가하고 있다. 학교급별 다문화학생 비율은 초등학생이 다수를 차지하고 있다. 다문화학생은 국내 출생자녀, 중도입국자녀, 외국인가정 자녀로 구분한다(교육부, 2021). 이 중에서 상당수는 국제결혼을 통한 국내 출생 자녀들이 차지한다. 그러나 최근에는 중도입국학생과 외국인학생 수가 2014년도에 3,214명이었으나 2020년에는 7,373명으로 2배 이상 증가하였다. 이에 따라 교육부와 각 시·도 교육청은 이들 학생에 대한 지원을 강화하고 있다.

국제결혼의 증가에 따라 2018년 결혼이민자 비율은 전체 결혼의 8.8%를 차지하고 있다(통계청, 2018). 국내 체류 외국인 현황은 2009년에 117만 명, 2014년 180만 명, 2019년에는 245만 명으로 크게 증가하였다. 다문화가정이 증가하면서 다문화가정 자녀도 함께 증가하고 있다. 최근 5년간 다문화학생의 증가와 전체 학생 수의 감소로 인한 전체 학생 대비 다문화학생의 비율이 꾸준히 증가하고 있으며, 매년 1만 명 이상 증가하여 2020년에는 14만 명을 초과하게 되었다. 이러한 수치는 전체 학생 2.8%를 차지한다[5](교육부, 2021).

다문화학생 유형별로 살펴보면, 2019년 초등학생은 국내 출생 83,620명, 중도입국자녀 5,163명, 외국인가정 자녀 15,175명으로 집계되었고, 중학생은 국내 출생은 15,960명, 중도입국자녀 2,153명, 외국인가정 자녀 3,688명이었으며, 고등학생은 국내 출생 8,543명, 중도입국자녀 1,381명, 외국인가정 자녀 1,596명으로 집계되었다.

---

5 다문화학생 수는 2013년 55,780명으로 전체 국내 학생 6,489,349명 대비 0.86%를 차지하였으며, 최근 2019년에 137,225명으로 전체 학생 수 5,461,614명 대비 2.51%로 나타났다(교육부, 2020).

따라서 국내 출생 다문화학생과 외국인가정학생이 매년 꾸준한 증가 추세를 보인다.

지역별로 다문화학생은 경기, 서울에 가장 많이 재학하고 있으며, 전체 학생 대비 다문화학생 비율은 전남, 충남이 가장 높게 나타났다. 다문화학생 중 중도입국학생 비중은 서울, 경기가 가장 높았으며, 국내 출생 다문화학생 비중은 전남, 전북에서 높게 나타났다. 다문화학생의 수가 전국에서 경기도가 가장 많으며 안산, 수원, 시흥을 중심으로 다문화학생 밀집 학교가 증가하고 있고, 다문화학생의 비율이 절반이 넘는 학교들이 점차 확대되고 있고, 최근 경기도 안산의 한 학교는 전체 학생 수의 96%가 다문화학생인 것으로 집계되었다(박철희 외, 2016; 장인실, 박영진, 2018). 따라서 국내 출생 다문화학생, 중도입국학생이 모두 증가하고 있다. 외국인노동자가정 학생들의 경우는 몽골, 일본, 중국, 필리핀의 비중이 높게 나타났다. 그 외에도 태국, 미국, 러시아, 인도네시아, 남부아시아, 중앙아시아, 유럽등 매우 다양한 국적의 배경을 가지고 있다(박윤경, 이소연, 2009).

다문화학생의 특징을 살펴보면, 다문화학생이 밀집한 학교에서는 학생들의 한국어 수준과 문화적 차이 등으로 인해 일반 교육 과정의 운영이 어려울 뿐만 아니라, 학생들 간의 소통 및 교사와의 소통이 어려워 학교생활 전반에 걸쳐 어려움을 겪고 있다. 중 · 고등학교로 올라갈수록 학업중단율이 높아지나, 전체 학생과 비교 시 부적응 관련 학업중단의 차이는 크지 않다. 다문화학생의 이주배경 특성상 해외 출국 및 미인정 유학 사유로 인한 학업중단이 72.4%(초 86.7%, 중 65.8%, 고 25.2%)로 많은 편이다. 특히 한국어능력이 부족한 중도입국학생의 증가로 학교현장의 교육과정 운영 및 입국 초기 통합교육의 어려움을 겪게 된다. 따라서 다문화학생이 학교에 조기 적응할 수 있도록 입국 초기 한국어교육 등 맞춤형 지원 강화가 필요하다. 그러나 대부분의 지원이 한국어교육 및 학습 측면에만 집중되어 이주배경, 문화적 다양성을 살린 강점 개발 및 정서 지원은 상대적으로 부족하다.

2020년 교육부의 지침에서 출발선 평등을 위한 교육기회를 보장하기 위해 제도 개선 및 공교육 진입 절차를 지원할 다문화교육 지원 계획을 발표하였다. 초 · 중등교육법 시행령을 개정하여 중도입국학생의 학교 배정, 학력 심의 등 공교육 진입 과정 개선을 시행하였다. 이에 따라 중도입국학생의 중학교 입학, 전학 및 편입학 시 학교장의 입학 허가 과정에서 교육장의 학교 배정 방식으로 절차를 개선(시행령 제75조)하여 학교장의 편입학 등 미허가에 따른 교육권 침해 해소 및 다문화학생의 특정 학교 편중 현상의 개선 효과를 기대하게 되었다. 이에 따라 지역 다문화교육지원센터를 통해 편입학 절차 안내 및 상담, 정책학교 안내, 학적 생성 등 공교육 진입 전 과정을 지원하고, 다문화학생 개별 지원을 통해 학생이 처한 상황, 여건에 맞는 입학 및 편입학 절차 안내 및 상담을 진행하게 되었다. 그러나 여전히 공교육 차원에서는 소수자 적응 중심의 분리 교육이 압도적이라고 할 수 있다(조인제, 2019).

특히 다문화학생의 공교육 진입을 원활히 하기 위해서 다문화가족지원센터, 한국건강가정진흥원, 무지개청소년센터, 다누리콜센터, 외국인노동자지원센터, 출입국외국인청, 주요국 대사관 등 다문화학생 및 학부모 방문이 잦은 유관기관에 중도입국자녀, 난민자녀에게 해당 국가 언어 13개로 '우리아이 학교보내기'라는 리플릿을 배포하여 안내자료로 활용하고 있다. 또한 학교생활 조기적응 지원을 위한 징검다리 과정을 확대하여 초등학교 입학, 편입학 예정 다문화학생을 대상으로 운영하는 중이다. 이를 통해 다문화학생은 입학 후 학교에 아는 사람이 있다는 편안함을 느끼고, 운영교사와 이중언어강사를 통해 학교생활의 어려움을 빠르게 해소하는 데 도움을 받을 수 있으며, 교사는 학생들에 대한 사전 파악으로 맞춤형 교육을 위해 미리 계획할 수 있다. 또한, 한국어학급이 운영되지 않는 학교에 중도입국학생이 편입학하는 경우 찾아가는 한국어교육을 지원하고 있다.

다문화, 외국인가정 증가로 다문화학생에 대한 교육수요가 늘어나고 있으며, 다문화학생의 국적, 연령, 특성 등이 다양해지고 있다. 따라서 개인적 배경과 관계없는 동등한 교육의 기회보장이 필요하며, 중도입국학생의 증가에 따른 학생별 맞춤형 교육이 요구된다. 이것으로 다문화 유아, 난민, 미등록 아동, 중도입국청소년, 다문화학생 밀집 지역 등 정책 사각지대 지원을 통한 교육격차 해소가 필요하다는 것을 알 수 있다. 모든 학생이 문화적 차이를 수용하고 이해하며, 학교에서 조화롭게 생활할 수 있는 다문화 친화적 교육환경 조성이 중요할 때이다.

다문화가족이 증가하면서 주목해봐야 할 현상 중 하나는 가족해체 현상으로 부모의 이혼, 별거, 사별 등에 의해 나타나는데, 특히 부모의 이혼은 학생들의 다양한 비행의 발생에 영향을 미치는 핵심 요인이며, 학교생활 적응에도 큰 영향을 미친다(정제영, 선미숙, 장선희, 2016). 다문화가정의 해체와 관련된 요인을 살펴보면, 다양한 문화적 배경을 가진 다문화가족들은 국제결혼 과정에서의 배우자에 대한 정보의 불충분, 문화와 가치관의 차이, 나이와 경제적 문제 등의 여러 사유로 가족해체가 발생하며, 이때 자녀교육이 가장 큰 어려움이 된다(이혜경, 전혜인, 2013). 낯선 땅에서 혼자 짊어져야 하는 보육 부담과 경제적 어려움, 미숙한 한국어로 자녀의 과제나 학습지도 및 준비물 챙김, 학부모 모임 등에 참석하지 못하게 됨에 따른 학교제도에 대한 정보 부재 등이 생긴다(김성애, 이윤정, 2019).

다문화가정 학생들과 일반가정 학생들은 서로 다른 특성을 가진 집단으로 나타났다. 그러므로 다문화가정 학생들의 차별화된 특성 및 내적 다양성을 고려한 지원책을 병행할 필요가 있으며, 다문화가정 학생들에게 적합한 특별지원책이 요구되므로 집단의 특성에 따라 차별적으로 제공되어야 한다. 한국사회에서 다양한 특성을 가진 학생들을 통틀어 다문화가정 학생들이라고 부르고 있지만, 다문화가정 학생들은 내적으로 동일한 집단이 아니며, 국제결혼가정 학생과 외국인노동자가정 학생들은 학교생활에 대한 만족도, 한국어 능력, 대인관계 등 여러 가지 측면에서 상당한 차이를 보인다. 다문화가정 학생들 중에는 다문화가정이라는 하나의 범주로 포착해낼 수 없는 다양함이 존재하므로 이들을 지원하는 각종 대책들은 고려되어야 한다.

28. 중도입국청소년

한국사회에 거주 중인 국내 체류 외국인은 2021년 약 1,956만 명으로 나타났으며, 이 중 결혼이민자는 166,771명으로 집계되었다(출입국·외국인정책, 2022). 또한, 2021년 교육통계 분석 자료에 따르면, 국내에 거주하는 결혼이민자의 자녀들이 학령기가 되면서 국내 다문화학생의 수가 16만 58명으로 집계되었으며, 이는 2012년(4만 6천 954명)의 3.4배로 늘어난 수치이다.

2019년 여성가족부 전국다문화가족 실태조사에서 다문화가정 자녀 전체 중 외국에서 거주하다 온 자녀의 규모는 청소년(만 9세에서 24세) 약 1만 5천여 명으로 전체 다문화가정 자녀의 16.2%를 차지하였으며, 이 중 외국에서 주로 성장한 자녀는 약 6천5백여 명으로 전체의 6.9%로 추정되고 있다. 이들을 결혼이민자의 중도입국자녀로, 결혼이민자의 본국 전혼 관계에서 출생하여 성장하다가 외국인자녀로서 국내에 입국해 현재 합법체류 중인 경우이다.

여성가족부의 이주배경청소년센터와 교육부에서는 결혼이민자가 한국인 배우자와 결혼하며 본국에 있던 자녀를 데려왔거나, 국제결혼가정 자녀 중 외국인 부모의 본국에서 성장하다 청소년기에 재입국한 경우, 한국에서 출생했더라도 외국인 부모의 본국에서 성장하다 청소년기에 한국으로 돌아온 청소년까지 중도입국자녀로 보고 있다(여성가족부, 2019).

중도입국자녀는 국내 출생 다문화가정 자녀들보다 한국어능력 부족과 새로운 가족과 새로운 사회, 문화 등에 적응해야 하는 어려움을 겪는다(정희정, 김소연, 2014). 중도입국자녀와 부모들이 한국사회에 적응하면서 겪는 어려움으로 먼저, 학교생활에서 겪는 언어소통의 어려움, 사회로부터의 소외감, 그리고 한국의 가정에서 이복형제와의 이질감을 경험한다(이은영, 황혜원, 2016; 조은희, 오성배, 2017). 특히, 새롭게 만들어진 가족환경에서 오는 스트레스는 자아정체성에 영향을 주기도 한다.

또한, 중도입국자녀들은 현실적으로 국내 입국 당시에는 한국 국적을 취득하지 못한 경우도 많아 「다문화가족지원법」의 지원대상에서 제외된다. 적절한 양육이나 교육이 이루어지지 않을 때 법적 보호를 받기 어렵다. 특히 중도입국청소년의 경우 공교육을 받는 것이 어렵다. 이에 비해 국내 출생 다문화자녀들은 「재한외국인처우기본법」과 「다문화가족지원법」의 지원대상이 된다. 이에 교육부는 정규학교로 진입하기 이전에 정규교육 과정을 준비할 수 있도록 일종의 예비과정을 도입하였다. 전국적으로 중도입국청소년들을 다문화예비학교를 통해 1~6개월간 한국어교육 및 문화교육을 받도록 한 것이다.

여성가족부의 중도입국청소년들을 위한 '레인보우스쿨' 사업을 시행하여 입국 초기 중도입국청소년들에게 한국어교육, 사회적 관계 향상 및 심리 정서지원 프로그램 등을 제공하고 정규교육 과정으로의 편입학 지원, 진로지도 등을 시행하고 있다. '무지개를 잡아라' 사업은 중도입국청소년을 위한 진로교육 프로그램과 특성을 고려한 단계별 맞춤형 진로교육 제공과 진로탐색 과정(직장 생활을 위한 한국어, 직업 체험), 진로설계 과정(진학 및 취업 지원 등)으로 구성되어 실행되고 있다. 그리고 '내일을 잡아라' 사업은 직업 세계에 대한 이해 및 직업 기술 부족으로 사회진출에 어려움을 겪는 중도입국청소년, 다문화가정청소년 등을 지원하기 위한 직업교육프로그램, 전문 직업훈련과 자격증 취득 대비 교육을 수행하고 있다. 그러나 중도입국 자녀를 대상으로 하는 중요 교육기관인 레인보우스쿨이나, 다문화 예비학교, 대안학교에 대한 인지율은 다른 사업에 비해 낮은 편이다(김민수, 2019).

법무부는 결혼이민자의 중도입국청소년이 정규교육 과정에서 소외되지 않도록 함으로써 한국사회에서 안정적으로 적응하여 건강하게 성장할 수 있도록 중도입국청소년에 대한 취학현황을 파악하고, 진학을 유도하는 방안 도입을 추진하고 있으며, 「출입국관리법」 시행규칙 제47조(외국인등록 사항)를 개정하여 현재 취학 중인 '학교명'을 추가하고 있다. 이를 통해 중도입국청소년에 대하여 초·중·고 취학 여부를 확인하여, 자녀와 부모에 대한 외국인등록 및 체류 기간 연장 등 체류 허가 심사에 반영한다.

결혼이민자의 중도입국청소년은 한국에 입국하여 부모와 함께 장기간 생활하면서 영주, 귀화 등 한국사회의 영구적 구성원으로 될 가능성이 큼에도 불구하고, 현행법상 취학의무가 없는 데다가 한국어능력 부족, 부모의 무관심, 가정의 형편 등을 이유로 정규학교에 다니지 않고 집에서 은둔하거나 학교 밖에서 외톨이 생활을 하는 등 방치되는 사례가 있어 이에 대한 대책 마련이 시급하다. 따라서 한국어능력 부족 등의 사유로 정규학교 진학이 어려운 중도입국자녀에 대하여 법무부에서 운영 중인 조기적응프로그램 및 사회통합프로그램을 의무적으로 수강하도록 하여 정규학교에 조속히 진입할 수 있는 학습 여건을 마련하는 방안도 검토하였다.

2019년 통계에 의하면, 결혼이민자의 전혼 관계에서 태어나 국내 입국한 중도입국자녀의 수는 3,938명(귀화자 6,871명 제외)이나, 이들 중 몇 명이 학교에 다니지 않고 있는지 정확한 실태는 교육부, 여가부 등에서도 파악하기 힘든 부분이다. 국적별로는 베트남과 중국이 가장 많으며, 다음으로, 한국계 중국인, 필리핀, 몽골, 태국, 우주베키스탄, 러시아, 일본 등의 순으로 나타나고 있다. 그간 시·도 교육청과 지방자치단체에서는 결혼이민자의 중도입국자녀 등에게 다문화예비학교, 다문화 중점학교, 레인보우스쿨 등을 통해 한국어 교육 지원, 학교 진학 권유 등 각종 적응프로그램을 제공하였다. 그러나, 정부 지원의 손길이 닿지 않는 중도입국자녀의 사각지대가 여전히 존재하고, 일부 학교에서는 중도입국자녀에 대한 지도 곤란 등 사유로 입학을 거부하는 경우도 있어, 이에 대한 해결책 마련이 시급한 것으로 보인다. 그뿐 아니라 정규학교에 다니지 않는 중도입국자녀의 수에 대한 정확한 실태 파악도 어려운 상황에 처했다.

결혼이민자의 중도입국자녀가 정규학교에서 학업을 하지 않는 것으로 확인되는 경우, 정규학교에 진학하지 않는 정당한 사유가 있는지를 파악하여, 그 사유가 정당하지 않다면 해당 중도입국자녀와 그 부모에게는 외국인등록 및 체류기간 연장 등 체류허가 심사할 때 체류기간을 단기간 부여한다. 한편, 학교 측의 입학 거부 등 불가피한 사유로 취학하지 못하는 학령기 중도입국자녀가 대안학교 등에서 학업을 진행 중이면 일정 기간만 재학 사실로 인정하는 방안을 교육부 등 관계기관과 함께 검토되었다.

법무부는 정규학교 진학이 어려운 중도입국청소년을 위해 조기 적응프로그램 및 사회통합프로그램을 의무적으로 수강하도록 하여 정규학교에 진학할 수 있는 학습 여건을 마련하는 방안도 검토하였다. 또한, 중도입국자녀에 대한 정규학교 진학 상황을 지역별로 모니터링하고, 정규학교 진학을 위해 지방출입국외국인청에서는 시·도 교육청, 지방자치단체, 사회통합프로그램 운영기관 등 전문기관과 연계를 통해 중도입국자녀의 미취학 정보를 공유한다. 정규 또는 대안학교 소재지, 입학절차 및 방법 등 기본적인 정보 부족으로 인하여 취학하지 못하는 중도입국자녀의 정보접근성을 높이기 위해 지방출입국외국인청을 중심으로 각 전문기관의 기능을 연계하는 민관협력 체계를 구축하고 있다. 이를 위해 법무부는 교육부, 여성가족부 및 전문기관과의 협력체계 구축을 위한 협의를 이루었다. 법무부는 결혼이민자의 중도입국청소년이 정규교육 과정에서 소외되지 않도록 함으로써 한국사회에서 안정적으로 적응하여 건강하게 성장할 수 있도록 하고 있다.

29. 다문화 인식

다문화 인식이란 사회나 공동체 안에서 다양한 인종, 언어, 계층 등과 다양한 나라의 문화가 존재함을 인정하고 존중하는 것이다. 즉, 각 사회 내에 존재하는 문화적 다양성과 개인들 자신의 가치와 경험되는 현실뿐 아니라 자신의 가치와 신념이 다른 문화권에 속하는 개인을 존중하고 인식하는 것이다(김정아, 최정, 2016). 다문화 인식은 다양한 문화를 존중하며 함께 공존함을 수용할 수 있는 능력이다. 따라서 다문화 인식은 우리와 다른 문화적 배경을 가진 문화의 존재를 인정하고 이러한 문화와 우리 문화의 차이점을 이해하고 존중하여 적극적으로 수용하는 태도이다. 이러한 태도는 다양성을 인정하고 자신과 다른 문화에 대한 차별과 편견을 없애는 것을 추구하는 다문화교육의 목표와 상통한다.

다문화가정 학생들의 교우 관계, 교사 관계 등 다양한 관계는 학교생활 적응에 많은 영향을 주고 있다. 따라서 다문화학생의 학교생활 부적응은 개인적인 특성의 문제라기보다 그들을 둘러싸고 있는 환경적 요소에 기인한다고 볼 수 있다. 또한, 일반 학생과 다문화가정 학생 사이의 긍정적인 관계 형성을 위해서 일반가정 학생들의 다문화 인식은 함양되어야 할 중요한 과제이다. 다문화 인식에 영향을 주는 요인으로는 다문화교육 경험, 외국문화 접촉, 외국여행 기회, 미디어, 다문화가족 접촉 등이 일반 학생들의 다문화 인식에 영향을 준다(장인실, 이혜진, 2010).

일반 청소년의 다문화 인식에 관한 연구에 따르면, 다문화가정 자녀들이 가진 공통점으로 학습결손과 편견 · 차별로 인한 학교부적응을 지적하였다. 일반 청소년의 다문화 인식에 있어서 다른 나라 문화교육 경험과 외국경험은 상관관계가 높으므로 외모가 다르고 문화가 다른 사람들과 함께하는 경험을 하는 것이 다문화청소년에 대한 인식전환을 촉진하는 데 기여할 것이라고 주장하였다(임주용, 오윤자, 2010). 그러한 예로 지역에 따라서 다문화가정 자녀들을 접할 기회가 많은 농촌의 아이들이 도시보다 다문화 인식이 긍정적으로 나타났다. 또한, 다문화 관련 직접, 간접 경험이 많아질수록 다문화교육의 인식 및 태도와 다문화 효능감의 수준 역시 높아지는 것으로 나타났다(김진철, 장봉석, 2010). 따라서 교원양성기관에서의 다문화교육 경험은 다문화에 대한 이해를 바탕으로 다른 민족과 타 인종에 대한 문화적 정체성을 수용하고 존중함으로써 다문화 인식과 다문화 효능감을 높일 수 있다(배정혜, 권민균, 2011).

다문화 인식은 다양한 문화에 대한 상대성을 인정하고 수용하는 것이다. 예를 들어, 김정신(2011)의 연구에서 최근 유아 교사의 다문화에 관한 인식 및 효능감 수준이 높을수록 유아의 다문화 인식 수준이 높은 것으로 나타났다. 다문화사회에서는 유아기부터 다문화교육이 중요하며 교사가 가지는 다문화에 대한 인식 및 태도가 유아기 아동의 다문화 인식 형성에 지대한 영향을 미치고 있다(김미진, 김혜진, 손유진, 2015; 오영훈, 방현희, 박미희, 2015).

한국사회가 다문화사회로 변모하는 동안 다문화사회에 대한 국민의 인식 또한 변화하고 있다. 하지만 사회통합정책 대부분이 이민자 지원에 치중되어 있을 뿐, 정책의 또 다른 대상자인 국민과 관련된 정책은 미미한 수준이다. 국민과 이민자가 더불어 살아가야 하는 현 상황에서 국민의 다문화 인식 파악은 사회통합정책을 추진해나가는 데 있어 매우 중요한 요소이다(강정희, 2016; 윤인진, 송영호, 2011; 홍서연, 손병덕, 손주희, 2018).

한국인은 국내 체류 외국인의 증가에 기인한 문화적 다양성을 긍정적으로 평가하면서도 다른 인종과 외국인이 완전하게 한국인으로 동화될 수 없다는 생각이 지배적이다. 정부의 적극적인 정책 의지에 반해 일반인들의 다문화 인식은 예나 지금이나 크게 달라지지 않았다(윤인진, 2015). 예를 들어, 이주노동자, 결혼이민자, 국제결혼가정 자녀, 조선족 동포, 화교, 북한이탈주민에 대한 심리적 거리감도 여전히 줄어들지 않고 있기 때문이다. 이러한 문제는 다문화가 먼저 시작되어 보편화된 서구사회에서도 별반 다르지 않은 것으로 나타난다.

다문화 인식에 많은 영향을 미치는 요인으로 개인의 특성인 연령, 학력, 소득으로 나타났으며, 이러한 특성이 개인의 가치와 태도에 큰 영향을 미칠 수 있기 때문이다(Ariely, 2014; Citrin, Johnston & Wright, 2012). 또한, 다문화 대상별 다문화 수용 형태가 매우 다르게 나타났다. 선진 국가인 미국인과 유럽인을 가장 선호하면서도 국민으로의 수용수준은 민족 감정이 반영된 같은 동포인 북한이탈주민과 중국동포가 가장 높았다. 반면 일본인은 국민적 수용성이 가장 낮았으며, 방문, 절친한 친구, 가족관계에서의 수용수준은 상대적으로 높았지만, 국민으로는 가장 받아들이기 싫은 민족으로 나타났다(강정희, 2016). 특히 문화 수용에 있어 미국인이 가장 높게 나타났으며, 북한이탈주민, 유럽인, 중국동포, 일본인, 동남아인, 중국인 순으로 나타났다. 동남아인과 중국인의 비율이 낮게 나타난 것은 다문화 수용수준이 일정한 것이 아니라 대상에 따라서도 크게 달라진다는 것을 반영하는 것이다.

한국사회가 다문화 인식개선을 위해 많은 정책적 노력을 하고 있지만, 차별의 시선이 여전하다. 왜냐하면, 실제로 외국인 범죄 관련

보도는 세간의 주목을 받았고, 국내 여론은 외국인 집단 전체를 비난하는 방향으로 움직이기도 하였다. 경기침체로 인한 실업난, 사회 양극화로 인한 일자리, 복지 등에서의 경쟁이 심화되면서 이주민에 대한 불만도 점차 높아지고 있다. 이런 상황에서 정부의 다문화정책은 정책의 비일관성, 계몽적 홍보, 전시성 정책, 시행 기관의 중복 및 비체계성, 서구 다문화정책의 성급한 수용에 따른 문제, 다문화정책의 하나로 추진되는 다문화프로그램들은 일회성 행사의 성격, 한국의 다문화현상을 설명하는 이론적 기반과 실천적 대안의 부재 등으로 비판받고 있다. 다문화 인식에는 표면적으로는 외국인에 대한 인식이 개선된 것으로 보였지만, 외국인에 대한 한국인의 차별은 여전한 것으로 나타났다.

30. 문화적 역량

문화는 한 집단의 역사, 경제, 환경 및 정치적 영향력에 의해 형성된 삶의 방식으로 학습되고, 전수된 믿음과 가치 및 관습을 통해 형성된 세계관의 표상으로 종교 및 영적 전통과 심리적 과정을 포함한다. 그러므로 개인은 문화적 존재로서 문화적 · 민족적 · 인종적 유산을 지닌다(Choudhuri et al., 2011). 인구가 다양화될수록 사회복지교육자들은 문화적으로 역량 있는 실천가 교육에 대한 책임이 더 커지고 있다(Hall & Theriot, 2016). 많은 연구자는 연구 과정에서 학생들의 학습능력 향상을 위한 다문화 인식, 지식 및 기술에 영향을 주는 요소들을 고려해야 한다. 이는 잠재적으로 학생들이 문화 역량 과정을 더 잘 준비하고 학생들의 학습능력 결과를 향상시키는 데 도움이 될 수 있다.

문화적 역량(cultural competence)에 대한 개념은 다양한 학문 분야에서 중요하게 사용되는 개념이지만 어떤 정의를 내려도 그 자체로 잠재적 불일치와 차이점이 있는 개념이다(Ridley, Mendoza, Kanitz, Angermeier, & Zenk, 1994). 그러나 다문화사회에서 휴먼서비스 전문직 분야들의 주요한 가치와 신념을 반영하고 있으며, 각 학문 분야와 학자마다 다르지만 중요한 개념으로 인식되고 있다. 문화적 역량 개념이 심리학, 사회복지학, 교육학, 간호학 같은 다양한 휴먼서비스 영역에서 논의되기 시작하여 전문가의 문화적 역량이 중요한 개념으로 논의되었다(Suh, 2004). 특히 미국의 사회복지사협회는 윤리강령에 문화적 역량을 사회복지사의 윤리적 책임 중의 하나로 인식시키고 체계적인 교육과정에 필수적으로 포함되도록 제도화하여 중요한 부분으로 인정하였다.

문화적 역량에 대한 정의는 '다양한 문화와 인종, 성별, 배경을 지닌 개인, 가족, 지역사회의 문화적 환경 안에서 이들과 효과적으로 업무를 수행하기 위한 능력을 달성하기 위해 지속해서 노력하는 과정'이다(Campinha-Bacote, 2002). 문화적 역량이 갖는 공통적인 요소는 실천가 자신의 문화적 배경에 대한 자기인식과 다른 집단의 문화적 다양성에 대한 인식, 다양한 문화와 문화집단에 관한 지식, 그리고 문화적으로 적절한 개입기술로 구성되어 있다(National Association of Social Workers, 2001; Sue & Sue, 2003). 즉, 문화적 역량은 지식기반,

기술기반, 가치기반으로 구성되어 있다.

문화적 역량 강화를 위한 문화적 인식과 기술은 오늘날 많이 부족한 편이다. 이러한 자질이 가장 필요한 시대에 문화적 인식과 기술이 없다면 운영상의 교착상태로 직장 내에서 큰 비용으로 발생할 수 있다. 이러한 상황은 사업, 교육, 보건, 그리고 휴먼서비스에 종사하는 사람들의 우려를 자극하고, 그들의 우려는 다문화 역량에 종사하는 직원들의 공식적인 훈련이 필요함을 강조한다(Kerby & Burns, 2012). 따라서 사회복지교육자들은 학생들의 다문화 인식, 지식, 기술 교육이 중요하다는 것을 인식시킬 필요가 있다.

미국에서 문화적 역량에 대한 논의는 1960년대에 소수민족 인권운동에서 시작되었으며, 다양한 휴먼서비스 영역에서 전문적 역량이 중요한 개념으로 여겨진 것은 1980년대에 들어서면서 본격화되었다. 특히 심리학 연구에서는 인간심리에 미치는 문화의 중요성이 오래전부터 인식돼 왔기 때문에 상담자와 클라이언트 간의 임상적 관계에서 문화적 역량 논의가 다른 어떤 분야보다 일찍 시작되었고, 임상적 역량의 주요 요소로 인정하였다(American Psychological Association).

사회복지 분야에서 문화적 역량은 미국 사회복지사협회 윤리강령에 지침서를 발표하였다. 사회복지전문직의 역량에 중요한 요소로 인식하고 체계적인 교육과정으로 전달하였다. 따라서 미국에서 문화적 역량이 서비스 전달과정에 중요한 요소임을 인식하여 제도화되는 과정을 거쳤다. 그 결과 미국의 모든 연방정부 지원 의료 서비스 및 주요 서비스 프로그램들은 이중언어서비스 지원 규정을 의무화하였다. 어떤 개인도 기회로부터 배제되지 않도록 하였으며, 이용 과정에서 언어적·문화적 소수자의 인권을 적극적으로 보장하는 것을 제도화함으로써 서비스의 문화적 역량이 인권보장과 사회 정의를 실현하는 중요한 도구가 되었다.

문화적 역량은 하나의 사건이 아니라 변화하는 과정이며 다섯 가지 구성요소(cultural awareness, cultural knowledge, cultural skill, cultural encounters, and cultural desire)를 가진 다면적인 측면으로 이루어져 있다. 즉, 문화적 인식, 문화적 지식, 문화적 기술, 문화적 만남, 문화적 욕구를 문화 역량의 5가지 필수 구성 요소로 간주한다(Sue, 2001).

수(Sue, 2001)는 문화적 역량의 다문화적 차원은 다문화 역량의 3가지 주된 차원을 조직하기 위한 개념적 틀로 특정 인종/문화적 집단의 관점(specific racial/cultural group perspectives), 문화적 역량의 구성(components of cultural competence), 그리고 문화적 역량의 핵심(foci of cultural competence)을 제공한다고 주장하였다.

첫째, 인종/문화 역량의 구체적 속성은 문화적 역량을 정의하는 데 있어서 가장 문제시되는 이슈 중의 하나는 다문화주의의 포괄주의적 또는 배타적 성격을 다루는 데 있다. 많은 심리학자는 다문화주의의 포괄적인 개념(즉, 젠더, 능력/장애, 성적인 지향 등)이 인간 존재의 강력한 차원으로서 인종의 이해와 연구를 모호하게 할 수 있음을 지적하였다. 이러한 입장은 인간 정체성의 많은 문화적 차원의 중요성을 부정하려는 것이 아니라 많은 심리학자가 다른 인구·사회학적 차이보다는 인종문제를 다루면서 경험하는 더 큰 불편함에 주목한다. 그 결과 인종은 덜 예민하게 대하면서 인종편견, 인종차별, 체계적 인종억압의 문제를 다루지 않도록 해준다. 그러므로 다문화적 이해와 감수성을 강화한다는 것은 인종의 중요성을 희석하는 사회 정치적 힘에 대한 우리의 이해와 문화, 민족성, 사회계층, 성별, 성적 성향과 관련된 다른 집단 정체성의 존재를 인정해야 하는 필요성의 균형을 의미한다.

둘째, 문화적 역량의 구성은 문화적 역량에 대한 어떤 정의에도 잠재적인 불일치와 차이점이 있다. 문화적 역량을 인식론적 도식의 형태에서 문화적 민감성, 문화 차이에 대한 지식, 자신의 문화적 가정에 대한 인식, 성공적인 문화적 개입에 필요한 기술, 세계관의 수준, 문화의 특수한 환경에 의해 조절된 보편적 치유 조건, 다문화주의의 포괄적 또는 배타적 성격에 초점을 맞춰왔다.

셋째, 문화적 역량의 핵심을 거시적인 차원에서 문화적 역량의 핵심은 사람/개인 대 조직/시스템 수준의 분석을 검토한다. 문화적 역량에 대한 작업은 일반적으로 미시적 수준으로 개인에 초점을 맞춘다.

문화적 역량의 필요성과 관심은 한국사회가 다문화사회로의 전환과 국제사회에서 시대적 요구에 부응하는 전문직의 윤리적 책임이다. 먼저, 한국사회는 매우 짧은 기간에 다문화사회로 전환되었다. 더불어 급증하는 국제결혼의 추세가 또 다른 외국인 집단의 한국 내 유입의 원인이 되었으며, 다양한 집단의 욕구를 효과적으로 충족시킬 수 있도록 문화적 역량을 갖추어야 한다는 것은 시대적 요구가 되고 있다. 결국 다문화사회에서 문화적 역량이란 시대적 요구에 부응하는 일이다.

또한, 국제사회의 규범에 대해 한국사회가 문화적 역량에 관해 관심을 가질 때이다. 세계화로 인한 급격한 이주의 다양화로 문화적 다양성에 대한 존중과 소수자의 인권과 기회평등을 보장하는 것은 국제사회의 규범이다. 한국사회에서 문화적 역량에 대한 논의의 역사는 짧지만, 유엔의 인종차별철폐위원회의 우려 섞인 목소리도 간과할 수 없다. 특히, 한국사회 내에서 외국인의 인권과 기회보장에 관한 법률과 제도적 개선의 필요가 절실하며, 한국사회에 만연해 있는 자민족 자문화 중심적인 인식에 대한 우려를 간과할 수 없기 때문이다.

　　문화적 역량의 사용에 있어서 문화는 차이의 한 측면으로 인정된다(Educational Policy and Accreditation Standards, 2015). 문화적 역량의 개념은 점점 더 다양한 환경에서 사회복지교육의 실천 개념화에 상당한 진보를 반영했고 많은 휴먼서비스 직종에서 좋은 평가를 받아왔다(Nicotera & Kang, 2009). 특히, 의료 분야에서 의료 소비자들은 문화적인 역량을 갖춘 보살핌을 받을 자격이 있으며, 문화적 역량은 의료환경의 다양성에 직면할 때 필수적이다. 문화적 역량은 적어도 1970년 이래로 간호에 관한 관심의 개념이었고, 간호 및 직업치료 연구와 캐나다, 한국, 뉴질랜드, 영국에서 수행된 이론 문헌 모두에서 국제적으로 다루어졌다. 그러므로 의료 분야에서 문화적 역량은 정확한 진단과 적절한 치료, 환자와 치료자 간의 긍정적 관계 형성, 환자가 치료에 협조하는 정도에 지대한 영향을 미치고 있고, 인종, 문화집단 간에 질병 유병률, 치료 효과, 개입전략에 중요한 차이가 있다고 주장하였다.

교육 분야에서 문화적 역량은 언어와 문화적 소수자 학생들에게 학습 동기, 학교와의 애착관계 형성, 중도탈락률 등에 미치는 이중 언어교육의 혜택에 관한 연구들이 있다. 또한, 문화적 역량을 구성하는 인지적 요인 중 다문화 효능감은 교사가 다양한 문화적 배경을 가진 학생들에게 다문화사회에 적합한 자질을 기르도록 가르칠 수 있다는 자신감이다(박지영, 조경자, 2016). 학교교육에서 문화적 역량은 전통적인 학문중심 교과보다는 한 사회가 제대로 기능하기 위해서는 그에 필요한 창의력, 생산력, 사고력, 의사소통력 등이 있으며, 학교가 이러한 것들을 우선시하여 가르칠 필요가 있다는 것이다.

상담 분야에서 문화적 역량은 상담자와 클라이언트 간의 문화, 언어의 일치, 문화적으로 적절한 의사소통 양식, 관계형성 양식 등은 서비스 중도 탈락률을 감소시키고 문화적으로 과도한 병리화를 예방한다고 주장하였다(Sue, 2001). 문화적 역량은 소수민족 문제에 집중된 학자들과 실무자들 사이에서 가장 많이 논의되는 개념 중 하나이다. 문화적 역량은 사람들이 다른 문화집단을 인정하고 인식해야 할 뿐만 아니라 그들과 효과적으로 함께 일할 수 있어야 한다는 믿음이다.

제4장

다문화사회복지와
다문화교육 담론의 쟁점

1. 다문화사회복지 담론에 대한 쟁점

한국사회의 다문화사회복지 담론은 결혼이주여성에 비중을 두어 진행되어 왔다. 다문화가족은 일반 가족보다 더 많은 어려움을 겪게 되는데, 결혼이주여성 본인의 사회문화 적응, 배우자와 가족들과의 관계, 자녀양육 및 진로 등 다양한 영역에서 갈등이 야기되기 때문이다. 이에 한국정부는 결혼이주여성의 적응과 다문화가족의 안정성을 위해 2008년도 「다문화가족지원법」을 제정하고 사회복지서비스 시스템을 구축하였다. 이후 결혼이주여성의 생활 전 영역에 걸쳐 적응 및 사회복지 관련 연구들이 수행되었다.

선행연구들에서 나타난 쟁점들을 살펴보면 먼저, 결혼이주여성들이 결혼으로부터 자녀를 출산하고 양육하는 과정과 경제활동을 위해 자신의 역량을 계발하고 진로를 찾는 과정에서 사회복지를 경험하였으며, 결혼이주여성의 역량을 강화할 수 있는 효율적인 사회복지서비스 개선방안의 필요성이다. 다음으로, 결혼이주여성들을 위한 사회복지서비스 개선이 필요하며 가족의 지지, 나아가 사회적 지지로써 지역사회 관계망 형성, 정부나 지방자치단체의 사회통합적 복지서비스 활용이 요구된다(김기화, 김영순, 2018).

한국사회의 다문화사회복지 담론은 결혼이주여성에 비중을 두어

진행되는 점에서 비판을 받고 있다(홍지아, 2010). 첫째, 우선 다문화, 다인종 사회로 변화하는 한국사회의 다문화 담론이 한 방향에 치중되어 다문화와 관련한 다양한 이슈들을 소화하지 못한다는 점이다. 현재 한국사회에 거주하는 다양한 이주자들을 다문화의 담론에서 소외시키며 이들의 인권이나 복지, 한국사회에서 겪는 타자로서의 고민에 관심을 기울이지 않고 있다. 한국사회의 제도적 관리의 허점으로 겪는 편견, 차별과 인권침해는 사회적으로 배제된 타자로 성장할 가능성이 크다. 둘째, 결혼이주여성과 관련된 대부분의 담론은 어떠한 형태의 다문화 담론으로 나타나고 있는가 하는 점이다. 현재 한국에 거주하는 결혼이주여성들의 출신국은 대부분 한국보다 경제적으로 열악한 나라로 한국 남성과의 결혼을 선택하는 주된 이유이다. 이런 이유에서 결혼 이후에도 돈을 주고 사온 비인격적인 존재의 대상이 되기도 하며, 외국인 며느리, 혹은 외국인 아내라는 호칭으로 일반 한국 여성들과 구별된다. 다문화사회복지 담론의 핵심으로 부각되는 것은 결혼이주여성이 한국사회의 저출산 고령화 현상을 해결하기 위해 가족 만들기, 즉 한국의 전통문화를 재현하고 가사노동과 출산, 양육, 돌봄 등의 기능을 수행하므로 한국 다문화사회복지 담론의 가부장적 성격을 드러낸다는 지적이다.

현재 한국사회가 경험하는 다문화 현상은 이주의 여성화라는 젠더적 특징을 지니는 한편, 다수를 차지하는 노동이주 인구보다는 한국사회의 전통문화 유지에 필요한 결혼이주여성에게 관심을 집중하는 이중적 태도를 지닌다. 이러한 현상은 가족단위의 이주를 토대로 시민권을 확장하는 유럽이나 미국과는 다른 점이다. 그러므로 한국의 다문화정책은 주로 결혼이민자의 출산과 양육을 지원하는 사회복지서비스 정책으로 여겨진다.

다문화사업에 대한 관련 예산이 늘어나자 부처 간 경쟁심화로 인한 중복지원과 과열지원의 문제는 많은 비판을 받아왔다. 정부로부터 예산을 받아 사업을 수행하는 단체들은 실적을 올려야 하기에 사업대상인 다문화가족 자녀들을 필요로 한다. 따라서 이미 한국 국적을 취득한 이민자 어머니를 둔 한국인 아이들도 다문화 아동으로 분류되어 별도의 지원을 받는다.

현행 복지체계 안에서 여성결혼이민자들은 「다문화가족지원법」의 사회복지서비스의 수혜자로 설정되어 기본적인 사회보장제도로부터는 배제되고 있다. 이러한 정책 기조는 결혼이민자들을 보편적인 시민권을 확장하는 방향이 아닌 제도상 차별을 그대로 유지하면서 임의적인 지원을 늘리는 방식이다. 그러나 결혼이민자가족에 대한 지원방식은 다문화가족의 사회권이 유지되는 시민적 권리라기보다 국가로부터 특별한 혜택를 받는 것으로 여겨지는 다문화가족에 대한 사회적 낙인을 강화한다. 복지체계는 결혼이민자가족을 보편적 복지체계 안에서 사회권을 확대하기보다 이들을 다문화가족이라는 명칭으로 분리하여 지원함으로써, 결혼이주자가족을 타자화하는 효과를 낳고 있다.

1) 다문화사회복지정책 쟁점

다문화정책의 제도화 과정에서, 한국의 다문화복지정책과 관련된 논의들이 갖는 문제점을 지적하며 대안을 제시하였다. 대부분의 연구에서 서구의 다문화주의 정책과 비교하여 한국의 다문화정책을 동화주의 정책으로 분석하여 이에 대한 비판을 제기하였다(이종두, 백미연, 2012). 그렇기 때문에 다문화정책이 더욱 다문화주의적 내용으로 바뀌어야 한다는 것이다(양경은, 함승환, 2020). 또한 한국의 다문화정책은 서구처럼 복지국가의 경험이 부재한 상황에서 대안적인 사회통합 논쟁으로 확대된다.

한국에서 대표적인 가족이민자 유형은 결혼이민자이다. 그들 대부분은 소득수준이 낮은 국가 출신의 여성들로서, 그들의 한국인 배우자 역시 사회 · 경제적 수준이 높지 않다. 이 점을 고려할 때 결혼이민자의 빈곤 가능성은 높다고 볼 수 있으며, 근로하지 않는 상태에서 욕구나 시민권을 근거로 한 사회보장급여에 대한 접근이 거부되면 복지국가의 사각지대에 놓이게 된다. 중요한 점은 사회보험 중심의 복지국가인 한국은 고용을 전제로 한 노동이민을 위주로 한 이민정책이라 할 수 있다. 그러므로 노동이민자뿐 아니라 가족이민자들도 노동시장에 참여하는 것, 또는 귀화를 통해 시민권을 획득할 때만이 사회권에 접근할 수 있는 가장 좋은 기회가 될 수 있다(김규찬, 2020).

그러나 한국의 다문화정책은 여성결혼이민자의 출산과 양육을 집중적으로 지원하는 사회복지서비스 정책으로 변화되었다(김정선, 2011). 여성결혼이민자들은 합법적으로 체류할 수 있는 방법은 한국인 자녀에 대한 양육권을 갖는 경우에 어머니라는 자격을 통해서만 사회적 기본권에 접근할 수 있다. 여성결혼이민자들은 기초적인 사회보장제도로부터 배제된 채 「다문화가족지원법」상 사회복지서비스의 수혜자가 된다. 그러므로, 다문화정책이 복지서비스 프로그램적 성격으로 언제든지 변화될 수 있다. 이렇게 진행되는 정책은 한국적 다문화주의를 모색하는 데 이주자의 시민권은 가장 핵심적인 의제이나 그동안 이에 대한 논의는 충분히 이루어지지 않았다는 것을 의미한다. 또한, 한국적 다문화주의의 특징에 대한 충분한 논의가 있었지만, 실제로 한국의 다문화정책이 사회복지서비스라는 점에서 다문화가족의 출산과 양육을 집중 지원함으로써 그것이 낳은 효과에 대한 논의는 미흡하였다.

(1) 사회보장권 쟁점

한국의 사회보장제도는 노령, 실업, 질병 등의 사회적 위험에 대비하는 사회보험제도와 자산 조사를 통해 최빈층의 소득을 보충하는 공공부조제도, 기타 사회복지서비스권 및 관련 복지제도로 구성되어 있다(안병영, 정무권, 신동면, 양재진, 2018). 각각의 제도는 관계법령에 의거 외국인의 수급권 적용 여부와 보장수준을 달리 규정하고 있다. 노동자를 대상으로 하는 사회보험의 경우 불법체류자를 포함하여 외국인도 원칙적으로는 적용 대상에 포함하고 있다. 사회보험 중심의 사회보장제도는 외국인노동자도 원칙적으로 즉각적인 접근이 가능하며 사회보험의 급여수준도 기여 정도에만 비례한다. 그러나 고용되어 있지 않거나 불법체류 상태의 외국인노동자는 사회보장제도에서 자동으로 배제된다.

한국의 사회보험은 외국인노동자 출신국에 따른 상호주의원칙을 적용하고 있다. 이는 한국으로 이주해온 대부분의 노동자가 사회보장 저발전국 출신임을 고려할 때, 상호주의는 호혜적이라기보다는 차별적일 수밖에 없기 때문이다(이철우, 최요섭, 이종호, 2016). 한국의 복지정책은 이민자들에게 사회보험제도를 폭넓게 적용하고는 있으나 이들을 사회적 위험으로부터 효과적으로 보호하고 있다고 평가하기는 어렵다. 공공부조의 주요 급여는 비전문 이주노동자들에게 적용되지 않는다. 반면 기여금 없이 세금으로 운영되는 제도임에도 불구하고 국적취득 전의 결혼이민자에게는 적용된다. 또한, 임신 중이거나 대한민국 국적의 미성년 자녀를 양육하고 있는 결혼이민자만 국민기초생활보장제도의 적용 대상이 될 수 있다는 점이다.

사회보장권에서 사회권 향유 주체를 모든 국민으로 정의하고 있기에 원칙적으로 결혼이민자를 비롯한 모든 외국인은 사회보장체계로부터 배제되지만, 국내에 거주하는 외국인에게 사회보장제도를 적용할 때는 상호주의원칙에 따르되 관련법령에서 정하는 바에 따른다고 규정하고 있다. 최근 현실적인 요구에 따라 외국인 특례조항을 신설함으로써 권리주체의 범위를 외국인에게 확장하고 있다.

사회보험제도에는 4대 보험으로 국민건강보험, 산재보험, 고용보험, 국민연금으로 구성되어 있다. 여성결혼이민자들은 배우자 비자로 생활하고 있으며, 4대 보험 가입대상이 될 수 있으나 만약 미등록이라면 산재보험을 제외한 어떤 사회보험에도 가입할 수 없다. 사회보험과 달리, 공공부조는 경제적 자립을 지원하는 사회보장제도로 수혜자의 부담 없이 국가 및 지방자치단체가 생활 유지 능력이 없거나 생활이 어려운 사람들에게 무상으로 급여를 지급하고 생존을 보장한다. 공공부조는 결혼이민자들에게 굳게 닫혀 있었으나 2007년 시행한 「국민기초생활보장법」, 2008년 12월 「한부모가족지원법」 시행 이후에는 「긴급복지지원법」이 개정되어 외국인에 대한 특례조항을 신설함으로써, 여성결혼이민자들에게도 부분적으로 개방되었다.

더불어, 사회복지 분야 사업의 현황 파악이 어려운 구조와 사회복지 분야 예산에 대한 통계산출 및 관리가 어려운 구조가 문제점으로 지적되고 있다. 사회복지서비스권 및 관련 복지제도와 관련된 법률 및 제도는 「다문화가족지원법」과 다문화가족지원센터가 있으며, 이러한 법률과 제도도 합법적인 체류자에게만 해당한다.

(2) 다문화가족지원법 쟁점

결혼이민자들은 한국사회에 새롭게 등장한 시민이지만 한국의 일반적인 복지정책을 누리는 시민으로서 마땅한 권리를 누리지 못한다. 따라서 한국의 다문화정책의 수혜대상이 된다. 또한, 이들의 법적 권리는 성역할의 수행 여부에 의해 결정되고 그들의 가족 안에서 아내의 역할을 충실히 수행하면서 한국인 배우자로부터 인정받는 경우만 체류자격이 부여된다. 또한, 한국사회의 저출산 문제에 기여하는 여성결혼이주자만이 미비하나마 사회권적 기본권을 누릴 수 있다. 반면에 혼인관계를 유지한다고 해도 자녀가 없는 여성, 그리고 미등록신분으로 살아가는 결혼이민자에게는 어떤 시민적 권리도 누릴 자유가 주어지지 않는다.

「다문화가족지원법」의 시행 이래로 결혼이민자들은 다문화정책의 최대 수혜자가 되었다. 다문화가족 구성원이 안정적인 가족생활을 영위할 수 있도록 복지서비스를 제공함으로써 이들의 삶의 질 향상과 사회통합을 목적으로 한다. 이 법은 개별 이주여성보다는 다문화가족을 통합 대상으로 하며, 사회보장기본법 중에서 사회복지서비스권을 보장하고 있다. 「다문화가족지원법」은 동화주의에 기반한 여성결혼이민자 사회통합을 지향하기에 한국어교육을 비롯한 결혼이민자에 대한 생활정보 제공 및 교육지원, 가정폭력 피해자에 대한 보호 및 지원, 산전과 산후 건강관리 지원, 아동보육 및 교육지원 등 한국사회로의 적응 등을 지원하고 있다. 모든 지원조항은 법적 강제성을 갖는 의무조항이 아닌 임의조항들이다. 이러한 성격으로 「다문화가족지원법」은 제정 초기부터 비판적 관점에서의 수많은 지적이 제기되고 있다. 임의적 형식으로 인해 발생하는 법률과 현실의 차이를 줄이기 위한 노력에도 불구하고 여전히 비판을 받는 실정이다. 가장 핵심적인 비판은 「다문화가족지원법」의 전제조건이다. 즉, 다문화가정의 존속을 전제로 규정된 법률이어서 만약 가정이 해체되는 경우이다. 이와 더불어 다문화가정(다문화가족의 개념, 국가와 지방단체의 책무 등) 관련 법률규정 형식도 비판의 대상이다. 또한 세부적인 법률용어 개념과 규정형식에 대한 비판이 있다(강명원, 2019).

먼저, 법률용어 개념에 관한 평가로, 다문화가족의 개념을 들 수 있으나, 이러한 좁은 시각의 다문화가족의 개념으로는 오늘날 다양한 모습으로 존재하는 다문화가족을 포괄할 수 없다는 점이 지적되고 있다. 예를 들어, 외국인만으로 구성된 가정, 이주노동자로서 대한민국 국민과 혼인하여 아직 한국 국적을 취득하지 못한 경우 등은 이 법의 보호 범위에 속하지 않아 이에 대한 개정이 필요하다는 것이다. 다음으로, 가족의 범위에 대한 평가이다. 현행 「다문화가족지원법」의 내용에는 가족이라는 용어가 빈번하게 등장하나 가족의 범위를 어떻게 정할 것인가에 있다.

현재 한국 법령에서 가족의 개념을 밝히고 있는 법률은 「민법」과 「건강가정기본법」이다. 「민법」 제779조에서는 가족의 정의를 '배우자, 직계혈족 및 형제자매는 당연히 가족에 속하며, 직계혈족의 배우자, 배우자의 직계혈족과 배우자의 형제자매는 생계를 같이하는 경우'에만 가족의 범위에 포함하고 있다. 이에 반해 「건강가정기본법」 제3조에서는 '가족은 혼인, 혈연, 입양으로 이루어진 사회의 기본단위'라고 규정하고 있어 특별히 친족관계에 의한 제한을 하지 않고 있다. 두 법률이 정의하는 가족 개념은 그 범위가 같지 않다. 따라서 「다문화가족지원법」에서 말하는 가족이란 범위는 2가지 법률 중 어느 법률을 준용해야 하는지에 따라 가족의 범위가 달라진다는 문제점이 끊이지 않고 지적되고 있다.

법률규정 형식에 관한 평가로 현행 「다문화가족지원법」의 대부분을 살펴보면 국가나 지방자치단체의 다문화가족 지원을 위한 내용으로 구성되어 있으며, 이러한 내용의 법률규정 형식은 크게 3가지로 분류된다. 먼저, 그 형식이 반드시 해야 하는 의무사항과 다음으로, 반드시 해야 하는 것은 아니지만 국가와 지방자치단체가 가급적 지향해야 하는 사항과 마지막으로, 국가와 지방자치단체가 재량으로 할 수가 있는 사항이다. 결과적으로, 다문화가족에게 도움이 되는 규정들은 국가나 지방자치단체가 해야 하는 의무사항이 아니라 재량적 사항으로 실질적인 도움을 받기 어려운 구조로 되어 있다는 비판적 평가가 있다. 현행 「다문화가족지원법」을 비추어보면, 몇 차례 개정과 비판에도 불구하고 여전히 근본적인 개정이 필요한 것으로 보인다.

최근 다문화가족 지원현장에서 발생하는 문제들은, 막대한 다문화 예산의 대상, 즉 다문화가족을 수혜적인 사회복지서비스 정책의 지원대상으로 포함한 결과이다. 그러나 한국식 다문화주의는 이주자들의 문화적 정체성을 보호하기보다 여성결혼이민자의 출산과 양육중심으로 지원하는 사회복지서비스 정책으로 변경되었고 다문화라는 명칭만 사용했을 뿐, 다문화이념을 추구하지 않았다. 정부는 한국의 저출산 문제 해결을 위한 복지서비스 정책을 다문화라는 이름으로 수행함으로써 다문화가족은 국가정책의 시혜적인 의존자라는 부당한 편견과 사회적 낙인을 받고 있다. 이러한 다문화복지정책은 일반 복지정책과 갈등관계에 놓이게 된다.

결혼이주여성들은 정부에서 실시하는 여러 정책에 의해 어느 정도는 복지혜택을 누리고 있지만, 국내에서 사는 외국인노동자나, 불법체류자, 동포들은 복지정책에서 소외된 채, 경제 형편이 어려워도 기초생활수급자 혜택을 받을 수도 없는 법의 사각지대에서 살고 있다.

2) 다문화사회복지의 실천적 쟁점

한국사회 구성원의 다양화, 특히 이주노동자, 국제결혼 여성, 다문화가정 자녀, 중도입국자녀의 급격한 증가는 한국사회가 일찍이 경험해보지 못했던 급격한 인구통계학적 변화를 야기하고 있으며, 이러한 현상은 한국사회의 정체성을 빠른 속도로 변화를 요구하게 되었다. 다문화사회복지의 실천적 측면을 고려해보면, 한국사회가 다문화사회로 진입하면서 사회를 이루는 각 구성원의 인종적 · 문화적 다양성을 고려한 사회복지 실천은 오늘날 시대적 요구이다(김영란, 2010). 다문화사회복지 실천은 기존의 사회복지 실천과 전혀 다른 것이라기보다는 그동안 소홀하였던 다양한 문화적 요소를 포함하는 맥락에서 이해되어야 하며, 그것은 한국사회에서 새로운 복지 대상의 출현이나 사회복지 실천의 영역 확대 이상의 의미가 있다.

다문화사회복지 실천은 기존의 사회복지 실천을 다문화적 요소를 고려하여 발전적으로 적용하고 해석하여 새로운 실천이론 및 모델을 탐색하는 작업이다. 즉, 다양성과 차이점을 존중하고 원조 관계에서 작용하는 문화적 요소를 인식하는 사회복지 실천이다. 다문화사회복지 실천은 원조적 관점에서 클라이언트의 특성을 인식하여 클라이언트의 문화적 특성과 삶의 경험에 일치되는 원조 목표를 세울 것과 개인적 · 집단적 · 보편적 차원을 포함하여야 한다. 또한, 다문화사회복지 실천의 주요 대상이 민족적 · 인종적 · 사회경제적 특성에 기인한 차별을 받아온 사회적 소수자들이며, 이들과의 상호작용 속에서 다름과 차이를 인정하고 사회 · 심리적 기능을 향상하는 것이 다문화사회복지 실천의 목표이다(Lim, 2004). 따라서 다문화사회복지 실천은 문화적으로 다양한 클라이언트를 위해 인종, 민족, 성별 등에 일치하는 개입양식을 사용하고 목표를 설정하고 개인 경험과 문화적 가치와 일관된 개입과 치료 목표를 정의하며, 클라이언트의 정체성을 개인, 집단, 보편적 차원에서 인식하며, 보편적이고 문화ㆍ특수적인 전략의 사용과 원조 과정의 역할을 옹호하는 것이다.

(1) 다문화사회복지 실천의 문제점

한국 다문화사회복지 실천의 문제점으로 편견과 차별, 문화적 역량의 강화, 그리고 다문화적 사회복지조직의 변화로 지적되어 왔다(김영란, 2010). 먼저, 편견과 차별적인 서비스를 지양하여야 한다. 한국의 사회복지 실천을 위한 윤리 규범은 사회복지현장에서 지침과 기준에 문화적 한계와 인종, 문화, 성별 등을 고려한다. 현실적으로 동남아 출신 국제결혼이주여성과 자녀 및 중도입국자녀들은 쉽게 한국사회에 동화되지 않는 것으로 나타나고 있다. 이와 더불어 효과적 다문화사회복지 실천의 장애로 작용하고 있는 것은 상담가와 클라이언트의 갈등과 오해이다. 사회복지와 치료는 클라이언트의 내적 역동성에 너무 초점을 맞추어 문제의 원인으로 외적 요인을 간과하는 경우가 허다하다. 또한 사회복지 실천에서 다문화사회 이전에는 언어적 차이를 이해하려는 노력은 요구되지 않았으나 다문화사회의 출현은 통ㆍ번역 서비스가 가능한 이중언어를 하는 사회복지사가 반드시 필요하게 되었다. 다문화사회복지 실천의 상담과 치료에서 한국어상담은 한국어가 서툰 사람은 불이익을 받을 수밖에 없다.

　다음으로, 다문화사회복지 실천에서 사회복지사의 문화적 역량 강화가 시급하게 요청된다는 점이다. 한국사회가 가지고 있는 인종적인 편견과 선입관, 고정관념이 의식적 또는 무의식적으로 반영되었음을 인정하고, 자신의 역할에 대한 책임을 인식해야 한다. 문화적 역량이란 문화나 언어, 계층, 인종, 민족적 배경, 종교, 또는 다른 다양한 요소를 가진 사람에게 효과적으로 반응하는 방식으로 클라이언트와 클라이언트 체계의 발달을 최대화할 수 있는 조건을 만들어내거나 행동을 취할 수 있는 능력이다. 따라서 문화적 역량이 있는 사회복지 실천이란 서비스 제공에 있어서 다양한 집단 클라이언트의 입장에서 의사소통하고 상호작용하며 협상하고 개입할 수 있는 능력을 습득하는 것이다. 이와 함께, 새로운 이론과 실천, 정책, 조직구조의 발전을 촉진하면서 다원주의적 민주사회가 조직적 · 사회적 수준에서 효율적으로 기능하는 데 요구되는 기술과 지식 및 인식을 습득하고 적극적으로 발전시키고 실행하는 것이다.

　마지막으로, 다문화적 사회복지조직의 변화가 필요하다. 지금까지 사회복지 실천은 단일 문화적 관점에서 수행되어 왔기에 다문화사회에 있어서 사회복지기관의 변화가 요구된다. 소수집단에 대한 이익 대변에 소극적이고 소수집단을 주류집단에 동화시키려는 태도는 지양되어야 하며, 다양한 문화를 인정하는 관점에서 기관의 임무, 운영이 이루어져야 한다. 다양한 소수집단의 개인적 · 사회적 욕구를 충족시키는 것은 사회복지기관이 문화적으로 역량을 갖춘 전문적인 사회복지사를 고용하는 것뿐만 아니라 기관 자체가 다문화적 역량을 가지고 있어야 한다.

(2) 다문화사회복지 실천 방안

다문화사회복지 실천의 문제점을 해결하기 위한 방안(허명준, 2020)은 첫째, 문화 간 차이 극복이 요구된다. 다양한 내담자의 문화 간 차이를 극복하기 위해서 그들의 인종, 문화, 민족, 성별, 성적 지향의 배경에 부합하는 개입양식을 사용하고 목표를 설정하는 것이다 (김현미, 2018). 문화 간 차이를 극복하기 위해 인종적 · 민족적 소수집단과 사회 · 인구학적 집단에 따른 문화 특수적 전략이 요구된다.

둘째, 교육인력 양성이 필요하다. 다문화주의의 이해를 위한 다양한 과목 개발이 필요하고 기존의 사회복지 과목에 문화적 다양성에 관한 내용이 포함되어야 한다. 훈련방법으로는 무엇보다도 다문화가족 복지현장에서 이루어지는 현장실습 외에도 문화적 민감성 향상을 위한 워크숍이나 해당 문화들에 대해 배울 수 있는 교육프로그램, 결혼이민자들의 출신 국가 방문 및 체험, 한글 지도자 양성프로그램 등 다양한 교육과정이 필요하다.

셋째, 법제적 지원 필요성이 요구된다. 「다문화가족지원법」은 결혼이주여성의 생활지원을 위해 결혼이주여성들과 이들의 자녀들만을 지원대상으로 결혼이주여성들이 한국사회에 정착할 수 있는 법적 근거를 마련하고 있다. 그러나 결혼이주여성을 대상으로 한국 가족문화의 이해라든가, 결혼이주여성 상담이라는 항목이 결여되어 있는 등 보완의 필요성이 계속해서 대두되고 있으므로(홍규호, 2016)

관련법의 재정비가 필요한 실정이다.

2. 다문화교육 담론의 쟁점

다문화교육에서 다문화가정의 자녀들은 언어 부분에서 자국민과의 차별적인 요소들이 많이 부각되었고, 서툰 한국어로 인해 학교교육을 받는 데에 어려움이 있다고 지적되었다. 다시 말해, 이들이 한국사회에 적응하기 위해서는 자국민과의 차이점이 해소되어야 하는데 이를 어렵게 만드는 장애요인이 언어적인 문제로 가장 큰 영향을 미친다. 그러나 다문화사회를 고려한다면 문화공존 또는 언어공존도 포함되어야 한다(김상수, 2019).

한국 다문화교육의 비판점은 다문화교육 담론에서 비롯되어 있다(박영준, 2016). 다문화교육 담론에서 다문화교육은 인간으로서 보장받아야 할 보편적 인권의 관점에서 이루어진 것이 아니라 다문화가족의 사회적응이나 국민과 이주민을 구분하는 시각이 내재하고 있다. 이주민을 소외계층으로 여겨서 온정주의의 입장에서 접근하였고, 한국사회 구성원 모두의 다문화 인권교육이 아닌 이주민에 대한 지원중심으로 이해되었기 때문이다. 이러한 결과 민주주의 사회의 핵심적 요소인 인간의 존엄성과 평등이 인권의 핵심이라는 관점은 실제 다문화교육정책에서 상대적으로 소홀하게 다루어진 점이 현재의 다문화교육의 문제점으로 나타나고 있다. 실제의 교육현장에서 일어나는 다양한 형태의 차별과 편견을 해결하기 위해 인본주

의에 근거한 인간의 존엄성을 중시하는 인권교육으로 전환할 필요
성이 있다.

　다문화교육정책은 다문화가정학생을 교육 소외계층으로 인식하
고 교육복지와 지원의 차원에서 시행되었다. 다문화교육정책의 시
행은 다문화교육을 협소하게 이해하고 동화주의적 성격을 갖는다는
비판을 받아왔다(강형민, 정상우, 2015). 또한, 다문화교육의 본래 의미
인 인권교육은 간과되어 다수 학생에 의해 소수 학생에 대한 차별과
편견이 발생하고 있으며, 중도입국자녀들은 관심의 사각지대에 놓
이게 되었다. 이런 이유는 정책의 초점이 주로 결혼이주여성과 자녀
에 있기 때문이다.

　한국사회에서 이루어진 다문화교육 담론에 대한 비판적 담론이
제기되었다. 다문화교육의 논의가 한국의 사회현실을 반영하는 데
미흡하다는 점, 다문화교육 실천이 동화주의적 관점이 내재하고 있
다는 점, 다문화 담론이 복지정책 또는 이주정책으로 치우쳐 인권
보호 측면을 소홀히 하고 있다는 점 등이다. 특히 다문화교육 대상
이 누구인지 명확한 이해가 부재하다는 점과 정책의 실현에서 오는
소수자를 구별하게 하고 편중된 정책을 지원한다는 비판적 견해가
있다(이경희, 2011). 빠른 속도로 증가하는 다문화학생과 교육현장의
변화로 다문화교육정책도 꾸준히 변해가고 있음에 따라 다문화교육
관련 예산이 크게 증가하고 있다. 그러나 모두를 위한 다문화교육이
이루어지고 있는 것은 아니다(김기영, 2017). 반면, 다문화교육은 소
수의 다문화학생을 위주로 이루어지고 있고, 그 내용은 한국문화 적
응에 집중되어 있다.

1) 다문화교육의 목표에 대한 쟁점

다문화교육의 목표가 무엇인가 하는 쟁점이다. 다문화교육의 목표를 소수자들에게 주류사회에 적응하는 것에 초점을 둔다면 동화주의적 관점이고 소수자의 정체성 유지에 주안점을 둔다면 다문화주의적 관점으로 여겨진다(이정우, 2012). 그러므로 다문화주의적 관점에서 이주자의 정체성 유지는 문화다양성으로 이해되어 그들의 정체성을 일방적으로 주류사회에 동화시키기보다는 주류집단이 소수집단의 문화를 존중하는 데 주안점을 두는 교육을 할 것이다. 즉, 문화 간 차이에 대한 이해는 서로 다른 문화적 배경을 가진 이주자의 차이에 대한 이해와 다양성에 대한 존중으로 여긴다(이정우, 2012).

동화주의적 관점에 기초한 다문화교육은 이주자가 주류문화에 적응하는 데 필요한 교육을 하는 것이다. 이주자가 자신의 고유한 문화정체성을 강조하기보다는 한국문화를 배우는 데 주력하고 있다. 동화주의적 관점의 다문화교육은 소수집단을 주류사회에 통합시키기 위해 주류사회의 언어, 지식, 가치, 기술 등을 소수집단에 가르치는 데 있다(박민정, 2012). 즉, 다문화교육은 주류사회에서 요구되는 지식, 가치, 기술 등에 대한 적응프로그램을 소수집단에 제공함으로써 사회적 평등을 획득할 수 있다는 관점이다. 이러한 동화주의적 관점에 기반한 한국의 다문화교육은 언어 및 문화이해교육을 통하여 다문화가정 자녀들이 한국사회에 적응하도록 하는 데 주안점을 두어 한국의 언어 및 생활방식을 배워 한국인처럼 살아가라는 동화 지원프로그램에 불과하다고 비판받고 있다(황정미, 2010). 이러한 다문화교육 담론은 궁극적으로 민족주의적이며 가부장적인 방식으로 이민자와 그 자녀들을 한국화하는 데 초점이 맞춰져 있음을 비판한다.

한국의 다문화교육은 문화적 소수자들이 한국사회와 문화에 적응하여 사회적·문화적으로 통합될 수 있도록 도와주는 데 중심이 되는 교육으로써 기존의 사회질서를 유지하려는 의도를 함의하고 있다. 물론 문화적으로 다른 이주자들이 의사소통과 한국문화에 잘 적응하여 사회의 구성원으로 살아가는 데 불편함이 없도록 돕는 것은 일차적으로 선행되어야 할 과제이다. 그러나 그들을 위한 적응교육의 목표 및 내용에 대해 반성적 성찰이 없다는 것이 문제라는 비판이다. 아울러 동화과정에서 그들의 고유성이나 정체성이 간과된 채 오로지 한국사회에 적응해야 하는 교육이다.

또한, 다문화교육은 문화적 다양성을 바탕으로 소수자 집단의 문화적 정체성과 문화적 권리를 인정하고 이를 위한 교육을 하는 것이므로 소수자 집단의 문화를 흡수하거나 동화시키는 것이 아니다. 그러나 동화주의적 관점의 다문화교육은 한국보다 먼저 다문화사회를 경험한 국가들에서 이미 그 한계점이 드러났다. 다문화교육에 대한 학업 부적응, 정서적 어려움 등의 문제에 초점을 두고 다문화가정의 실태나 현황을 파악함으로써 다문화교육을 동화주의적 관점에서 접근하고 있다(이정우, 2012).

한국의 다문화교육정책에 제시된 다문화교육의 목표는 시기별 다른 목표를 제시하였다(김한길, 2017). 먼저 한국사회로의 동화, 다문화적 정체성 형성, 다문화적 역량계발이라는 목표로 시작하였다.

특히 한국사회에의 동화는 다른 문화적 배경의 학생들이 한국사회에 적응하는 것뿐만 아니라 한국인으로서의 정체성 형성을 지향하기에 동화주의적인 성격이 목표였다. 반면 다문화적 정체성 형성과 다문화적 역량계발은 다른 문화적 배경의 학생들이 지닌 다양성을 존중하는 목표로 이해된다. 그런 점에서 상당 기간 다문화교육정책에서는 동화주의적인 성격의 목표와 다양성을 존중하는 목표가 혼재되어 있었으나 이후 다문화교육정책이 다루고자 하는 목표에 큰 변화가 나타났다.

2) 다문화교육의 대상에 대한 쟁점

다문화교육이 누구를 대상으로 하는가 하는 쟁점이다. 다문화교육은 모두를 위한 다문화교육임에도 불구하고 다문화학생, 즉 이주배경 학생에 머물러 있다. 그동안 다문화교육은 다문화학생들을 지원과 통합의 대상으로 여겨, 이들을 분리하여 한국 적응에 초점을 맞춘 교육프로그램들을 진행했다. 이러한 다문화교육은 다양한 이주배경 학생들이 가진 다양성과 차이에 중점을 두어 지원의 목적으로 차이를 드러내고 분리하여 그 차이를 없애는 과정이다. 차이에 집중하는 접근의 문제점은 다문화학생에게 도움을 주는 것과 동시에 부정적 이미지와 선입견을 줄 수 있고, 이들을 돕기 위해 만들어진 정책들이 오히려 그들을 차별하는 고정관념과 편견을 확대하는 결과를 낳을 수 있다(김기영, 2017). 그러나 다문화교육을 바라보는 관점에 따라 다문화교육의 주된 대상을 소수집단으로만 이해하거나 혹은 모든 집단의 학생들에 초점이 맞춰지는 등 차이가 있음을 지적한다. 그러므로 다문화교육 대상의 확대는 그동안의 다문화교육정책이 소수에게 한정된 채로 시작되었다는 비판에 대한 변화를 의미하며, 다문화교육에 사용되는 용어는 특정한 대상을 규정하고 있다는 비판점이 있다.

다른 문화적 배경의 학생과 기존의 한국 학생을 나타내는 표현으로 다문화가정학생 또는 다문화학생, 일반 학생이라는 용어 사용은 일반 학생과 다문화학생이 다름을 비정상적이라는 이미지로 분류되도록 한다(이민경, 이수정, 2011). 이러한 용어 사용은 다른 문화적 배경을 가진 학생의 차이를 부각함으로써 오히려 다른 문화적 배경을 지닌 학생들에 대한 배타적인 태도를 가져온다는 지적이 있다(김한길, 2017). 그러므로, 동화주의에 기초한 다문화교육은 기존의 사회질서를 고수하려는 입장으로 이주민의 다양성을 개인적 차원에서는 부적응 측면에서 인식된다. 또한, 부적응 측면은 사회적 통합을 저해하는 부정적 요인으로 규정하는 한계를 내포하고 있다. 동화주의의 궁극적인 목적은 이주자들을 주류사회의 문화질서에 동화시킴으로써 국가안정과 주류사회의 문화를 공고히 하는 데 있기 때문이다.

전형적인 다문화사회라고 할 수 있는 미국에서의 다문화교육은 시민권 운동의 일환으로 나타났으며, 소수자들의 공공시설이나 주택, 고용, 교육에서의 차별철폐를 목표로 시작되었다(Banks & Banks, 2019). 반면에 한국의 다문화교육은 다른 나라들의 경우와는 달리 소수집단의 자발적인 권익운동이 아니라 주류집단의 주도로 소수집단이 직면한 문제를 해결하는 과정에서 발달하였다(박채형, 2012). 특히, 다문화교육의 대상 및 영역 측면에서 한국의 다문화교육은 주로 이주민과 그들의 자녀들을 위한 교육에 한정되어 이루어졌다. 한국 사회에서 다문화교육은 이주노동자 및 국제결혼가정 자녀들을 대상으로 하는 한국어교육, 상담, 멘토링, 한국 전통문화 교육 등과 같은 문화 프로그램들과 다문화 축제, 외국인과 함께하는 문화교실 등과 같은 시혜적 성격의 행사들로 동일시되어 왔다(조영달 외, 2010). 일반 학교에서 이루어지는 다문화교육 프로그램이 다문화가정 자녀들을 대상으로 하는 프로그램에 편중되어 있음을 보여주고 있어 일반 또는 전체 학생은 배제되어 있다. 즉, 다수자들을 위한 다문화교육은 부족함을 나타내고 있다.

이처럼 다문화교육이 다문화가정 자녀에게 초점이 맞추어져 있는 것은 교육정책 초기인 2006년 교육인적자원부에서 최초의 다문화교육정책안으로 발표한 '다문화가정 자녀교육 지원대책'에서 비롯된다. 정책의 목표는 다문화자녀에 대한 교육지원이다. 이 정책에는 국제결혼가정의 자녀들이 언어 발달장애로, 학교수업에 대한 이해도가 낮으며, 정서장애도 나타나고, 집단따돌림을 당하는 등의 문제를 겪고 있기에 이들에 대한 지원이 시급하다고 보고되었다(조영달 외, 2010). 또한, 교육부에서는 다문화가정 자녀교육 지원 대책, 다문화가정 자녀교육 지원 계획, 다문화가정 학생교육 지원 방안 등으로 이주배경 학생들을 위한 정책에 다문화가정, 다문화교육이라는 용어를 지속해서 사용하면서, 이주배경 학생들을 다문화가정 학생으로 범주화하였기 때문이다. 따라서 다문화가정 자녀가 없는 학교에서는 다문화교육의 중요성과 필요성에 대한 공감대가 미약하게 이루어지고 있다.

(1) 결혼이주민자녀

결혼이주가정 자녀들을 대상으로 하는 다문화교육정책은 중요한 논의로 생애 초기 언어발달과 학교적응, 학업 격차 등이었다. 대부분 초등학교 재학생이 많아 이들을 위한 정책들이 주류를 이루어왔다. 특히 생애 초기 언어발달 지체를 주요한 이슈로 여겨서 향후 학업성취에도 영향을 미칠 수 있다는 것을 강조해왔다(교육부, 2007). 이러한 지적은 교육부가 결혼이주가정 자녀교육 지원 사업에서 학교지원 기능을 강화하는 정책을 수립하여 다문화가정 자녀들의 학습 결손을 방지하고자 하는 근거가 되고 있다.

그러나 결혼이주가정 자녀양육 및 다양한 영역에서 나타날 수 있는 초기의 문제들을 결핍으로 이해하는 것은 이들에 대해 부정적으로 인식되면서 낙인효과를 가져온다는 비판이 끊임없이 제기되었다(양순미, 2007). 이에 대한 비판적 담론은 다문화가정 자녀들을 열등한 존재로 접근하기보다는 이들의 강점을 부각해 다문화적 역량을 지닌 사회적 자원으로 인식해야 한다는 담론으로의 전환을 주장하였다. 결혼이주가정 자녀들의 강점이 될 수 있는 이중언어 학습을 지원하여 다언어 능력을 개발시켜 글로벌 인재로 키워야 한다는 담론이 등장하였다.

(2) 이주노동자자녀

이주노동자가정 자녀들의 주요한 정책 담론도 학교 부적응과 정체성 문제, 경제적인 어려움, 학업부진 문제와 따돌림 등으로 결혼이주가정 자녀 대상 이슈와 공통점이 많다(이민경, 김경근, 2009). 그러나 이주노동자가정 자녀들은 대부분 불안정한 법적 지위에 있는 미등록신분으로 한국사회에서의 체류문제로 인한 기본적인 사회보장권과 교육권이 없어 결혼이주가정 자녀와는 매우 다른 위치에 있다. 또한 이주노동자가정 자녀들은 한국 고등학교에서 대학으로 '진학'하는 과정에서는 배제되고 있다. 한국의 공교육 체계로부터 배제는 이주배경 자녀들이 한국인 또래와 사귈 수 있는 기회가 없도록 만드는 결과를 가져온다.

교육부(2008)는 이주노동자가정 자녀를 다문화가정 자녀지원 정책에 포함하여 정책을 입안하고 실행하고 있지만, 이주노동자가정 자녀에 대한 명시적인 배제를 하지 않았지만 다문화교육정책의 대부분이 결혼이주가정 자녀 중심 정책으로 이루어졌다. 이처럼 교육부는 이주노동자가정 자녀들의 교육권 보장을 위해 다각적인 대책을 발표해 최소한의 사회적 권리를 부여하고자 하였지만, 교육현장인 학교에서 국내 일반 학교 취학률은 매우 저조하여 정책의 실효성 면에서는 여전히 의문이 제기되고 있다.

(3) 중도입국자녀

다문화정책의 초점이 주로 결혼이주여성과 자녀에 있기 때문에 다문화교육에서 중도입국자녀들은 관심의 사각지대에 놓여 있다. 중도입국청소년은 다문화가정 자녀이면서 다문화학생의 일부를 차지하고 있는 집단이다. 다문화학생 중 외국에서 출생 또는 성장하다가 한국에 입국한 학생으로 그 수는 약 3만 명이며, 이들의 수적증가는 당분간 계속될 전망이다. 지금까지 중도입국자녀에 대한 교육은 주로 한국어와 한국생활 적응교육이 중심이 되었다. 중도입국학생들은 어렵게 편입학 과정을 거쳐 한국 학교에 입학하여도 언어와 문화적 장벽으로 인해 학업을 중단하게 된다.

중도입국학생들이 겪는 어려움이 점차 사회적인 논쟁으로 부상하였고 이들의 문화적응에 관한 연구도 꾸준히 진행되고 있다. 문화적응 과정에서 복합적인 어려움을 경험하며 한국사회와 학교에서 소속감을 느끼지 못하면서 살아가는 모습이 발견되었다(남부현, 김경준, 2018; 서득희, 조은혜, 2017; 이춘양, 박미숙, 2017; 정세진, 윤혜미, 정다영, 박설희, 2018). 또한, 중도입국청소년들은 심리적으로 예민한 연령대이며, 외국에서 출생했기에 한국말이 어렵고 한국문화에도 익숙하지 않다. 이러한 탓에 자신의 나이에 맞게 한국의 공교육 체계 안으로 들어오려면 몇 배의 노력이 필요하고 자신을 한국인과 다르게 대하는 경험을 한다(이형하, 2017). 중도입국청소년들은 「다문화가족지원법」의 지원대상이 아니며 한국 입국 당시에는 한국 국적을 취득하지 못한 경우도 많아서 학교교육이 제대로 이루어지지 않을 경우에도 법적 보호를 받기 어렵다. 법적으로 이들을 지원할 수 있는 근거가 없으면 심리적 불안감이 가중될 것이다.

3) 다문화교육의 내용에 대한 쟁점

다문화교육이라는 이름으로 실시되고 있는 교육이 전통문화교육과 동일시되고 있다. 다문화교육이라는 이름으로 행해지는 한국문화교육, 다문화 축제 등에서 나타나는 음식, 의상, 의례나 공연 등은 특정 민족과 일대일로 대응시키면서 이주민들의 문화를 고정관념화하고 있다(박민정, 2012). 이러한 문화다원주의적 관점에 기초한 문화 개념은 다양성을 저해하는 우려가 있다.

한국에서 실시되는 다문화교육의 내용은 한국문화, 한국어교육 등 소수자의 적응을 중시하는 내용으로 구성되어 있어서 소수자들을 향한 관용과 편견을 없애기 위한 다수자들 대상의 다문화교육은 부족하다. 다문화교육에 대한 학술적 담론 역시 다문화가정 구성원들이 처한 문제에 관한 실태조사 및 이를 위한 정책 제시가 대부분을 이루고 있다.

다문화교육정책에 제시된 다문화교육 내용에서 초기부터 일관되게 추진하고 있는 것은 이주배경 자녀들의 한국어와 기초학력 수준이 낮을 것이라는 가정하에서 한국어교육과 한국문화교육에 중점을 두었다. 또한, 이들을 사회 취약계층으로 전제하고, 지원대상의 관점으로 보았다. 다문화교육정책의 초기에는 한국에 대한 이해, 다문화에 대한 인정, 다문화적 정체성이라는 세 가지 내용 범주를 강조하였다. 그러나 다문화에 대한 인정의 내용으로는 다문화에 대한 인식과 다문화에 대한 태도만이 다루어졌다.

다문화에 관해 소개할 때, 다른 나라의 생활풍습이나 전통예술,

민속놀이 등과 같이 체험해볼 수 있는 형태의 문화적 요소가 중심이었다. 다문화교육정책은 기본적으로 문화를 특정 집단의 관습, 전통, 행동패턴 등의 일상적 문화와 특정 집단의 예술이나 음악, 미술 등과 한국문화에 관한 내용 또한 체험할 수 있는 형태의 문화적 요소로 구성이 되어 있음을 확인할 수 있다. 다문화교육의 내용들은 다른 나라의 문화들이 얼마나 다양한지, 한국의 문화와 어떤 점에서 다른지, 우리가 존중해야 할 문화적 차이가 무엇인지를 다루기 때문에 타문화에 대한 배타적인 태도를 줄이고 상대방을 이해하기 위한 출발점이 될 수 있다고 주장하였다(김선영, 2013). 문화유산만을 다루는 다문화교육 내용은 다양한 집단의 문화들 이면에 작동하는 권력적 관계에 대해 고려하지 않고 있어서 집단 간 존중 및 상호이해를 실질적으로 도모하는 데 한계가 있다는 지적이 있다(이민경, 2010).

다문화교육의 내용이 교육과정에서 포함되어 있지만, 그것을 다루는 교사의 역량에 따라 학생들의 다문화적 감수성을 키우는 데 큰 영향을 준다. 다문화 중점학교에서 교육과정 운영에 있어서 다문화교육과 연계하여 수업할 수 있도록 장려하고 있다. 그러나 학교교육 현장에서는 담당교사가 특별한 기준이나 계획이 구체적이지 않은 상태에서 지정된 경우가 많고 다문화에 대한 역량이 부족하여 해당 업무 진행의 어려움과 함께 심리적 부담감을 느끼고 있다(국가평생교육진흥원, 2016).

다문화교육 담론의 여러 가지 쟁점들을 검토하는 가운데 다문화교육의 실천 방향을 요약하면, 다문화정책은 다문화교육을 통해서 법 제도 개선과 사회조직과 제도를 마련할 수 있다. 계속 증가하는 다문화학생과 교육현장은 다문화학생에 대한 교육적 염려로 이들의 학업성취도가 낮고, 학업중단율이 높다는 부정적 측면이 지배적이다. 다문화 관련 교육예산은 계속 증가하여 투입되고 있지만 이러한 정책적 시혜인 지원에도 불구하고 학교에서 다문화학생들은 다문화교육을 지원이 아닌 차별이라고 비판받고 있다(김기영, 2017). 무엇보다 한국의 다문화교육은 담론 형성의 과정을 거치지 않고 정책부터 시행되어 왔고 교육의 성격과 방향이 학문적으로 진지하게 논의되지 않은 채 시작되었다. 더불어 정책입안자와 실무자, 이론가들과 충분히 논의와 합의를 갖지 않은 채로 무엇이 다문화교육이며 또는 다문화교육은 어떻게 이루어져야 하는지에 대한 근본적인 이해가 부족한 상태에서 진행되어 왔다. 다문화교육에 대한 근본적인 고민이 충분하지 못했음을 부인할 수 없다.

앞으로 한국사회에서 지향해야 할 다문화교육은 이주민을 대상으로 하는 교육과 프로그램의 실행에 머물러서는 안 될 것이며, 더 나아가 한국사회의 다양성 인정과 공존, 그 가운데에 조화를 이루어내는 사회라는 내용들이 주된 교육내용들로 이루어져야 한다(양승주, 신현옥, 윤상석, 허은영, 김송이, 2016). 사회구성원들에게 다양성을 인정하고 서로 다름이 차이로 존중되어야 하고 그것이 차별로 연결되지 않는 사회가 될 수 있는 인식을 높일 수 있는 정책들이어야 할 것이다. 또한, 한국사회의 변화에 따라 모든 사회 구성원들이 충분히 이해하고 열린 시각을 가지게 될 때 다문화사회가 정착될 수 있다. 따라서 사회구성원은 각자의 역할을 통해서 한국이라는 공동의 사회에 함께 공헌하고 참여하고 있는 것임을 이해시킬 수 있는 교육이 다문화교육의 핵심 방향과 내용이어야 한다. 더불어 다문화교육이 시혜적이고 복지정책 성격의 정책인 것으로만 인지되어서는 안 된다. 다문화교육은 시민교육의 성격으로서 추진되어야 한다. 다문화교육은 이주민을 대상으로 하는 정책이 아니라 궁극적으로 일반 시민들을 위한 정책이다.

다음으로, 다문화교육의 대상은 이주여성이나 장기체류 외국인, 이들의 자녀에 한정되어 실시하는 것이 아니라 사회의 모든 구성원인 학부모, 학생, 교사, 일반인 등 모두에게 이루어져야 한다. 다문화교육은 문화적 차이만 중요하게 여기는 것이 아니라 다양한 문화집단을 구분하게 하는 기준들, 즉 민족, 인종, 계층, 종교, 언어, 사회적 소수자 등과 같은 다양한 기준들을 적용하여 문화적 관점에서 여러 측면으로 사회를 바라볼 수 있게한다.

마지막으로, 한국적 상황에 적절한 다문화교육의 실천 방향에 맞게 다문화교육의 범주를 보다 구체화하여 방향설정을 할 필요가 있으며, 인권교육과 함께 연결되어 활발히 전개될 필요가 있다. 또한, 다문화교육은 모두를 포함하는 것으로 각 대상의 특성과 교육목적에 따라 다양하게 구분되어 교육이 시행될 필요가 있는데, 대상별 교육목표와 방법이 다양한 관점에서 구체적으로 제시될 수 있도록 목적이 분명한 여러 프로그램 개발이 이루어져야 할 것이다(양승주 외, 2016).

다문화교육정책을 실행하는 궁극적 목표는 다양한 이주배경 학생들이 분리가 아니라 다름을 인정하는 것으로 다름과 분리가 혼동되는 정책이 시행되어서도 안 될 것이다. 또한 이들이 한국사회에 소속감을 느끼면서 사회구성원으로서 조화를 이루고 화합해나가는 것이 한국사회에 동화시키는 과정으로 여기지 않도록 하는 것이 다문화교육이다. 따라서 다문화교육은 모두를 위한 다문화이해교육 및 다문화 감수성 프로그램 개발이 될 필요가 있다.

제3부

한국 다문화 담론의
전망과 과제

제5장

서구 다문화 담론과
한국 다문화 담론의 비교

1. 서구의 다문화주의 담론

서구의 여러 나라들은 소수인종의 비율이 높은 나라로 이주의 역사가 한국보다 훨씬 오래된 나라들이어서 다문화주의는 한국과는 다른 양상을 보인다. 서구사회의 다문화정책은 복지국가라는 토대 위에서 사회통합을 도출하기 위한 방편으로 시작되었다. 유럽에서는 세계대전 이후 난민들을 수용하고 경제 활성화로 인해 값싼 노동력을 흡수하기 위하여 이주정책과 이민법을 일찍이 전개해온 나라들로서 소수인종자들의 수가 크게 나타났다. 서구국가에서 다문화정책은 적어도 약 8~30%인 소수인종 인구가 현재 존재하거나 대체로 그 나라에서 태어난 소수인종 2, 3세 인구가 공존하는 가운데 시행되고 있다. 특히, 전통적인 이민국가인 미국은 2028년에 외국출생 인구비율이 미국 인구의 17.2%가 될 것으로 추정하고 있다(US Census, 2019). 이에 반해 한국의 경우 현재 장기체류 외국인이 전체 인구의 약 4.5%에 불과한 상황이다(법무부, 2019). 한국사회에서 다문화정책은 복지국가의 경험이 부재한 상황에서 이주자의 급격한 증가로 인한 사회통합을 위한 목표를 달성하기 위해 제시되었다. 따라서 한국의 다문화정책은 한국의 일반적인 복지정책과 긴장관계에 놓이게 되었고, 이와 더불어 일반 국민들의 불만에 직면하게 되었다

(이종두, 백미연, 2012).

다문화주의에 대한 논의가 일찍부터 시작된 서구 유럽국가들이나 미국과 캐나다, 호주의 경우는 한국사회의 다문화사회 전개과정에서 차이가 있다. 이들은 다문화주의적 사회기반과 인식이 높은 나라로서 이민자 유입에 따른 이민정책을 고급 전문직과 투자이민을 적극적으로 유치하려고 노력하고 있으며, 이민자의 가족들에게 언어교육과 학교교육에 어려움이 없도록 지원하는 정책을 시행하고 있다(Ramsey & Williams, 2003).

서구의 소수문화집단은 원주민, 소수민족, 다양한 이민자집단을 포괄하며 각 집단은 서로 다른 이주과정을 거치면서 현재의 국가에 정착한 이질적인 집단이다. 서구의 다문화주의는 이주자들의 소수인종에 대한 차별 극복과 인권존중 운동에서 비롯되었으며(Jackson, 2004), 특히 미국은 백인이라는 주류집단과 흑인, 히스패닉, 아시아인 등의 소수인종에 속하는 피부색이 다른 비주류집단과의 인종적 갈등을 극복하는 과정에서 형성된 것이다. 즉, 인종차별의 문제를 중심으로 다문화주의가 전개되어 왔다.

다문화주의는 문화적 정체성이 중요하다. 즉, 다문화주의를 옹호하는 사람들은 공동체 개인들의 복지와 번영을 위한 문화적 정체성의 중요성을 강조한다(Wright, 2004). 반면에 베리(Barry)는 정의와 평등이라는 보다 근본적인 문제들 앞에서 문화적 차이가 상대적으로 중요하지 않다고 여겼다. 서구에서는 다문화주의 이론에 대하여 다양한 관점에 입각한 비판이 꾸준히 제기되어 왔다(Barry, 2002; Gutmann, 2003). 그러므로 다문화주의의 담론은 동질적이고 일관성이 있는 것으로 특징지을 수 없다.

1) 서구 다문화사회 담론

(1) 혐오 담론

유럽에서의 이민자의 존재는 결코 새롭고 예외적인 현상은 아니지만, 국경통제나 불법이민자에 대한 사법처리와 같은 문제가 자주 논의되는 유럽연합(EU) 의회와 회원국들의 중심적인 문제가 되었다(Del-Teso-Craviotto, 2009). 그러나 이러한 법적 문제 외에도, 유럽인들과 그들의 정치대표들 사이에서 인종차별주의적이고 외국인 혐오적인 정서(racist and xenophobic sentiments)를 부추기고 있다(Geddes & Guiraudon, 2004).

지난 수십 년 동안, 반이민 담론은 일부 유럽국가와 미국에서 증가하고 있었다. 최근 몇 년 동안 영국의 폴란드이민에 대한 대중 담론은 특히 2008년 경제위기의 맥락에서 급격히 적대적으로 변했고, 그 후 2016년 유럽연합 국민투표 이후로는 더욱 심해졌다(Rzepnikowska, 2019). 처음에 폴란드인들은 백인 때문에 '바람직한' 이주집단으로 인식되고 '보이지 않는' 것으로 분류되었지만, 이러한 인식은 이주자들이 공공서비스와 복지에 부담을 주면서 영국 노동자들로부터 일자리를 빼앗는 것으로 인식이 바뀌었다. 브렉시트 투표 이후 인종차별과 외국인 혐오(xenophobia) 폭력이 특히 주목받았지만, 폴란드 이민자들은 그 이전에 다양한 형태의 인종차별적 학대를 경험했다(Rzepnikowska, 2019).

브렉시트 이후의 투표 적대감의 물결은 폴란드 국민뿐만 아니라 영국시민을 포함한 다른 이민자와 정착 소수민족에게 영향을 미친 인종차별과 외국인 혐오의 정도를 드러냈다(Burnett, 2017). 그럼에도 불구하고 유럽연합 국민투표 이후 인종차별과 외국인 혐오 사건이 불거지면서 많은 관심이 쏠렸지만, 이는 영국에서 새로운 현상은 아니다. 국민투표 이후 심화된 인종차별은 이전에 존재했던 인종차별을 기반으로 한다. 그것은 국민투표 자체뿐만 아니라, 국민투표까지 이어지는 수십 년 동안 국가정책으로 내재된 인종차별의 형태에 의해 정당화되었다(Burnett, 2017). 최근 언론과 대중의 관심이 영국의 인종차별과 외국인 혐오 담론으로 옮겨갔지만, 특히 유럽연합 국민투표 이후 폴란드 이민자들에게 영향을 미쳤지만, 브렉시트 투표 전에는 폴란드인들에게 인종차별 학대의 희생자로 거의 고려되지 않았다(Rzepnikowska, 2017).

많은 유럽국가들은 (다문화정책의 역사가 있든 없든) 다문화정책에 대한 반응과 인종차별적이고 외국인 혐오적인 태도가 증가하는 것을 보았다. 현재 유럽에서 이슬람 혐오, 반이민, 포퓰리즘 풍토가 증가하고 있다. 이러한 현상은 많은 유럽국가들의 선거결과에서 입증되었다. 이민반대 담론은 전통적으로 정치권의 우파정당과 관련이 있다. 그러한 담론은 서유럽에서 더욱 두드러졌다. 이에 대한 두 가지 전환점, 즉 2004년 중앙유럽국가들의 가입과 2007년 동부발칸 국가들의 가입과 같은 유럽연합의 확장 파동과 2008년 금융위기(Cihodariu & Dumitrescu, 2013) 이후 유럽연합의 확장은 동유럽국가들에서 서유럽국가들로의 노동이주를 매우 쉽게 만들었고, 따라서 전례 없는 규모의 이민물결을 만들어냈다. 반면에 금융 위기로 인해 이민자들이 주로 목표로 하는 저임금 일자리마저 많이 찾게 된 반면, 실업에 시달리는 고용시장에서 이민자들의 입장에 대한 불만이 더 커지고 있다(Cihodariu & Dumitrescu, 2013).

이민위기는 외국인 혐오증의 쇄도와 급진적 포퓰리즘(radical populism)의 배경이 된 반이슬람 정서의 쇄도를 촉발했다. 반이민 담론은 언어 사용의 한 형태와 사회적·정치적 상호작용의 한 형태로, 그리고 이슬람과 정기적으로 연관되어 있는 테러의 위협으로 동시에 나타났다. 이주민에 대한 적대적인 고정관념적 서술은 그들이 거주지에 대한 경제적·안보적 위협을 나타내는 역행적 사회집단을 구성한다는 논제에서 출발하였다. 무엇보다, 최종 목적지의 나라에서 문화적 동화가 가능하지 않았다. 이민자든 난민이든 망명신청자든 집단으로 이민자를 구성하는 것은 그들의 이익, 가치, 전통이 '우리 것'과 경쟁하고 있다는 인식을 부추겨 부정적인 감정을 자극하는 경향이 있다.

(2) 서구 다문화 실패 담론

다문화주의는 1960년대 이래로 서구의 지배적인 패러다임으로, 국제개발, 이민에서부터 민주주의 증진과 교육에 이르기까지 다양한 정책에 영향을 미쳤다. 9·11 이후 약 10년 동안, 그리고 이라크 전쟁, 뉴욕, 워싱턴, 마드리드, 런던의 테러 공격, 또한 다른 많은 중대한 사건들을 배경으로, 유럽은 공식적으로 국가 다문화주의 이념을 외면하였다(Ossewaarde, 2014).

1990년대 후반부터, 정치·경제·문화적 이유로 다문화주의를 수용해오던 서유럽국가들이 공공정책 실패로서 다문화주의 담론은 회의적 선언을 표출했다. 네덜란드는 다문화주의를 '죽었다'고 선언한 첫 번째 나라 중 하나이다. 영국에서 다문화주의의 죽음은 주로 2005년 런던 폭탄테러로부터 이어졌다. 노르웨이정부가 시행하는 다문화주의 철폐를 주장한 극우 민족주의자의 테러가 전 세계를 충격에 빠뜨린 것도 2011년 여름이다. 2010년 10월 17일, 앙겔라 메르켈 독일 총리는 '다문화주의가 완전히 실패했다'고 선언했다. 1년 후, 캐머런 총리는 영국의 오랜 국가지원 다문화정책을 '실패'라고 주장했다. 프랑스의 니콜라 사르코지 대통령은 이러한 표현을 옹호하며, 프랑스의 공공정책이 이주자들의 문화에 많이 집중되어 있고 주최문화에 충분히 집중되어 있지 않다고 주장했다. 이어 영국, 독일, 프랑스의 다문화정책 위기론과 실패론을 선언하였다.

독일에서는 2010년 사라진(Thilo Sarrazin)의 책(Deutschland Schafft Sich Ab)이 출간되면서 다문화주의의 실패 담론이 지배적이었다. 사라진(Sarrazin)은 터키를 비롯한 무슬림 국가에서 독일로 이민 온 무슬림들이 독일사회에 동화되지 못하고, 무슬림 밀집지역에서 문화적으로 분리된 생활을 했으며, 독일 무슬림 이민자의 3분의 2가 복지에 의존하고 있다는 이유로 독일로의 무슬림 이민을 제한해야 한다고 주장했다.

그러나 다문화주의 정책의 실패를 주장하는 담론 속에 다문화주의를 다시 생각해야 한다는 주장이 제기되었다(Kymlicka, 2012; Lenard, 2012; Vertovec & Wessendorf, 2010). 이들은 다문화주의정책의 실패를 무슬림이 사회에 동화되지 못하는 책임을 돌리는 것에 대한 비판적 입장이다. 무슬림이 유럽사회에 통합되지 못하는 근본적인 이유는 다문화주의 정책에서 추진했던 사회적 포함(social inclusion)의 실패가 아니라 이주자, 즉 무슬림에 대한 사회적 차별에 기인한다고 주장한다(Lenard, 2012).

미국의 몇몇 언론에 따르면, 북유럽의 다문화에 대한 공공정책의 실패를 이유로 '유럽의 다문화주의가 죽었다'고 보도하였다. 즉, 이러한 정책들은 이민자들을 성공적으로 통합시키지 못했고, 문화를 존중하려는 그들의 목표는 사회통합에 기여하지 못했다(Torres & Tarozzi, 2020). 논쟁에 따르면, 다문화주의는 분리된 공동체를 만들 것이고 결국 국내 내부 적들의 출현을 촉진시킬 것으로 여겼다. 미국의 신보수주의자들은 앙겔라 메르켈, 데이비드 캐머런, 니콜라 사르코지 대통령이 내린 정치적 판단에 찬성하였다.

다문화주의 실패선언은 신보수주의와 포퓰리즘적 성향을 따르는 피상적인 논쟁의 결과이다. 이러한 경향은 예외적인 경제위기로 전멸된 이민 증가, 이슬람에 대한 두려움, 역사적 관용에 관련된 유럽에서 널리 퍼져왔다. 그럼에도 불구하고 이러한 피상적인 논쟁을 넘어 다문화주의와 다문화교육과 상호문화교육에 대한 보다 합리적인 비판들이 등장했고, 이는 건설적인 대응을 진전시키는 것으로 간주되어야 한다.

포스트-다문화주의(Post-multiculturalist) 학자들(Banting & Kimlicka, 2013; Kymlicka, 2010)은 정치이론과 정책, 프로그램이 지속적으로 다문화주의에서 후퇴하는 것 같다고 주장하면서 다문화주의를 비판해왔다. 유럽연합에서 다문화주의에 대한 가장 심각한 반발이 발생했다(Peters & Besley, 2014). 반다문화(anti-multicultural) 공공정책, 예를 들어 애리조나 반이민법(Arizona anti-immigrant law)의 가장 강력한 사례들을 고려한다면 미국에 대해서도 같은 정서가 표출될 수 있을 것이다. 다문화주의는 미국의 다양성을 통합하기 위한 투쟁의 지배적인 모델이며, 다문화주의는 유럽연합 학교의 다양성을 평가하기 위한 지배적인 모델이다.

2) 북미 이민국가의 다문화정책과 사회복지서비스

(1) 미국의 다문화정책과 사회복지

미국은 여러 차례에 걸쳐 이민법안이 제정됨에 따라 이민정책에 많은 변화를 맞이하게 되었다. 미국은 1952년에 이민국적법(Immigration and Nationality Act, 1952)을 제정하면서 선별 이민제도를 시작하였으며, 이에 따라 고학력자와 기술인력에 대한 우선순위를 마련함으로써 미국에서 요구하는 전문인력 허용 중심으로 정책이 시행되었다. 또한, 현대 미국 이민법의 기초가 된 포괄적인 법안으로 국가별 쿼터를 포함하는 가족재결합을 강조하였다. 1955년 미국 이민개혁법에 의해 이민자 차별이 철폐됨에 따라 영어권 이민자인 유럽계 백인들뿐 아니라 아시아와 남미로부터 더욱 다양한 인종이 유입되면서 이민이 증가하였다. 이러한 현상은 미국은 언어와 문화가 상이한 이민자들의 정착을 지원해야 하는 대부분의 이민자가 라틴아메리카나 아시아대륙의 비영어권 국가 출신자들로 새로운 과제에 직면하게 되었다(심미경, 2016). 이후 미국 내 급증하는 불법체류자로 인해 1980년대 또 한 차례 이민법이 수정되었다. 수정된 법령은 숙련 기술인력의 수요에 따른 이주자들을 적극 유치하기 위해 기존 불법체류자에게 합법적인 지위를 부여함과 동시에 비영주 취업 비자를 확대하였다.

미국의 대표적인 고숙련 인력 유치제도로 영주권(Green Card) 제도가 있다. 그린카드는 미국의 영주비자를 의미하며, 거주 및 일할 수 있는 법적 권리를 제공하고 있는데, 이것은 우선순위 제도(preference system)[6]로 운영되고 있다. 이 제도는 영주권 취득이 빠른 시일 내에 가능하고 고급인력 유치에 집중되어 있다. 특히, 트럼프 행정부는 STEM(Science, Technology, Engineering, Math) 분야 교육의 필요성을 적극적으로 강조하고 지원하였다(송해련, 2019). 2018년부터 트럼프 행정부는 STEM 분야와 관련된 인력에게 체류기간을 2년 연장하여 학생 신분으로도 일할 기회를 제공하였다.

미국은 효과적으로 이민자들을 통합하기 위한 공식적인 입장의 이민자정책은 가지고 있지 않다. 다만, 미국에 이민하기 위해서는 자격요건에 따라 우선순위가 부여되는 우선권 제도(preference system)를 통해 이민 그 자체를 통합의 가능성에 따라서 결정하였다(이기범,

---

6 미국 이민을 위한 우대(우선)제도(preference system): 이민 우선제도는 카테고리 또는 선호도에 따라 매년 제한된 수의 영주권을 분배하는 방법이다. 영주권 신청자와 가족 관계가 있는 시민권자는 신청자를 후원하게 되며 최소 21세 이상이어야 한다. 1순위: 21세 이상의 미국 시민권자의 미혼 성인 자녀(입양 자녀 포함). 2순위: 영주권자(영주권 소지자)의 배우자와 연령에 관계없이 자녀. 세 번째 선호: 미국 시민권자의 기혼 자녀, 배우자 및 미성년 자녀.

2009). 미국은 문화적응(acculturation)과 동화를 통해 미국사회의 이민통합에 대한 방향을 제시하였고, 이민자들의 개인적인 시각과는 별개로 오래전에 미국에 정착한 이민자들, 19세기 말부터 20세기 초에 정착한 이민자들, 그리고 그들의 자녀들에 의해 지지받았다. 더불어 미국 전통의 중요성을 강조하는 사람들과 이민에 대해 동정적인 생각을 가진 자유주의자들 모두 동화의 필연성에 공감하였다.

미국이 이민의 국가로 오랫동안 동화주의(melting pot) 모델을 이용한 다문화정책을 시행해왔다. 이민자들이 자신의 고유한 언어, 문화, 사회적 특성을 유지하기보다는 새로 유입된 국가의 문화를 따르게 함으로써 동화를 통해 이뤄지는 국가적 융합에 초점을 두었다. 그러나 1970년대 이후 다양성이 확대된 미국사회에서 그 사회의 구성원인 다양한 집단들을 주류사회의 문화와 가치로 순응시키는 동화주의가 실질적으로 불가능함에 따라 평화적 공존과 존중을 기반으로 하는 다문화정책으로 바뀌게 되었다. 다문화주의를 표방하면서 사회구성원으로 이주민들을 샐러드볼에 비유하여 모두의 문화적 다양성과 공존을 인정하고 사회통합을 이루어 나가려는 통합정책으로 변모하게 된 것이다(Levin et al., 2012). 미국의 다문화 모델은 다양한 문화나 가치, 다양한 민족집단과 그들의 개별적인 언어와 습관들을 한 나라에 공존시키고자 하는 정책 모델이다. 이 모델은 이민자의 문화를 존중해주고 소수민족이 주류사회로의 동화가 아닌 평화적 공존을 지향하는 방향으로 정책목표를 두었다(Kymlicka, 2004).

미국의 다문화정책은 연방정부 차원과 각 주(State)별 차원에 따라 다양한 정책들이 시행되어 왔다. 연방정부가 제시하는 틀에 의해 운영되지만 각 주는 주 자체의 고유한 프로그램도 함께 운영한다. 특히 미국의 이민자사회통합 프로그램은 연방 차원에서 시행된 다문화정책으로 이민자자녀와 가족을 위한 교육서비스, 이민노동자 건강 및 교육서비스, 직업훈련, 난민과 망명자를 위한 건강 및 기타 서비스를 실시해왔다. 미국의 다문화정책의 핵심은 차별금지에 기초한 평등과 존중의 정신이 바탕이 되어 이주민만을 위한 것이 아니라 미국시민 모두에게 도움이 되는 정책이다.

미국은 다양한 인종으로 구성된 사회의 특성상 어린이집 교육에서부터 모든 학교교육의 교과과정에 다문화교육이 포함되어 있다(Reisch, 2007). 이는 사회구성원 모두가 서로를 존중하고 서로에 대해 배우고 소통하는 평화적 공존에 기인한 다문화정책으로 다문화교육 역할의 중요성을 강조하는 것이다. 오래전부터 미국사회는 전 구성원을 대상으로 차별과 편견에 맞서는 차별금지법을 바탕으로 다문화교육을 시행해왔다. 특히, 학교교육에서 교사, 교육행정가의 인적 구성, 교육내용, 교육현장에서의 차별금지를 중요한 핵심적 가치로 삼고 있다. 따라서 교사와 교육행정가는 백인중심의 교육을 하지 않아야 하며, 특정 인종이나 소수민족에 차별하지 않아야 하는 모든 노력이 다문화교육의 궁극적인 목표라고 할 수 있다.

미국사회의 적응을 위한 다문화교육은 다문화정책의 존중과 공존의 가치를 실현하기 위하여 연방정부 차원의 이주민 관련 입법뿐 아니라 재정적 역활수행을 확대하였다. 또한, 소수자의 정체성 보호 및 미국사회의 적응, 소외된 소수계층 학생의 학력증진과 교육기회 평등보장, 불법체류자의 자녀교육과 모성보호에 관한 관련법 개정과 사회복지프로그램을 제공하여 사회통합을 위한 노력으로 지원하였다.

미국 백인인구는 2015년 인구의 62%에서 48%로 감소하였다. 2060년에는 미국사회의 어린이 3명 중 2명이 비히스패닉 백인이 아닌 다른 인종이 될 것으로 추정하고 있다. 예컨대 히스패닉계 어린이들의 비율은 4분의 1에서 거의 3분의 1로 증가할 것이고, 아시아 어린이들의 비율도 많이 증가할 것으로 보인다(Vespa, Armstrong, Medina, 2018). 2030년 미국인구의 외국출생 비율은 그 어느 때보다도 높을 것으로 예상되며, 이에 증가하는 이민자들의 사회통합 문제와 함께 미국정부가 가장 고심하는 문제는 바로 이주민자녀들의 사회통합 문제이다.

미국은 2001년부터 이주민자녀들의 사회통합을 위해 15개 주(State) 이상에서 실시된 이민자와 이민자자녀들을 위한 「드림법」을 시행하였다. 드림법의 주요 내용은 15세 이전에 미국으로 온 학생들이 최소 5년 이상 미국에서 거주하면서 고등학교를 졸업 후 대학교에 들어가거나 군복무를 하게 되면 시민권을 발급해주는 것이다(심미경, 2016). 이 정책의 근본적인 목적은 이민자가정 자녀교육을 위해 학비의 부담을 줄여주는 데 있다. 경제적 어려움에 있고, 교육성취도가 낮은 소외계층의 학생, 또한 소수민족 학생, 영어에 능숙하지 못한 이민자 학생들이 각 주(State)에서 정한 학업성취 기준을 달성하도록 함으로써, 결과적으로 경제적 차이로 인한 학력격차를 줄이고자 하였다. 이에 따라 우수한 교사 및 학교장을 채용하여 훈련하는 프로그램, 어학프로그램을 통한 언어지원, 최신 정보통신의 교육적 활용을 위한 21세기 학교 프로그램, 학부모의 학교 선택권 부여 프로그램 등 다양한 프로그램들을 만들게 되었다. 이런 프로그램들은 소수뿐 아니라 결국 다수에게도 많은 혜택을 가져왔다.

미국은 다문화학생들의 통합증진을 도모하기 위해 이중언어교육법을 시행하였다. 이에 따라 해당 국가의 언어를 사용하는 이중언어 교사를 채용하거나, 모국어가 영어가 아닌 학생들에게 영어를 가르칠 수 있는 ESL(English as a Second Language) 자격증을 소지하고 있는 교사를 학교마다 배치하도록 하였다. 이중언어정책은 각 주마다 보다 전문적이고 체계적으로 실행되어 각 주에 속한 시의 교육청 산하 학교들에서 다양한 프로그램들로 나타났다(Callahan, Wikinson, & Muller, 2010). 또한, 영어를 모르는 학생이나 학부모와의 원활한 의사소통을 위해 학교마다 통역 코디네이터를 두거나 교사연수를 실시하였다. 이중언어 프로그램들은 다수의 학생들에게도 제2외국어 학습 프로그램의 개념으로 받아들여져 보다 확대된 정책으로 여겨진다. 이중언어 프로그램은 단순한 언어서비스가 아니라 다문화학생들이 학업에 열중할 수 있도록 하고 이와 더불어 생활의 어려움마저 고려하여 제도적 장치를 마련하고자 노력하였다(Seeberg, 2012). 이렇듯 미국의 다문화교육은 학생만을 대상으로 하는 교육이 아니라 학부모 교육과 교사 교육 등 사회 전반의 모든 구성원을 대상으로 광범위하게 시행되고 있다.

미국의 이민자정착지원 서비스는 일반 이민자에게 제공하는 교육프로그램과 서비스프로그램으로 나누어진다. 교육프로그램은 성인 이민자들에게 영어를 가르치는 프로그램으로, 지역단위 교육청의 성인교육 프로그램, 커뮤니티 칼리지(community college)나 종교 및 시민단체(NGO)의 프로그램으로 제공된다. 예를 들어, 이민자를 지원하는 종교 및 시민단체가 제공하는 지원서비스는 그 역사가 길고 전문적이다. 규모가 큰 기관들은 대부분 이민과 귀화에 관한 담당 부서인 국토안보부(Department of Homeland Security) 산하 미국이민국(US Citizenship and Immigration Services)과 연계하여 활동하고 있다.[7] 이에 많은 가톨릭 자선단체들도 미국이민국과 연계하여 귀화에 관련한 설명회를 상시로 개최한다. 또한, 100년이 넘는 전통을 가진 유태인단체(Hebrew Immigrant Aid Society)는 정부의 지원으로 이민자 지원 서비스를 제공해오고 있다. 이와 함께, 정착지원 서비스를 제공하여 거주할 주택알선, 구직기술 지원, 복지혜택 신청지원을 하고 있다. 특히 국제적으로 알려진 라이온스 클럽(Lions Club), 키와니스 클럽(Kiwanis Club) 등도 이민자들의 지역사회 정착을 후원하는 각종 행사를 개회하고 있다. 이 외에도 이민자 귀화시험 준비에 도움을 제공하는 미국의 역사나 정부체계 등을 가르치는 다양한 교육프로그램을 제공하고 있다. 서비스프로그램은 주(State)정부에서 이민자에 대해 다양한 지원을 하고 있다.

(2) 호주의 다문화정책과 사회복지

호주는 1960년대 이후 국가의 필요에 따라 대규모 이민을 받아

---

7 USCIS는 현재 이민자가 미국사회와 시민문화에 통합하고 참여하는 것을 지원하는 등 이민정책을 시행하는 전담부서이다.

들이게 되었고, 이후 다문화주의를 채택하여 다양성이 공존하는 나라로 다문화사회가 되었다. 호주의 해외출생 인구는 1990년대부터 2000년까지 23% 정도로 유지되었다. 또한, 인구의 43%는 외국태생이거나 적어도 부모 중의 1명이 외국에서 출생한 이민의 역사가 있는 국가로 약 200개의 언어가 공존하는 다문화사회이다(주성훈, 2010). 영구 이민의 경우, 82%가 이민프로그램으로 들어온 사람들인데 그중에서도 기술과 관련된 노동이주가 3분의 2를 차지하고 있으며, 나머지 3분의 1은 가족결합이민으로 이루어졌다.

호주의 다문화정책은 과거 1970년대 이전까지 백호주의로 알려져 있었으며, 호주의 독특한 사회적 · 역사적 배경을 바탕으로 동화주의 모델을 유지하였다. 유색인종에 대한 차별과 배제를 통하여 백인 위주의 정책을 지향하였다. 그 후 1970년대 중반 이래 아시아 지역의 경제적 교류 증대 등으로 이주민이 증가함에 따라 다문화주의정책을 도입하였다. 이주민 관련 법령은 1958년 제정된 이민법(Migration Act, 1958)과 시행령(Migration Regulations)이 이민행정을 규율하고 있다. 이민법개정은 상하 양원에서 통과되어야만 가능하고 이민법시행령은 사증발급 규정 등을 담고 있는데, 이민시민권부 장관의 권고를 받아 총리가 개정할 수 있다. 연방 차원의 법률이 제정된 것은 아니었지만 주정부 차원에서 공동체위원회(Community Relation Commissions)가 설치되었고 다문화 원칙에 관한 법률 및 민족차별금지법이 제정되었다. 다문화정책의 추진 주체는 주로 연방정부, 주정부, 시민사회, 비정부 기구로 이루어지며 연방정부와 지역단체와의 연계를 통한 협력 프로젝트가 많이 진행되고 있다. 더불어 호주의 다문화정책은 연방정부의 이민시민권부(Department of Immigration and Citizenship)가 총괄하고 있다.

호주의 다문화정책은 다문화주의적 현실에 호응하여 다문화주의의 정착을 위한 다양한 노력을 진행하고 있다. 호주는 1973년 차별금지 이민정책을 제정하여 백호주의를 폐지하였고, 이후 급증하는 이민으로 인해 1980년대 후반부터 다문화정책 기조가 바뀌었다(이용승, 2004). 호주의 이민정책에서 중요한 시민권 부여의 조건은 국가에 대한 충성을 강조하고 기본적인 영어 실력을 갖추어야 하며, 시민권 부여에 따른 책임과 권리에 대해 인지하고 있어야 한다. 체류자격으로 호주의 이민제도는 영주권자와 단기체류자의 적응을 촉진함으로써 호주의 경제적·인구적·사회적 복리에 기여하는 것을 목적으로 한다. 제도적으로는 이민자를 영주권자와 비영주권자로 구분할 수 있으며, 내용으로는 '경제적 기술을 가진 이민자'와 '가족이민자' 및 재외동포나 원주민 등 '특별자격 이민자'로 분류한다.

이주민 대상 지원정책을 살펴보면, 체류범주에 따라 난민 및 인도적 지위를 부여받은 자와 일반 이민자로 분류되어 프로그램을 운영하고 있다(김준현, 문병기, 2014). 난민 및 인도적 지위를 부여받은 자의 경우 특별정착서비스(Special Settlement Services)를 제공받고 일반 이민자는 일반정착서비스(General Settlement Services)를 받는다. 특별정착 지원서비스로는 인도적 정착지원 프로그램(Humanitarian Settlement Service Program)과 복합사례 지원서비스(Complex Case Support)가 있다. 먼저, 인도적 정착프로그램은 최근 도착한 난민들에게 집중적인 정착지원을 제공하는 프로그램이다. 또한, 인도적 정착지원 프로그램 서비스는 일반적으로 6개월 동안 제공되며, 특히 취약한 대상자를 위해서 더 연장될 수도 있다. 복합사례 지원서비스는 이민시민권부 지원으로, 전문화되고 집중적인 케이스 경영이 필요한 새로 입국한 난민들과 인도적 지위를 부여받은 자들을 지원하는 서비스로 운영되고 있다.

일반정착지원 서비스로는 성인이민자 영어교육프로그램(Adult Migrant English Program)과 정착지원 프로그램(Settlement Grants Program), 통·번역 서비스(Translating and Interpreting Service), 조화롭게 살기(Living in Harmony, 다문화 커뮤니티 간의 화합을 도모함과 인종차별 없는 인간관계 형성) 프로그램이 있다. 성인이민자 영어교육프로그램은 실용적인 영어 실력을 갖추지 못한 이민자나 인도주의적 입국자들에게 무료 영어수업을 제공하는 이민시민권부 지원프로그램이 운영되고 있다. 특히 정착지원 프로그램은 이민자, 난민, 인도주의적 입국자들이 자립적이고 좀 더 완전하게 호주사회에 참여할 수 있도록 도움을 제공하고 있다. 통번역전화서비스는 이민시민권부 지원으로, 대부분의 지역사회 언어를 제공하고 있으며, 일주일 내내 24시간 전화 및 현지통역 및 번역서비스를 실행하고 있다. 조화롭게 살기 프로그램은 인종, 종교, 문화적 차이의 이슈를 제기하여 사회통합을 추구하는 것이다. 1999년 이후 현재 388개의 지역사회 프로젝트, 49개 협력사업, 9개 주요 프로그램을 실시하고 있다. 또한 '파트너십 프로그램'은 조화롭게 살기(Living in Harmony)의 일부로 정부 이민시민권부와 지역단체들이 연계하여 사회참여를 지역적·국가

적으로 확산시키는 프로그램이다.[8]

호주에서는 사회보장제도나 공공부조와 같은 비기여적 복지급여의 경우 영주권자나 영주가 예상되는 외국인들에 대해서 시민권자와 동등한 자격을 부여한다. 호주의 사회보험제도는 호주연방정부에 의해서 제공되는 사회복지급부제도이다. 이러한 급부제도는 센터링크(Centrelink)라는 정부기구에 의해서 관리된다. 결혼이주민의 경우도 호주시민과 동등한 사회복지 혜택을 받는다. 호주의 시민인 이주민 대상 사회보장제도의 특징은 사회복지정책, 가족정책, 고용정책, 그리고 자녀 교육정책에 나타난다(김준현, 2014).

사회복지정책은 첫째, 공공부조로 대상에 따라 다양한 제도가 있다. 즉, 출발수당(New Start Allowance)과 청년수당(Youth Allowance) 제도이다. 모든 공공부조 제도는 '가족 · 주거 · 공동체서비스 · 원주민부(Department of Family, Housing, Community Service, and Indigenous Affairs)' 산하 '센터링크'에서 담당한다. 둘째, 사회보험 및 사회복지서비스이다. 호주의 정부 구조는 연방정부, 주정부, 지방정부로 구성되어 있는데, 각 정부 수준에 따라 다른 사회복지서비스를 제공하고 있다. 연방정부는 노인연금, 실직자 수당, 아동보육비, 장애인 연금 등 직접적 현금급여 사업을 주로 맡는다. 또한, 시설운영을 위한 재정지원과 함께 주정부와 지방정부에 재정을 지원함으로써 서비스 전달을 위임한다. 사회복지서비스 집행 업무는 '센터링크'의 지방사

---

8 호주에서는 3종류의 이민자 통합프로그램이 운영된다: Diversity and Social Cohesion Program(다양성과 사회통합프로그램)과 Help with English(이주민들의 정착을 위한 영어 프로그램), 그리고 Harmony Day 등이다(김준현, 2014).

무소를 통해 추진한다. 주정부는 병원, 교육 및 서비스 시설 등을 운영하며 지방정부는 실질적 대민복지서비스를 제공한다.

가족정책은 호주의 가족정책 추진배경에는 일할 것인지, 아이를 돌볼 것인지에 대해 부모들이 선택하도록 하는 것이 있다. 사회적 지원의 대상 집단은 저소득 가족이다. 부모들의 노동력 공급 장벽을 낮추기 위해 호주정부는 강력히 개입하고 있다. 특히 한부모가족이 빈곤 위험에 노출되어 있으므로 한부모가족의 빈곤 해소에 중점을 두고 있다. 첫째, '가족급여' 중 가장 큰 부분을 차지하는 것은 가족세금혜택(Family Tax Benefit)이다. 가족세금혜택의 'A파트'는 자녀의 수와 연령에 따라 지급되며, 'B파트'는 한부모를 포함해 주요 소득원을 하나만 가지고 있는 가족을 보조해주는 것이다. 그 밖에도 자녀보육 수당(Child Care Benefit)과 육아공제(Child Care Tax Rebate)도 있다. 둘째, 근로복지프로그램 패키지(Welfare to Work Package) 중 하나로 '부모급여(Parenting Payment)'가 있다. 셋째, 허가 또는 등록된 육아시설을 사용한 시간에 따라 '자녀 보육수당'이 지급된다. 추가보조는 육아공제로 이루어진다. 넷째, 모성급여(Maternity Payment)는 출산이나 입양에 따른 영아의 양육을 위해 지급된다. 마지막으로, 모성휴가와 육아휴직(부모 휴가) 모두 무급이고 각각 6주, 52주를 보장하고 있다.

고용정책은, 호주에서는 장기체류자에게 자국민과 동등한 교육과 직업훈련기회를 제공하고 있다. 이주민들의 노동시장 통합방안과 관련해 국가정책의 목표가 이민자들의 직업훈련을 장려하고, 언어습득 프로그램을 통해 고용능력 향상 및 실업률을 낮추는 데 있

다. 호주의 고용지원 서비스를 포함한 사회서비스의 연계 및 통합의
개혁은 복지정책 개혁에서 추진되었다. 1997년 이후 추진된 실업
자 직장체험프로그램(Work for the Dole program)[9]과 1998년의 청년지
원 수당(Youth Allowance), 1999년의 복지개혁(Welfare Review), 그리고
2001년의 함께 일하는 호주인(Australian Working Together) 등 일련의
복지정책 개혁은 생산복지 추구를 목표로 하였다.

자녀 교육정책을 살펴보면, 호주는 1972년 다문화주의정책을 실
시한 이래 교육정책에서도 '다양성 존중'을 표방하는 다문화교육을
강조하고 있다. 다문화교육 중 두드러진 것은 반인종차별교육으로
구체적인 목표는 반인종주의 전략을 실행하고 발전시키는 데 필요
한 학교의 교과과정과 평가 틀을 제시하고, 전국의 학교교육을 위한
세부적 인종차별방지 교육프로그램을 제시하는 것이다. 또한, 인종
차별방지를 위한 국제적 접근 검토를 제시하고 있으며, 인터넷 홈페
이지를 통해 다문화교육을 위한 학교수업 전략과 다문화프로그램을
제공하고 있다.

(3) 캐나다 다문화정책과 사회복지

캐나다는 프랑스계, 영국계 주민의 전통적인 갈등 해소, 그들의
가치관과 존엄성 인정을 위해 1971년 세계 최초로 다문화주의 정책
을 도입하였다. 이를 통해 모든 캐나다인은 다문화 · 다민족 사회로

---

9 Work for the Dole은 호주정부의 Workforce Australia 프레임워크의 일부이다. 이 서비스는 구
   직자들에게 새로운 기술, 경험, 자신감을 쌓고 복지에서 직장으로 전환할 수 있는 활동에 배치
   함으로써 실제 업무 경험을 제공한다.

인종, 민족, 언어, 종교에 상관없이 법 앞에 평등과 기회의 평등이 보장되고 있다. 캐나다에는 200여 개 민족집단이 있으며, 현재 이민자는 캐나다 인구 성장의 50% 이상을 차지하고 있다.

캐나다의 다문화주의법(Canadian Multiculturalism Act)은 서로 태생이 다른 개인과 지역사회 간의 상호교류는 물론, 캐나다사회의 모든 민족의 완전하고 공평한 참여를 장려한다. 캐나다의 다문화주의는 단지 문화적 차이만 강조하는 것이 아니라 다양한 인종, 문화를 보호하는 모자이크식 다문화정책을 실시하고 있다. 그들은 이민의 증가와 원주민의 권리의식 고양 등으로 인해 문화적 다양성에 대한 요구가 높아지는 한편, 특히 퀘벡주를 둘러싼 민족집단 간의 갈등 심화가 우려되는 가운데 1970년대를 기점으로 이에 대한 정책대안 마련을 위해 노력해왔다.

캐나다 역시 미국과 마찬가지로 이민자 국가로서 많은 이민자 및 난민을 받아들이고 있다. 캐나다의 이민난민보호법(Immigration and Refugee Protection Act)은 이민형태를 크게 경제이민(Economic Class), 가족이민(Family Class), 그리고 난민(Refugee)으로 분류하고 있다.[10] 먼저, 가족이민(가족재결합 이민)은 캐나다 시민권자나 영주권자의 가족결합이 목적으로 배우자, 약혼자, 19세 이하의 미혼자녀, 부모, 조부모 등 가족결합이 목적이다. 다음으로, 경제이민은 기술인력이민과 기업이민, 투자이민, 자영업이민이 있다. 1967년 처음으로 독립이민

---

10 캐나다의 이민난민보호법(Immigration and Refugee Protection Act)은 이민형태를 ① 가족재결합, ② 경제이민, ③ 난민 등으로 나누고 있다. 특히 경제이민은 점수제를 통해 이민자의 능력과 자질을 평가한다.

부분에 포인트 제도(Point System)를 도입하였다. 즉, 포인트 제도(점수 제)를 통해 이민신청자의 기술, 학력, 경력, 언어숙련 등을 평가하여 점수가 높은 신청자를 기준으로 입국하였다(Koslowski, 2014).

캐나다의 이민정책은 대체로 이민자를 환영하고 있으며, 이민자가 가져오는 다언어 및 다문화 기반의 장점을 인정하고, 이를 캐나다사회의 일부로 포괄하였다. 이러한 캐나다의 이민정책은 미국보다 훨씬 다양한 정착지원 서비스를 제공하여 왔다. 특히 이민자들의 취업지원에 있어서 언어교육은 매우 일찍부터 강조되어 왔다. 이민자 정착정책은 연방정부가 이민자의 정착에 개입하는 방식을 '국가개입유형' 또는 '선지원형(Proactive Approach)'으로 유지하였다(강휘원, 2010).

캐나다정부에서 추구하고 있는 이민자정착정책에서 볼 수 있듯 국민은 각자의 문화유산을 육성하는 권리를 가진다는 점에서 모두가 평등하다는 것이다. 이에 따라 개별적인 일을 지원하는 차원에서 각 소수민족의 문화유산을 육성시키고 다문화주의정책을 실현하기 위해 정부기관이 적극적으로 사회통합을 추진하고 있다. 연방정부에서 이민사회통합에 관여하는 행정부서로 시민권이민부(Citizenship and Immigration Canada), 인적자원사회개발부(Human Resources and Social Development Canada), 문화유산부(Canadian Heritage)가 있다.

먼저, 시민권이민부에서는 이민자가 도착해서부터 3년간 정착에 관한 서비스를 제공한다.[11] 더불어 캐나다에 새로 들어온 이민의 어

---

11 시민권이민부는 시민권법을 관장하며 공공안전부(Department of Public Safety)와 협력하

학(공용어) 습득 프로그램, 이민정착 프로그램, 호스트 프로그램, 난민 프로그램 등에서 활동하는 단체에 대하여 재정을 지원한다. 둘째, 인적자원사회개발부에서는 주로 인재육성과 관련된 차원에서 이민정책에 관여한다. 셋째, 문화유산부에서는 이민부와 인적자원사회개발부의 업무를 제외한 대부분의 이민정책에 대하여 관여한다. 주로 서로 다른 문화체험을 공유하고 상호문화이해와 시민참여를 촉진하는 활동을 지원하고 있다.

캐나다는 이민자들만을 대상으로 하는 특화된 서비스를 제공하고 있다. 캐나다 연방정부는 이민자특화서비스를 정착지원 서비스(settlement services)라고 통칭하며, 네 종류의 정착지원 서비스, 즉 이민정착적응프로그램(Immigrant Settlement and Adaptation Program), 초기이민자언어교육(Language Instruction for Newcomers), 호스트프로그램(HOST Program), 정착자학교지원프로그램(Settlement Workers in Schools)가 있다(이유진, 2009).

첫째, 이민정착적응프로그램(Immigrant Settlement and Adaptation Program)은 연방정부 및 주정부가 각 지역단위 이민자 정착지원 서비스 기관에 대규모의 재원을 지원한다. 이 서비스는 일상생활서비스로서 경제, 사회, 보건, 문화, 교육 및 여가 관련 서비스로의 연계와 은행 이용, 물건구입, 주택구입 등과 취업지원 서비스로서 정보를 제공하는 서비스, 통·번역 서비스, 상담 연계, 이력서 작성 및 구

여 이민난민보호법에 대해 책임을 진다. 2008년부터 캐나다 유산부(Department of Canadian Heritage)로부터 캐나다 다문화주의법을 이관받아 소관부처가 되었다. 캐나다 헌법 제95조에 따라 이민에 관한 업무관할은 연방정부와 주정부가 공유한다.

인정보 탐색기술 등으로 구성되어 있다.

둘째, 초기이민자언어교육(Language Instruction for Newcomer) 프로
그램은 신규이민자에 무료로 제공되는 언어교육프로그램으로 캐나
다 연방정부가 시행하는 이민자정착 및 통합 프로그램 중에서는 가
장 규모가 크고 중요시되는 언어교육이다. 캐나다 연방정부는 각 지
역에 따라 제1언어(영어 또는 프랑스어) 교육을 지원하기 위해 주정부,
교육청, 커뮤니티 대학(community college), 지역단위 이민자서비스 기
관에 재정을 배당하여 교육을 지원하고 있다. 프로그램 수강 신청자
격은 17세 이상의 이민자와 난민으로 한정되며 수강자에게 대중교
통 비용과 탁아서비스가 제공된다.

셋째, 호스트 프로그램(HOST Program)은 캐나다인 지원자 및 그
가정을 선발하여 이민자가정과 일대일로 이어주는 프로그램으로 자
원봉사자가 호스트로서 신규이민자의 친구 내지 도우미 역할을 하
여, 이민자가 캐나다사회에 적응하는 데 도움을 준다. 호스트는 지
역사회나 풍습을 소개하고, 언어연습 상대가 되어주기도 하며, 취업
을 촉진할 수 있는 인맥 형성이나 커뮤니티 참여 등을 지원한다. 이
서비스는 캐나다 10개 주(State) 중 7개 주에서 제공되고 있다.

넷째, 정착자학교지원프로그램(Settlement Workers in Schools)은 이
민자자녀의 학교생활을 도움으로써 이민자가족을 지원하는 초기 정
착지원 성격의 이민자복지서비스(outreach program)이다. 모든 신규이
민자 학생의 가족을 체계적으로 접촉하여 교육제도와 지역에 대한
오리엔테이션을 실시하고 필요한 서비스에 연결해주어 이민자학생
과 가족이 순조롭게 정착하도록 지원한다. 교육청에는 이민자정착

지원 담당자들이 지역의 여러 학교를 그룹으로 묶어 담당하며, 이민 자자녀의 학교적응에 필요한 지원을 제공하고 학교의 전반에 걸쳐 전문적인 도움을 연결해주는 역할을 한다.

캐나다 연방정부는 문화유산부를 중심으로 공용어 프로그램과 캐나다인으로서 정체성을 형성하기 위한 사업을 진행하고 있다(장진 숙, 2010). 이 정책의 실행은 캐나다의 문화적 다양성을 보존하고 캐 나다인의 사회생활에 평등실현을 목표로 한다. 이 사업의 내용은 문 화적 다양성을 인정하고 존중하는 캐나다인으로서의 정체성 확립, 공정하고 평등한 대우를 보장하는 사회적 공정, 그리고 지역사회의 장래 형성에 참여하는 능력과 기회를 가지는 적극적인 시민을 육성 하기 위한 시민참여이다. 또한, 캐나다는 진정한 다문화주의 실현을 위해 이주민에 대한 투표권은 물론, 정치대표에 선출되는 비율도 상 당하다.

3) 유럽의 다문화정책과 사회복지서비스

2019년 유럽연합(EU)의 역내에 거주하는 외국인은 약 4,145만 명으로, 유럽연합 전체 인구 중 외국인의 비율이 8%가 넘는 셈이 다. 그중 역외 외국인[12]이 역내 외국인보다 약 1.3배 더 많다. 생산가 능 인구 중에서는 외국인이 약 3,172만 명으로, 유럽연합 전체 생산 가능 인구의 약 9.6%를 차지한다. 이처럼 전체 연령에서보다 생산

---

12 역외국민이란, 즉 EU회원국 국적이 없는 사람.

가능 인구에서 외국인의 비율이 더 높다는 것은 노동을 위한 이민이 활발하다는 것을 의미한다.

국가별로는 경제 및 인구 규모 최대국인 독일이 외국인 규모도 가장 크고, 외국인 규모의 증가 속도도 가장 빠르다. 영국은 역내 외국인이 더 많지만, 프랑스는 역외 외국인이 역내 외국인의 2배가 넘는 것으로 조사되었다. 1970년대 초반 외국인 과잉유입에 대한 우려와 경제 상황의 악화로 이주민 가족의 고용 제한, 가족재결합의 제한, 차등적인 아동보조금 지급 등을 통하여 이주민 유입을 줄이고 기존의 외국인을 귀환시키기 위한 정책으로 이어졌다. 1980년대 들어서도 외국인에 대한 엄격한 정책이 고수되었으나 이주민들은 지속해서 증가하였다.

(1) 독일의 다문화정책과 사회복지

2020년 독일에는 1천만 명 이상의 외국인과 180만 명 정도의 난민이 거주하는 것으로 나타났으며 이주배경을 가진 사람 중 국적을 취득한 사람들은 1,700만 명이 넘어선 것으로 나타났다(김영란, 2021). 부모세대에서 독일로 이주하여 독일에서 출생, 외국인이었으나 독일로 귀화, 독일인-외국인 사이에 태어난 독일출생 자녀 및 손자녀 등 이주배경을 가진 사람은 전체 국민의 10% 이상 차지하고 있다. 독일에서 일하기 위해서는 노동비자와 거주허가가 있어야 한다. 노동비자의 경우, 독일 입국 전에 발급받아야 한다. 일부 국적자(호주, 캐나다, 이스라엘, 일본, 한국, 뉴질랜드, 미국)는 노동비자 없이도 노동시장 진입은 가능하지만, 입국 후 거주허가를 받아야 한다. 독일의 거주허가의 특징은 고학력자 및 고숙련자를 대상으로 하는 거주 허가 종류가 많으며, 제도적으로 고학력자 및 고숙련자 우대정책은 2020년 3월에 발효된 '숙련자 이민법(Skilled Immigration Act)'에 나타 난다(문성만, 조동희, 2021).

이주민정책 형성 및 특징으로 2000년부터 시행되었던 시민권 및 국적법은 전통적인 속인주의 방식을 변경하여 이주민가정 출생자 일지라도 일정한 조건을 충족할 경우 속지주의를 적용하여 독일에 서 태어난 외국인자녀에게 시민권을 부여하였다. 이 법은 외국인이 일정한 조건을 갖추고 8년 이상 독일에 합법적으로 거주할 경우, 독 일 국적을 신청할 수 있는 자격이 주어진다. 법률개정 전 국적 신청 자격요건이 15년 이상 독일에 거주할 것을 요구하였던 것에 비하여 상당히 변화된 것이다. 2005년에는 이민법을 제정하여 국적, 난민, 이민, 망명 등 이주와 관련된 문제를 체계적으로 다룰 수 있는 제도 적 장치를 마련하였다. 이 법은 독일사회로의 통합을 위하여 이민자 들에게 사회통합프로그램의 참여를 의무화하였다.

독일의 외국인의 체류자격은 이민법에 근거하여 체류허가와 정 착허가의 두 가지로 구분할 수 있으며, 체류허가와 정착허가의 가장 중요한 차이는 체류기간의 제한 여부에 있다. 체류허가는 체류기간 이 일정하도록 제한되지만, 정착허가는 체류기간의 제한이 없다. 독 일은 제2차 세계대전 이후로 고도의 경제성장에 이르면서 외국인들 이 초청노동자, 이주인 혹은 난민의 형태로 독일에 정착하여 살게 되면서 문화적 갈등에 놓이게 되었다. 현재 외국인 중 터키인의 비 중이 28%로 가장 많고, 두 번째로 많은 출신은 유럽연합으로 25%

이다. 그러나 이탈리아인이나 스페인인, 그리스인은 독일에서의 사회문화적 통합에 큰 문제가 없는 데 비해 이슬람교를 신봉하는 터키인들은 독일인들에게 가장 통합하기 어려운 집단으로 인식되고 있다. 결혼이민자의 경우, 체류허가와 관련하여 독일헌법 제6조에 결혼과 가족을 국가의 특별한 보호 영역으로 설정하고 있다. 독일 가족재결합 및 가족이민정책의 헌법적 근거가 도출되고, 구체적으로 체류법에 의해 관리되고 있다(Schneider, 2012).

대표적인 이주민 관련 법령은 이민법과 체류법을 들 수 있다. 이주민 관련 법령은 독일의 이주민정책과 관련 가장 중요한 법은 2005년 제정된 이민법으로 외국인의 입국, 거주, 이주자의 통합정책을 위한 다양한 법적 근거가 마련되었다. 그 후 2007년에는 이민법 개정안이 통과되었으며, 이 법에 의하면 영구주거권을 가진 외국인은 조건을 갖출 때만 독일시민권 신청이 가능하였다. 이와 더불어 체류법은 외국인의 입국 · 체류 · 취업 및 사회통합과 관련하여 가장 중요한 법이다. 또한, 외국인등록법은 독일의 이민데이터 및 통계와 관련된 핵심 법적 근거다(Schneider, 2012).

이주민 관련 법 추진체계는 이민법(2005)에 따라 독일정부는 외국인과 이주자들의 사회통합정책을 전담할 기구인 연방이민난민청(Bundesamt fur Migrtion und Fluchtlinge)을 연방내무부에 신설하여 연방 차원에서 추진되는 각종 사회통합프로그램이 일관되게 추진될 수 있도록 제도적 기반을 마련하였다. 연방이민난민청은 사회통합기획과, 사회통합교육 지원과, 사회통합프로그램과의 3개 영역으로 구성되고 구체적인 업무는 이민법에 따른 통합코스 실행, 지역별 사회·문화적 통합사업 조정, 연방 차원의 각종 사회통합프로그램 총괄, 사회통합프로젝트 지원, 이주초기상담 등을 수행하였다.

이주민 대상 지원정책은 통합강좌, 이주민 상담서비스, 공공 정보서비스, 다문화가족자녀의 양육 및 교육지원이 있다. 먼저, 통합강좌는 독일 내 장기거주하며 체류허가를 받은 모든 외국인은 반드시 강좌를 이수해야 하며, 크게 '오리엔테이션 과정'과 '언어강좌 과정'의 두 부분으로 구성되어 있다. 이주민 상담서비스는 2005년부터 연방내무부의 관리하에 실행되고 있으며, 이주민들을 대상으로 전문적이고 개별적인 사례관리를 제공하였다. 다문화가족자녀의 양육 및 교육지원 중에서 자녀양육에 대한 부담을 줄이기 위해 정부가 지원하는 제도로는 아동수당이 있는데, 이는 독일 내 거주하면서 세금을 납부하는 사람들이면 독일인과 동등하게 자녀양육비를 제공받을 수 있다. 현재 독일정부에서는 다문화가정 자녀를 대상으로 다양한 언어교육프로그램을 실행하고 있는데, 각 시별로 이주민가족을 위한 행정부서를 마련하여, 자녀들의 언어교육 및 적응을 위한 다양한 원조프로그램을 지원하고 있다. 특히, 언어강좌 이수는 독일에 장기적으로 체류하려는 자에게 있어 의무적으로 적용된다.

이주민 대상 사회보장제도를 살펴보면, 독일은 1880년대 초 세계에서 처음으로 의무사회보험을 도입하여 노령, 질병, 재해, 실업 등 사회적 위험에 대한 사회보험정책을 구축한 국가이다. 정착이민자는 물론이고 외국인노동자와 그 가족도 대부분이 사회복지 혜택을 받고 있고 공공부조를 통한 기초생활보장은 취업활동 여부와 국적에 관계없이 독일 국내에 거주하는 권리를 가진 모든 사람을 대상으로 지원하고 있다. 독일에서 이민자들은 내국인과 동등한 수준의 사회보장제도 혜택을 누릴 수 있다.

더불어 독일의 공공부조를 통한 기초생활보장은 취업활동 여부와 국적에 관계없이 독일 국내에 거주하는 권리를 가진 모든 사람을 대상으로 지원한다. 독일의 사회법에는 체류외국인 생계보호, 질병 시 도움, 임신, 모성 보호, 수발지원을 받을 수 있다. 의료서비스의 경우, 내국인과 외국인 간의 차별이 존재하기는 하나, 외국인의 경우에도 건강상의 이유로 필요한 의료서비스를 받을 수 있는 예외규정이 항상 존재한다. 사회서비스의 경우, 사회보험조합이 재정을 부담하는 경우, 국적에 상관없이 모든 취업노동자가 서비스 대상에 포함된다. 즉, 결혼이주민은 독일 국민과 거의 동등한 사회복지 혜택을 받는다. 예컨대, 이민자도 사회보험에 의무적으로 가입되고, 노동조합 가입에도 제한이 없다. 이민자를 위한 직업훈련체계도 갖춰져 있으며, 이민자와 그 자녀는 상담, 직업훈련 프로그램의 대상이 된다. 독일에 거주하는 외국인들은 이민법에 의거 '언어 및 사회통합 교육'을 의무적으로 이수해야 한다. 따라서 이주민 대상의 사회보장제도에는 독일의 사회보장의 다섯 가지 보험, 즉 의료보험, 장기요양보험, 연금, 사고보험, 실업보험을 포함하며 더 나아가 사회복지 보조금, 자녀수당 및 양육수당 등을 포함한다.

(2) 프랑스 다문화정책과 사회복지

프랑스의 이민역사는 18세기와 19세기 출산율 저하로 인한 노동력 부족을 충당하기 위해 외국인노동자들을 받아들이기 시작하였으며, 속지주의와 속인주의를 결합한 국적법을 통해 외국인들을 유인하려 노력하였다. 이를 통해 프랑스에 가장 많이 유입된 외국인들은 유럽 출신이 대부분이었다. 독일인을 시작으로 이탈리아 및 벨기에 출신 외국인들이 기술자, 가정부 등으로 활동하며 프랑스에 거주하기 시작하였는데, 19세기 말에 이미 100만 명 이상이 프랑스 내에 거주하였다. 1990년대 들어 이민법이 여러 차례 개정되면서 가족이민자의 수 역시 변화하였고, 1998년 '개인 및 가족생활'이라는 원칙에 따라 가족이민자에게 단기체류허가를 주는 제도가 새롭게 도입되면서 가족이민자 수가 더욱 증가하였다(Kofman, Rogoz, & Levy, 2010).

2018년 기준으로 프랑스에는 650만 명의 이민자가 거주하고 있으며, 이는 전체 인구(6,700만 명)의 9.7%에 해당한다. 프랑스의 이민자 인구구성이 변화하고 있으며 410만 명이 외국인이고, 240만 명, 즉 37%가 프랑스시민권을 취득했다(Khlat et al., 2022). 스페인이나 이탈리아에서 태어나 프랑스로 건너와 현재 고령인 이민자 비율이 지속해서 하락하고 있지만, 북아프리카에서 태어나 더 젊고 최근에 온 이민자들은 현재 이민자 인구에서 상당한 비중을 차지하고 있다. 2018년 프랑스 이민자 중 13%가 알제리, 11.9%가 모로코, 9.2%가 포르투갈, 4.4%가 튀니지, 4.3%가 이탈리아, 3.8%가 터키, 3.7%가 스페인으로 구성되어 있다. 프랑스 이민자의 절반(50.3%)이 이 7개국 출신이다. 2018년 기준으로 프랑스 이민자의 52%가 여성이다(Khlat et al., 2022). 유럽 출신 중에서는 포르투갈이 가장 많고, 알제리와 모로코 출신이 그 뒤를 이었다. 프랑스의 이주민정책은 이주민의 인종 문화적 다양성을 프랑스가 추구하는 하나의 가치에 동화시키기 위한 동화주의로 설명될 수 있다. 프랑스에 거주하는 모든 사회구성원들이 각자의 정체성과는 무관하게 동일한 권리와 의무를 지닌다는 것이다.

프랑스 노동시장에 참여하기 위해서는 일반적으로 구체적인 일자리를 제안해야 하고, 노동허가, 취업비자, 거주허가가 필요하다. 이 세 가지 행정절차 중 가장 먼저 필요한 것은 노동허가이다. 노동허가는 해당 역외국민을 고용하고자 하는 고용주가 해당 지역노동청에서 발급한다. 취업비자를 소지한 상태에서 프랑스에 입국하고, 거주지의 경시청(Préfecture)에서 체류증을 받으면 거주허가를 받게된다. 절차를 완료한 역외인은 '수용 및 통합 계약'에 서명해야 하고, 프랑스의 제도, 국가관 등에 관한 교육을 이수해야 한다(문성만, 조동희, 2021).

프랑스 다문화정책은 프랑스사회에 동화되어야 한다는 정책을 채택하고 있다. 동화주의 정책은 2005년 소요사태를 기점으로 이주민 및 외국인 입국에 대한 프랑스 정부의 입장이 더욱 폐쇄적으로 전환되었다. 2006년 법률제정 이후 가장 크게 달라진 점은 가족재결합 조건의 강화, 고숙련 노동자 모집, 거주 및 국적취득의 제한이었다.

다문화정책 관련 주요 법령은 2006년에 제정된 이주와 통합에 관한 법률과, 2008년 제정된 이민통제, 동화 및 망명에 관한 법률이 있다. 이 법은 이민통제를 추가적인 조치를 규정하였다. 가족재결합

조건을 강화하고, 비합법적 체류외국인에 대한 보호유치 기간을 12일에서 30일로 늘려 불법체류를 억제하는 것이다. 외국인고용과 관련한 법률로 2001년에 제정된 차별퇴치에 관한 법이다. 고용을 포함한 차별에 대하여 시민단체도 피해자를 대신하여 고발할 수 있도록 허용하였고, 차별행위에 대한 사실증명의 책임을 가해자에게 부과하여 자신의 행위가 차별에 해당하지 아니한다는 것을 객관적으로 입증하도록 규정하였다.

프랑스정부는 2006년 이주민 대상 지원정책의 일환으로 교육과 취업에서 평등의 원칙을 추구하기 위한 '사회통합 및 기회균등처'를 설립하였고, 기회균등법을 입법화하여 프랑스에 새롭게 이주한 이주민 학생들을 위한 교육 및 차별방지 조치, 이주민들에 대한 차별을 철폐하는 데 노력을 기울이고 있다. 2007년에는 4개 부서에 분산되어 있었던 다문화정책이 '내무 · 해외 영토 · 지방자치단체 · 이민부'로 단일화되었다. 이에 따라 이민의 흐름을 억제하고 통합정책을 추진하기 위한 선별적 이주정책, 가족 여부 검증을 위한 DNA 검사, 불법이민의 통제를 위한 단속쿼터제 실시 등의 조치를 하였다.

이주민 대상 사회보장제도는 프랑스 시민에게 제공되는 사회보장 혜택을 이주민에게도 보장한다. 하지만 이주민에게 있어 합법적 체류라는 조건과 세부적으로 장기체류허가를 받은 이들에게만 적용되는 혜택이 대부분이다(Schuerkens, 2005). 그러나 비합법적으로 체류하는 외국인의 경우 프랑스의 사회보장체계에서 배제되어 있는데, 예외적으로 산업재해 등 직무관련 질병을 앓고 있는 비합법적 체류 외국인과 본국에서 치료가 어려워 프랑스에서의 의료 치료 및 요양해야 하는 비합법적 체류외국인들은 일부 수당 혜택을 받을 수 있다. 유럽연합 및 유럽경제 지역(European Economic Area) 출신의 외국인이 출신국의 사회보장체계에 가입된 경우, 프랑스 거주 시에도 혜택을 받을 수 있으나, 비회원국 출신 외국인인 경우 장기체류허가를 가진 자만 대부분의 사회보장 혜택이 주어진다(Schuerkens, 2005).

프랑스의 사회보장체계는 외국인에게도 해당한다. 프랑스 인구의 80%에게 적용되는 형식으로, 일반형식, 비농업계 자영업자에게 해당하는 자치형식, 농업계에 종사하는 이들을 위한 농업형식, 그리고 공무원 등에게 해당하는 특별형식이 있다. 일반적으로 외국인의 경우 일반형식 사회보장에 해당하며, 이는 연금, 유족연금, 실업보험, 장애인보험, 산재보험, 출산 수당 등이 포함된다. 고용을 통해 보험 가입이 된 경우 배우자와 자녀들은 자동으로 일반형식의 보험에 동시 가입이 된다. 일반형식 보험의 경우 세금과 기여금액으로 운영되며, 기여금은 대부분 고용인과 피고용인이 부담하는 형식이다.

프랑스는 비합법적 체류 외국인을 위한 의료보험지원제도를 운용하고 있는데, 보험을 신청할 때는 조건이 따른다. 즉, 최소 3개월 이상 프랑스에 거주해야 하고, 가구소득의 제한이 있으며, 1년 동안의 소득증명서가 요구된다. 의료보험지원제도는 비합법적 체류 외국인들의 100% 무상치료를 보장하는 국가 의료지원제도로 2000년에 도입되어 비합법적 체류 외국인들을 위한 무상 의료지원 장치를 대체하였다.

프랑스의 교육정책은 이주민 사회통합을 위한 강력한 정책을 유지하였다(김태원, 김유리, 2011). 프랑스정부는 이주민가정 출신의 아동·청소년들의 증가로 이들의 프랑스사회로의 적응과 동화를 유도하기 위해서 다양한 교육프로그램을 시행하였다. 프랑스는 공교육제도는 평등의 원칙 아래 인종·종교 등 개인적 특성을 고려하지 않았고, 공교육 체계에 있는 모든 학생이 자신의 종교적 특성을 나타내는 상징물 착용을 금지하는 등 철저한 '평등'원칙을 실시하였다.

이주민가정의 자녀들은 의무교육과 무상교육을 실시하는 프랑스 교육제도하에 프랑스인과 동등하게 교육을 받을 수 있다. 하지만 실제 새로운 이주민 아동을 포함한 이주민가정 출신 아동들의 학업수준 및 교육수준은 프랑스인과 비교했을 때 현저히 차이가 난다. 이에 따라 1981년에 프랑스정부는 교육 불평등 문제를 다루기 위해 우선교육지대(Prioirty Education Zone-ZEP)를 마련하였다(Vaisse, 2006). 이민자와 비정착주민들의 학교적응을 위해 교육센터에서 제공되는 서비스는 이주가정을 위한 학교입학 정보를 제공, 학교생활 적응을 위한 상담과 지원, 지역교사들 대상의 다문화교육프로그램 운영, 외국인자녀교육에 관심 있는 일반인 대상 다문화교육프로그램을 운영하고 있다.

(3) 영국의 다문화정책과 사회복지

영국은 2018년 6월 기준 연 625만 명의 이민자가 유입되었다. 영국이 유럽연합을 탈퇴(Brexit)함에 따라, 유럽연합 및 유럽자유무역연합(European Free Trade Association) 회원국 국민은 브렉시트 이행기(transition period)가 종료되는 2021년 1월부터는 비자 없이 영국에 6

개월까지만 체류할 수 있게 되었다. 6개월 이상 체류의 경우, 기존에 영국에 거주하던 이민자의 경우 2021년 6월 30일까지는 기존과 동일한 권리가 보장되며, 그 이후에는 '사전정착 상태(EU Settlement Scheme)'를 신청해야 한다. 이 제도는 영국의 유럽연합 시민들이 탈퇴 후 영국에 체류할 수 있도록 하는 유럽연합합의제도(EUS)이다. 유럽연합 정착제도의 조건은 유럽연합 시민들에게 영국에 영구 체류할 수 있는 권리를 부여한다. 영국의 노동시장에 참여하기 위해서는 일반적으로 비자와 거주허가가 필요하다. 취업비자를 위해서는 구체적인 일자리를 제안해야 하고, 취업비자가 필요 없는 영국인 중 적임자가 없음을 증명해야 하며, 영국정부로부터 승인받은 보증인(고용주)의 증명서가 필요하다.

영국정부는 2020년에 '이민법' 개혁안을 발표하였는데, 가장 특징적인 것은 '점수기반 이민제도(points-based immigration system)'이다. 이 제도에 따르면 숙련노동자에게 점수가 부여되는 것으로 일정 수준 이상의 점수를 갖춘 경우에만 취업비자가 발급된다. 취업비자를 발급받기 위한 조건은 발급신청 당시 연소득에 따라 달라진다. 반면 숙련노동력 부족 직종인 과학자, 공학자, IT 전문직, 의료인, 그래픽 디자이너, 요리사 등 연소득 이하라도 해당 직종에 숙련노동력이 부족한 경우, 심사를 거쳐 허가할 수 있고, 영어구사 수준이나 학력이 높은 경우 가산점을 부과한다. 한편 숙련노동력을 우대하는 이 제도의 도입으로 저임금외국인 노동력에 의존하던 분야에 인력난이 심해질 것이라는 우려도 있다.

브렉시트(Brexit) 이후 영국은 취업을 위해 영국에 들어오는 노동자를 유럽연합 출신과 비유럽연합 출신으로 구분하여 다른 비자 및 이민정책을 적용하고 있다(채민석, 2019). 노동자를 출신 국가 대신 보유기술에 따라 구분하여 비자를 발급하는 것이다. 유럽연합 출신은 유럽연합 내 회원국 국민들의 자유로운 이동과 노동을 보장하는 조약상의 권리를 행사하여 영국 내에서 자유롭게 취업, 사업, 학업 등을 할 수 있고, 권리 행사 5년 후에는 영주권을 신청할 수 있기 때문에 자유롭게 취업이 가능하다. 반면 일자리를 목적으로 영국에 오는 비유럽연합 출신은 취업비자(Tier2)를 받아야 한다. 이 비자를 받기 위해서는 노동자가 대학교 이상의 교육을 이수하고 고용주는 후원자격(sponsorship license)을 유지해야 하는 등 까다로운 조건이 충족되어야 하기 때문에, 비유럽연합 출신은 영국 내 취업에 상당한 제약을 받고 있다.

영국의 다문화정책은 인종평등위원회, 지역 차원의 인종평등평의회(Race Equality Council)라는 독립적인 기구를 통해 다문화정책을 추진하고 있다. 인종평등위원회는 이주민에 대해 기회의 평등을 부여하기 위해 설립되어 인종차별의 금지를 위해 활동하며, 이주민공동체 간의 좋은 관계 형성, 기회의 평등 증진, 인종관련법의 지속적 검토와 수정을 정부 장관에게 제안하는 것을 목적으로 한다. 기본적으로 영국은 영주권자와 시민권자 사이에 차등이 없는 사회보장 혜택을 제공하고 있다. 따라서 영주권이나 시민권이나 참정권 외에는 법적 지위가 모두 동일하다. 특히 영주권자는 외국인이고 선거권이 주어지지 않지만, 선거권 및 공무담임권을 제외하고는 모든 사회복지의 대상이 되며, 내국인인 시민권자와 동등한 대우를 받을 수 있다.

귀화는 노동허가를 통한 영주권 취득 후 시민권을 취득하는 경우이다. 귀화자의 이중국적은 허용되며, 영국 국적을 취득한 사람은 국적을 취득한 시점부터 영국 국민의 권리가 주어진다. 동시에 유럽연합의 모든 국가에서 거주권(Right of Residence)이 허용된다. 사회보장제도에서 영주권자의 혜택은 주재국에 국한되지만, 영국 국민의 사회보장 혜택은 유럽연합 전 영역으로 확대된다.

영국정부는 사회복지서비스 접근비율도 상대적으로 저조한 것이 경제적 이유와 문화적 이질화 때문으로 여겨 이를 해결하기 위해 스텝업(Step Up)과 야망계획(Ambition Initiatives)을 실시하였다(최동주, 2009). 스텝업은 과도기 직업을 제공하여 장기실업자, 특히 소수인종을 위한 직업제공으로 20개 지역에서 5년간 시범 사업을 진행하였다. IT 등 핵심 사업과 관련 기술을 소외계층, 특히 이민자를 중심으로 복지 및 교육프로그램 등을 시행하고 있다.

결론적으로, 유럽 선진국의 이주민정책은 체류자격, 국적관련 정책, 이민자를 위한 언어 및 적응교육으로 이루어졌다. 그러나 이민자를 위한 사회복지 지원체계 관련 정책은 특별히 드러나지 않는다. 그 이유는 그 나라의 모든 국민이나 주민을 대상으로 하는 '보편적 서비스'에 의거하여 이민자에게도 사회복지지원 혜택을 부여하는 비율이 높기 때문이다. 독일, 프랑스, 영국 등의 선진국은 외국인 등록을 필수로 하며 합법적 체류허가를 가진 모든 외국인에 대해 사회복지제도의 혜택을 부여하고 있다. 또한 미국, 영국, 독일, 프랑스, 캐나다, 일본 등의 나라에서도 '자국인의 배우자'인 결혼이민자에 대해 귀화 이전이라도 사회적·경제적 권리를 누릴 수 있는 체류자격을 부여하여 내국인과 동등한 사회복지 혜택을 제공하고 있다. 이는 외국인 및 결혼이민자들이 자국사회에 기여하고 있음을 인정하고, 그들에게 사회구성원으로서 일정한 시민권자의 자격을 부여하는 것이라고 할 수 있다(설동훈 외, 2011). 그러나 현재 한국에서 시행하는 다문화정책은 외국인과 결혼이민자들에게 혜택 및 자격이 세분되어 추진되고 있다.

서구다문화주의 이론은 논의의 대상이 되는 각 집단에 따라 다문화주의의 이해도 달라진다. 각 국가에 따라 소수문화집단(원주민), 이민자집단에 관한 문제는 다르게 제기되어 왔다. 반면 한국은 서구의 다문화 현실과 다른 역사적 · 사회적 배경을 가지고 있는데, 한국에서의 소수문화집단은 이민자집단에 한정된다. 유럽국가들은 영구 이민자로 받아들여지지 않는 이민자의 출신에 따라 다양한 노동이민정책을 추진하고 있다. 이러한 정책들은 이민자를 위한 다문화정책이 이루어지는 데 한계가 있다. 이와는 달리 미국, 캐나다, 호주 등의 다문화정책은 적극적인 다문화정책으로 전통적 이민자 국가로 유지된다(Kimlica, 2017).

2. 한국의 다문화사회복지 담론

한국의 다문화사회복지 담론은 다문화복지라는 매우 좁은 틀 안에서 결혼이주자나 그 가족의 사회복지 혜택의 수급문제에 치중함으로써, 정부의 다문화정책은 국민 만들기의 동화정책으로 추진하였고, 결혼이주여성을 위한 「다문화가족지원법」 제정으로 정부 주도 다문화정책의 대상을 한정하였다(이용재, 2019). 이러한 현상은 이민자들을 주변화하는 결과를 낳았다. 한국정부가 추진해온 결혼이주자 중심의 이민자지원정책과 다문화가족정책으로 인해 한국적 다문화주의의 모순과 부작용에 주목해왔다(김규찬, 2020). 결혼이민자 중심의 이민자지원정책으로 인한 이민자들 간의 사회적 보호의 불균형과 차별의 문제 등이 논의되어 왔다(설동훈, 2017). 선행연구들은 특정 이민자 유형에 제한되거나, 이민자 사회권의 층화구조를 한국의 사회복지정책 특징이나 변화와 관련지어 설명하려는 시도는 부재했다. 이민자의 권리가 국가의 복지시스템과 이민정책시스템이 함께 포함되어 구조화된다는 점을 고려하는 새로운 분석틀의 적용이 필요한 이유이다.

한국사회의 다문화 담론의 특징은 국제결혼이주여성과 외국인노동자에 대한 한국정부의 이민정책이다(홍석준, 2018). 결혼이주여성에 대한 정부의 이민정책은 동화주의적이고 외국인노동자의 경우 일시거주자로 간주하여 이민정책의 대상조차 되고 있지 않다. 한국사회의 다문화 현상이 짧은 기간 안에 진행됨에 따라 국민적 합의가 충분하지 않은 상태에서 진행되었다. 이에 이주민들의 한국문화로 통합만 강조하게 됨에 따라 동화주의적인 요소가 강조되어 왔으며, 구성원의 다양성에 관심을 두는 것에는 소홀하였다. 또한, 다문화관련 정책에서 결혼이민자가족의 사회통합 지원과 이주자 지원방안이 국가차원에서 시행되어 왔으나, 사회적 상황이나 요구에 민감하게 대응하기 어려웠다. 따라서 결혼이주민과 그들의 문화에 대한 차별적 인식과 적대적인 태도는 여전히 한국사회의 갈등요소로 남아 있다.

한국사회의 다문화 현상에 대한 인식은 부정적인 인식이 지배적이다. 이에 대해 미디어 매체의 부정적인 이미지화와 언론보도의 편견 조장이 지적되어 왔다. 미디어가 다문화 현상을 문화상품화 하면서 다문화사회에 대한 편파적이고 왜곡된 이미지를 생산하여 아시아 출신 결혼이주여성들의 존재는 사회적 약자, 특정한 존재, 동화의 대상, 혼란을 겪는 대상, 도움이 필요한 수혜의 대상으로 부각하게 되었다. 반면 이들의 사고방식, 종교생활, 일상생활의 문화적 측면에 대해서는 무관심하였다(김경희, 2009; 엄한진, 2008). 이러한 현상은 다문화사회에 대한 원인과 인식에 대해 한국이 다문화사회 진입의 원인으로 국제화와 국제결혼, 한류 그리고 한국사회의 노동력 문제를 해결하기 위해 외국인과 이주민들의 유입을 장려하면서 진전되어 국가 경쟁력에 도움을 줄 수 있다고 생각하기보다는 국가의 재정적 부담이나 경제적 손실, 노동시장의 경쟁심화 등이 발생할 수 있다는 부정적인 입장을 나타냈다.

한국사회는 다문화사회의 과정에서 일어나는 문제의 해결을 위해 구체적이고 실제적인 정책의 부재와 다양한 변인을 가진 다문화가정의 자녀들에 대한 성찰 또한 부족하다. 이와 관련해 사회 · 문화적 소수집단의 역량 강화와 사회통합을 촉진할 수 있도록 인권법, 차별금지법, 다문화교육 진흥법 등의 제정이 필요하다. 따라서 한국의 다문화주의정책은 기존의 외국인정책이나 다문화가족정책의 틀을 넘어 사회제도 및 관행의 전반적인 재구조화를 지향해야 할 것이다.

1) 한국의 다문화정책

한국사회는 전 지구적 세계화와 함께 지식정보의 발달에 힘입어 국가 간의 인구이동이 더욱 빠르게 이루어지면서 급격한 다문화사회로 전환되었다. 이와 함께 지난 수십 년간 결혼, 취업, 유학 등의 다양한 이유로 인해 급격한 외국인의 증가세를 보여왔다. 이러한 상황에 한국사회에 거주하는 외국인들과 관련한 여러 교육적·사회적·정책적 담론의 증가는 당연한 현상이라고 할 수 있다. 한국의 이민자집단은 1991년 산업연수제도 실시 이후 본격적인 이민자 집단이 구성되었다. 특히, 2006년부터 이주민들을 대상으로 공식적인 지원정책을 실시하였으며, 이를 계기로 이주민을 위한 사회문화적 응과 한국어교육 등을 지원하기 위한 많은 사회통합 관련 프로그램들이 시행되었다(심미경, 2016). 이와 관련해 정책의 입안과 시행 방향에 대한 자국민들의 관심이 증폭되었지만, 비판의 목소리도 함께 커지게 되었다.

한국의 다문화정책은 서구의 다문화 모델을 기초로 성립되었기 때문에 한국적 특수성을 적절하게 반영하지 못하고 있다. 많은 선행연구들은 한국의 다문화현상을 설명하면서 다문화정책에 관련된 논의의 문제점을 지적하였다(박진경, 2010; 양문승, 윤경희, 2010). 또한, 대부분의 한국의 다문화주의 연구가 서구의 논의와 이론들을 수용해왔기 때문에 다문화주의에 대한 이론적 비판도 서구에서 제시되어온 다문화주의 비판 담론에 담긴 논리로 보인다.

서구와 한국 간의 다문화사회 형성과정의 차이는 전혀 다른 역사적 · 사회적 맥락이 존재한다. 즉, 한국의 특수성을 충분히 반영하지 못하는 측면이 있다는 지적을 받아왔다. 한국의 특수성이란 단일민족주의와 분단국가라는 측면과 복지국가 경험의 부재라는 측면에서 찾아볼 수 있다(이종두, 백미연, 2012). 요컨대 서구국가들의 다문화정책은 복지국가라는 측면에서 이루어졌지만, 한국사회는 복지국가의 경험이 없는 상태에서 일반적인 복지정책과 긴장관계에서 이루어졌다.

한국의 다문화정책은 짧은 역사로 인해 여러 가지 문제들이 도출되고 있으며, 법무부, 고용노동부, 보건복지부, 여성가족부 등 다양한 영역 속에서 진행되어 부처들 간에도 갈등 관계에 놓여 있다. 법무부와 노동부는 이주노동자와 관련해서 산업연수제와 고용허가제 정책을 두고 갈등 관계에 놓이게 되었고, 법무부와 여성가족부는 이민정책과 가족정책에 대한 영역갈등을 겪게 되었다. 이러한 갈등관계 발생을 최소화하고, 체계적인 정책을 수립하기 위해 이민청 설립을 주장하고 있다(이혜경, 2008).

한국의 다문화정책과 관련해서 제일 먼저 제기되는 비판점은 순혈주의, 단일민족주의 전통, 동화주의 등이다. 한국은 미국이나 캐나다, 호주와 같은 이민자 국가가 아니고 비교적 동질성이 높은 문화적 정체성을 지니고 있는 민족국가이므로 이런 전통은 타문화에 대한 이해 부족, 타민족과의 경험 부족을 야기할 가능성이 크다(이종두, 백미연, 2012). 또한, 다문화정책은 이주민에 대한 정책의 필요성에도 불구하고 실제 대상은 현재 결혼이주여성에 국한되어 있다. 현재 한국의 체류외국인의 인구가 250만 명을 넘어서고 있지만, 16만 명(168,594)에 해당하는 결혼이주여성을 위한 정책만 쏟아내고 있다.

이에 따라 정책의 중심에 있는 결혼이주여성은 한국인 2세들의 어머니로서 통합의 대상이 되지만, 이주노동자들은 배제의 대상이 될 수밖에 없다.

한국의 이주민정책은 「외국인노동자의 고용 등에 관한 법률」, 「재한외국인 처우 기본법」, 「다문화가족지원법」, 「재외동포의 출입국과 법적 지위에 관한 법률」, 「난민법」 등 각종 준거법이 제정되었고, 사회통합프로그램, 다문화가족지원센터, 외국인력지원센터, 각급 지방자치단체 위탁지원센터 등 이주민지원 인프라도 전국적으로 구축되었다. 그중 가장 포괄적인 이주민정책은 「재한외국인 처우 기본법」에 근거해 법무부 주관으로 수립되는 외국인정책기본계획이다.

2020년 국내 체류 외국인의 비율은 4.9%에 이르렀고, 2050년에는 9.2%로 대폭 증가할 것으로 예측된다. 그러나 다문화사회에 접어든 한국사회의 이주민 사회권보장은 여전히 미흡하다. 향후 이주민 인구의 지속적 확대 유입은 저출산, 고령화로 인한 인구감소 및 노동력 부족문제가 심화되는 상황에서 불가피하며, 그에 따라 다문화사회로의 전환도 빠른 속도로 진행될 것이다. 이에 비해 이주민의 인권수준은 열악한 수준에 머물 것으로 예상된다. 특히 사회적 기본권에 대한 인권침해는 이주민의 직장을 비롯한 일상생활에서 차별과 부당한 대우 등을 겪으면서 사회취약계층으로 전락할 것으로 보인다. 이처럼 한국의 이주민 사회권의 보장은 제대로 이루어지지 않고 있다. 사회권은 최소한 인간다운 생활을 할 권리이며, 적절한 영양, 보건, 주거환경뿐만 아니라 교육, 사회보장, 사회복지서비스 등에 대한 권리를 포괄하는 개념이다. 즉, 사회적 위험으로부터 보호받을 개인이 요구할 수 있는 권리를 말한다. 특히, 결혼이주여성의 사회보장 적용과 귀화신청 시 한국인 자녀의 양육 여부에 따른 차별 시정을 위한 법령개정도 필요하다(김유정, 2021). 결혼이주여성의 체류안정을 위한 법제개선 방안이 모색되어야 한다.

2) 한국의 이주민 사회복지제도

한국의 이주민 사회복지 지원체계와 관련된 법령을 살펴보면, 이주민자녀의 교육권을 위한 「교육기본법」, 「초·중등교육법」과 이주민의 보건의료권을 위한 「국민건강보험법」, 「노인장기요양보험법」, 「긴급복지지원법」, 「의료법」 및 「약사법」 등 직접 이주민을 위한 여러 가지 법률을 갖추어 두고 있다. 「재한외국인처우기본법」과 「다문화가족지원법」이 기본법의 역할을 수행하고 있으며, 이 외에도 외국인노동자를 위한 「외국인노동자의 고용 등에 관한 법률」, 2013년부터 시행된 난민을 위한 「난민법」이 있다. 또한, 기타 사회복지 관련 법령에도 외국인에게 적용할 수 있는 규정을 찾아볼 수 있는데, 「사회보장기본법」 제8조에 따르면 '국내에 거주하는 외국인에게 사회보장제도를 적용할 때는 상호주의 원칙에 따르되, 관계 법령에서 정하는 바에 따른다'고 규정하고 있다. 다만, 이 법령은 상호주의 원칙을 천명하고 있기 때문에 그 적용이 제한적이다.

사회복지지원 체계별 이주민 관련 법령에는 긴급복지지원, 보건의료권, 교육권이 존재한다. 이주민의 「긴급복지지원법」은 기본적으로 지원대상에서 여전히 혼인과 가족을 중시하고 있으므로 불법 체류 등의 문제를 안고 있는 긴급지원이 필요한 외국인에게 이 법이 실효성 있게 적용될 수 없다. 따라서 비합법적 체류 외국인의 경우는 긴급복지 수혜자격이 되지 않는다. 「긴급복지지원법」은 경제적 위기상황에 있는 사람에게 도움을 신속하게 지원함으로써 인간다운 생활을 영위하도록 하는 것이 목적이다. 국가는 이 법의 목적에 부합될 수 있도록 외국인에 대한 폭넓은 지원을 위한 결혼 및 가족중심의 규정을 정비해야 할 필요가 있다.

이와 더불어 이주민을 위한 「국민건강보험법」은 적용대상으로서의 가입자와 피부양자가 될 수 있는 자격을 국내에 거주하는 국민에게 한정하고 있다. 그러나 외국인에 대한 특례를 통해 일정한 경우에 이주민도 건강보험의 적용을 받을 수 있도록 하고 있다. 다만, 이 법은 외국 국적자를 일반적 의미에서의 이주민과 한국의 민족사적 특수성을 반영한 의미에서의 재외국민으로 나누어 규율하고 있다.

한국의 이민자들에 대한 사회복지정책은 그 대상에 따라 다양한 정책대안이 마련되어야 한다. 특히 결혼여성이민자들의 상이한 특성에 근거한 다양한 차원의 정책수준도 함께 고려되어야 한다는 지적이 있다(설동훈, 윤홍식, 2008). 이와 더불어 결혼이민자들 모두는 단순히 외국인이 아니라 한국인과 결혼해 가정을 이루고 사는 사람들이며, 한국사회의 미래를 짊어지고 나갈 후속세대를 출산하고 양육할 주체들이다. 실제로 결혼여성이민자들이 사회복지관 등에서 서비스를 지원받은 경험은 미약하다. 따라서 앞으로 더욱더 증가하는 결혼이민자에 대한 사회복지지원정책은 재정비되어야 할 것이다.

예를 들어, 결혼여성이민자의 절반 이상이 최저생활비 이하의 소득 수준으로 절대빈곤 상태에 처해 있으나, 법적 지위의 한계로 국민기초생활보장제도 등과 같은 사회적 안전망의 도움조차 받기 어려운 상황에 놓여 있다.

외국인노동자는 영주를 목적으로 한 이주민이 아니라는 이유에서 사회보장제도에 대한 최소한의 권리마저 제한받고 있다. 외국인노동자는 열악한 근로환경에 노출되어 있으며, 높은 산업재해율과 임금체불로 고통받고 있다. 더불어 한국사회에 거주하는 이주아동의 60% 이상이 한국어능력 부족으로 학교 입학이 불가능했으며, 이주아동의 15%는 학교의 거부로 교육 기회조차 얻지 못하는 경우가 발생하고 있다(국가인권위원회, 2011). 이들은 불안정한 법적 지위로 인해 심리적 안정을 지속해서 저해 받았으며, 학교생활 중에도 민족과 문화가 다르다는 이유로 차별받은 경험이 있는 것으로 보고된 바 있다.

결혼여성이민자들이 한국사회에서 기본적인 생활을 영위할 수 있도록 하는 것은 국적과 사회권의 범위 대상을 둘러싼 논쟁과 분리해서 검토할 필요가 있다. 더구나 국제결혼이 증가하고 있는 시점에서 한국인과 결혼한 외국인에 대한 적극적 지원을 검토하는 동시에 한국사회를 구성하고 있는 시민들을 복지의 대상에 포함시키는 일이다. 또한, 결혼이민자들의 사회적응을 강화하기 위한 정책대안을 마련하는 데 있어 결혼이민자들의 다양한 문화사회적 특성과 한국사회의 특성을 공존시키는 일은 반드시 고려해야 할 일이다. 결혼여성이민자가 한국사회에서 살아가기 위한 적응력을 높이기 위해 한국문화와 언어교육이 주요한 정책과제로 제시되고 있다. 그러나 중요한 것은 결혼이민자들을 한국사회에 동화시키기에 앞서 그들이 가지고 있는 문화적 정체성이 존중되어야 한다. 결혼여성이민자가 자신의 정체성을 포기하고 한국사회에 일방적으로 동화될 것을 강제하는 것은 또 다른 형태의 제국주의적 차별을 제도화하는 것이다. 결혼여성이민자의 고유한 문화적 특성과 한국사회 특성이 함께 양립할 수 있도록 지원해야 할 것이다.

3. 서구의 다문화교육 담론

다문화교육은 다양한 문화적 배경을 가진 모든 학생의 교육적 평등을 증진시키기 위한 총체적인 교육개혁과 변화를 의미한다(Banks & Banks, 2019). 다문화교육이 함의하고 있는 목표와 범위는 첫째, 다문화교육은 인종, 민족, 문화, 계층, 종교, 장애 등과 같은 다양한 문화적 배경을 가진 모든 학생들이 평등한 교육기회를 가지는 것을 목표로 한다. 둘째, 다문화교육의 목표가 이루어지기 위해 학교교육구조 전반에 걸친 개혁과 변화가 이루어져야 한다. 실제로 모든 교과과정에서도 다문화교육을 어떻게 구현할 것인가에 대한 논의가 계속되고 있다(El-Hani & Mortimer, 2007). 최근 세계화가 심화하고 초국가적 이주가 증가하면서 그 사회의 새로운 구성원으로 함께 거주하고 있는 이주민의 교육까지 관심을 가지게 되었다.

1) 서구 다문화교육 담론의 특징

다문화교육(multicultural education)은 북미(North America)와 앵글로색슨(Anglo-Saxon)과 일부 북유럽(Northern European) 국가들에서 더 널리 퍼져 있지만, 상호문화교육(intercultural education)은 유럽대륙 내에서도 확산되었다(Maxwell et al., 2012). 상호문화교육(Intercultural education)과 다문화교육(multicultural education)은 여러 접근법을 가정한 두 개의 포괄적 용어이다(Hill, 2007). 유럽학자들은 상호문화교육(Intercultural education)은 소수자를 위한 반인종주의 교육뿐만 아니라 다문화교육(multicultural education)을 포괄한다고 주장한다(Alleman-Ghionda, 2009).

다문화주의는 사회정의교육(social justice education)과 결합되며, 북아메리카와 유럽대륙의 앵글로색슨 국가들에서 널리 퍼져 있다. 사회정의교육이 보편적으로 정의되는 것은 아니지만, 특히 미국에서 교사, 학자, 학교 당국 및 사회운동 사이에서 거의 주문(mantra)이 되었다. 그러나 사회정의교육은 교육정책과 관련된 다양한 사회이론에서 사회정의교육을 개념화하고 그 전제조건을 확립하려는 다양한 시도에도 불구하고 부적절하고 모호하게 발전된 개념이다.

사회정의교육은 정체성의 문화적 측면을 무시함으로써 문화적 다양성을 무시하고 중립적이고 동질적인 방식으로 개인을 배려할 수 없다. 그러므로 사회정의 틀 안에서 형평성을 증진시키는 것은 필요하다. 사회정의교육은 단순히 문화적 다양성을 옹호하는 것이 아니라, 평등한 교육기회를 우선적으로 제한하는 특정집단이 경험하는 차별과 제도적 탄압을 조성하는 사회구조의 역할을 검토하고 비판한다(McDonald & Zeicher, 2009). 그러므로 다문화주의는 형평성과 사회정의를 주장할 수 있다.

미국에서 다문화교육은 처음부터 매우 정치적인 성격을 가지고 있었다(Torres & Tarozzi, 2020). 따라서, 전문가들과 일반인들은 학교교육이 결코 중립적이지 않은 정치적 결정과 관련이 있다는 것을 널리 알고 있다. 이런 의미에서 다문화교육은 사회적 · 정치적 공백 속에서 이해될 수 없다. 사실, 모든 것의 성취를 높이고 학생들에게 완전한 시민이 될 수 있는 기회를 제공하는 데 초점을 맞추지 않는 한 어떤 교육철학도 가치가 없다. 미국의 다양성은 현실의 문제이다. 미국에서 인종, 성별, 문화, 장애, 성적 선호의 다양성은 불평등의 격차를 메우기 위한 주장으로서 타당하다. 게다가, 교육은 동등한 학업성취에서 출발하여 권리와 기회의 평등을 촉진하는 데 중요한 역할을 할 수 있다.

대조적으로, 유럽에서 상호문화교육(intercultural education)은 주로 기술적 접근이다(European Council, 2008). 이 접근법은 학교교육의 전략, 교육방법 또는 정치적 행동보다는 실천과 더 관련이 있는 교육적 지평이다. 유럽연합에서 상호문화교육은 최근 이민문제에 대한 대응이 되어 왔으며 언어적 또는 문화적 소수자 통합의 모델이 아니다. 이민은 유럽 전역과 모든 국가에서 핵심 문제로 간주되며, 이는 교육의 적절한 대응이 필요하다.

유럽과 미국에서, 최근의 이민은 매우 중요한 세계적인 문제이다. 따라서 이민은 개발도상국의 열악한 사회경제적 조건뿐만 아니라 부유한 국가들의 세계경제 참여에도 기인한다. 그런 의미에서 국경에서 이민자들을 격퇴하고 불법이민자들을 차단하거나 추방하는 조치는 전혀 소용없다. 유럽연합은 이민자에 대한 일관성 있고 통일적인 정책들은 좋은 예가 아니다. 그럼에도 불구하고, 다문화교육은 신규자(newcomers)의 수용에 기반을 두고 있다. 이러한 우선순위는 한계가 있지만, 재학 동안 학생들의 수용, 이중언어, 제2외국어 교육과 같은 다양한 주제에 대한 큰 논쟁과 학교혁신을 불러일으켰다. 개인의 모국어는 확실히 민권문제(civil rights)이지만, 그것은 새로운 의미를 가정한다. 미국에서 다문화교육은 사회정의교육을 의미한다.

미국에서 다양성과 다양성 인식은 사회정의의 틀 안에서만 의미가 있다. 다문화교육은 사회정의 문제를 다루는 수단이다. 평등은 사회정의의 틀 안에서 인정되어야 한다. 따라서 다문화교육은 문화를 받아들이고 존중할 뿐만 아니라 학생들에게 힘을 실어주기를 열망한다. 더욱이 다문화교육은 모두를 위한 학업성취에 특별히 초점을 맞추지 않고는 정의될 수 없다.

유럽에서 다양성과 학교 성취도는 최근에야 동시에 인식되었다. 제한된 평등개념의 채택은 다문화교육 관행의 주요 단점 중 하나이다. 유럽의 접근방식은 사회정의와 학교성취에 영향을 미치는 사회경제적 요인에 더 많은 관심을 기울여야 한다. 역설적이게도, 점점 불평등해지고 있는 미국은 다양성과 정의가 반드시 양립할 수 없는 것은 아니지만, 이러한 개념들이 실행 가능한 패러다임으로 결합될 수 있고, 결합되어야 한다는 것을 유럽에 교훈을 줄 수 있다.

2) 서구의 다문화교육정책 담론

서구 여러 국가는 일찍부터 다문화사회로 전환되는 과정을 거치면서 이에 대비한 다문화교육정책의 변화를 꾀하였다. 학교교육 현장에서의 다문화교육을 강화하고, 실천적 접근을 위한 다양한 방안을 모색하였다. 일찍이 다문화국가가 된 미국, 캐나다, 호주 및 유럽 국가들의 다문화교육정책의 특징을 살펴보는 것은 한국의 다문화교육정책에 시사점을 줄 수 있을 것이다.

(1) 미국 다문화교육정책

미국은 전통적인 이민국가로서 가장 대표적인 다민족 국가이다. 미국 다문화주의 정책방향은 동화주의에서 문화복수주의를 거쳐 다문화주의로 변화되었으며, 교육개혁 방향을 문화복수주의에서 다문화주의교육으로 전환되어야 한다고 강조하였다(Banks, 2008). 이러한 정책에 기초하여 1977년 교사교육인증위원회(NCATA, 1977)는 교사양성 과정(일반 및 전문 과정)에 다문화교과목을 포함하는 다문화교육 기준안을 제시하였다. 1990년 초반부터 예비교사들도 다문화교육 지식을 습득하였고, 특히 2000년 이후에는 다문화교육을 더욱 강화하여 유치원 및 대학교육에서도 이루어졌다. 학교에서는 외국인학생을 위한 생활상담 지도교사와 ESL 교사를 배치하여 이들의 학교 적응을 지원하고, 특별 교육과정과 각종 기념일을 통해 상호교류를 강화하였다.

특히, 언어교육 정책으로 이중언어교육 정책은 가장 성공적인 프로그램으로 실시되었다. 초기 미국 이민 시기에 이민자자녀의 교육 받을 권리는 제대로 보장되지 않았다. 이에 따라 소수민족의 교육기회 평등에서 교육과정 및 조건상 평등으로, 그리고 결과의 평등으로 변화하고 있다. 실질적으로 다문화교육을 위한 미국 내 교육에 있어 평등과 공동체주의를 강조하였고, 교육격차 해소와 소수자 등을 지원하였다.

(2) 캐나다 다문화교육정책

캐나다는 1971년에 다문화주의 정책이 채택되어 소수자 문화에 대해 지원을 해오고 있으며, 학교교육에서 언어교육을 함께 시행해오고 있다. 다문화정책 이후 소수민족의 문화적 정체성 교육과 소수민족 집단 간 교류를 중요시하며 이들을 위한 이중언어교육과 소수민족의 문화적 정체성 유지를 위해 지원하고 있다. 이민자들을 위해 다문화 간의 조화와 지역사회의 반인종 차별을 하는 불법 행위를 단속하고 있다. 교사교육에서도 다문화교육이 필수로 강조되고 있는데, 학생들의 반차별·반편견 프로그램 개발을 지원하고 학교 전체를 다문화교육 환경이 되도록 힘쓰고 있으며, 다문화교육 지침을 숙지하도록 하고 있다. 학교교육 현장에서는 지역 공동체와 협조하여 이민자들의 적응 및 정착을 위한 다양한 프로그램과 정보오리엔테이션을 실시하고 있다.

(3) 호주 다문화교육정책

호주의 다문화교육정책은 백호주의로 이민자의 동화국가 정책을 고수해왔다. 그러나 1972년 급격히 다문화교육 접근을 추진하였으며, 경제성장을 위하여 아시아 국가의 이민 수용으로 수입·수출국을 다변화하였다. 이에 따라 외국인 이주자를 위한 다문화 간의 조화 증진, 지역 언어, 이중언어교육 프로그램을 실시하고 있는데, 특히 영어 및 외국어교육을 활성화하였다. 더불어 학교에 반인종차별 담당직원이 파견되어 인종차별을 도모하는 모든 행위를 불법행위로 단속하고 있으며, 사회복지사를 두어 이민출신 학생들의 복지요구를 수용하고 있다(Ramsey & Williams, 2003).

(4) 영국 다문화교육정책

영국의 다문화교육정책은 교육격차 해소와 함께 학업성취도 개선과 다문화교육 연구활동을 활발히 전개하고 있다. 영국은 다문화 사회로 변화하면서 문화 간 상호교류 연구를 통한 인종 간의 집단 상호관계 개선에 초점을 두고 문화갈등 해소를 위한 통합·융합교육을 강조하였다(Gundara, 2000). 소수인종 그룹의 교육성취 차이를 줄이기 위한 정책을 살펴보면, 영국정부는 이민자들과 다문화사회에서 가장 큰 방해 요인이 되는 인종차별을 줄이기 위해 인종관계법(Race Relation Act)을 시행하고 있다. 이 법에서는 각 학교에 소수인종 학생의 교육성취를 높이기 위한 기술 및 요령을 보급하고 지방 교육 당국의 업무를 개선하고 있다(최동주, 2009). 또한, 영국은 이민부모세대와 자녀세대의 안정적 사회적응을 위한 '가족-문해(family-literacy)' 교육정책을 시행하고 있다. 이것은 아동의 문해력과 어머니 및 양육자의 문해력을 증진하기 위하여 가족단위로 지원하는 문해 프로그램이다.

(5) 프랑스 다문화교육정책

프랑스의 다문화교육정책은 이주민 통합을 위한 강력한 통합정책으로 프랑스정부는 증가하는 이주아동·청소년 및 이주민가정 출신의 아동·청소년들로 하여금 프랑스사회로의 적응과 동화를 유도하기 위한 다양한 교육프로그램을 시행하고 있다. 프랑스는 공교육제도에 있어 인종, 종교 등 개인적 특성을 고려하지 않는 평등의 원칙을 채택하여, 이주민가정의 자녀들에게 무상교육의 프랑스 교육제도하에 프랑스인과 동등하게 교육받게 하였다. 이주민가정 출신 아동들의 학업수준 및 교육수준은 프랑스인과 비교했을 때 현저히 차이가 나는 것으로 나타났다.

프랑스의 다문화교육정책은 모로코, 튀니지, 알제리 및 이슬람계 이주자 문제로 어려움에 직면해 있으며, 사회적 인종차별과 2005년 폭동의 영향으로 사회적 갈등 해소 비용이 증대하였다. 예컨대, 학교에서 이슬람교도 여학생의 히잡착용을 종교적 상징이라는 이유로 금지하여 사회적 논쟁과 갈등이 발생하였다. 프랑스정부에서는 여전히 동화정책을 유지하고 있지만, 지방정부에서는 다문화주의 원칙과 조례를 채택하고 있다.

(6) 독일 다문화교육정책

독일의 다문화교육정책은 터키 이주노동자(guest worker) 문제가 사회문제로 대두되면서 다문화교육에 관심을 두기 시작하였다. 이에 따라 민족 정체성교육과 이주민의 동화교육을 동시에 실시하였으며, 거주지주의를 채택하고 전통적인 배타적 동화주의 정책을 고수하였다. 또한, 노동허가제를 실시하여 외국인노동자들에게 강제귀국하도록 종용하였는데, 이는 외국인이주자들을 위한 사회 대책이 마련되지 않은 상태에서 시행되었기 때문에 사회적 갈등 양상으로 나타났다.

다문화교육을 통해 이주민자녀의 성공적인 독일어 습득을 위한 모국어 능력의 중요성을 강조하였고, 자녀와 어머니의 소통을 위한 프로그램으로 이중언어교육을 실시하였다. 통일 이후에 동독에서 온 이주민들을 대상으로 사회적응을 위한 동화교육을 실시하였다. 다문화교육에 관심이 증대되면서 외국이주민들의 자녀를 위해 공존 프로그램을 마련하여 운영하였으며, 성공한 이주민집단을 활용하여 이주민청소년들의 직업진로 교육을 실시하였다. 이와 더불어, 다문화교사양성을 위하여 교사연수 프로그램에 다문화능력 자격코스를 개설하고 교수법 및 현장실습 과정을 거치도록 하고 있다(박성혁, 성상환, 2008).

지금까지 서구 선진국의 다문화교육은 어떻게 구현하는가에 대해 살펴보았다. 서구 선진국의 다문화교육을 위한 교사교육은 초기에는 현직교사연수가 중심이었으나, 예비교사교육에서 다문화교육이 강화되고 다문화 배경을 가진 교사들을 양성하는 방향으로 나아가고 있으며, 학부모와 지역인사들을 보조교사로 활용하기 위한 연수도 실시되고 있다. 그리고 다문화학생을 담당하는 교사에게 권한을 위임하고 지켜야 할 지침을 마련하여 활용하고 있다. 학교 전체가 다문화교육에 필요한 풍토조성을 위해 효과적인 다문화학교 평가기준들을 마련하여 학교평가에 반영하고 있으며, 학교에 다문화환경을 조성하고자 나라별로 다양한 지원들이 이루어지고 있었다. 외국에서의 다문화교육은 나라별로 교육이념과 목표, 교육과정과 교수학습 대상 등이 다양하고 특성화되어 있으므로 주관 행정부서와 대상집단에 따라 그 나라의 역사와 사회적 맥락과 특수성을 깊이 있게 이해할 수 있다.

4. 한국의 다문화교육정책 담론

현재 한국사회는 저출산 고령화 사회로 진입하면서 다인종·다문화적 배경을 가진 이주민들이 급격하게 증가하고 있다. 따라서 다인종·다문화인이 더불어 사는 사회를 위하여 정부의 이민정책과 교육정책의 획기적인 전환이 필요하며, 법적·제도적 장치의 마련과 함께 일반 국민의 의식과 태도 및 사회적 관행의 변화를 위한 교육이 선행되어야 한다. 한국사회에서 외국인노동자 자녀의 경우에 학교에 접근할 기회조차 차단되어 있다. 법과 제도적으로는 이들이 내국인과 차별 없이 평등하게 학교교육을 받을 수 있게 되어 있지만, 실제 현실에서는 보장받기 어렵다. 따라서 이들의 학교교육에 대한 평등한 보장을 받기 위해 법과 제도적 보완 및 사회적 인식의 변화가 선행되어야 한다.

한국의 다문화정책에서 다문화교육에 대한 담론은 크게 학교에서 이루어지는 학생 대상의 다문화교육과 일반 시민을 대상으로 하는 다문화이해교육으로 분류된다. 일반 대상의 다문화이해교육은 학교교육에 비해 제대로 이루어지지 못하고 있다. 이는 표면적으로는 교사, 청소년, 공무원, 일반인 등으로 세분화되어 교육이 진행되고 있지만, 학교를 중심으로 한 다문화교육보다 더 일시적으로 이루어지고 있다(심미경, 2016). 따라서 한국도 미국처럼 다문화교육의 대상을 학생과 학부모, 교사에 이르기까지 모든 시민이 함께 배우는 다문화교육이 바람직하다. 한국사회에서는 교육대학과 사범대학의 예비교사를 통하여 다문화 관련 과목을 이수하도록 하고 있다. 또한, 법무부가 주관하는 ABT(Active Brain Tower)대학[13]들의 경우에도 다문화사회전문가들을 위한 자격증 프로그램을 개설하여 다문화교육을 실행하고 있다. 다문화사회전문가 양성을 위해서는 반드시 교육전문가가 다문화 관련 교육과정을 필수로 교육할 필요가 있으며, 전문성을 살린 프로그램들이 운영되어야 한다. 하지만 ABT대학들에 대한 일반인들의 인지도가 매우 낮다.

한국사회도 다문화사회로의 진행과정 단계에 걸맞은 교육개혁 정책을 수립하고, 이를 실현하기 위한 학교 다문화교육이 실시되어

---

13 ABT(Active Brain Tower)대학(다문화사회통합중심대학)이란 학문적 연구와 실천적 참여를 통해 정책개발과 정책 집행을 지원하는 역동적 대학을 지칭하는 것으로 법무부의 이민자 다문화 이해증진 및 사회통합 추진을 위해 정부가 지정한 핵심대학이다.

야 한다. 아울러, 학교 다문화교육의 실천을 위해서는 구성원의 다문화 의식 수준과 교육현실이 고려된 객관성 있는 방법을 채택하여야 한다. 한국사회가 선진국과 함께하기 위해서는 외국의 다문화교육 사례를 참고하여 미래 다문화공동체 사회로의 이행을 위한 적극적 이민정책과 교육개혁 정책을 수립할 필요가 있다.

　다문화교육은 개념과 정의, 교육의 목표, 실천의 방식에 있어서 그 범위가 상당히 광범위하고 포괄적인 성격을 지닌다. 다문화교육의 목표는 문화적 편견에서 벗어나 다양성을 인정하고 정체성을 재인식하게 하는 것이며, 나아가 학교개혁을 통해 사회정의를 실천하는 것이다. 따라서 한국사회는 교육개혁을 과제로 삼아 다문화교육을 설정하고, 지향해야 할 교육이념과 목적을 재정립할 필요가 있다. 또한, 한국의 현실에 맞는 다문화교육 실천방향에 부합하는 다문화교육 범주를 보다 구체화하여 방향설정을 할 필요가 있다. 한국의 다문화교육은 일반 시민 모두가 공감할 수 있도록 교육대상의 특성과 교육목적에 따라 다양하게 이루어져야 할 필요가 있다.

제6장

다문화사회복지와
다문화교육 담론의 특징과 과제

1. 다문화사회복지 담론의 특징

한국에서 다문화주의에 관한 논의는 2000년대에 들어서면서 이주노동자와 국제결혼의 급증으로 인해 시작되었다. 앞서 다문화 정책을 추진해온 기존의 서구국가들에 비해 한국은 실제 소수문화 인구가 많지 않음에도 불구하고 다문화 논의는 단시간에 사회의 주요 논제가 되었다. 외국인 및 소수자 문제에 개방적인 태도를 취했던 정책이 다문화주의에 대한 사회의 관심 증가와 담론 형성을 촉진하였다. 한국사회가 다문화사회로 진입되면서 사회를 이루는 각 구성원의 다양한 문화적 요소를 고려한 사회복지 실천은 오늘날 시대적 요구로 주목받고 있다. 다문화사회복지 실천은 기존의 사회복지 실천과 전혀 상이한 것이 아니라 새로운 복지대상의 출현에 따른 사회복지 실천의 영역 확대라 할 수 있다.

다문화사회에 대한 정부의 관심은 한국사회가 직면한 저출산·고령화 문제의 해결책으로 이민자들을 수용하면서부터이다. 이에 따라 외국인 및 소수자 인권문제에 관심이 증대하였으며, 다문화정책을 적극적으로 추진하는 계기가 되었다(윤인진, 2008). 한국정부의 소수문화 집단 문제와 관련된 정책변화는 언론매체들의 보도와 각종 시민단체의 활동을 촉진하여 사회 전반에서 다문화주의에 관한 관심을 증대시키게 되었다. 따라서, 한국사회의 다문화주의에 관한 관심은 정부의 주도적 역할과 이에 호응한 사회 각 영역의 참여로 인해 이루어졌다고 볼 수 있다.

다문화정책 추진 및 담론 형성에 정부가 주도적인 역할을 함에 따라 정부와 시민사회 협력의 필요성이 강조되와다. 반면, 여전히 이름만 다문화일 뿐 실제로는 여러 문화의 차이를 인정하고 공존을 지향하는 진정한 다문화주의와는 거리가 멀다는 비판적 지적이 있다(박진경, 임동진, 2012). 한국의 다문화주의 연구가 독자적인 논의라기보다 서구의 논의와 이론들을 수용하는 데서 그치고 있기 때문에 다문화주의에 대한 이론적 비판도 서구에서 제시되어 온 다문화주의 비판 담론에 담긴 논리를 받아들이는 것으로 인정되었다(김영명, 2013).

서구 다문화주의 이론에서는 다문화정책의 모델을 분류하여 이론화해 왔으며, 이에 따라 다문화정책에 대한 세 가지의 분류법이 정립되었다(Castles & Miller, 2003). 먼저, 동화주의 모델은 소수문화집단이 일방적으로 주류문화 집단으로 동화 및 흡수되는 것을 의미한다. 따라서 동화주의는 다문화주의와 대비되는 개념으로서 그 비판은 서구의 다문화주의 이론들에서 제기되었다(Kymlicka, 2017; Parekh, 2008). 이들의 비판에 따르면, 동화주의는 소수문화 집단의 독자적 문화를 파괴하고 주류문화만을 국가의 유일한 문화로 만들려는 입장이다. 이는 단일 국민국가 유지라는 목표를 위해 소수문화 집단을 배제 및 주변화시키는 결과를 초래한다(Kymlicka, 2017). 이에 반해 다문화주의 모델은 소수문화 집단이 자신들의 고유한 문화적 정체성을 유지하고 거주하는 사회 내에서 주류문화 집단과 공존하는 것을 긍정한다. 마지막으로, 차별적 포섭·배제 모델은 과거 이주노동자들을 일시적인 초청노동자로서만 여겨 이들의 정착을 배제하였던 독일, 스위스 및 다른 유럽국가들의 정책을 설명하기 위해 제시되었다. 이 모델은 영토 내의 전통적인 소수문화 집단들은 주류문화 집단과 동등한 지위를 누릴 수 있게 포섭하지만, 주류문화와 융화될 수 없는 이질적인 이주자들은 노동시장 등 국가, 사회에 필요한 영역에서만 선택적으로 받아들이고 정치참여나 시민권 등에서는 배제하였다. 한국의 다문화주의 연구들은 다문화정책 전반에 대한 위의 모델들을 1990년대 이후 유입된 이민자들에게 적용하였다.

한국 다문화정책이 동화주의적이라는 문제 제기는 주로 결혼이주민 문제를 중심으로 나타난다. 결혼이주민들은 비교적 다른 이주민들에 비해 한국사회의 정당한 구성원으로서 인정받지만, 결혼이주민 당사자들과 그 자녀들에 대해서는 다문화정책이라는 이름으로 동화주의정책이 적용되고 있다. 그 결과 이들의 출신 문화가 소멸하여 갈 뿐만 아니라 결혼이주민들과 그 자녀들은 주류 한국문화에 흡수, 동화될 것을 강요받는다는 입장이다. 즉, 결혼이민자들이 한국문화에 적응하는 데에만 관심을 두고 있다는 주장이다. 이와 더불어, 차별적 포섭·배제 정책은 결혼이주자와 고급노동인력을 제외한 대부분의 비숙련 이주노동자들을 차별하고 배제하는 양상으로 나타난다. 비숙련 이주노동자의 정주화를 단기순환 노동의 제도화로 막음으로 이에 대한 지원을 배제하는 정책이다. 이주노동자와 그 자녀는 귀환의 대상으로 분류하여 이민자에 대한 구별과 배제를 당연시한다는 입장이다. 따라서 노동력 확보를 위한 수단으로만 이주노동자를 바라본다는 것이다.

한국 다문화정책의 지원대상은 주로 한국인과 국제결혼을 한 이주민과 그 자녀로 제한되어 있으며, 다문화정책을 다문화가족에 대한 지원정책으로 여기는 경향이 지배적이다. 한국정부는 가족관계를 형성하는 다문화가족만을 사회통합의 대상으로 여기고 있다(김정선, 2011; 이종두, 백미연, 2012). 또한, 「다문화가족지원법」에서 다문화가족은 결혼이민자 혹은 대한민국 국적을 취득한 자로 이루어진 가족을 지칭한다(박종대, 박지해, 2014). 이는 한국사회에서의 다문화정책이 가족제도 유지라는 특수한 맥락 속에서 발전되어 왔음을 나타낸다(양경은, 노법래, 2020).

한국에 체류 중인 이주민의 유형에는 결혼이민자, 다문화가족 외에도 이주노동자, 북한이탈주민, 유학생, 재외동포, 난민 등 다양한 집단이 존재한다. 그런데도 현재 한국의 다문화정책은 이주민을 위해 정책의 필요성을 주장하지만, 실제 다문화 담론의 중심에는 여성결혼이민자로, 이들의 한국생활의 적응 및 가정생활 유지에 정책의 초점이 맞춰져 있다. 국내에 체류하는 외국인의 유형이 다원화되었음에도 지원의 초점을 다문화가족에게만 두는, 즉 다문화가족 지원정책은 한국인의 가족주의적 정서에 부합하고 있다는 지적이다. 여성결혼이민자를 지원하는 주된 이유는 이들의 결혼생활 유지 및 자녀교육 문제를 해결하기 위함이다(조지영, 서정민, 2013). 지원대상을 가정으로 한정하는 현 다문화 담론 및 정책은 다문화주의 가치를 지향한다기보다 다문화가족에 대한 지원의 성격이 강함을 나타낸다. 이러한 현상은 가족제도 밖에 있는 다양한 대상을 배제시키는 결과를 가져온다. 그 대표적인 집단이 이주노동자이다(양경은, 노법래, 2020).

국내에 체류 중인 이주노동자의 수는 꾸준히 증가하고 있는 데 반해 이들의 사회통합 논의는 기피되고 있다. 이에 따라 한국 노동시장의 분절화, 고용 불안정성 심화는 노동이주의 경향성을 더욱 가속화시킬 것으로 여겼다(이광원, 2018). 이들은 합법적인 체류자격을 유지하고 있음에도 불구하고 한국사회가 지원하는 다문화 영역에서 배타적인 존재로 차별받고 있다(박종대, 박지해, 2014). 이주노동자는 정주가 허용되지 않는다. 이런 점에서 한국의 가족제도를 유지시켜 주는 결혼이주여성과 다르다(조지영, 서정민, 2013). 노동력 확보라는 경제적 효용에만 가치를 두고 상대적으로 외국인노동자들의 인권과 적응에 대해서는 무관심으로 일관해온 것은 문제점으로 지적할 만하다.

다문화정책 대상으로 결혼이민자와 다문화가족만을 설정한 현재 다문화정책은 그 정당성과 적실성에 대한 비판에 직면해 있다(김혜영, 2014). 이로써 다문화가족 정책은 한국에 체류 중인 다양한 이주자들을 포함하는 정책으로서의 방향이 재설계되어야 한다. 국내 체류 외국인의 수는 2020년 기준 250만 명을 넘어서고 있지만, 현재 다문화정책은 다문화가족 외의 이주배경 집단에 대해서는 차별적인 사회통합 모델의 성격을 띤다(양경은, 노법래, 2020).

특히 다문화사회복지 실천 면에서 현재의 지침과 기준은 문화적 한계와 인종, 문화, 성별 등을 고려해야 하지만 동남아 출신 국제결혼이주여성과 2세들은 그리 쉽게 한국사회에 동화되지 않고 있다 (김영란, 2010). 한국사회복지 실천현장에서 나타나는 문제들은 상담가와 내담자 간의 갈등과 오해는 효과적 다문화사회복지 실천의 장애로 작용하여, 임상사회복지와 치료는 내담자의 내적 역동성에만 초점을 맞추어 문제의 원인으로 외적 요인을 고려하지 못하였다. 또한, 이중언어를 하는 사회복지사는 꼭 필요하지만 현실적으로 서비스 전달체계의 부족으로 언어적 소수민족을 위한 이중언어 사회복지사를 고용하기란 쉽지 않다. 한국사회에서 인종적·민족적 소수집단은 주류문화의 생활양식에 적응해야 한다는 강한 압박을 받고 있다. 대부분의 사회복지전문가는 그들이 자신의 가치와 신념에 기반하여 서비스를 제공하고 있다. 이와 더불어 다문화사회복지 실천에서 사회복지사의 다문화 역량 강화가 시급하게 요청된다.

현재까지 한국의 다문화정책에 대한 다문화 연구의 비판적 인식은 크게 두 가지로 범주화되었는데, 이민자 문제와 결혼이민자, 노동이민자에 따라 각기 다른 양상을 띠었다는 주장들이다. 먼저, 동화주의의 문제는 포섭 대상인 결혼이주여성 및 그 자녀들을 한국사회로 편입하고 통합하는 과정에서 제기되고 있다는 점이다. 다음으로, 서열화와 차별적 포섭·배제 정책의 문제는 이민자들을 국가 및 사회의 필요에 따라 분류하고 국가가 유용하다고 판단되는 이민자들을 포섭하고 포섭 대상이 아닌 나머지 이주민들을 배제하는 가운데 발생한다는 주장이다.

이와는 다르게 동화주의 및 차별·배제 정책에 대해 문제를 제기하는 입장도 있다(윤경훈, 강정인, 2019). 첫째, 한국의 다문화정책에 대한 비판은 이민자 집단의 주류사회로의 동화를 전제로 하는 것으로 이는 서구 다문화주의 이론에서의 동화주의에 대한 비판의 맥락을 잘못 적용한 결과라는 점이다. 서구 다문화주의 이론은 소수민족 및 원주민집단에 대해 행해지는 배타적이고 억압적인 동화정책을 강력하게 비판한다. 근대 국민국가 형성과정에서 나타난 소수민족 집단과 원주민집단에 대한 동화주의적 정책은 소수집단의 고유문화를 말살시키고 나아가 해당 집단들을 소멸시키려는 서구 다문화주의 이론들의 비판은 분명한 사실이다. 역사적으로 이들 집단에 대한 동화주의적 정책이 전개되는 과정에서 자행된 폭력은 소수민족, 원주민 공동체뿐 아니라 그에 속한 구성원들의 인간적 삶 전반을 파괴하였다. 캐나다, 호주에서 자행된 원주민 아동분리정책 등은 동화주의정책에 의한 반인륜적 폭력의 대표적인 사례이기 때문이다 (National Centre for Truth and Reconciliation, 2016).

이민자집단의 성격 또한 중층적이고 역사성이 깊은 서구 이민자집단과 달리 한국은 극히 자발적인 이민자집단으로 구성되어 있다는 점이 고려될 필요가 있다. 따라서 한국 다문화정책이 동화주의적이라는 비판은 이러한 점들이 감안되어야 한다. 한국어교육과 한국문화 이해교육들은 이민자집단을 한국문화에 동화시켜 그들의 문화적 정체성을 제거하려는 노력이라기보다는 이주민들이 정착사회의 지배적인 언어와 관습을 습득하여 주류사회에 접근하는 것을 가능하여지도록 하기 위한 사회통합정책의 범주에 포함되는 것이다. 통합은 소수문화집단이 사회 내의 비주류집단으로서 주류사회로부터 배제되거나 소외되지 않고 동등한 구성원으로서 사회에 참여하고 받아들여지기 위한 필수적인 정책이다. 따라서 통합정책은 문화적 정체성을 침해하거나 주류문화를 강요하는 동화정책과는 구분되어야 한다. 이주자들에 대한 다문화정책을 가장 적극적으로 추진하는 신대륙 이민자 국가들도 자국에 새로이 진입하는 이민자들에게 자국 주류사회의 문화 및 언어를 교육하고 있다. 국내 다문화주의 연구에서 동화주의의 일환으로 비판된 정부의 자국 언어·문화 교육 중심의 다문화정책 및 사업과 같은 사례들은 이러한 통합정책의 범주에 포함되는 사례일 수 있다.

둘째, 서열화와 차별적 포섭·배제 정책이라는 문제 제기에 대한 입장은 한국 다문화주의 연구는 주로 비숙련 노동이민자들과 관련하여 정부 차원에서의 차별적 포섭·배제 정책의 문제, 즉 출신국과 직업 등 여러 조건에 따라 다양한 문화적 배경을 가진 사람들을 정책적으로 서열화하고 차별 및 배제하는 경향이 있다고 지적하였다(윤경훈, 강정인, 2019). 그러나 이러한 지적은 한국의 다문화 현실에 대한 정확한 분석과는 거리가 있다. 결국, 한국사회에서 소수문화 집단을 집단의 필요성에 따라 인정의 대상, 동화의 대상, 배제 및 추방의 대상 등으로 범주화하고 있다는 비판은 한국 다문화정책이 아니라 오히려 국익 중심의 이민정책에 관한 문제 제기로 보는 입장이다. 이민정책은 다문화정책과 일정한 관련성이 있지만 구분되는 점이 있다. 정상적인 국경 통제력 및 행정력을 가진 국가들은 이민자들에 대해 여러 기준에 따른 일정한 통제 및 선별적인 수용정책을 실시하고 있다. 그 결과 이민신청자들을 선별하는 현상은 대부분의 국가에서도 시행하고 있다. 서구 다문화주의 이론 내에서도 이민자들에 대한 국경 통제력의 유지 및 선별적 수용 자체가 다문화주의에 위배되는 것으로 여기지 않는다(Kymlicka, 2017).

다문화주의 이론이 발생한 서구사회의 맥락과 한국 다문화 현실의 맥락은 상이하다. 소수민족원주민, 이민자라는 서로 다른 범주들로부터 출발한 서구 다문화주의 이론에서는 논의의 대상에 따라 다른 차원의 다문화주의적 접근이 제안되어 왔다. 이와는 달리 한국사회는 서구사회와의 역사적 맥락의 차이로 인해 자발적 이민자집단만이 논의의 대상이 되어 왔다. 그러나 기존의 많은 국내 다문화주의 연구는 이러한 차이를 심각하게 고려하지 않고 있다.

한국사회의 소수문화집단은 1990년대 이래 유입된 자발적 이민자 집단에 국한된다. 한국 다문화주의 담론에서는 이 점을 고려하여 다음의 두 가지 핵심사안에 관한 보다 객관적인 검토가 필요하다(윤경훈, 2019). 먼저, 한국사회에 있는 이주자들에 대해 다문화주의적 접근이 가능할 것인지의 문제이다. 전통적인 신대륙 이민국가들처럼 국가가 소수문화를 지원하는 다문화정책을 할 것인지, 일부 유럽 국가들(네덜란드, 벨기에, 영국, 스웨덴)과 유사하게 이민자들의 문화를 인정하되 국가가 적극적으로 개입하지는 않는 소극적인 다문화정책을 할 것인지, 혹은 나머지 유럽국가들처럼 이주민들에 대해 다문화주의에 입각한 지원을 배제하거나 프랑스처럼 동화주의적 시민권 개념을 적용하여 주류사회에 흡수하는 것에 초점을 둘 것인지 고민되어야 한다.

이러한 논의에서 기존의 국내 다문화주의 담론의 중심은 이민자 집단에 대한 적극적인 다문화주의를 적용해야 한다고 주장한다. 그러나 과연 어떤 수준의 이민자 다문화주의를 추진하는 것이 이민자들의 권리를 지키면서 주류사회로의 통합을 촉진하고, 한국사회의 전체적인 안정과 다원주의적 사회건설에 기여할 수 있을지 고려되어야 한다. 이 점에서, 학계에서 논의되기 시작한 유럽의 상호문화주의, 시민통합 담론은 이민자들의 사회통합을 중점적으로 다룬다는 점에서 기존 다문화주의보다는 한국의 현실에 더욱 부합하기에 앞으로의 논의에서 유효한 이론 틀이 될 수 있다. 그러나 이러한 이론을 적용함에서도 중층적 이민자들로 구성된 유럽과 1990년대 이후 현대적 이민자들로 구성된 한국은 큰 차이가 있음이 고려되어야 할 필요가 있다.

다음으로, 새로운 이민자 수용에 관한 문제이다. 기존 국내 다문화주의 연구에서 일반적으로 다문화주의 문제와 분리되지 않은 채 다루어진 이민자 수용에 관한 문제는 단순히 다문화주의만의 문제로 간주하기 어렵다. 또한, 유럽 내에서도 높은 이민자 인구 비율을 유지하지만, 이들에 대해 강력한 동화주의 정책을 펴고 있는 프랑스처럼 이민자를 많이 수용하는 것이 곧 소수문화집단에 대한 적극적인 다문화주의 정책으로 여겨지는 것은 아니다. 따라서 국내의 소수문화집단에 대한 다문화주의적 접근 및 어떤 유형의 이민자를 한국사회의 구성원으로서 받아들일 것이며, 이민자들에게 어떤 조건을 요구할 것인지 보다 객관적으로 검토되어야 한다. 노동이주자를 결혼이주자보다 더 많이 받아들여야 하는지, 혹은 불법체류자를 특정한 경우에는 합법화하여 한국사회의 정당한 구성원으로 받아들여야 할 것인지는 다문화주의에서 주로 논의되는 소수문화의 문제와는 구분되는 문제임을 인정할 필요가 있다. 그러므로 다문화주의 담론은 이민자수용의 문제에서 적용될 수 있는 여러 관점 중 하나로 다른 현실적 관점들과 균형을 유지하며 이민자 수용문제의 논의도 함께 이루어져야 할 과제이다.

2. 다문화사회복지 담론의 과제

한국정부는 결혼이민자를 대상으로 한국사회의 문화에 적응하고 동화할 수 있도록 지원하는 통합정책을 적극적으로 추진해왔다(원숙연, 문정희, 2016). 이주민들에게 사회복지는 자신이 살던 본국과 사회·문화적 환경이 다른 이주국의 사회적응을 위해 필수적인 삶의 맥락을 구성하는 데 있다. 특히 결혼을 조건으로 한국에 이주한 여성들의 적응과 안정적인 가정생활을 보장하기 위해서는 사회복지의 필요성이 더욱 대두되고 있다. 그중 다문화가족지원센터는 다문화정책의 추진에 있어 전국적인 다문화정책서비스 공급체계를 갖춘 실질적인 집행기관으로, 다문화정책의 주요한 서비스를 지원하고 있다.

다문화가족은 한국인과 외국인이 혼인하여 이룬 가족공동체를 의미한다는 점에서 「다문화가족지원법」은 그 성격이 적극적인 복지서비스라고 할 수 있다. 한편, 선주민의 입장에서는 국가가 이주민이 국적을 취득한 후에도 3년까지 사회적응을 위한 지원을 한다는 것에 대해, 이주배경을 가진 집단을 다문화가족으로 구분하여 특혜를 주는 것이라고 주장한다. 이는 사회에 부담을 주는 외국인이라는 낙인, 저소득층 간의 역차별서비스 발생의 요인이 될 수 있다는 것이다. 따라서 외국인 역시 보편적 복지제도로 흡수시켜서 일반 저소득층과 차별 없이 개별 복지서비스의 수요를 충족시키는 방향으로 전환해야 한다(이철우 외, 2019).

다문화가족지원센터는 이주외국인을 대상으로 한국사회의 구성원으로 생활하기 위한 제반 서비스를 제공한다. 다문화 현장에서는 문화적 다양성의 가치를 인정하고, 이주민들의 문화에 대한 이해를 바탕으로 한 프로그램이 진행되어야 한다. 이에 따라 다문화가족지원센터 종사자들의 다문화교육의 내용은 다문화 감수성 향상을 위한 교육의 필요성을 제기한다. 인종적 집단에 대한 평등의식 고양, 차별과 편견에 대한 인권, 지식습득 등의 내용을 통해 이주민에 대한 이해력을 높이는 데 주안점을 두어야 한다. 다문화 지식은 사회적 윤리와 규범 등과 관계되어 있으며(방현희, 김영순, 2017), 다문화 지식수준의 향상은 이주민집단에 대한 긍정적인 태도 변화를 가져다준다.

다문화가족지원센터의 서비스 담당자들은 정부정책과 이주외국인 사이의 중간 매개자이자 소통자, 그리고 실질적인 정책서비스 전달자로서의 역할을 수행한다(원숙연, 문정희, 2016). 이주외국인들은 다문화가족지원센터 종사자들을 통해 정책서비스 및 정부를 경험하게 된다. 정책서비스에 대한 평가는 주관적이어서 다문화가족지원센터 종사자와 이주민과의 접촉에 따라 달라진다. 특히 다문화가족지원센터 서비스 담당자의 다문화 역량은 중요하다. 다문화 역량은 다문화 현장에서 다양한 집단 간 존재하는 문화적 차이 및 다양성에 대한 인정과 타문화 집단에 대한 개방적 태도와 유연한 사고를 의미한다. 다문화 역량은 다문화 인식, 다문화 지식, 그리고 다문화 기술로 구성되는 다차원 개념이다(McPhatter, 2018).

다문화정책에서는 다문화와 관련한 법적 개선의 필요성을 간과하고 있다. 한국의 이민 다문화정책이 여러 부처로 나누어져 시행되고 있다. 출입국 관련 업무와 체류자에 대한 심사 및 강제 퇴거조치 등은 법무부 출입국관리본부에서 담당하고 있으며, 외국인노동자 수급에 대한 관리는 고용노동부에서 담당하고 있다. 또한, 결혼이주여성과 가족에 대한 정착프로그램은 여성가족부에서, 자녀들의 교육문제는 여성가족부와 교육과학기술부가 함께 담당하고 있다. 이 외에도 세분화하면 더 많은 부처에서 관여하고 있음을 알 수 있다. 이렇듯 업무 성격에 따라 각 부처에서 나누어 관리하는 것에 대해, 이를 통합하고 종합적인 정책을 마련해야 효율적이고 원활한 업무 수행이 가능해질 것이다.

국내 거주 다문화가족과 외국인의 증가에 따라 이들의 안정적 사회적응을 위한 지원사업이 확대되어 왔다. 하지만, 대상별로 분산·운영되면서 수요자들이 이용하는 데 많은 불편을 겪었다(설동훈, 2017). 예컨대, 결혼이민자와 외국인노동자 등이 체류허가 및 고용허가 관련 민원서비스를 이용하기 위해 출입국관리사무소, 고용센터 등 유관기관을 각각 방문해야 하는 어려움이 있었다. 이러한 문제점을 해결하기 위해 행정안전부는 법무부·고용노동부·여성가족부 등 관계부처 및 지방자치단체와 협업하여 2017년부터 일선 집행기관 간의 협업센터인 '다문화이주민플러스센터'를 설치하였다. 다문화가족과 외국인을 대상으로 한 정부서비스를 한 곳에서 제공하는 '다문화이주민플러스센터'는 기관 간 서비스 연계를 강화하여 다문화가족, 외국인서비스를 통합적으로 제공하고 있다.

또한, 정책 대상과 지역 여건 등을 고려한 중앙, 지방자치단체, 민간 간의 협업체계를 통해 ① 다문화가족지원센터(여가부) 활용형, ② 출입국관리사무소(법무부) 활용형, ③ 지방자치단체(행안부, 지방자치단체) 외국인주민지원센터 활용형(고용부) 등 세 가지 유형으로 기관을 설치하였다. 이로써 각각의 기관이 위치한 공간에 관련 기관을 입주시키거나 기능을 추가할 수 있게 된 것이다. 그러나 이 방안은 이민정책에 관한 컨터롤타워 설치나 중앙정부 부처 간 예산의 통합, 조정 등은 다루지 않고 있다. 그 결과, 기존 업무 영역을 그대로 둔 채 행정 지원 서비스만 한 곳에 모아놓은 것에 불과하다는 비판을 받고 있다.

이주민의 성공적인 사회통합은 인종, 민족 집단별 문화적 정체성 유지를 지원하는 것과 이주민의 주류사회 참여가 다문화정책의 핵심적인 내용이다. 특히 이주배경 아동집단은 학업성취도 면에서 비이주배경 아동집단에 비해 일정한 격차가 나타났다(Levels & Dronkers, 2008; Schnepf, 2007). 그 이유는 이주배경 아동의 경우 주류사회의 언어와 문화를 습득하면서 어려움을 겪기 때문이다. 이와 더불어 이주배경 아동은 사회적 편견이나 경제적 빈곤과 같은 구조적인 차별을 경험할 가능성이 비이주배경 아동에 비해 높다(양경은, 함승환, 2020). 이에 따라 정부는 이주민에 대한 공적 사회복지 시스템을 통하여 이주민을 대상으로 관대한 경제적 원조를 제공해왔다. 이러한 배경에는 포괄적인 현금보조가 고용수준에서 발생하는 이주민과 원주민 간의 초기 임금격차를 줄일 것이라는 기대에서 출발하였다. 그러나 이주민을 대상으로 하는 이와 같은 관대한 현금보조는 이주민이 복지에 의존하게 만들고 이들을 주류사회로부터 주변화시키는 등 부정적인 결과를 초래하였다(Borevi, 2014; Koopmans, 2010). 즉, 다문화정책은 집단별 문화적 차이를 인정하고 그에 따른 차별화된 권리를 보호하기 때문에 이주민은 주류사회의 사회·문화적 자본획득에 대해 적극적 태도를 취하지 않아도 된다는 것이다. 이러한 다문화정책이 유지될 경우 이주민은 높은 복지 의존으로 사회·경제적 주변화를 겪게 될 가능성이 크다. 많은 복지국가의 경우 자국민에 대한 사회권보장 수준이 높을 뿐만 아니라, 이주민에 대해서도 다양한 사회복지 혜택을 제공하는 경향이 있다.

한국의 사회복지제도는 지난 20년간 양적 및 질적으로 큰 성장을 해왔다(윤홍식, 2020: 한신실, 2020). 향후 한국 다문화정책의 설계는 국내 사회복지제도의 전망 속에서 더 신중하게 진행될 필요가 있다. 특히, 이주배경 아동의 사회통합 양상을 살펴본 연구에 따르면, 다문화정책은 사회복지 혜택이 낮은 국가에서는 정책의 의도대로 긍정적 효과로 이어지지만, 사회복지 혜택이 높은 국가에서는 의도하지 않은 효과를 낳을 수도 있는 것으로 보인다. 이는 다문화정책의 설계에서도 중요하게 고려되어야 할 측면일 것이다. 다문화정책과 사회복지정책 간의 제도적 연결성은 '한국형' 다문화정책 모형 구축의 필요성과도 맞닿아 있다. 다문화정책의 사회통합 효과가 특정한

사회정책적 환경 조건 속에서 실현되는 맥락 의존적 효과라면, 한국
의 제도 환경 맥락 속에서 다문화정책 모형을 구체화할 필요가 있
다. 한국사회 내에서 다문화정책이 사회복지정책 등 포괄적 제도 환
경과 상호작용하고 있는지 관찰해야 한다(양경은, 함승환, 2020). 한국
의 다문화정책 제도화는 전통적 이민자 수용국에 비해 초기 단계에
있으므로 다문화정책에 대한 규범적 차원의 논쟁과 함께 다각도의
실증적 검토가 요구되는 시점이다.

3. 다문화교육 담론의 특징

한국 다문화교육정책의 특징은 다문화교육에 대한 관점의 변화
라고 할 수 있다. 다문화교육정책의 목표 및 내용에서의 변화, 다문
화학생에 대한 인식 변화, 다문화교육 대상에 대한 인식 변화, 교사
역량을 강화하기 위한 사업과 정책을 시행하는 시스템이 정착되어
간다는 점이다(전세경, 2017).

먼저, 정책목표 및 내용에서의 변화를 찾아볼 수 있다(양계민, 김주
영, 2018). 다문화교육정책 초기에는 다문화교육 지원에 대한 필요성
을 인식하고, 교육과정에 다문화교육을 포함하여 중앙다문화교육센
터의 운영을 통해 다문화교육 지원정책의 기틀을 마련하였다. 이후
다문화 예비학교, 다문화 거점학교 등 다문화교육 지원정책이 시작
되었고, 중도입국청소년의 증가에 따른 대책을 마련하기 시작하였
다. 이와 더불어 다문화교육 지원정책을 확대하여 공교육 적응지원

및 다문화 수용도 향상을 위한 다문화 예비학교, 중점학교의 지속적인 확대 및 다양한 다문화교육정책을 보완하였다.

다음으로, 다문화학생에 대한 인식의 변화이다. 최근의 다문화교육정책은 다문화학생들을 집단 대상화하기보다는 여타 학생들처럼 개별적 요구와 지원이 필요할 때 지원하고, 이들이 가진 잠재적 능력을 인식하는 관점으로 인식이 변화되고 있다(전세경, 2017). 다문화학생의 유형을 구분하여 유형별로 요구와 능력이 다름을 인정하고 있으며, 이들의 요구에는 지원하고 능력은 개발하는 방향으로 입장을 표명하고 있다. 또한, 다문화학생은 늘 부족하고 미흡한 교육의 대상이 아니라, 그들이 가진 잠재력을 길러주어야 할 대상으로 인식하여 이중언어교육이나 진로와 진학교육을 시행하고 있다. 국내 출생 다문화가족 학생, 중도입국학생, 외국인자녀 등 다문화학생의 유형 및 아동기, 청소년기 등 발달 단계별 특성 등을 고려하여 더 이상 획일적인 교육이 아니라 특성에 따른 다양한 교육을 제공하도록 하였다(전세경, 2017).

한국의 다문화교육정책은 초기부터 다문화학생에 초점을 맞추어 이들을 대상으로 학교적응 및 학습능력 향상을 위한 지원이 적극적으로 실시되었다(우라미, 황지현, 서경혜, 2018). 다문화교육정책이 한국문화와 정체성, 한국어교육, 통합 및 육성의 관점에서 지속해서 실시되었다. 이와 더불어 중도입국학생이 다문화교육정책의 대상으로 포함되면서 동화주의적 접근은 더욱 강조되었다. 다문화학생은 특성과 요구에 따라 점차 세분되었고, 유형화에 따른 지원인 맞춤형 교육으로 제공되었다. 그러나 다문화교육은 다문화학생의 학교적응을 위해 필요한 지원의 방식을 다양화하는 양상으로 나타났으며, 그 내용 대부분은 여전히 다문화학생을 한국문화로 동화시키기 위한 교육이었다. 정책 초기에는 멘토링이나 상담, 방과 후 학교 등 다문화학생 개개인을 지원하는 정책이 대부분이었지만, 점차 중도입국학생을 위한 예비학교나 다문화 대안학교가 설립되어 이들의 적응을 돕는 방법도 증가하였다.

　이와 더불어, 다문화교육은 다문화학생을 국가 경쟁력에 유용한 인적자본으로 양성하기 위한 정책들을 실시하였다(우라미 외, 2018). 이러한 정책에 기인한 담론에서 이들을 글로벌 인재로 여기게 되었다. 예컨대, 다문화학생의 이중문화 배경을 고려하여 이들을 국가경쟁력 있는 인재로 키우기 위해 이중언어교육과 글로벌 브릿지사업 등을 실시하였다. 이에 따라 다문화학생들을 국가 인재로 양성하기 위한 정책들이 지속되고 있다.

　다원주의 접근에 기초한 정책들이 모든 학생을 대상으로 다문화에 대한 이해를 높이고, 나아가 다문화 친화적인 교육체제를 형성하려는 노력이 이루어지고 있다(우라미 외, 2018). 일반 학생들에게 다름에 대한 인정과 이해, 이에 대한 다양성을 존중하는 사회를 강조하기 위해 다문화감수성 교육과 상호문화이해교육, 세계시민교육 등을 하고 있다. 이에 교육부는 2017년 다문화교육을 위한 교육과정 운영모델을 개발하여 다문화학생이 다수 재학하는 지역 내의 학교를 연구학교로 선정하였다. 연구학교에서는 이중언어교육, 세계시민교육, 다문화이해교육 등을 학교교육 과정에 반영하여 운영하였다. 그러나 많은 부분은 일회성의 단편적이고 피상적인 행사나 프로그램에 그치고 있다. 다문화교육이 범교과 학습주제나 재량활동에 포함되었고, 교과서와 교육과정에서 문화에 대한 편견 등의 내용을 개정하여 정책적으로 추진하였다.

마지막으로 다문화교육 대상을 살펴보면, 초기 다문화교육은 초등학교 현장을 중심으로 시작되었으나, 이후 그 대상은 유치원 단계로 저연령화되고 있다. 이에 따라 수행할 유치원 교사들의 다문화교육에 대한 인식이나 교육 역량 강화도 중요한 쟁점으로 부상하고 있다. 예컨대 매년 다문화유치원 개수를 증가시킴으로써 다문화유치원의 운영을 확대하고자 하였다(전세경, 2017).

더불어 학교에서 다문화교육을 수행하는 교사의 다문화교육에 대한 인식과 태도, 문화적 감수성이 무엇보다 중요하므로 다문화교육정책 수행에 교사 역량을 강화하고자 하는 사업이 강조되고 있다. 이는 다문화교육을 수행하는 교사의 역할을 강조함으로써 교사 역량에 대한 준비와 강화에 역점을 둔 정책을 지속해서 전개하여 다문화교육의 효율성을 제고하고자 한 것이다. 최근의 다문화교육정책에는 이전의 수준에 비해 교사의 역량을 강화하기 위한 내용을 보다 구체적이고 체계화하였다. 또한, 정책을 시행하는 시스템이 마련되어 정착되어 가고 있다. 다문화학생에 대한 통계조사를 실시하며, 다문화 특별학급과 다문화 언어강사 운영 근거와 학력심의위원회 규정 마련을 위한 초·중등교육법 시행령을 개정하고 다문화예비학교, 중점학교를 지속 확대하는 등, 그간의 지원정책을 보완하거나 지속, 확대해나가는 단계에 이르렀다(전세경, 2017). 따라서 정부는 이러한 다문화정책을 시행하기 위한 기반을 확립시켜 왔다.

4. 다문화교육 담론의 과제

다문화교육정책이 공식적으로 시작된 이래 한국의 다문화사회는 많은 변화를 가져왔다. 이와 관련해 그간의 성과를 정책의 지향이나 내용 변화에서 살펴보고, 이를 기반으로 개선되어야 할 과제를 파악하고 분석하는 것이 우선시되어야 한다. 이에 ① 다문화 및 다문화교육의 개념 및 용어의 문제, ② 다문화교육과 다문화이해교육의 논리적 관련성 정립, ③ 정책사업 전달체계에서의 효율성 검증 필요, ④ 교육 담당 인적자원의 전문성 개발 및 역할 정립, ⑤ 지속적인 제도와 시스템 점검, 운영사업 및 교육프로그램의 검토 등의 필요성을 강조하였다(전세경. 2017).

첫째, 다문화교육 전반에 걸쳐 '다문화'에 대한 용어의 혼란이 야기되고 있음을 지적한다. 다문화란 문화의 다양성을 의미함에도 불구하고 정책적으로 정해놓은 용어인 다문화학생, 다문화가정 등은 특정 배경을 갖는 대상을 부각하는 의미가 있다. 또한, 다문화교육 자체가 갖는 개념적 정의에 대해 모호함으로 인해 사업의 지향에 대한 어려움을 겪고 있음을 지적한다. 현재 한국사회에서 사용되고 있는 관련 용어를 살펴보면, 다문화학생을 국제결혼가정 자녀, 외국인 자녀를 포함하는 조작적 개념으로 사용하기도 하나, 다문화학생을 국내출생 자녀에 한정되어 해석하기도 하는 등, 개념이 혼재되어 있고, 다문화학생의 상대 개념 용어로서 일반 학생, 비다문화학생 등으로 쓰이고 있다. 학부모의 경우에도 이주여성인지, 다문화가정 학부모인지 혼란스러운 실정이라서 명확한 용어 사용이 필요하다는 지적이다. 이런 점에서 다문화라는 용어에 대해 새로운 개념을 정의할 필요가 있다. 이에 정부는 용어의 통일이 필요하다는 점에 중점을 두고 그 적정성 여부를 검토하고 논의해야 한다.

둘째, 다문화교육과 다문화이해교육의 논리적 관련성 정립으로, 다문화교육정책에는 다문화교육이 무엇인지, 다문화교육의 목적을 무엇으로 하는지에 대해 학교현장에 분명히 전달될 수 있어야 한다. 최근 다문화이해교육이라는 용어로 다양한 정책들이 펼쳐지고 있으므로 다문화교육과 다문화이해교육의 개념 체계, 논리적 관련성을 정립할 필요가 있다.

셋째, 다문화교육정책의 시행에는 다문화교육의 전달체계가 학교 단위로 내려갈수록 정책의 목적이 변질된 채 해석되어 온 경우가 많았다. 그간의 많은 사업의 진행과정이나 결과에 대해 체계적이고 철저한 모니터링, 성과 평가, 피드백 과정 등이 배제되어 왔다는 것이다. 정책사업의 효과성에 대한 검증은 모니터링, 성과평가, 피드백 등의 철저하고 지속적인 관리체계를 통해 사업의 선명도를 드러낼 수 있다. 이를 위해 모니터링, 성과평가, 피드백을 수행할 전문적 인력을 각 시·도 교육청에서 양성하는 다문화교육 전문지원단 인력을 활용해야 한다.

넷째, 다문화교육 전문지원단 인력 활용을 위해서는 교육담당 인적자원의 전문성 개발 및 역할을 정립하고, 학교 다문화교육정책을 추진해야 한다. 특히 학교현장에서의 다문화교육은 교사에 대한 의존도가 높아 다문화교육 사업을 맡은 교사의 업무 집중도는 매우 중요하다. 이를 위해 교사 교육프로그램의 전문성을 위한 가이드라인 개발작업이 수행되었다. 따라서 다문화교육을 담당할 인적자원의 전문성을 끊임없이 개발하고 파급될 수 있도록 해야 한다. 아울러 모든 교사는 예비교사 교육기간이나 교사 재교육을 통하여 다문화교육에 대한 인식과 태도를 새롭게 하고 다문화 수용성을 높일 수 있도록 해야 한다. 더불어 다문화교육전문가 그룹의 양적·질적 확대의 필요에 따라, 다문화사회에 필요한 인재양성을 위한 끊임없는 홍보와 함께 전문적인 지식을 충분히 제공해야 한다.

다섯째, 다문화교육정책이 학교현장에서 효율적으로 수행되기 위해서는 시·도 교육청에 마련된 다문화교육 지원센터의 역할을 강조해야 한다. 이를 위해서는 우선 담당 상임인력을 확보하고, 운영 사업 및 교육프로그램을 검토함으로써 정책 전달체계와 상호작용을 원활히 할 수 있다. 예컨대 연구학교, 중점학교, 예비학교를 중심으로 운영사업 및 교육프로그램을 진행해야 한다. 계획단계부터 철저한 컨설팅을 거쳐 목적에 맞지 않는 사업은 없애고, 장기적으로는 예산의 효율성을 고려한 다문화학생에 대한 지원은 교육복지 차원에서 통합하여 해결해야 한다.

교육정책의 중심은 학교현장이므로 정부에서 계획된 다문화교육 정책은 각 학교에 전달되어 그 목적에 맞게 실행되어야 한다. 한국의 다문화교육정책은 교육부를 중심으로 중앙정부 부처에서 기본계획이 수립되면 이를 바탕으로 시·도 교육청이 정책과제를 구체화하여 각 학교에 전달된다. 그러므로 교육정책의 결정에서 집행으로 이어지는 과정이 얼마나 일관성 있게 그 목표를 잘 달성하느냐는 정책시행의 중요한 관건이라고 할 수 있다.

초기부터 한국 다문화교육을 정책적으로 고려하기 시작하면서 학교다문화교육이 크게 확대되었고, 이에 따라 다문화교육정책에 관한 연구들이 많이 이루어졌다. 선행연구를 통해 연구자들은 다문화교육정책에 대한 문제점을 파악하고 개선점을 마련하는 데 중점을 두고 있다. 또한, 국제결혼의 증가로 인해 다문화사회에 대한 정책적 준비의 필요성이 대두되었고, 교육부, 여성가족부, 보건복지부, 노동부, 법무부 등 정부의 각 부처에서 다문화 관련 정책들과 함께 다문화에 대한 담론이 활성화되었다. 다문화교육의 목표, 내용과 관련된 문제는 향후 다문화교육정책에서 개선되어야 할 과제로 남아 있다.

다문화교육정책은 모든 학생을 대상으로 다문화교육 지원계획을 설정하도록 마련되어야 한다. 다문화교육의 대상을 확대하는 것도 중요하지만 다문화교육의 대상을 지칭하는 데 있어 다문화학생, 일반 학생과 같은 부적절한 용어 사용은 수정될 필요가 있다. 또한, 다문화교육정책에서 한국사회의 다문화 관련 내용을 선정하고 반영해야 한다. 문화적 다양성 및 문화적 차이에 대한 사례를 보여주는 것뿐만 아니라 다양한 문화집단이 살아가는 한국사회의 구조, 한국사회 내 여러 집단 간의 경제 사회적 지위, 정치적 권한의 차이 등 집단 간 불평등을 설명하는 내용을 함께 다룰 필요가 있다(김선미, 2011). 또한 한국사회에 필요한 진정한 다문화교육은 어떤 모습이어야 하고 어떻게 전개되어야 하는지에 대한 방향설정이 다문화교육의 대상과 내용 측면과 범주와 방법 측면에서 제안된다.

1) 다문화교육의 대상과 내용 측면

다문화교육의 대상과 내용 면에서 이주민을 한국어교육과 한국문화적응을 위한 프로그램의 대상으로서만 여겨서는 안 되며, 우리 사회의 다양성 발굴과 공존 및 조화를 이루어내는 사회라는 내용을 완성할 수 있는 교육내용들로 구성되어야 한다. 사회구성원들에게 다양성이란 '서로 다름이 차별로 연결되지 않는 사회'로 인식될 수 있는 정책들이어야 한다. 다문화교육의 핵심내용은 구성원 모두가 사회에 함께 공헌하고 참여하고 있는 것임을 이해시킬 수 있는 교육이어야 한다. 또한, 다문화교육이 시혜적이고 복지정책 성격의 정책인 것으로만 인지되어서는 안 된다.

다문화교육이 시민교육의 성격으로서 추진되어야 하고, 시민교육 형태로서의 학교뿐 아니라 사회 전반에 걸쳐 전개되어 나갈 수 있도록 해야 한다. 다문화교육은 이주민만을 대상으로 하는 정책이 아니라 궁극적으로 일반 시민들을 위한 정책이며, 사회발전을 증진하기 위한 정책이라는 점이 전달되어야만 한다. 서로 다름에 대한 관용과 배려는 모든 시민과의 관계에서, 그리고 종교, 지역, 계층, 성별 등 한 사회의 서로 다른 문화집단에 속한 사람들 간의 관계에서 실천되어야 하며, 이주민 사회적응교육 측면으로만 실천되어서는 안 된다.

또한, 다문화교육의 대상은 이주민과 그들의 자녀에 한정되어 실시하는 것이 아니라 사회의 모든 구성원인 학부모, 학생, 교사, 일반 시민 등 모두에게 이루어져야 한다. 이주민과 국제결혼자녀들이 이주 초기에 겪는 가장 큰 어려움은 한국사회적응에 필요한 언어문제와 문화 차이라고 할 수 있다. 그러나 이보다 더 큰 어려움은 내국인이 바라보는 차별적 시선과 대우로 인한 사회적응이 가장 힘든 요소로 나타났다. 다문화교육은 다양한 문화적 관점에서 사회를 바라볼 수 있어야 한다. 이렇듯 문화적 관점에서의 다문화교육이 이루어질 때, 집단 간의 분리와 차이만 강조되는 것이 아니라 문화집단 간의 다름과 차이, 그리고 유사성과 관련성이 함께 인식될 수 있다.

다문화교육을 위한 문화적 기준은 각 사회구성원의 특성에 따라 강조점이 다르게 적용될 수 있다. 미국은 인종문제가 주요 쟁점으로 강조되고 있다. 하지만 한국의 다문화적 사회문제에서 인종문제는 별개의 논의로 간주한다. 또한, 다수의 국가에서 발생하고 있는 종교적 갈등문제 등도 한국사회에서는 찾아볼 수 없는 현상이다. 이는 국교를 가지지 않으면서 많은 종교활동을 인정하기에 가능한 일이다. 이에 따라 한국사회는 유럽에서와 같은 무슬림교도들과 벌어지는 심각한 종교적 갈등은 일어나고 있지 않다. 그 밖에 사회적 소수자에 해당하는 다양한 부류의 사람들에 대한 인권문제와 연결된 다문화교육에 대해서도 고려할 필요가 있다.

2) 다문화교육의 범주와 방법 측면

다문화교육의 범주와 방법에서 볼 때, 한국의 다문화교육은 국내의 문제로 한정되어 시행하기보다는 같은 내용을 전 지구적 차원으로 연결하는 글로벌 다문화교육의 형태로 진행하는 것이 필요하다. 미국은 전 지구적 차원의 다문화교육으로 연결 짓는 정책을 시도함으로써 사실상 그 개념과 교육목표, 실천방식의 범위가 상당히 광범위하고 포괄적인 성격을 지니게 되었다(김종세, 2021). 한국사회의 다문화교육은 한국적 상황에 적절한 실천 방향에 맞게 범주를 보다 구체화하여 실행할 필요가 있다. 다문화정책을 시행하는 데 필요한 예산과 사업을 편성할 때는 중앙부처들과 지방자치단체들이 서로 조율하여 사업별 역할분담이 이루어지는 시스템이 마련되어야 한다. 무엇보다 다문화교육정책을 실행하는 궁극적 목표는 다름을 인정하는 것이다. 또한, 이들을 한국사회에 동화시키는 과정으로 다문화교육이 이루어져서는 안 된다.

다문화학생의 수는 지속해서 증가추세로 학교교육을 중심으로한 공교육 영역에도 혁신적인 변화의 필요성이 강조된다. 특히 인종적·민족적 배경이 서로 다른 아이들의 유입으로 인해 제기되는 다양한 교육문제는 하루빨리 해결해야 할 논점이라고 할 수 있다. 이에 학교교육의 재구조화 문제, 한국의 미래사회 전망에 대한 논의 등 교육정책 전반에 걸친 폭넓은 논의는 계속되어 왔으며, 세계화에 힘입은 다문화 담론은 우리 교육에도 다양한 관점에서의 변화를 요구하고 있다(한재범, 김효정, 2021).

다문화교육은 다문화사회 속에 내재화되고 다원화된 문화를 차별하거나 편견을 없애고 평등하게 공존할 줄 아는 자질과 태도의 함양에서 이루어져야 한다. 그러나 취지와는 다르게 그동안 한국의 다문화교육정책은 대부분 이주민만을 대상으로 하는 교육이며, 그들이 한국문화에 동화되기를 바라는, 동화주의 관점에 치우친 교육을 목적으로 한다는 점에서 앞으로 풀어야 할 중대한 과제라고 해도 과

언이 아니다(우라미 외, 2018: 최영준, 2018). 이와 관련해 국가의 다문화교육에 대한 충분한 이해 부족과 정책실행 과정에서 나타나는 체계적인 시스템의 한계 또한 문제점으로 꼽을 수 있다(이정금, 2018). 따라서 향후 한국의 다문화교육정책이 나아가야 할 방향을 제시하는 것은 중요한 과제이다. 과제 해결을 위한 대안으로, 내국인과 이주민을 분리하지 않은 상태에서 다문화사회 시민을 위한 교육의 필요성을 강조해야 하며, 다문화교육과 관련된 프로그램의 지속적인 실태 점검과 검토가 이루어져야 한다.

그동안 다문화가정 자녀를 대상으로 추진되어 온 다문화교육이 동화주의에 치우치고 있다는 여론에 따라 다문화교육의 방향이 재검토되었다. 이를 기점으로 현재의 다문화교육은 다원주의에 가까운 교육이 이루어지고 있으며, 그 대상을 모든 학습자로 확대해나가고 있다. 단위 학교에서는 다양한 다문화교육 프로그램을 운영하고 있으며, 다문화학생뿐 아니라 모든 학생들을 대상으로 하는 다문화교육 프로그램이 교육과정의 개정과 함께 활발하게 운영되고 있다.

참고문헌

강기정, 박경애 (2011). 다문화가족 사례관리 활성화 방안: 다문화 가족지원센터를 중심으로. 다문화사회연구, 4(2), 103-138.

강명원 (2019). 한국의 다문화가족 지원법에 관한 비판적 고찰 – 프랑스 다문화 통합정책 관점에서. 공법학연구, 20(3), 273-293.

강수정, 이민정 (2017). '사회통합프로그램 (KIIP)'의 동향과 실태 고찰. 외국어교육, 24(1), 279-321.

강정희 (2016). 한국인의 다문화 인식에 미치는 영향요인 고찰: 국 민정체감과 사회자본을 중심으로. 한국공공관리학보, 30(4), 189-219.

강현민 (2015). 다문화인권교육의 개념 정립과 발전 방향 소고. 법과인권교육연구, 8(3), 1-23.

강휘원 (2010). 미국의 소수인종 통합정책 탐색: 교육, 복지, 언어 정책을 중심으로. 한국정책연구, 10(1), 51-71.

고유미, 이정윤(2009). 다문화가정 아동의 학교생활적응과 관련된 요인. 청소년상담연구지, 17(1), 1016.

구하라, 김두섭 (2018). 교사협력 학교풍토가 다문화적 교사효능감 에 미치는 영향: 다문화 중점학교 사례를 중심으로. 한국교원교육연구, 35(2).

권금상, 김성일, 선우현, 성용구, 엄수영, 이광규, … 남춘모 (2017). 10가지 접근 다문화사회이해, 태영출판사.

권명희 (2011). 결혼이주여성의 문화적응 스트레스가 심리적 안녕 감에 미치는 영향-심리사회적 자원의 매개효과와 조절 효과를 중심으로. 한국비교정부학보, 15(1), 275-302.

권양이 (2008). 외국인 유학생의 국내 대학 초기 적응에 관한 질적 탐색. 한국교육학연구, 14(1), 301-333.

권영호 (2014). 다문화 가족지원법제의 개선에 관한 연구. 법과 정책, 20(1), 83-
108.

권오현, 모경환, 황혜원, 박주현, 박정서, 김은아, 배가빈 (2009). 교 사를 위한 다
문화교육 연수 프로그램의 사례연구-중앙다 문화교육센터를 중심으로.
다문화교육 연구와 실천, 1, 15-36.

권하정, 이기용 (2018). 다문화교육 중점학교 초등학생이 지각하는 다문화교육
경험, 다문화 분위기, 다문화 효능감, 다문화 수용성 간의 구조 관계 분석.
한국실과교육학회지, 31(3), 197-220.

권혁주 (2016). 한국의 사회갈등과 사회통합 방안: 사회구조적 관 점에서. 행정논
총, 54.

김경희 (2009). 텔레비전 뉴스 내러티브에 나타난 재한이주민의 특성: 뉴스초
점 이주민과 주변인물(한국인·이주민) 분석 을 중심으로. 한국방송학보,
23(3), 7-46.

김규찬 (2020). 한국복지국가와 이민자의 권리. 다문화사회연구, 13(2), 27-63.

김근식, 장윤정 (2009). 국제결혼 남편의 결혼만족도에 관한 연구. 한국자치행정
학보, 23(1), 223-248.

김기영 (2017). 한국 다문화교육 정책의 변화과정에 관한 연구. 입법과 정책,
9(1), 371-393.

김기화, 김영순 (2018). 결혼이주여성의 생활영역별 사회복지 경험 에 관한 사례
연구. 여성학연구, 28(1), 155-184.

김남진 (2017). 결혼이민자의 제한적 복수국적에 대한 소고. 법이론실무연구,
5(2), 113-136.

김덕주 (2013). 다문화가정 자녀 교육복지지원제도의 고찰. 사회복지지원학회지,
8, 167-187.

김도혜 (2012). 한국 이주배경 청소년 분류와 관련 정책의 한계점: 미국 사례와

비교. 현대사회와다문화, 2(2), 305-333.

김두섭 (2006). 한국인 국제결혼의 설명틀과 혼인 및 이혼신고자료 의 분석. 한국인구학, 29(1), 25-56.

김명정, 송성민 (2018). 우리나라 다문화 법규의 특징 및 개선 방 향 고찰-외국 사례와의 비교 분석을 중심으로. 법교육연구, 13(3), 43-77.

김명정 (2018). 정치교육의 재구조화 방안-입법 중심의 고등학교 [정치와 법]. 시민교육연구, 50(4), 23-48.

김미곤, 여유진, 정해식, 변재관, 김성아, 조한나 (2017). 포용적 복지국가 비전과 정책방향.

김미진, 김혜진, 손유진 (2015). 유아교사의 다문화교육목표 관점 및 다문화 감수성과 다문화교수 효능감 간의 관계 분석. 한국보육지원학회지, 11(3), 63-83.

김민수 (2019). 중도입국청소년을 위한 교육지원 정책발전 방안. **문화와융합**, 41(3), 1025-1054.

김민정, 곽민주 (2020). 국내결혼중개서비스 이용소비자의 가입 단계별 이용 특성 및 소비자만족도. 소비자학연구, 31(1), 1-23.

김복기 (2019). 외국인의 사회보장법상 지위. 법제연구, 56.

김비환 (1996). 포스트모던 시대에 있어 합리성, 다문화주의 그리고 정치. 사회과학, 35(1), 205-236.

김상무 (2010). 독일의 상호문화교육정책이 한국 다문화교육정책에 주는 시사점. 교육사상연구, 24(3), 65-89.

김상수 (2019). 한국사회의 다문화현상에 대한 담론 분석. 예술 인문사회융합멀티미디어논문지, 9, 53-62.

김선미 (2000). 다문화교육의 개념과 사회과 적용에 따른 문제. 사회과교육학연구, (4), 63-81.

김선미 (2011). '한국적' 다문화정책과 다문화교육의 성찰과 제 언. 사회과교육,

50(4), 173-190.

김선영 (2013). 다문화교육과정과 그 실행에 대한 비판적 분석: 초등학교 통합교 과 '다양한 가족' 주제 중심으로. **교육 과정 연구**, 31(4), 112-139.

김선정, 강현자 (2019). 결혼이민자를 위한 한국어문화교육 프로그 램 담당자 대 상 요구분석 연구: 다문화가족지원센터 운 영진을 대상으로. **교육문화연 구**, 25(2), 857-876.

김성길, 한진상 (2010). 다문화가정을 위한 평생교육 프로그램개발 기초연구. **Andragogy Today**, 13, 31-50.

김성애, 이윤정 (2019). 가족해체 다문화학생의 학교생활 적응에 대한 초등교사 의 경험에 관한 사례연구. **교육문화연구**, 25(6), 687-712.

김순영 (2011). 이명박 정부의 사회복지정책: 사회복지정책의 후퇴?. **현대정치연 구**, 4(1), 127-152.

김승경, 양계민 (2012). 다문화가정학생의 자아탄력성에 영향을 미치는 요인분 석: 이중언어요인, 이중문화요인 및 사회적 지지를 중심으로. **청소년학연 구**, 19(11), 47-176.

김승권, 김유경, 조애저, 김혜련, 이혜경, 설동훈, … 심인선 (2009). 전국 다문화 가족실태조사 연구. 서울: 한국보건사회연 구원.

김안나, 최승아 (2012). 결혼이주여성의 서비스 이용에 관한 영향 요인 연구. **보 건사회연구**, 32(2), 295-334.

김안나, 최승아 (2016). 결혼이주여성의 복지서비스 이용과 생활만족도의 관계: 임파워먼트의 매개효과. **사회복지연구**, 47(2), 281-308.

김영란 (2010). 다문화 사회복지실천의 한국적 함의. **다문화콘텐츠 연구**, (4), 29-63.

김영란 (2021). 독일 다문화사회의 난민정책과 관련법제 연구. **다문화콘텐츠연 구**, 36, 83-122.

김영명 (2013). 한국의 다문화 담론에 대한 비판적 고찰. **한국정치 외교사논총**,

35(1), 141-174.

김영선 (2011). 결혼이민자를 위한 관련법의 비판적 고찰. 동아법학, (52), 107-141.

김영옥 (2002). 유아 다문화교육 프로그램 모델개발 연구. 유아 교육학논집, 6(2), 5-38.

김영옥, 김현미 (2013). '글로벌 가구(Global Householding)' 구성의 관점으로 본 한국-베트남 국제결혼가족. 젠더와 문화, 6(2), 177-213.

김운삼 (2019). 우리나라 다문화가족 교육 및 복지정책의 개선방안. 산업진흥연구, 4(2), 29-38.

김유경 (2011). 다문화가족의 변화전망과 정책과제. 보건복지포럼, 2011(5).

김유경, 조애저, 최현미, 이주연 (2008). 다문화시대를 대비한 복지 정책방안 연구 – 다문화가족을 중심으로.

김유경, 최현미, 최소연, 김가희 (2013). 다문화가족 지원기준 개선 방안 연구.

김유정 (2021). 결혼이주여성 체류안정을 위한 법제개선 방안. 강원법학, 63, 35-85.

김윤정 (2017). 일본의 다문화공생교육의 형성과 과제. 교육과학연구, 19(1), 1-18.

김은하, 신윤정, 이지연 (2019). 상담전공대학원생을 위한 다문화 상담 교과과정 개발 연구. 한국심리학회지: 상담 및 심리치료, 31(4), 1321-1364.

김이경, 박상완, 이태상 (2005). OECD 한국 교원정책 검토 결과에 대한 비판적 분석. 한국교육, 0-0.

김이선, 이창호, 박준규 (2008). 다문화사회로의 이행을 위한 문화 정책 현황과 발전 방향 2. 한국여성정책연구원.

김이선, 주유선, 방미화 (2012). 다문화가족 지원정책의 사각지대 대응방안 연구 (Research on the blind spot of multicultural family support policy). 2012 연구보고서 25.

김정규 (2010). 미국, 캐나다, 호주의 다문화주의 비교연구. 사회이론, (37), 159-203.

김정규 (2012). 탈국가주의, 초국가주의 그리고 한국국적법에 따른 복수국적에 대한 논의. 한국사회학회 사회학대회 논문집, 497-518.

김정민 (2013). 결혼이주여성을 위한 경제교육 교재개발.

김정선 (2011). 시민권 없는 복지정책으로서 '한국식' 다문화주의에 대한 비판적 고찰. 경제와 사회, 205-246.

김정아, 최정 (2016). 간호대학생의 다문화 인식과 문화적 민감성의 상관관계 및 영향요인. 다문화교육연구, 9(4), 67-88.

김정원 (2010). 초등 다문화교육의 진단과 방향. 다문화교육, 1(1), 135-157.

김정현, 성미영, 정현심, 권윤정 (2010). 다문화가정 미취학 아동의 학교생활적응을 위한 프로그램 개발 및 효과 검증. 한국 생활과학회지, 19(3), 455-469.

김종석 (1984). 미국 다문화교육(Multicultural Education)의 이론적 고찰. 미국학논문집, 5, 35-60.

김종세 (2011). 다문화사회와 사회통합을 위한 정책의 문제점. 법과 정책연구, 11(2), 349-368.

김종세 (2013). 출입국관리법령에 있어서 다문화사회전문가 양성과정에 대한 소고. 한양법학, 42, 99-118.

김종세 (2019). 다문화가족지원을 위한 대상자범위의 문제점과 개선방안. 법학논총, 36(2), 71-94.

김종세 (2021). 다문화가족지원법의 쟁점과 새로운 방향. 법학연구, 21(2), 31-55.

김준현 (2014). 이민자 사회통합서비스 전달체계 비교연구. 한국지 방정부학회 학술대회자료집, 361-390.

김준현, 문병기 (2014). 이민자 사회통합 서비스전달체계 연구: 국가간 제도비교를 중심으로. 한국사회와 행정연구, 25(3), 59-90.

김진철, 장봉석 (2010). 초등 예비 교사의 다문화 태도와 다문화 효능감에 대한 연구. 시민교육연구, 42(3), 39-60.

김진희 (2011). 다문화시대의 한국과 호주의 국제이해교육 특성과 과제. 비교교육연구, 21, 31-63.

김진희, 허영식 (2013). 다문화교육과 세계시민교육의 담론과 함의 고찰. [KEDI] 한국교육, 0-0.

김춘희, 손은령 (2014). 국내 다문화상담연구 현황. 상담학연구, 15(6), 2209-2223.

김태동 (2011). 영유아 보육교사의 다문화효능감 영향요인 연구. 한국영유아보육학, 66, 89-108.

김태원, 김유리 (2011). 다문화가족정책을 통한 사회통합수준 분석: Castles and Miller의 모형을 중심으로. 인문연구, (62), 323-362.

김한길 (2017). 한국의 다문화교육정책 문서에 나타난 다문화교육 성격의 변화양상 분석 (Doctoral dissertation, 서울대학교 대학원, 박사학위논문).

김현덕 (2007). 다문화교육과 국제이해교육의 비교연구: 미국사례를 중심으로. 비교교육연구, 17(4), 1-23.

김현미 (2009). 방문취업 재중 동포의 일 경험과 생활세계. 한국문화인류학, 42(2), 35-75.

김현미 (2018). 사회문제의 측면에서 본 다문화가족문제의 실태분석 및 해결방안 연구. 산업진흥연구, 3(1), 61-72.

김현미, 김민정, 김정선 (2008). '안전한 결혼 이주'?: 몽골 여성들의 한국으로의 이주과정과 경험. 한국여성학, 24(1), 121-155.

김현숙, 김희재, 오중환 (2010). 결혼이주여성의 사회적 지지와 결혼의 질의 관계. 가족과 문화, 22(3), 97-127.

김혜순 (2007). 한국적 다문화주의의 이론화, 동북아위원회 최종 보고서.

김혜순 (2008). 결혼이주여성과 한국의 다문화사회 실험-최근 다문화담론의 사회학. 한국사회학, 42(2), 36-71.

김혜순, 엄한진, 한경구, 한건수, 김은미, 김남일, ⋯ 윤인진 (2007). 한국적 다문화주의의 이론화. 서론, 한국적 다문화주의의 모색, 동북아시대위원회 용역과제 07-7, 한국사회학회, 1-34.

김혜영 (2014). 다문화주의와 다문화가족정책: 이념과 정책의 탈구. 여성연구, 87(2), 7-43.

김효선, 홍원표 (2016). 다문화교육 중점학교 교육프로그램 운영 현황 및 발전방향에 대한 연구-우수 학교를 중심으로. 교육과정평가연구, 19(1), 73-96.

김후년 (2021). 결혼이민여성을 위한 평생교육프로그램에 관한 고찰. 인문사회 21, 12(5), 833-846.

김후년, 고혜정 (2019). 외국인근로자를 위한 평생교육에 관한 연구. 인문사회 21, 10(6), 1621-1634.

김희정 (2007). 한국의 관주도형다문화주의 다문화주의 이론과 한국적 적용. 한국에서의 다문화주의 현실과 쟁점. 한울아카 데미.

나달숙 (2014). 다문화 인권교육의 이해와 실천 방향. 법과인권교 육연구, 7(2), 31-45.

나임순 (2006). 외국인 유학생의 문화적응 스트레스와 생활 스트레스에 미치는 영향. 한국비영리연구, 5, 159-197.

남부현, 김경준 (2018). 중도입국청소년 초기 적응과정에 관한 조선족 부모의 경험과 인식. 한국청소년연구, 29(2), 5-34.

노기호 (2013). 다문화가정 자녀의 교육기본권 실현을 위한 국가 교육정책의 방향과 과제. 법과 정책연구, 13(4), 1697-1721.

도미향, 김순천 (2010). 다문화 가족교육에 대한 보육교사의 인식 증진 방안 연구. 한국가족복지학, 15(3), 163-181.

류경애, 이재득 (2016). EU 국가의 다문화 교육에 관한 비교연구. 유럽연구, 34(1), 221-257.

모경환 (2009). 다문화교사 교육의 현황과 과제. 한국교원교육연구, 26, 245-270.

모경환, 황혜원 (2007). 중등교사들의 다문화적 인식에 대한 연구- 수도권국어, 사회과 교사를 중심으로. 시민교육연구, 39(3), 79-100.

문성만, 조동희 (2021). 이민유입이 EU의 노동시장에 미친 영향: 2011년 인구주택총조사를 이용한 실증분석. EU학 연구, 26(1), 5-30.

문정애 (2012). 일본의 다문화공생 정책과 지역사회 다문화교육 고찰. 한국일본교육학연구, 16(2), 21-42.

문정희 (2019). 다문화정책서비스 질의 영향요인: 다문화가족지원 센터 종사자의 인식을 중심으로. 정책분석평가학회보, 29(1), 47-79.

민성혜, 김경은, 김리진 (2011). 유아기 자녀를 둔 다문화가족 부모 자녀관계 증진을 위한 부모교육프로그램 개발 및 효과성 연구. 아동학회지, 32(1), 31-49.

박민정 (2012). 한국 다문화교육 담론에 대한 비판적 고찰. 학습자 중심교과교육연구, 12, 119-139.

박성혁, 성상환 (2008). 우리나라 다문화교육정책 추진현황, 과제 및 성과 분석연구. 교육과 실천, 72.

박순호 (2010). 미국 다문화교육의 실태와 정책적 시사점: 위스콘 신주의 오클래르교육구를 중심으로. 사회과교육연구, 1 7(3), 31-47.

박순희 (2009). 다문화가족 아동의 특성과 사회적응. 한국아동복지 학, (29), 125-154.

박순희, 이주희, 김은진 (2011). 다문화교육 프로그램이 대학생의 문화적 민감성 증진에 미치는 효과. 청소년학연구, 18(6), 123-145.

박영준 (2016). 한국 다문화교육의 문제점과 대안 고찰. 다문화콘 텐츠연구, 21, 297-322.

박영훈, 송향근 (2019). 한국어 교육 정책 연구 동향과 과제. 어문 논집, 86, 133-

178.

박용순, 송진영, 이순자 (2012). 결혼이주여성의 문화적응 스트레스와 결혼만족
　　도에 관한 연구: 자아존중감의 매개효과를 중심으로. 다문화와 평화, 6(2),
　　88-110.

박윤경, 성경희, 조영달 (2008). 초 · 중등교사의 문화다양성과 다문화 가정 학생
　　에 대한 태도. 시민교육연구, 40(3), 1-28.

박윤경, 이소연 (2009). 다문화가정 학생의 학교생활 실태에 대한 조사 연구: 집
　　단 간 차이와 집단 내 다양성. 시민교육 연구, 41(1), 41-71.

박은덕 (1995). 미국의 다문화 미술 교육. 조형교육, 5, 5-14.

박인현 (2013). 다문화 사회의 이주자 인권 침해와 교육. 법과인권 교육연구,
　　6(1), 93-122.

박지영, 조경자 (2016). 예비유아교사의 문화적 공감능력이 다문화 감수성과 다
　　문화교육 이해 및 태도에 미치는 영향. 한국 산학기술학회논문지, 17(10),
　　439-448.

박진경 (2010). 한국의 다문화주의와 다문화정책의 선택적 적용. 한국정책학회
　　보, 19(3), 259-289.

박진경, 임동진 (2012). 다문화주의와 사회통합-캐나다와 호주를 중심으로. 한국
　　정책학회보, 21(2), 123-151.

박진근 (2013). 다문화구성원에 있어 국적취득의 법적 개선 방향. 한양법학, 43,
　　495-517.

박채형 (2012). 다문화 사회의 성격과 다문화교육의 방향. 학습자 중심교과교육
　　연구, 12(1), 141-159.

박철희, 박주형, 김왕준 (2016). 다문화학생 밀집학교의 교육현실과 과제: 서울
　　서남부 지역 초등학교를 중심으로. 다문화교육 연구, 9(2), 173-201.

박현식 (2013). 사회보장기본권 확립을 위한 북한이탈주민보호 및 정착지원법
　　개선 방안. 법학연구, 52, 401-420.

박현호, 강운선 (2009). 제7차 중학교 사회과 교과서의 다문화 교육 내용분석.

박혜성, 박현숙 (2014). 국내 특수교육학술지에 나타난 다문화 관련 연구의 동향. 특수교육 저널: 이론과 실천, 15(3), 339-374.

박환보, 조혜승 (2016). 한국의 세계시민교육 연구동향 분석. 교육 학연구, 54, 197-227.

박흥식 (2013). 결혼중개업의 관리에 관한 법률 해석과 국제결혼중 개업의 공익화 방안에 대한 연구. 법학연구, 24(2), 95-139.

박희훈, 오성배 (2014). 다문화가정 자녀의 학교급별 학교생활 적응에 관한 탐색. 한국교육문제연구, 32(2), 35-57.

방현희, 김영순 (2017). 대학생의 다문화 멘토링 활동 경험에 의해 나타난 다문화지식에 관한 연구. 한국교육문제연구, 35(3), 79-101.

배정혜, 권민균 (2011). 유아교사의 다문화교육 효능감에 영향을 미치는 변인 구조모형분석. 유아교육, 20(4), 155-172.

백용창 (1995). 다문화기업 경영(Multicultural Management)에 관한 교육의 필요성 제기를 위한 연구 – 환대산업계 종사 원. 관동대학교, 관광개발연구, 11, 129-162.

서덕희, 조은혜 (2017). 중도입국청소년의 진로성향과 그 생태학적 조건에 대한 탐색. 교육문화연구, 23(1), 217-247.

서보라, 박찬석 (2016). 초등학교 5학년 학생을 위한 다문화교육 프로그램 실행 연구: 인권, 반편견·반차별교육을 중심으로. 현대사회와 다문화, 6(1), 27-65.

서종남 (2010). 결혼이민자 가정의 문제점과 해결방안 연구. 시민 교육연구, 42(1), 103-126.

석원정 (2003). 한국의 여성이주노동자 실태와 연대를 위한 제언. 민주노동과 대안, 47(2), 34-44.

설규주 (2004). 세계시민사회의 대두와 다문화주의적 시민교육의 방향. 사회과

교육, 43(4), 31-54.

설규주 (2019). 사회통합 프로그램 과정 수업의 실태와 개선 방향에 대한 기초연 구. 다문화교육연구, 12(3), 1-36.

설동훈 (2017). 한국의 이민자수용과 이민행정조직의 정비. 문화와 정치, 4(3), 85-122.

설동훈, 강기정, 이병하, 서영훈, 임유진, 전영은, … & 김금래 (2011). 다문화가족 사회통합 관련 정책과제 개발 및 발전방안 연구: 우리나라와 외국의 정책 현황 및 추진체계 비교·분석을 중심으로. 여성가족부. 여성가족부 연구 용역 보고서. 서울: 한국이민학회.

설동훈, 김윤태, 김현미, 윤홍식, 이혜경, 임경택, … 한건수 (2005). 국제결혼 이 주여성 실태조사 및 보건·복지지원 정책방 안. 서울: 보건복지부.

설동훈, 윤홍식 (2008). 여성결혼이민자의 사회경제적 적응과 복지 정책의 과제: 출신국가와 거주지역에 따른 상이성을 중심으로. 사회보장연구, 24(2), 109-133.

설동훈, 이혜경, 조성남 (2006). 결혼이민자 가족실태조사 및 중장기 지원정책 방 안 연구. 서울: 여성가족부.

성상환 (2009). 독일의 다문화교육정책 현황. 다문화교육 연구와 실천, 1, 37-65.

성상환, 서유정 (2009). 독일의 다문화 언어교육정책에 대한 분석적 고찰. 독어교 육, 46, 7-35.

성은영, 황순택 (2013). 다문화가정 시어머니의 고부갈등, 스트레스 대처, 정신건 강에 관한 연구. 한국심리학회지: 여성, 18(1), 243-256.

송지현, 이태영 (2010). 다문화가족 부부의 결혼적응요인에 관한 연구. 보건사회 연구, 30(2), 164-192.

송해련 (2019). OECD 주요국의 이주정책과 이주민 특성분석. 노동 정책연 구, 19(2), 41-71.

신혜정, 노충래, 허성희, 김정화 (2015). 결혼이주여성의 문화적응 스트레스 관련

변인에 관한 메타분석. 한국사회복지학, 67(3), 5-29.

신혜진 (2018). 다문화학생 지원 정책사업의 중복성에 대한 연구- 서울특별시교육청 사례를 중심으로. 교육행정학연구, 36(1), 169-193.

심미경 (2016). 미국 다문화정책이 한국 다문화 사회통합 정책과 다문화교육 개선에 주는 시사점. 학습자중심교과교육연구, 16(3), 441-460.

심봉섭, 모경환, 이경수 (2007). 다문화교육 담당 핵심교원 양성 프로그램 연구개발 및 시범 연수, 교육인적자원부.

안병영, 정무권, 신동면, 양재진 (2018). 복지국가와 사회복지정책. 서울: 다산출판사.

안인영, 서지영, 이동윤, 이소진, 차보석, 이철순, … 최재원 (2016). 다문화가정 청소년과 한국문화가정 청소년의 정서 특성. 소아청소년정신의학, 27(4), 306-312.

안희은 (2019). 한국어교육 정책의 발전방향 고찰. 예술인문사회 융합 멀티미디어 논문지, 9(5), 55-64.

양경은, 노법래 (2020). 한국 다문화 담론 구조와 그 시계열적 변동-언론 기사문 텍스트 마이닝 분석을 중심으로. 한국사 회복지학, 72(3), 33-58.

양경은, 함승환 (2020). 다문화정책은 이주아동의 사회통합에 늘 효과적인가?: 사회복지지출 규모를 고려한 비교사회정책적 재분석. 한국사회정책, 27(2), 71-92.

양계민, 김주영 (2018). 다문화청소년 종단연구 2018: 신규패널설계보고서. 한국청소년정책연구원 연구보고서, 1-135.

양성은, 이미영 (2011). 도서지역 결혼이민자여성의 가족이해도와 가족관계 만족도에 관한 연구. 교육문화연구, 17(3), 251-284.

양순미 (2007). 농촌지역 다문화가족의 초등학생들의 학교생활적응과 가족생활 행복에 작용하는 요인. 한국심리학회지, 12(4), 559-576.

양승주, 신현옥, 윤상석, 허은영, 김송이 (2016). 다문화가정 자녀의 공교육 진입

방안. 교육부 연구용역보고서.

양옥경, 김연수, 이방현 (2007). 서울거주 국제결혼이주여성의 문화 적응과 사회적 지원서비스에 관한 조사연구. 서울도시 연구, 8(2), 229-251.

양옥경, 송민경, 임세와 (2009). 서울지역 결혼이주여성의 문화적응 스트레스에 관한 연구. 한국가족관계학회지, 14(1), 137-168.

양주애 (2010). 도덕과 교육에서의 다문화교육을 위한 방안. 윤리 철학교육, 13, 21-40.

엄한진 (2008). 한국 이민담론의 분절성. 아세아연구, 51(2), 112-140.

염동문, 임채영, 김한솔 (2019). 결혼이주여성 문화적응 유형에 관한 영향요인 연구-잠재프로파일분석 활용. 사회과학연구, 35(3), 187-208.

오경석 (2007). 어떤다문화주의인가?: 다문화 사회논의에 관한 비판적 조망, 한국에서의 다문화주의-현실과 쟁점. 한울아카데 미, 22-56.

오광실, 정혜정 (2012). 여성결혼이민자의 문화적응 스트레스와 부부갈등에 관한 연구. 한국가족관계학회지, 17(3), 153-171.

오성배 (2006). 한국사회의 소수민족(ethnic minority), '코시안'(Kosian) 아동의 사례를 통한 다문화교육의 방향 탐 색. 교육사회학연구, 16, 137-157.

오성배 (2008). 국제결혼가정 자녀를 위한 다문화교육. 조영달 등, 다문화교육의 이해를 위한 교양교재 저술, 457-480.

오성배 (2009). 외국인 이주노동자가정자녀의 교육실태와 문제 탐색. 한국청소년연구, 20(3), 305-334.

오영훈, 방현희, 박미희(2015). 다문화사회를 위한 유아기 다문화교육에 관한 연구: 유아교사의 인식을 중심으로. 효학연구, 21, 137-156.

오윤자 (2012). 다문화가족지원정책의 현황과 전망. 한국가정관리학회, 6, 237-253.

오은순 (2009). 다문화교육을 위한 교수 · 학습프로그램. 다문화교육의 이론과실제. 서울: 양서원.

오은순, 권재기 (2009). 델파이 조사를 활용한 교과 다문화교육 프로그램 개발 및 운영지원방안 모색. 청소년학연구, 16(1), 439-465.

오지혜 (2017). 다문화교육을 위한 문화 내용 연구-다문화예비학교와 다문화중점학교 교재사례를 중심으로. 한국언어문화 학, 14(2), 145-178.

오지혜, 심상민, 이미향 (2019). 사회통합교육을 위한 이민자 대상 한국어 교재의 개발방향 연구-호주의 AMEP 사례를 중심 으로. 국어교육, 164, 227-262.

왕한석, 한건수, 양명희 (2005). 국제결혼 이주여성의 언어 및 문화 적응 실태연구. 서울: 국립국어원.

우라미, 황지현, 서경혜 (2018). 한국의 다문화교육정책에 대한 비판적 고찰. 교육과학연구, 49(2), 59-88.

원숙연, 문정희 (2016). 다문화 역량의 다차원성과 영향요인: 다문화가족지원센터 종사자를 대상으로. 지방정부연구, 19(4), 143-165.

원진숙 (2009). 초등학교 다문화 가정 학생을 위한 언어 교육 프로그램. 한국초등국어교육, 40, 157-188.

유의정 (2015). 다문화교육의 법적 지원과 인권 측면의 과제. 법과 인권교육연구, 8(1), 25-44.

윤경훈, 강정인 (2019). 한국 다문화주의 연구의 다문화 정책 인식에 대한 비판적 검토: 맥락 없는 다문화주의?. 한국정치연 구, 28(2), 89-116.

윤인진 (2008). 한국적 다문화주의의 전개와 특성: 국가와 시민사회의 관계를 중심으로. 한국사회학, 42(2), 72-103.

윤인진 (2015). 한국인의 갈등의식 현황과 변화: 제1~3차 한국인의 갈등의식조사 결과 분석. 한국사회, 16(1), 3-36.

윤인진, 송영호 (2011). 한국인의 국민정체성에 대한 인식과 다문화 수용성. 통일문제연구, 23(1), 143-192.

윤정숙, 남상준 (2009). 초등 사회과 다문화교육 방안 탐색 - '가상국민 되어보기' 활동을 중심으로. 사회과교육연구, 16(2), 81-94.

윤홍식 (2020). 문재인 정부 2년 반, 한국 복지체제: 개발국가 복지체제의 해체와 과제. 비판사회정책, (66), 131-174.

은선민, 이수현, 이강이(2019). 다문화청소년의 문화적응 스트레스 변화 궤적 유형화: 유형 예측요인과 유형별 심리·사회 적응. 한국청소년연구, 30(2), 177-211.

은지용 (2020). 한국과 미국의 다문화교육정책에 대한 비교분석. 교원교육, 36(1), 193-220.

이경주 (2017). 사회통합프로그램 한국어교육의 현황과 과제. 국제 한국어교육학회 추계학술발표논문집, 2017, 109-128.

이경희 (2010). 다문화가족지원법의 문제점과 개선방향-다문화가족의 정의 및 범위를 중심으로. 법학논고, 32, 509-536.

이경희 (2011). 한국 다문화교육정책에 대한 비판적 고찰. 교육사회학연구, 21(1), 111-131.

이광원 (2018). 신제도주의적 관점을 통해 살펴본 다문화정책의 제도화 과정에 관한 연구: [재한외국인 처우 기본법]과 [다문화가족지원법]을 중심으로. 한국정책과학학회보, 22(3), 21-46.

이금연 (2003). 이주여성의 결혼과 가족, 이주노동자 지원단체 연대.

이긍연 (2017). 한국 공교육 내 세계시민교육 정책과 실행. Journal of International Development Cooperation, 12(3), 39-62.

이기범 (2009). 미국의 이민정책과 사회통합. 다문화사회연구, 2(1), 67-92.

이민경 (2008). 한국사회의 다문화교육 방향성 고찰: 서구 사례를 통한 시사점을 중심으로. 교육사회학연구, 18, 83-104.

이민경 (2010). 한국 다문화교육정책 전개과정과 담론 분석: 교과부의 다문화가정 자녀교육 지원정책(2006-2009)을 중심 으로. [KEDI] 한국교육, 0-0.

이민경 (2018). 다문화사회통합을 위한 프랑스의 언어·문화교육 정책: 한국사회에의 시사점을 중심으로. 현대사회와다문화, 8(1), 88-116.

이민경, 김경근 (2009). 이주 근로자가정 청소년들의 적응전략. 교육사회학연구, 19, 107-132.

이민경, 이수정(2011). "다문화 아동, 청소년" 정책 용어 사용에 대한 비판적 고찰과 대안모색: 정책용어와 방향성에 대한 외국사례를 중심으로. 사회과학연구, 35(2), 1-35.

이병규 (2008). 국외 한국어 교육 정책론 정립을 위한 탐색. 한국어 교육, 19(3), 349-377.

이성순 (2011). 다문화 전문 인력 양성 현황과 과제: 다문화사회 전문가 2급 양성 사례를 중심으로. 다문화콘텐츠연구, 10, 241-268.

이성회 (2015). 세계시민교육의 실태와 실천과제. 한국교육개발원.

이소연 (2018). 다문화가정 청소년의 이중문화수용태도 변화궤적과 관련 요인에 관한 연구. 한국청소년연구, 29(1), 179-208.

이소영 (2014). 여성결혼이민자의 네트워크가 다문화시민권리에 미치는 영향: 광주 · 전남지역을 중심으로. 다문화교육연구, 7(1), 1-28.

이소희, 이선혜 (2013). 다문화 및 북한이탈주민가정 자녀의 정신 건강. 소아청소년정신의학, 24(3), 124-131.

이순형, 이옥경, 민미희 (2006). 아동의 성별, 부모의 이혼 및 아동의 부모 양육행동 지각이 아동의 행동문제에 미치는 영 향. 한국가정관리학회지, 24(1), 181-192.

이연주 (2016). 민사소송에 있어서 외국인의 법적 지위. 법학연구, 49, 155-190.

이영석 (2007). 다문화시대 현장유아교육의 나아갈 길. 미래유아교 육학회지, 14(1), 55-75.

이영실, 조명희, 홍성희 (2012). 결혼이주여성의 문화적응 스트레스가 부부갈등에 미치는 영향-사회적 지지의 조절효과 중심으로. 한국가족자원경영학회지, 16(4), 171-194.

이오복 (2019). 다문화복지정책에 대한 서비스 제공자의 인식유형 연구-사회복지사, 방문교육지도사, 언어발달지도사를 중심으로. 인문사회 21, 10(6), 395-410.

이용균 (2007). 결혼 이주여성의 사회문화 네트워크의 특성: 보은과 양평을 사례로. 한국도시지리학회지, 10(2), 35-51.

이용승 (2004). 호주의 다문화주의. 동아시아연구, 8, 177-205.

이용재 (2019). 다문화연구의 현황과 과제-정부주도 다문화 담론의 한계와 극복을 중심으로. 민족연구, 74, 4-29.

이유진 (2009). 캐나다의 이민자 통합정책 레짐에 대한 연구-온타리오 주를 중심으로. 다문화사회연구, 2(1), 5-31.

이은영, 황혜원 (2016). 가족환경스트레스가 중도입국자녀의 학습된 무력감에 미치는 영향: 자아정체성의 매개효과를 중심으로. 청소년학연구, 23(4), 397-423.

이인숙, 박호란, 김윤수, 박현정 (2011). 북한 이탈 아동의 신체 및 심리적 건강상태 평가. *Journal of Korean Academy of Child Health Nursing, 17*(4), 256-263.

이재분 (2008). 다문화 가정 자녀 교육 실태 연구: 국제 결혼 가정을 중심으로. 한국교육개발원.

이재화, 이재모 (2020). 다문화가족 여성의 가족건강성에 관한 연구-가족생활 특성과 사회적 지지 요인을 중심으로. 일본 문화연구, 74, 205-224.

이정금 (2018). 미래사회 한국 다문화교육정책의 방향 탐색. 교육 문화연구, 24(1), 549-567.

이정우 (2012). 청소년 다문화교육 프로그램 연구 동향 분석. 청소년학연구, 19(4), 293-314.

이정희, 임채훈, 박나리, 박진욱 (2018). 해외 한국어교육 확산을 위한 교육 현황 분석 연구: 해외 대학 기관을 중심으로. 어문학, 142, 431-472.

이종두, 백미연 (2012). 한국의 특수성과 다문화 정책. 국제관계연 구, 17(1), 335-361.

이진숙 (2010). 국제결혼 이주여성의 문화적응스트레스와 관련요인에 대한 연구. 한국생활과학회지, 19(6), 919-932.

이철우, 최요섭, 이종호 (2016). 국가주도형 산업집적지의 내생적 발전 가능성: 구미 IT 클러스터를 사례로. 한국지역지리학회지, 22(2), 397-410.

이춘양, 박미숙 (2017). 후기청소년기 중국계 중도입국청소년 체류 경험에 관한 연구. 다문화와 평화, 11(3), 160-178.

이형하 (2017). 중도입국 청소년의 학교적응에 영향을 미치는 보호요인과 위험 요인 분석: 보호요인의 조절효과. 디지털융복합연구, 15(12), 59-70.

이혜경 (2002). 한국 복지국가 성격 논쟁의 함의와 연구방향. 비판 사회정책, (11), 13-49.

이혜경 (2005). 호주 한인학생의 적응: 교민과 조기유학생을 중심으로. 한국인구 학, 28(2), 63-95.

이혜경 (2008). 한국 이민정책의 수렴현상: 확대와 포섭의 방향으로. 한국사회학, 42(2), 104-137.

이혜경 (2014). 국제이주 · 다문화연구의 동향과 전망. 한국사회, 15(1), 129-161.

이혜경, 전혜인 (2013). 결혼이주여성이 지각한 사회적 지지가 결혼만족도에 미 치는 영향: 문화적응 스트레스의 매개효과를 중심으로. 한국가족복지학, 18(4), 413-432.

이혜림, 박재완 (2018). 결혼이주여성의 문화적응: 유형과 특성의 변화 분석. 한 국정책학회보, 27(4), 329-357.

이혜승, 김난영 (2011). 다문화가족지원정책 성과평가. 감사연구원 보고서.

임성호 (2000). 다문화적 정체성을 통한 '세계시민민주주의'의 모색. 밝은사회연 구집, 제2, 1, 2.

임소연, 박민희 (2014). 청소년의 건강행태와 정신건강: 일반가정과 다문화가정

비교. Journal of The Korean Data Analysis Society, 16(3), 1641-1651.

임주용, 오윤자 (2010). 청소년의 다문화 인식과 다문화효능감. Family and Environment Research, 48(10), 143-157.

장명선, 장은애 (2010). 다문화가족지원서비스 전달체계의 효율화 방안 연구. 서울시 여성가족재단 연구사업보고서, 1-401.

장인실 (2006). 미국다문화교육과 교육과정. 교육과정연구, 24(4), 27-53.

장인실 (2013). 국제결혼이주여성의 출신국가별 자아정체감 연구: 마르시아의 정체감 지위이론을 중심으로. 교육종합연구, 11(4), 315-339.

장인실, 박영진 (2018). 다문화교육과정 개발 방향 탐색: 다문화 밀집지역 초등학교를 중심으로. 다문화교육연구, 11(4), 1-24.

장인실, 이혜진 (2010). 초등학생의 다문화 인식에 영향을 미치는 변인. 다문화교육연구, 3(1), 55-87.

장인실, 정경미 (2009). 편견감소 (Anti bias) 교육 프로그램이 편견과 다문화 인식에 미치는 영향. 한국교육학연구, 15(2), 103-129.

장인실, 차경희 (2012). 한국 다문화교육의 연구동향 분석: Bennett 이론에 근거하여. 한국교육학연구, 18(1), 283-302.

장인협 (1991). 아동복지의 방향-탁아사업을 중심으로. 한국사회복지학, 17, 1-10.

장의선 (2010). 다문화교육의 관점에서 본 대학수학능력시험 세계 지리 문항의 특징. 한국사회교과교육학회학술대회지, 33-47.

장진경, 전종미, 신유경 (2008). 심층면접을 통한 다문화가족의 적응성 저해요인 분석. 한국가정관리학회 기타간행물, 47-63.

장진숙 (2010). 다문화주의와 국민국가 통합정책 비교고찰: 캐나다와 일본사례를 중심으로. 공법학연구, 11(3), 97-128.

장한업 (2009). 프랑스의 상호문화교육과 미국의 다문화교육의 비교연구. 프랑스어문교육, 32, 105-121.

장한업 (2011). 한국 이민자자녀와 관련된 용어 사용상의 문제점 -'다문화가정', '다문화교육'. 이중언어학, (46), 347-366.

장한업 (2016). 상호문화교육의 철학적 기반에 대한 고찰-상호주관성과 상호문화성을 중심으로. 교육의 이론과 실천, 21(2), 33-54.

장흔성 (2013). 가족관계 형성기의 다문화가족을 위한 부부교육 프로그램 개발. 한국가족자원경영학회지, 17(3), 81-103.

전경근 (2015). 다문화가족지원법제의 현황과 개선방안. 저스티스, 146(2), 293-314.

전경숙, 송민경 (2011). 다문화가정 자녀의 출신국적 배경에 따른 한국생활 적응의 차이. 청소년학연구, 18(11), 305-330.

전세경 (2017). 우리나라 다문화교육 정책의 성과 및 특징과 과제에 대한 고찰. 인구교육, 10, 83-105.

전형권 (2008). 한국정부의 재외동포 정책 분석평가와 개선방안: 네트워크사업을 중심으로. 정책분석평가학회보, 18(4), 165-197.

정기선, 김영혜, 박경은, 이은아, 박지혜 (2007). 경기도 국제결혼 이민자 가족지원장단기계획. 수원: 경기도가족여성개발 원.

정명희 (2010). 한국사회 문화적응 스트레스 대응방안: 결혼이주여성을 중심으로. 임상사회사업연구, 7, 55-84.

정복동 (2016). 한국의 다문화정책 변화와 과제-다문화가족서비스 전달체계를 중심으로. 한국사회공헌학회지, 3, 21-38.

정상기, 정윤수 (2010). 다문화가족지원센터의 서비스에 관한 실태 분석. 한국거버넌스학회보, 17(2), 229-256.

정상우 (2017). 다문화인권교육 활성화를 위한 법제도 개선방안. 법과인권교육연구, 10(3), 45-69.

정상준 (1995). 문화적 다양성과 다문화주의. 외국문학, (43), 79-95.

정세진, 윤혜미, 정다영, 박설희 (2018). 중도입국 청소년의 학교적응 영향요인

연구-개인, 가족, 다문화배경을 중심으로. 학교사회복지, (44), 23-50.

정수정, 최순종 (2015). 독일의 이주배경청소년 직업진로 지원정책의 보편성과
특수성. 한국청소년연구, 26(3), 77-101.

정제영, 선미숙, 장선희 (2016). 중학생의 비행에 영향을 미치는 요인 분석. 한국
청소년연구, 27(2), 325-352.

정희정, 김소연 (2014). 다문화가족 중도입국자녀의 사회연결망에 관한 사례연
구: 청소년 상담지원체계를 중심으로. 한국가 족복지학, 19(4), 831-853.

조규영, 전혜정 (2011). 부양자 역할로의 전이가 정신건강에 미치는 영향에 관한
종단연구: 가족관계 만족도의 매개효과 검증. 한국가족관계학회지, 16(1),
117-141.

조영달, 박윤경, 성경희, 이소연, 박하나 (2010). 학교 다문화교육의 실태 분석. 시
민교육연구, 42(1), 151-184.

조은희, 오성배 (2017). 중도입국청소년의 한국어 능력과 정서에 영향을 미치는
요인 분석. 교육문화연구, 23(5), 499-516.

조인제 (2019). 우리나라 다문화학교에 대한 제도적 분석: 다문화 예비학교
(한국어학급) 및 특별학급, 다문화대안학교를 중심으로. 교육문화연구,
25(4), 771-792.

조지영, 서정민 (2013). 누가 다문화 사회를 노래하는가?: 신자유주의적 통치술
로써의 한국 다문화 담론과 그 효과. 한국사회학, 47(5), 101-137.

조항록 (2015). 한국어 교육 정책과 문화 교육의 연구 동향 분석. 한국어교육,
26(4), 389-415.

조혜영, 서덕희, 권순희 (2008). 다문화가정 자녀의 학업수행에 관한 문화기술적
연구. 교육사회학연구, 18, 105-134.

조홍석 (2020). 국제결혼중개업법과 결혼이주여성의 인권보호. 법과 정책연구,
20(4), 131-160.

주성훈 (2010). 다문화가족지원사업 문제점과 개선과제. 서울: 국회 예산처.

주월랑 (2019). 여성결혼이민자 대상 한국어교육 연구의 동향 분석. 어문연구, 47(2), 217-240.

주휘정 (2010). 외국인 유학생의 국내대학 학습경험에 관한 질적 연구. 교육문제연구, 36, 135-159.

채민석 (2020). 코로나 19 확산과 영국의 필수노동자. 국제노동브리프, 50-58.

채옥희 (2007). 베트남 결혼이민자의 한국 생활적응 사례연구. 한국생활과학회지, 16(1), 61-73.

최동주 (2009). 영국의 이민 관련 제도와 다문화 사회통합을 위한 정책. 다문화사회연구, 2(1), 93-133.

최병호 (2014). 우리나라 복지정책의 변천과 과제. 예산정책연구, 3(1), 89-129.

최연실 (2008). 인구통계자료에 나타난 한국인 국제결혼의 사회인구학적 특성 분석. 한국가정관리학회지, 26(5), 279-298.

최연실 (2010). 가족상담자의 다문화역량강화에 대한 이론적 고찰. 한국심리학회 학술대회 자료집, 2010(1), 402-403.

최연실 (2011). 다문화가족의 복지욕구와 복지서비스의 현황 분석 및 통합적 개선방안 탐색-가족상담을 중심으로. 가족과 가족치료, 19(3), 61-93.

최영준 (2018). 다문화교육 정책의 변화와 개선방안. 평생교육 · HRD 연구, 14(2), 55-75.

최윤철 (2010). 대한민국 국적법의 현황과 문제점. 일감법학, 17, 3-35.

최정혜 (2010). 제5장 다문화가족 연구 동향분석: 2005년-2010년 발간된 국내 논문을 중심으로. 현대교육연구(구 중등 교육연구), 22, 79-98.

최종렬 (2008). 다문화주의의 이론적 지형과 쟁점. 다문화사회를 향한 전망과 정책적 대응. 한국여성정책 연구원 주최 심 포지엄자료집.

최종임, 김영순 (2016). 다문화 중점학교 프로그램 참여자의 다문화 시민성 인식에 관한 연구. 학습자중심교과교육연구, 16(4), 597-621.

최종임, 박인옥 (2016). 초등 다문화교육 중점학교의 운영 프로그램 분석. 교육문화연구, 22(3), 179-201.

최지연 (2009). 초등 예비교사의 다문화교육 경험 및 다문화교육에 대한 인식. 실과교육연구, 15(4), 183-202.

최충옥, 모경환 (2007). 경기도 초, 중등교사들의 다문화적 효능감에 대한 조사연 구. 시민교육연구, 39(4), 163-182.

최충옥, 모경환, 김연권, 박성혁, 오은순, 한용택, … 임정수 (2010). 다문화교육의 이해. 서울: 양서원.

최충옥, 조인제 (2010). 다문화교육 연구의 동향과 향후 과제. 다문화교육, 1, 1-20.

최현미, 이혜경, 신은주, 최승희, 김연희, 송성실 (2008). 다문화가족복지론. 서울: 양서원.

추병완 (2012). 도덕과에서의 반편견교육: 사회 정체성 관점을 중심으로. 윤리교 육연구, 28, 111-132.

하경애 (2010). 초등학생의 다문화 인식과 영향요인 분석.

하윤수 (2009). 미국 다문화교육의 동향과 사회과 교육과정. 사회과교육, 48(3), 117-132.

한건수 (2006). 연구보고: 농촌지역 결혼이민자여성의 가족생활과 갈등 및 적응. 한국문화인류학, 39(1), 195-219.

한건수 (2012). 통합과 분열의 기로에 선 한국의 다문화정책. 지식의 지평, 13, 64-88.

한건수, 설동훈 (2006). 결혼중개업체 실태조사 및 관리방안 연구. 서울: 보건복 지부.

한경구 (2017). 국제이해교육에서 세계시민교육으로: 글로벌 교육 패러다임의 진화 그리고 현장의 혼란. 국제이해교육연구, 12(2), 1-43.

한승미 (2003). 일본의 내향적 국제화와 다문화주의의 실험: 가와사키 시 및 가 나가와 현의 외국인 대표자 회의를 중심으로. 한국문화인류학, 36(1),

119-147.

한승준 (2008). 프랑스 동화주의 다문화정책의 위기와 재편에 관한 연구. **한국행정학보**, 42(3), 463-486.

한신실 (2020). 한국은 어떤 복지국가로 성장해왔는가?. **한국사회정책**, 27(1), 153-185.

한재범, 김효정 (2021). 다문화교육정책 실행의 일관성 분석: 다문화이해교육을 중심으로. **초등교육연구**, 34(1), 291-315.

허명준 (2020). 결혼이주여성의 가정생활 적응 사례연구를 통한 사회복지실천의 방안에 관한 연구. **산업진흥연구**, 5(1), 107-115.

현경자, 김연수 (2012). 여성결혼이민자의 문화적응 스트레스와 지각된 사회적 지지가 우울에 미치는 효과: 사회적 지지의 직접 및 조절 효과. **한국심리학회지: 여성**, 17(4), 653-677.

홍규호 (2016). 이주노동자가족 인권실태와 복지사각지대 해소를 위한 방안. **월간 복지동향**, (209), 35-38.

홍기혜 (2000). 중국 조선족 여성과 한국 남성 간의 결혼을 통해 본 이주의 성별 정치학.

홍서연, 손병덕, 손주희 (2018). 국민의 다문화 인식이 사회통합정책 수용에 미치는 영향에 관한 연구: 수도권거주 국민을 중심으로. **다문화와 평화**, 12(3), 300-324.

홍석준 (2018). 현대 한국에서의 '다문화'담론에 대한 비판적 검토. **다문화와 인간**, 7(1·2), 153-192.

홍지아 (2010). 젠더적 시각에서 바라본 한국언론의 다문화 담론: 경향, 동아, 조선, 한겨레 기사분석을 중심으로. **언론과학 연구**, 10(4), 644-678.

황갑진 (2010). 다문화교육 담론에 대한 비판적 고찰-중등 사회과에서 다문화교육의 가능성을 중심으로. **사회과교육연구**, 17(4), 199-214.

황규호, 양영자 (2008). 한국 다문화교육 내용선정의 쟁점과 과제. **교육과정연구**,

26(2), 57-85.

황민철, 임동진, 김태환 (2018). 법무부 사회통합프로그램 운영에 대한 평가 및 개선방안 연구: 삼각측정 연구방법을 활용하여. **다문화와 평화**, 12(3), 1-24.

황정미 (2010). 다문화시민 없는 다문화교육-한국의 다문화교육 아젠다에 대한 고찰. 담론 201, 13(2), 93-123.

Abdallah-Pretceille, M. (2006). Interculturalism as a paradigm for thinking about diversity. *Intercultural education, 17*(5), 475-483.

Allemann-Ghionda, C. (2008). *Intercultural Education in Schools: A Comparative Study.* Brussels: European Parliament.

Allemann-Ghionda, C. (2009). From intercultural education to the inclusion of diversity. *The Routledge international companion to multicultural education,* 134-145.

Ariely, G. (2014). Does diversity erode social cohesion? Conceptual and methodological issues. *Political Studies, 62*(3), 573-595.

Banks, J. A. (1994). *Multiethnic education: Theory and practice.*

Banks, J. A. (2004). Multicultural education: historical development, dimensions, and cpractice, in Banks, J.A. and Banks, C.M.A. (eds), *Handbook of Research on Multicultural Education*, San Francisco, CA: Jossey-Bass, 3-29.

Banks, J. A. (2006). *Race, culture, and education: The selected works of James A. Banks.* Routledge.

Banks, J. A. (2008). Diversity and citizenship education in global times. *Education for citizenship and democracy,* 57-70.

Banks, J. A. (2009). Human rights, diversity, and citizenship education.

Banks, J. A., & Banks, C. A. M. (Eds.). (2019). *Multicultural education: Issues and perspectives*. John Wiley & Sons.

Banks, J. S. (2007). *Educating citizens in a multicultural society*. New York: Teachers College Press.

Banting, K., & Kymlicka, W. (2013). Is there really a retreat from multiculturalism policies? New evidence from the multiculturalism policy index. *Comparative European Politics, 11*(5), 577–598.

Barry, B. (2002). *Culture and equality: An egalitarian critique of multiculturalism*. Harvard University press.

Bennett, C. I. (2001). Genres of research in multicultural education. *Review of Educational Research, 71*(2), 171–217.

Bennett, C. I. (2007). Comprehensive multicultural education: theory and ractice sixth editio. NY: Allyn & Bacon.

Bennett, J. M. & Bennett, M. J. (2004). Developing Intercultural Sensitivity: An Intergrative Approach to Global and Domestic Diversity, In D. Landis, J. M. Bennett, and M. J. Bennett(Eds). *Handbook of Intercultural Training* (pp.147–165). London: Sage Publishing.

Benson, K. (2015). International trends in higher education 2015. University of Oxford, *The International Strategy Office, 5*.

Berdan, S. N., Goodman, A., & Taylor, C. (2013). A student guide to study abroad. New York, NY: Institute of International Education.

Berry, J. W. (1976). *Human ecology and cognitive style: Comparative studies in cultural and psychological adaptation*. New York: Sage Publications.

Berry, J. W. (1997). Immigration, acculturation, and adaptation. *Applied psychology, 46*(1), 5–34.

Berry, J. W. (2003). Conceptual approaches to acculturation. In K. Chun, P. Balls–Organista, & G. Marin(Eds.), *Acculturation: Advances in theory, measurement and applied research,* 17–37.

Berry, J. W., Kim, U., Minde, T., & Mok, D. (1987). Comparative studies of acculturative stress. *International Migration Review, 21*(3), 491–511. Boston: Allyn & Bacon.

Borevi, K. (2014). Multiculturalism and welfare state integration: Swedish model path dependency. *Identities, 21*(6), 708–723.

Bryceson, D. F., & Vuorela, U. (Eds.). (2002). *The transnational family: New European frontiers and global networks* (p. 19). Oxford: Berg.

Burnett, J. (2017). Racial violence and the Brexit state. *Race & Class, 58*(4), 85–97.

Callahan, R., Wilkinson, L., & Muller, C. (2010). Academic achievement and course taking among language minority youth in US schools: Effects of ESL placement. *Educational Evaluation and Policy Analysis, 32*(1), 84–117.

Campinha-Bacote, J. (2002). The process of cultural competence in the delivery of healthcare services: A model of care. *Journal of Transcultural Nursing, 13*(3), 181–184.

Castle, S., & Miller, M. J. (2003). The age of migration. *Nueva York, Guilford.*

Castles, S. (2007). Twenty-first-century migration as a challenge to sociology. *Journal of Ethnic and Migration Studies, 33*(3), 351–371.

Castles, S., & Miller, M. J. (2009). Migration in the Asia-Pacific region. *Migration Information Source, 10.*

Chang, M. (2019). Cross-cultural comparative study of psychological distress between older Korean immigrants in the United States and older Koreans in South Korea. *Aging & Mental Health, 23*(9), 1234–1245.

Choudhuri, D. D., Santiago-Rivera, A., & Garrett, M. (2011). *Counseling &*

Dversity. Cengage Learning.

Chow, P. (2011). What international students think about US higher education. International Higher Education, (65).

Cihodariu, M., & Dumitrescu, L. S. (2013). The motives and rationalizations of the European right-wing discourse on immigrants. Shifts in multiculturalism?. *Journal of Comparative Research in Anthropology & Sociology, 4*(2).

Citrin, J., Johnston, R., & Wright, M. (2012). Do patriotism and multiculturalism collide? Competing perspectives from Canada and the United States. *Canadian Journal of Political Science 45*(3), 531-552.

Del-Teso-Craviotto, M. (2009). Racism and xenophobia in immigrants' discourse: The case of Argentines in Spain. *Discourse & Society, 20*(5), 571-592.

Ellen, R. M. (1917). *Social diagnosis. New York: Russel Sage Foundation.*

El-Hani, C. N., & Mortimer, E. F. (2007). Multicultural education, pragmatism, and the goals of science teaching. *Cultural Studies of Science Education, 2*(3), 657-702.

Esipova, N., Ray, J., & Pugliese, A. (2017). Number of potential migrants worldwide tops 700 million. Retrieved February, 28, 2018.

Gay, G. (2018). *Culturally responsive teaching: Theory, research, and practice.* Teachers College Press.

Geddes, A., & Guiraudon, V. (2004). Britain, France, and EU anti-discrimination policy: The emergence of an EU policy paradigm. *West European Politics, 27*(2), 334-353.

Gorski, P. C. (2010). The scholarship informing the practice: Multicultural teacher education philosophy and practice in the US. *International*

Journal of Multicultural Education, 12(2).

Grant, C. A., & Sleeter, C. E. (2012). *Doing multicultural education for achievement and equity.* Routledge.

Gross, H. E. (2001). Work, Family, and Globalization. Working families: *The transformation of the American home*, 187.

Gundara, J. S. (2000). *Interculturalism, education and inclusion.* Sage.

Gutmann, A. (2003). The good, the bad and the ugly of identity politics. *Identity in Democracy*, 1-37.

Gutmann, A. (2009). *Identity in democracy.* Princeton University Press.

Hall, J. C., & Theriot, M. T. (2016). Developing multicultural awareness, knowledge, and skills: Diversity training makes a difference?. *Multicultural Perspectives, 18*(1), 35-41.

Hanvey, R. G. (1976). An attainable global perspective. Denver, Colo. *Center for Teaching International Relations.*

Harshman, J., Augustine, T., & Merryfield, M. M. (Eds.). (2015). *Research in global citizenship education.* IAP.

Hill, I. (2007). Multicultural and international education: Never the twain shall meet?. *International Review of Education, 53*(3), 245-264.

Hovey, J. D., & Magaña, C. G. (2002). Exploring the mental health of Mexican migrant farm workers in the Midwest: Psychosocial predictors of psychological distress and suggestions for prevention and treatment. *The Journal of Psychology, 136*(5), 493-513.

Huang, S., Yeoh, B. S., & Lam, T. (2008). Asian transnational families in transition: The liminality of simultaneity. *International Migration, 46*(4), 3-13.

Huber-Kriegler, M., Lázár, I., & Strange, J. (2003). Mirrors and windows: An intercultural communication textbook. Council of Europe.

Jackson, R. (2004). Intercultural education and recent European pedagogies of religious education. *Intercultural Education, 15*(1), 3-14.

Jayasuriya, D., McAuliffe, M., & Iqbal, M. (2016). The dynamic nature of migration aspirations: findings from a longitudinal study of households in Sri Lanka. Research Programme by Australian Government, Department of Immigration and Border Protection; Occasional Paper Series, 20.

Joseph, S., & McBeth, A. (Eds.). (2010). *Research handbook on international human rights law*. Edward Elgar Publishing.

Kendall, F. E. (1983). *Diversity in the Classroom: A Multicultural Approach to the Education of Young Children*. Early Childhood Education Series. Teachers College Press, Teachers College, Columbia University, New York, NY 10027.

Kerby, S., & Burns, C. (2012). The top 10 economic facts of diversity in the workplace. *Center for American Progress, 1.*

Khlat, M., Ghosn, W., Guillot, M., Vandentorren, S., Delpierre, C., Du Lou, A. D., ⋯ & Rican, S. (2022). Impact of the COVID-19 crisis on the mortality profiles of the foreign-born In France during the first pandemic wave. *Social Science & Medicine*, 115160.

Kim, E., Hogge, I., & Salvisberg, C. (2014). Effects of self-esteem and ethnic identity: Acculturative stress and psychological well-being among Mexican immigrants. *Hispanic Journal of Behavioral Sciences, 36*(2), 144-163.

Kirmayer, L. J., Narasiah, L., Munoz, M., Rashid, M., Ryder, A. G., Guzder, J., ⋯ & Pottie, K. (2011). Common mental health problems in immigrants and refugees: general approach in primary care. *Cmaj, 183*(12), E959-E967.

Kofman, E., Rogoz, M., & Lévy, F. (2010). Family migration policies in France. NODE Policy Report, Vienna: BMWF/ICMPD.

Koopmans, R. (2010). Trade-offs between equality and difference: Immigrant integration, multiculturalism and the welfare state in cross-national perspective. *Journal of Ethnic and Migration Studies, 36*(1), 1-26.

Koslowski, Rey, 2014, Selective Migration Policy Models and Changing Realities of Implementation. *International Migration, 52*(3), 26-39.

Kymlicka, W. (2004). Marketing Canadian pluralism in the international arena. *International Journal, 59*(4), 829-852.

Kymlicka, W. (2007). Multicultural odysseys. *Ethnopolitics, 6*(4), 585-597.

Kymlicka, W. (2010). The rise and fall of multiculturalism? New debates on inclusion and accommodation in diverse societies. *International Social Science Journal, 61*(199), 97-112.

Kymlicka, W. (2012). Multiculturalism: Success, failure, and the future. *Rethinking national identity in the age of migration*, 33-78.

Kymlicka, W. (2017). *Community and multiculturalism. A companion to contemporary political philosophy*, 463-477.

Lakey, B., & Orehek, E. (2011). Relational regulation theory: A new approach to explain the link between perceived social support and mental health. *Psychological Review, 118*(3), 1-14.

Lenard, P. T. (2012). The reports of multiculturalism's death are greatly exaggerated. *Politics, 32*(3), 186-196.

Levels, M., & Dronkers, J. (2008). Educational performance of native and immigrant children from various countries of origin. *Ethnic and Racial Studies, 31*(8), 1404-1425.

Levin, S., Matthews, M., Guimond, S., Sidanius, J., Pratto, F., Kteily, N., ··· &

Dover, T. (2012). Assimilation, multiculturalism, and colorblindness: Mediated and moderated relationships between social dominance orientation and prejudice. *Journal of Experimental Social Psychology, 48*(1), 207-212.

Levitt, P., & Schiller, N. G. (2004). Conceptualizing simultaneity: a transnational social field perspective on society 1. *International Migration Review, 38*(3), 1002-1039.

Lim, D. (2004). *Social work practice and people of color: A process-stage approach.* Belmont, CA.

Manoleas, P. (1994). An outcome approach to assessing the cultural competence of MSW students. *Journal of Multicultural Social Work, 3*(1), 43-58.

May, S., & Sleeter, C. E. (2010). Introduction: Critical multiculturalism: theory and praxis. In *Critical Multiculturalism* (pp.7-22). Routledge.

Mazzarol, T., & Soutar, G. N. (2002). "Push-pull" factors influencing international student destination choice. *International Journal of Educational Management.*

McAuliffe, M., & Jayasuriya, D. (2016). Do asylum seekers and refugees choose destination countries? Evidence from large-scale surveys in Australia, Afghanistan, Bangladesh, Pakistan and Sri Lanka. *International Migration, 54*(4), 44-59.

McAuliffe, M., & Ruhs, M. (2017). World migration report 2018. Geneva: International Organization for Migration.

McDonald, M., & Zeichner, K. M. (2009). Social justice teacher education. In *Handbook of social justice in education* (pp. 613-628). Routledge.

McPhatter, A. R. (2018). Cultural competence in child welfare: What is it? How do we achieve it? What happens without it?. In *Serving African American*

Children (pp.251-274). Routledge.

Merryfield, M. M. (1997). A framework for teacher education in global perspectives. Preparing teachers to teach global perspectives: A handbook for teacher educators, 1, 24.

Mui, A. C., & Kang, S. Y. (2006). Acculturation stress and depression among Asian immigrant elders. *Social Work, 51*(3), 243-255.

Nicotera, N., & Kang, H. K. (2009). Beyond diversity courses: Strategies for integrating critical consciousness across social work curriculum. *Journal of Teaching in Social Work, 29*(2), 188-203.

Nieto, S. (2017). Re-imagining multicultural education: New visions, new possibilities. *Multicultural Education Review, 9*(1), 1-10.

Olson, M. R., & Banjong, D. N. (2016). Issues and trends of international students in the United States. *International Journal of Education, 4*(1).

Ossewaarde, M. (2014). The national identities of the 'death of multiculturalism'discourse in Western Europe. *Journal of Multicultural Discourses, 9*(3), 173-189.

Ovando, C. J., & Combs, M. C. (2018). *Bilingual and ESL classrooms: Teaching in multicultural contexts.* Rowman & Littlefield.

Parekh, B. (2008). Multiculturalism and the Integration Agenda. *Translocations, 3*(1), 164-168.

Passel, J., & Rohal, M. (2015). Modern immigration wave brings 59 million to US, driving population growth and change through 2065. Pew Research Center.

Pearlin, L. I. (1999). The stress process revisited. In *Handbook of the sociology of mental health* (pp.395-415). Springer, Boston, MA.

Pearlin, L. I., Menaghan, E. G., Lieberman, M. A., & Mullan, J. T. (1981). The stress process. *Journal of Health and Social Behavior*, 337-356.

Peters, M. A., & Besley, T. (2014). Islam and the end of European multiculturalism? From multiculturalism to civic integration. *Policy Futures in Education, 12*(1), 1-15.

Piper, N., & Roces, M. (2003). Introduction: Marriage and migration in an age of globalization. *In Wife or worker? Asian women and migration*. Rowman & Littlefield Publishers Inc.

Portera, A. (2008). Intercultural education in Europe: epistemological and semantic aspects. *Intercultural Education, 19*(6), 481-491.

Poyrazli, S., Kavanaugh, P. R., Baker, A., & Al-Timimi, N. (2004). Social support and demographic correlates of acculturative stress in international students. *Journal of College Counseling, 7*(1), 73-82.

Ramsey, P., Williams, L. R., & Vold, E. (2003). Multicultural education: A source book. Routledge.

Randall, R., Nelson, P., & Aigner, J. (1992). Interface between global education and multicultural education. *Multicultural Education A Global Approach*, 18-27.

Reisch, M. (2007). Social justice and multiculturalism: Persistent tensions in the history of US social welfare and social work. *Studies in Social Justice, 1*(1), 67-92.

Ridley, C. R., Mendoza, D. W., Kanitz, B. E., Angermeier, L., & Zenk, R. (1994). Cultural sensitivity in multicultural counseling: A perceptual schema model. *Journal of Counseling Psychology, 41*(2), 125.

Robinson, D. T., & Morris, J. R. (2000). *Multicultural counseling: Historical context and current training considerations. Western Journal of Black Studies, 24*(4), 239.

Romanshin, J. M. & Romanshin, A. L. (1971). *Social welfare: Charity to justice.* Random House (NY).

Rzepnikowska, A. (2017). Conviviality in the workplace: The case of Polish migrant women in Manchester and Barcelona. *Central and Eastern European Migration Review, 6*(2).

Rzepnikowska, A. (2019). Racism and xenophobia experienced by Polish migrants in the UK before and after Brexit vote. *Journal of Ethnic and Migration Studies, 45*(1), 61–77.

Salazar Parreñas, R. (2001). Servants of globalization women, *migration and domestic work* (No. 331.4127 S2).

Schneider, J. (2012). The Organisation of Asylum and Migration Policies in Germany: Study of the German National Contact Point for the European Migration Network (EMN).

Schnepf, S. V. (2007). Immigrants' educational disadvantage: an examination across ten countries and three surveys. *Journal of Population Economics, 20*(3), 527–545.

Schuerkens, U. (2005). Transnational migrations and social transformations: A theoretical perspective. *Current Sociology, 53*(4), 535–553.

Seeberg, V., & Minick, T. (2012). Enhancing cross-cultural competence in multicultural teacher education: Transformation in global learning. *International Journal of Multicultural Education, 14*(3), 57–73.

Shih, K. (2016). The impact of international students on us graduate education. Available at SSRN 2832996.

Sleeter, C. E., & Grant, C. A. (2007). *Making choices for multicultural education: Five approaches to race, class and gender.* Wiley.

Sue, D. W. (2001). Multidimensional facets of cultural competence. *The*

Counseling Psychologist, 29(6), 790-821.

Sue, D. W., & Sue, D. (2003). *Counselling the culturally diverse: Theory and Practice.*

Sue, D. W., & Sue, D. (2008). Counseling the culturally diverse. Hoboken.

Sue, D. W., Sue, D., Neville, H. A., & Smith, L. (2012). Counselling the culturally diverse: Theory and practice.

Suh, E. E. (2004). The model of cultural competence through an evolutionary concept analysis. *Journal of Transcultural Nursing, 15*(2), 93-102.

Tartakovsky, E. (2007). A longitudinal study of acculturative stress and homesickness: High-school adolescents immigrating from Russia and Ukraine to Israel without parents. *Social Psychiatry and Psychiatric Epidemiology, 42*(6), 485-494.

Tawil, S. (2013). Education for global citizenship: A framework for discussion. *Education Research and Foresight-working papers.*

Thomas, M., & Choi, J. B. (2006). Acculturative Stress and Social Support among Korean and Indian Immigrant Adolescents in the United States. *Journal of Sociology & Social Welfare, 33*(2), 123-143.

Tibbitts, F., & Fernekes, W. R. (2011). Human rights education. Teaching and studying social issues: *Major programs and Approaches,* 87-118.

Tiedt, P, L. & Tiedt, I. M. (2010). Multicultural teaching: A handbook of activities, information, and resources(98th ed), Boston MA: Person Education.

Torneo, A. R. (2016). "Immigration Policies and the Factors of Migration from Developing Countries to South Korea: An Empirical Analysis". *International Migration. 54*(3), 139-158.

Torres, C. A., & Tarozzi, M. (2020). Multiculturalism in the world system:

towards a social justice model of inter/multicultural education. *Globalisation, Societies and Education, 18*(1), 7-18.

Vaisse Vaïsse, J. (2006). The Rise and Fall of the Bush Doctrine: the Impact on Transatlantic Relations (No. qt5qg2v2d8). Institute of European Studies, UC Berkeley.

Verbik, L., & Lasanowski, V. (2007). International student mobility: Patterns and trends. *World Education News and Reviews, 20*(10), 1-16.

Vespa, J., Armstrong, D. M., & Medina, L. (2018). Demographic turning points for the United States: Population projections for 2020 to 2060. Washington, DC: US Department of Commerce, Economics and Statistics Administration, US Census Bureau.

Wilding, R. (2006). 'Virtual'intimacies? Families communicating across transnational contexts. *Global Networks, 6*(2), 125-142.

Wright, A. (2004). The Politics of Multiculturalism: A review of Brian Berry, 2001, Culture and equality: An egalitarian critique of multiculturalism. *Studies in Philosophy and Education, 23*(4), 299-311.

한국 다문화사회복지와
다문화교육 담론

초판인쇄 2024년 5월 31일
초판발행 2024년 5월 31일

지은이 장미야
펴낸이 채종준
펴낸곳 한국학술정보(주)
주 소 경기도 파주시 회동길 230(문발동)
전 화 031-908-3181(대표)
팩 스 031-908-3189
홈페이지 http://ebook.kstudy.com
E-mail 출판사업부 publish@kstudy.com
등 록 제일산-115호(2000. 6. 19)

ISBN 979-11-7217-344-9 93300